中等职业教育国家规划教材

Gonglu Gongcheng Shigong Jishu

公路工程施工技术

（第二版）

（公路与桥梁专业）

主　编　苏建林
主　审　李全文

人民交通出版社

内 容 提 要

本书是中等职业教育国家规划教材，由交通职业教育教学指导委员会路桥工程专业指导委员会组织编写。全书共分三篇，第一篇为路基工程施工技术，内容包括：绪论、路基基本结构、路基施工准备、土质路基施工、石质路基施工、湿软地基加固与特殊路基施工、路基工程质量检测方法、路基排水设施与施工、路基防护与加固；第二篇为路面工程施工技术，内容包括：绪论、路面基层（底基层）施工、沥青路面施工、水泥混凝土路面施工、路面工程质量检测与评定方法；第三篇为竣工文件，内容包括：竣工资料的整理，竣工资料的组卷、装订和保存。书后附有本课程教学基本要求，供各校在进行教学安排时参考。

本书作为中等职业学校公路与桥梁专业教学用书，也可供继续教育及职业培训使用，或作为公路工程技术人员的学习参考书。

本教材配套多媒体课件，要通过加入“职教路桥研讨群”（QQ:561416324）索取。

图书在版编目（CIP）数据

公路工程施工技术／苏建林主编．—2版．—北京：人民交通出版社，2007.1

ISBN 978-7-114-06195-0

Ⅰ.公…　Ⅱ.苏…　Ⅲ.道路工程-施工技术　Ⅳ.U415.6

中国版本图书馆CIP数据核字（2006）第118068号

中等职业教育国家规划教材

书　　名：公路工程施工技术（第二版）（公路与桥梁专业）
著 作 者：苏建林
责任编辑：袁　方　韩亚楠
出版发行：人民交通出版社股份有限公司
地　　址：（100011）北京市朝阳区安定门外外馆斜街3号
网　　址：http://www.ccpress.com.cn
销售电话：（010）59757973
总 经 销：人民交通出版社股份有限公司发行部
经　　销：各地新华书店
印　　刷：北京市密东印刷有限公司
开　　本：787×1092　1/16
印　　张：17.25
字　　数：418千
版　　次：2002年7月　第1版
　　　　　2007年1月　第2版
印　　次：2022年5月　第15次印刷　总第20次印刷
书　　号：ISBN 978-7-114-06195-0
定　　价：22.80元

中等职业教育国家规划教材出版说明

为了贯彻《中共中央国务院关于深化教育改革全面推进素质教育的决定》精神，落实《面向21世纪教育振兴行动计划》中提出的职业教育课程改革和教材建设规划，根据教育部关于《中等职业教育国家规划教材申报、立项及管理意见》(教职成[2001]1号)的精神，我们组织力量对实现中等职业教育培养目标和保证基本教学规格起保障作用的德育课程、文化基础课程、专业技术基础课程和80个重点建设专业主干课程的教材进行了规划和编写，从2001年秋季开学起，国家规划教材将陆续提供给各类中等职业学校选用。

国家规划教材是根据教育部最新颁布的德育课程、文化基础课程、专业技术基础课程和80个重点建设专业主干课程的教学大纲(课程教学基本要求)编写，并经全国中等职业教育教材审定委员会审定。新教材全面贯彻素质教育思想，从社会发展对高素质劳动者和中初级专门人才需要的实际出发，注重对学生的创新精神和实践能力的培养。新教材在理论体系、组织结构和阐述方法等方面均作了一些新的尝试。新教材实行一纲多本，努力为学校选用教材提供比较和选择，满足不同学制、不同专业和不同办学条件的学校的教学需要。

希望各地、各部门积极推广和选用国家规划教材，并在使用过程中，注意总结经验，及时提出修改意见和建议，使之不断完善和提高。

教育部职业教育与成人教育司

二〇〇六年六月

第二版前言

随着公路特别是高速公路建设事业的快速发展，我国在公路与桥梁工程设计理论、公路建设新材料、公路施工新技术和新工艺等方面的研究取得了许多新的成果。为此，近年来中华人民共和国交通部颁布了一些新的行业标准、规程和规范。为紧跟行业新技术的发展步伐，适应新的标准和规范的要求，改正第一版教材中与新标准、规程和规范表述不相吻合的内容，也为了弥补第一版教材在使用过程中发现的不足，交通职业教育教学指导委员会路桥工程专业指导委员会研究决定，对2002年出版的中等职业教育国家规划教材按以下原则重新编写。

1. 遵循“去旧补新”的原则。根据国家和行业颁布的最新标准、规程和规范以及行业科技进步需要，对原教材中的部分内容进行适当的调整和更新，同时对原教材中的不足和疏忽予以弥补。

2. 突出实践技能的原则。按照教育部对中等职业教育培养目标的定位，吸收近几年职业教育教学改革的经验和成果，力求使新修订的教材更符合中职学生的认知规律、实际应用和职业技能的训练需要，体现“所学即所用，所用即所教”。

参加本书编写工作的有：河北交通职业技术学院苏建林（编写总论，第一篇的第一、二、三、四、六、七章，第二篇的第一、二、三章），郑州市建设投资总公司郝素先（编写第一篇的第一、五、八、九章），河南交通职业技术学院王轩（编写第二篇的第四章），内蒙古大学职业技术学院蔚建华（编写第二篇的第五章，第三篇），河北省交通厅公路局刘柱国（编写第二篇的第二、三章）。全书由苏建林担任主编，四川交通职业技术学院李全文担任主审。

第二版教材增附教育部颁布的《中等职业学校公路与桥梁专业教学指导方案》中对《公路工程施工技术》课程的“教学基本要求”，以便于各校组织教学时参考。

交通职业教育教学指导委员会

路桥工程专业指导委员会

二〇〇六年八月

第一版前言

为了贯彻《中共中央国务院关于深化教育改革全面推进素质教育的决定》,落实《面向21世纪教育振兴行动计划》中提出的"职业教育课程改革和教材建设规划",教育部全面启动了中等职业教育国家规划教材建设工作。交通职业教育教学指导委员会路桥工程学科委员会组织全国交通职业学校(院)的教师,根据教育部最新颁布的公路与桥梁专业的主干课程教学基本要求,编写了中等职业教育公路与桥梁专业国家规划教材共8种,并通过了全国中等职业教育教材审定委员会的审定。

本套教材的编写融入了全国各交通职业学校(院)公路与桥梁专业的教学改革成果,并结合了最新的技术标准、规范以及公路科技进步等情况,具有较强的针对性。新教材较好地贯彻了素质教育的思想,力求体现以人为本的现代理念,从交通行业岗位群的知识和技能要求出发,并结合对培养学生创新能力、职业道德方面的要求,提出教学目标并组织教学内容,在教材的理论体系、组织结构、内容描述上与传统教材有了明显的区别。

《公路工程施工技术》是中等职业教育公路与桥梁专业国家规划教材之一,内容包括:绪论、路基基本构造、路基施工准备、土质路基施工、石质路基施工、湿软地基加固、路基工程质量检测方法、路基排水设施与施工、路基防护与加固、路面基层施工技术、沥青路面施工技术、水泥混凝土路面施工技术、路面工程质量检测与评定方法、竣工文件,共14章。

参加本书编写工作的有:河北交通职业技术学院苏建林(编写总论、第一篇的第一、二、三、四、六、七章,第二篇的第一、二、三章),河南交通学校郝素先(编写第一篇的第五、八、九章),南京交通职业技术学院夏卫国(编写第二篇的第四章),内蒙古大学职业技术学院蔚建华(编写第二篇的第五章,第三篇),全书由河北交通职业技术学院苏建林担任主编,四川交通职业技术学院李全文担任责任编委。人民交通出版社聘请湖南交通职业技术学院文德云高级讲师担任本套教材的总统稿人。

第一版前言

本书由长安大学胡大琳教授担任责任主审，长安大学邬晓光教授、苏寅申副教授审稿。他们对书稿提出了宝贵意见，在此，表示衷心感谢。

限于编者经历及水平，教材内容很难覆盖全国各地的实际情况，希望各教学单位在积极选用和推广国家规划教材的同时，注意总结经验，及时提出修改意见和建议，以便再版修订时改正。

交通职业教育教学指导委员会

路桥工程学科委员会

二〇〇二年五月

目 录

总论 …… 1

第一篇 路基工程施工技术

第一章 绪论 …… 9
第一节 影响路基稳定性的因素 …… 9
第二节 路基土的工程性质 …… 10
第三节 路基的主要工程特性 …… 11
第二章 路基基本构造 …… 15
第一节 路基典型横断面 …… 15
第二节 路基的基本构造 …… 17
第三节 路基的附属设施 …… 21
第三章 路基施工准备工作 …… 23
第一节 概述 …… 23
第二节 施工前的准备工作 …… 25
第三节 施工组织设计 …… 28
第四节 导线复测与恢复中线测量 …… 33
第五节 施工测量 …… 38
第四章 土质路基施工 …… 44
第一节 土质路基填挖基本方案 …… 44
第二节 土质路基的施工机械 …… 49
第三节 影响路基压实效果的因素 …… 52
第四节 土质路基压实施工 …… 55
第五节 桥涵及其他构造物处的填筑 …… 58
第六节 路基的检查验收与整修 …… 60
第五章 石质路基施工 …… 63
第一节 爆破作用原理及影响因素 …… 63
第二节 炸药、起爆器材及起爆方法 …… 65
第三节 常用的爆破方法 …… 67
第四节 填石路基施工及石方路基质量控制 …… 69
第六章 湿软地基加固与特殊路基施工 …… 72
第一节 概述 …… 72
第二节 湿软地基加固 …… 72

目录

第三节　特殊路基施工 …… 76
第七章　路基工程质量检测方法 …… 82
第一节　最佳含水量和最大干密度的确定 …… 82
第二节　土基压实质量控制与检测 …… 85
第八章　路基排水 …… 90
第一节　路基排水的目的及设置原则 …… 90
第二节　地表排水设施的类型、构造与施工 …… 90
第三节　地下排水设施的类型、构造与施工 …… 94
第四节　路基排水综合设计及质量控制 …… 97
第九章　路基防护与加固 …… 99
第一节　防护与加固工程的基本概念 …… 99
第二节　路基坡面防护 …… 100
第三节　冲刷防护 …… 103
第四节　路基挡土墙 …… 104
第五节　防护与加固工程的质量检测方法 …… 109

第二篇　路面工程施工技术

第一章　绪论 …… 117
第一节　路面概述 …… 117
第二节　路面施工准备 …… 118
第二章　路面基层(底基层)施工 …… 122
第一节　基层的分类与主要技术要求 …… 122
第二节　水泥稳定土基层(底基层)的施工 …… 123
第三节　石灰稳定土基层(底基层)的施工 …… 131
第四节　石灰、粉煤灰砂砾基层(底基层)的施工 …… 134
第五节　嵌挤类路面结构层的施工 …… 138
第六节　级配类路面结构层的施工 …… 141
第七节　其他类路面基层的施工 …… 143
第八节　半刚性路面基层、底基层机械化施工 …… 144
第九节　半刚性路面基层施工注意事宜及灰用量 …… 149
第十节　基层施工质量控制与检查验收 …… 151

目录

第三章　沥青路面施工 …… 157
第一节　材料质量要求 …… 157
第二节　热拌沥青混合料路面施工 …… 168
第三节　沥青路面机械化施工 …… 183
第四节　其他沥青路面施工 …… 185
第五节　沥青路面施工质量的控制与验收 …… 192
第六节　沥青与沥青混合料基地 …… 198
第四章　水泥混凝土路面施工 …… 201
第一节　施工前的准备工作 …… 201
第二节　施工操作程序和方法 …… 204
第三节　混凝土路面的养生与填缝 …… 209
第四节　真空吸水工艺 …… 210
第五节　滑模式摊铺机施工 …… 211
第六节　特殊季节施工 …… 214
第七节　其他水泥混凝土路面施工 …… 215
第八节　质量控制与验收 …… 217
第五章　路面工程质量检测与评定方法 …… 220
第一节　路面平整度的测定与评价 …… 220
第二节　路面弯沉值的测定与评价 …… 223
第三节　路面粗糙度或摩擦系数试验 …… 228

第三篇　竣工文件

第一节　概述 …… 237
第二节　竣工资料的整理 …… 241
第三节　竣工资料的组卷、装订、保存 …… 247
附录一　《公路工程施工技术》教学基本要求 …… 255
附录二　公路工程施工实习教学基本要求 …… 259
参考文献 …… 261

总　论

【内容简介和学习要求】

本章概括介绍了公路的主要组成,路基、路面基本要求,路基路面施工技术、测试技术的方法和发展趋势。

通过本章学习,学生能够描述公路的主要组成部分,对路基、路面的基本要求。

一、公路的主要组成部分

公路是一种带状的三维空间实体,它的中心线是一条空间曲线。公路中线及沿线地貌、地物在水平面上的投影图称为路线平面图。沿路线中线的竖向断面图称为路线纵断面图。中桩处垂直于公路中心线方向的剖面图称为横断面图。

公路的基本组成部分包括:路基、路面、桥梁、涵洞、隧道、防护与加固工程、排水设施、山区特殊构造物等。此外,为保证汽车行驶的安全、畅通和舒适,还需要有各种附属工程,如公路标志、路用房屋、加油站及绿化栽植等。

路基是按照路线位置和一定技术要求修筑的带状构造物,承受由路面传递下来的行车荷载,并承受自然因素的作用。路基横断面如图 0-1-1 所示。

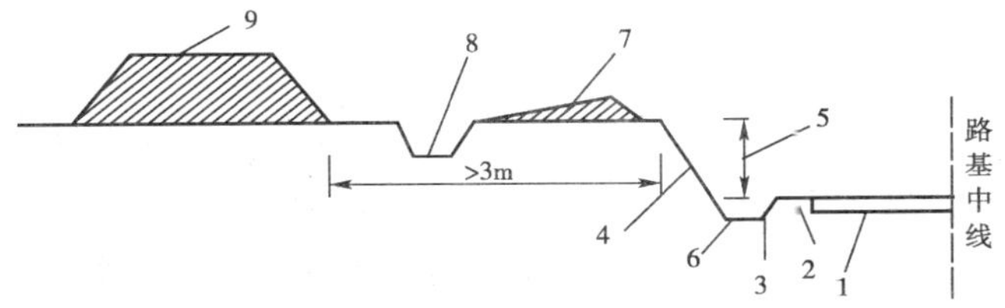

图 0-1-1　路基横断面示意图

1-路面;2-路肩;3-内侧边坡;4-外侧边坡;5-边坡高度;6-边沟;7-土埂;8-截水沟;9-弃土堆

路面是用各种筑路材料铺筑在公路路基顶面上供汽车行驶的构造物。其作用是加固路基行车部分,使汽车在其上安全舒适地行驶。常见的路面类型有沥青类路面、水泥混凝土路面、碎(砾)石路面等。

路床是路面的基础,是指路面底面以下 80cm 范围内的路基部分,承受由路面传来的荷载。路床在结构上分为上路床(0 ~ 30cm)及下路床(30 ~ 80cm)两层。

路肩是指位于行车道外缘至路基边缘,具有一定宽度和横坡度的带状结构部分(包括硬路肩与土路肩),用以保持行车道的功能和供临时停车使用,并作为路面的横向支承。

路基边坡是指为保证路基稳定,在路基两侧做成的具有一定坡度的坡面。为了防止水流对边坡的冲刷,在坡面上所做的各种铺砌和栽植的总称是护坡。

为防止路基填土或山坡土体坍塌而修筑的承受土体侧压力的墙式构造物称为挡土墙。它是路基加固工程的一种结构形式。

为保持路基稳定和强度而修建的地表和地下排水措施称为路基排水设施,包括边沟、截水沟、排水沟、急流槽、跌水、蒸发池、渗沟、渗水井等。

二、对路基的基本要求

在公路建设中，路基工程的主要特点是：工艺较简单，工程数量大，耗费劳力多，涉及面较广，耗资亦很多。根据部分资料分析表明，一般公路的路基修建投资约占公路总投资的25%～45%，个别山区公路可达65%。路基施工改变了沿线原有的自然状态，挖填及借弃土石方涉及当地生态平衡、水土保持和农田水利。路基稳定与否，对路面工程质量影响甚大，关系到公路的正常投入使用。实践证明，没有坚固稳定的路基，就没有稳固的路面，因此，做好路基工程设计、施工与养护不容忽视。路基应满足下列基本要求：

1.路基横断面形式及尺寸

路基横断面形式及尺寸应符合《公路工程技术标准》(JTG B01—2003)有关的规定要求。

2.具有足够的整体稳定性

路基是直接在地面上填筑或挖去一部分地面建成的。路基修建后，改变了原地面的自然平衡状态。在工程地质不良的地区，修建路基可能加剧原地面的不平衡状态，从而导致路基发生各种破坏现象。因此，为防止路基结构在行车荷载及自然因素作用下不致发生不允许的变形或破坏，必须因地制宜地采取一定的措施来保证路基整体结构的稳定性。

3.具有足够的强度

路基的强度是指在行车荷载作用下，路基抵抗变形与破坏的能力。因为行车荷载及路基路面的自重使路基下层和地基产生一定的压力，这些压力可使路基产生一定的变形，直接损坏路面的使用品质。为保证路基在外力作用下，不致产生超过容许范围的变形，要求路基应具有足够的强度。

4.具有足够的水温稳定性

路基的水温稳定性在这里主要是指路基在水和温度的作用下保持其强度的能力。路基在地面水和地下水的作用下，其强度将会显著地降低。特别是季节性冰冻地区，由于水温状况的变化，路基将发生周期性冻融作用，形成冻胀和翻浆，使路基强度急剧下降。因此，对于路基，不仅要求有足够的强度，而且还应保证在最不利的水温状况下，强度不致于显著降低，这就要求路基应具有一定的水温稳定性。

三、对路面的基本要求

路面是公路的重要组成部分，是公路的上部结构，是铺筑在路基之上由各种材料修筑而成的结构物，通常由一层或几层组成。路面状况的好坏直接影响行车速度、运输成本、行车安全和舒适性。相同等级公路的沥青路面同砂石路面相比，行车速度一般可以提高80%～200%，油料消耗降低约15%～20%，轮胎行驶里程增加约20%，运输成本下降约18%～20%。同一类型路面，因施工和养护质量的优劣，也会使运输效率与成本以及服务质量产生很大的差异。路面在公路造价中占很大比重，一般高等级公路路面修建投资约占总投资的60%～70%，低等级公路路面约占20%～30%。所以，路面质量的好坏对发挥整个公路的运输经济效益，具有十分重要的意义。路面必须满足下述各项基本要求：

1.具有足够的强度和刚度

路面的强度是指导路面抵抗破坏的能力。行驶在路面上的车辆，通过车轮把垂直力和水平力等传给路面。水平力又分为纵向的和横向的两种。由于汽车发动机的机械振动和车辆与悬挂系统的相对运动，路面还受到车辆的振动力和冲击力作用；在车身后面还会产生真空吸力作用。

在上述各种力的综合作用下，路面将逐渐出现磨损、开裂、坑槽、沉陷和波浪等病害，这就会影响公路的使用质量，严重时还可能中断交通。因此，路面结构整体及各组成部分必须具备足够的强度以抵抗行车荷载的作用，避免路面产生过大的变形与破坏。

路面的刚度，是指路面抵抗变形的能力。具体指路面结构整体或某一组成部分抵抗变形的能力。如刚度不足，即使强度足够，在车轮荷载作用下也会产生过量的变形，而形成车辙、沉陷或波浪等破坏。因此路面必须具备足够的刚度，使整个路面结构及其组成部分的变形量控制在容许范围内。

2.具有足够的稳定性

路面结构长期袒露于大气之中，经常受到温度和水分变化的影响，其力学性能随之发生变化，强度和刚度不稳定，路况时好时坏。例如：沥青路面在夏季高温时会变软而产生车辙和推挤，冬季低温时又可能因收缩或变脆而产生开裂；水泥混凝土路面在高温时可能发生拱胀现象，温度急剧变化时会因翘曲而产生破坏；砂石路面在雨季时因雨水渗入路面结构而强度下降，产生沉陷、车辙或波浪。因此，要求路面结构在气候条件下应能够保持其强度。

3.具有足够的平整度

路面的平整度是反映路面使用质量的一项重要指标，通常是以试验汽车每行驶 1km 距离，车身和后桥相对垂直位移的累计值(m)来表示。不平整的路面表面会增大行车阻力，并使车辆产生附加的振动作用。振动作用会造成行车颠簸，影响行车速度、行车安全和舒适性。振动作用还会对路面施加冲击力，从而加剧路面和汽车机件的损坏和轮胎的磨耗，并增加油耗。不平整的路面还会积滞雨水，加速路面的破坏。

为了减小车辆对路面的冲击力，提高行车速度和增进行车舒适性与安全性，路面应保持一定的平整度。公路等级越高，设计速度越大，对路面平整度的要求也越高。

4.具有足够的抗滑性能

汽车在光滑的路面上行驶时，车轮与路面之间缺乏足够的附着力(或摩擦阻力)。在雨天高速行车，或紧急制动或突然起动，或爬坡或转弯时，车轮易产生空转或打滑，致使行车速度降低，油料消耗增多，甚至引起严重的交通事故。因此，路面表面应具有足够的抗滑性能，即具有足够的粗糙度。设计速度越大，对路面抗滑性能的要求也越高。

5.具有足够的耐久性

路面结构承受行车荷载和冷热、干湿气候因素的多次重复作用，由此而逐渐产生疲劳破坏和塑性形变累积。路面材料还可能由于老化衰变而导致破坏。这些都将缩短路面的使用年限，增加养护工作量。因此，路面结构必须具备足够的抗疲劳强度、抗老化和抗累积变形的能力，以保持或延长路面的使用寿命。

6.与周围环境相谐调

路面应与周围的环境相谐调，尽可能减少汽车在路面上行驶时产生的飞扬尘土；同时汽车行驶噪声、低振动、尾气等都动周围环境产生不良的影响。因此，应尽量减少路面的扬尘性、减少低振动、低噪声，做到与周围环境相谐调。

7.路面断面形式及尺寸

路面形式与尺寸应符合《公路工程技术标准》(JTG B01—2003)中的有关规定。

四、路基、路面施工技术的发展

公路运输在国民经济发展中起着极其重要的作用。随着我国国民经济的蓬勃发展,公路运输业迅速地发展。尤其是最近20年,我国的公路通车里程,由20世纪80年代初不足90万公里和没有一级公路和高速公路,到2005年底通车总里程达到了192万公里,高速公路达到4.1万公里。高速公路通车总里程仅次于美国,居世界第二位。从上面几组数据可以看出,我国近几年公路建设发展的成就。随着我国西部建设的开发,"7射、9纵、18横"公路主骨架规划的实施,我国的公路建设将会有更大的发展。

公路建设的迅速发展靠的是工程施工技术与施工机械现代化。最初修路时,路基的填挖主要靠人工利用锹镐、箩筐等简单工具进行。而目前的土方工程基本使用配套的机械进行施工。挖掘机、铲运机,推土机和平地机的使用,不但改善了劳动条件,提高了劳动生产率,加快了施工进度,而且提高了工程质量,降低了工程成本。路基的压实也由原来的轻型压路机械(如推土机、轻型压路机)发展为重型压实机械(如重型压路机和振动压路机等)压实。20世纪60年代至70年代初中期,我国公路在铺筑沥青路面时,使用的是大锅熬油,表面处治工艺,这种方法不但工效低,劳动强度大,而且质量也很难保证。进入20世纪80年代后,随着公路建设步伐的加快,不断引国外先进的施工设备,并且还自主或联合开发公路施工机械与设备,使路面施工机械得到了飞速的发展。现在,一般的施工单位都有沥青混合料拌和机械、摊铺机械和压实机械。特别是在高速公路施工时,为保证工程质量,现代化的机械设备如大型自动控制沥青混凝土拌和机、自动找平沥青混凝土摊铺机以及稳定土拌和机械已成为必备条件,而且在路面修筑中发挥了巨大的作用。

随着水泥混凝土路面施工技术的发展,水泥混凝土路面施工机械在我国也有了长足的发展,先进的现代化施工机械在不断增加,从而也保证了水泥混凝土路面的施工质量。从目前看,正在由人工及半机械化的摊铺和振捣方法向机械化施工的方向转化,水泥混凝土路面使用轨道式摊铺机和滑模摊铺机进行施工的施工技术正在普及。这些机械在一次行程过程中可完成混合料的摊铺、振实、成型、切缝和拉毛等工作,日铺筑路面长度可达3km左右,旧的施工技术不能与之相比。这些新技术、新设备的推广应用,必将推动我国水泥混凝土路面的发展。

五、路面测试技术的发展

路面测试技术作为路面质量控制与管理、路面使用品质评价的重要手段已受到广泛的重视,过去那种只凭眼观目测的简单方法已逐步被科学、先进的测试技术所代替。对于那些能引起路面局部破损的检测方法也已被检测速度快、精度高的无损检测技术所取代。如从前测定路面结构层密度采用灌砂法;路面平整度使用3m直尺;路面厚度采用挖坑或钻取法,而现在逐步被核子密度仪、路面平整度仪、超声波厚度测定仪和路面综合测试车所取代。随着路面质量控制指标的增加,相对应的检测手段的不断涌现,测试仪器的研制也从未间断过。近年来,我国自行研制和改进了许多新的仪器,如路面厚度测定仪、平整度测定仪、强度测定仪、抗滑测定仪、渗水分析仪以及沥青路面车辙、裂缝分析仪等已逐步研制成功并投入使用。这些仪器综合电、声、光和磁等多种测试技术,可多项目、多指标的对工程进行综合测试与检测,并在检测速度,精度和数据处理上向着自动化、智能化方向发展。高等级公路路面的评价往往依据于多项指标。国外发达国家普遍装备了"路面综合测试车",我国各省厅一般也进行了装备,只要到测试现场一次,就能测得各种所需的数据,方便且效率高。这无疑为保证路面施工质量和延长路面使用寿命奠定了有利的基础。

六、本课程的任务和学习方法

本课程是公路与桥梁专业的一门综合性的专业主干课程。其主要内容为:路基构造、受力与工作状态,路基排水基本知识和排水构造物的设计原则,公路施工的基本程序,公路施工放样技术,路基的防护与加固基本类型、构造和施工技术,土质路基和石质路基的施工技术,特殊路基的施工,沥青类路面和水泥混凝土路面的施工工艺与施工技术,路基路面工程施工质量检测方法,竣工资料的整理和存档等内容。

本课程具有多方面的内容,涉及其他学科较多,如土工技术、道路材料试验、公路桥涵设计、公路几何设计、路面结构等,因而要求有较广泛的先修课知识为基础。应注意紧密联系。

在学习中,应抓住重点,掌握基本概念、基本原理、基本构造、施工方法、施工程序,其中路基土石填筑技术、沥青类路面施工技术、水泥混凝土路面施工技术应是我们掌握运用的重点。施工机械的配套选择与使用也是学习中值得注意的另一个重要方面。通过系统学习,使学生达到既能够熟练运用公路工程施工技术,又懂得现代机械设备应用,并且能进行现场施工指导和处理工程中的技术问题。由于课程内容与工程实践联系密切,并有地区性的差异,在学习时还应注意理论与实际的关系,认真参加实验及实习,做到理论与实践相结合,提高运用所学知识解决实际问题的独立工作能力。

第一篇

路基工程施工技术

第一章　绪　　论

【内容简介和学习要求】

本章简单介绍了影响公路路基稳定的因素，路基用土的工程性质，路基的高程和最小填土高度等几个重要的概念，重点介绍了路基的变形、破坏形式及其原因，路基的受力与工作区，保证路基稳定的措施。

通过本章学习，能够对路基工程用土和公路施工有全面的认识，能够根据路基用土的工程性质并结合实际情况合理地选择路基填筑用土；能够根据路基土的工程特性，分析路基产生病害的因素，解决施工过程中出现的实际问题。

第一节　影响路基稳定性的因素

公路路基是一种常年暴露于大自然的一条带状构造物，其稳定性在很大程度上是取决于当地自然条件。因此，深入调查公路沿线的自然条件，从整体（地区）和局部（具体路段）去分析研究，掌握各有关自然因素的变化规律及水文情况、人为因素对路基稳定性的影响，从而因地制宜地采取有效的工程技术措施。同时这也是正确进行路基设计、施工、养护，进而提高公路使用寿命的重要前提。

一、影响路基稳定性的自然因素

影响公路路基稳定性的自然因素一般有：

(1)地形。平原地区地势平坦，一般来说地面水容易积聚，地下水水位较高，因此，路基需要保持一定的最小填土高度；山岭重丘地区地势陡峻，路基的强度与稳定性特别是稳定性不易保证，需要采取某些防护与加固措施。

(2)地质。沿线岩土的种类、成因、岩层的走向、倾向和倾角、风化程度等，都影响路基的强度与稳定性。

(3)气候。公路沿线地区的气温、降雨量、降雪量、冰冻深度、日照、年蒸发量、风力、风向等，都影响路基的水温状况。

(4)水文与水文地质。水文是指地面径流、河道的洪水位，河岸的冲刷与淤积情况等；水文地质则是指地下水位、地下水移动的规律，有无泉水及层间水等。

以上所有这些都会影响路基的稳定性，如处理不当，往往会导致路基产生各种各样的病害。

二、影响路基稳定的人为因素

(1)荷载作用。包括静载、活载及其大小和重复作用次数等。

(2)路基结构。包括路基形式、路基填土或填石的类别与性质、排水结构物与支挡结构物的设置等。

(3)施工方法。包括填筑方法（是否分层填筑）、压实方法（是否分层压实）、压实度的控制（是否充分压实）以及特殊施工技术（是否采用大爆破）等。

(4)养护措施。一般措施及在设计、施工中未及时采用而在养护中加以补充的改善措施。此外还有沿线附近的人工设施如水库、排灌渠道、水田以及其他人为活动等。

第二节　路基土的工程性质

一、路基土的工程性质

按照现行的《公路土工试验规程》(JTJ 051—93)中土的工程分类方法,将土分为巨粒土、粗粒土、细粒土和特殊土四大类,分类总体系如图1-1-1所示。各类土的主要工程性质如下:

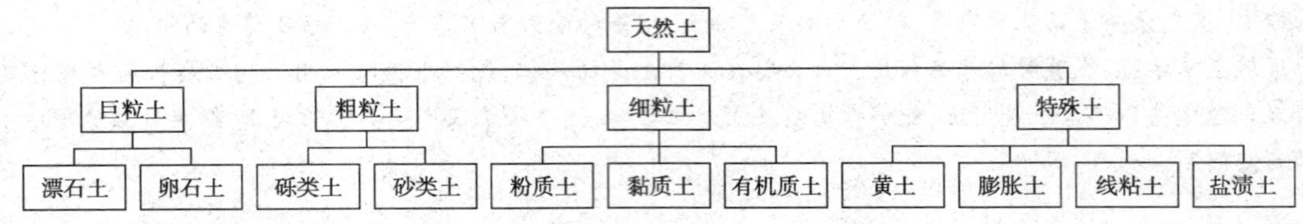

图1-1-1　土分类总体系

1.巨粒土

巨粒土有很高的强度及稳定性,是填筑路基的很好材料。对于漂石土,在码砌边坡时,应正确选用边坡值,以保证路基稳定。对于卵石土,填筑时应保证有足够的密实度。

2.粗粒土

砾类土由于粒径较大,内摩擦力亦大,因而强度和稳定性均能满足要求。级配良好的砾类土混合料,密实程度好。对于级配不良的砾类土混合料,填筑时应保证密实程度,防止由于空隙大而造成路基积水、不均匀沉陷或表面松散等病害。

砂类土又可分为砂、含细粒土砂(或称砂土)和细粒土质砂(或称沙性土)三种。砂和含细粒土砂无塑性,透水性强,毛细上升高度很小,具有较大的摩擦系数,强度和水稳定性均较好。但由于黏性小,易于松散,压实困难,需用振动法或灌水法才能压实。为克服这一缺点,可添加一些黏质土,以改善其使用质量。

细粒土质砂既含有一定数量的粗颗粒,使路基具有足够的强度和水稳性,又含有一定数量的细颗粒,使其具有一定的黏性,不致过分松散。一般遇水干得快,不膨胀,干时有足够的粘结性,扬尘少,容易被压实。因此,细粒土质砂是修筑路基的良好材料。

3.细粒土

粉质土为最差的筑路材料。它含有较多的粉土粒,干时稍有黏性,但易被压碎,扬尘性大,浸水时很快被湿透,易成稀泥。粉质土的毛细作用强烈,上升速度快,毛细上升高度一般可达0.9~1.5m,在季节性冰冻地区,水分积聚现象严重,造成严重的冬季冻胀,春融期间出现翻浆,故又称翻浆土。如遇粉质土,特别是在水文条件不良时,应采取一定的措施,改善其工程性质。

黏质土透水性很差,黏聚力大,因而干时坚硬,不易挖掘。它具有较大的可塑性、粘结性和膨胀性,毛细管现象也很显著,用来填筑路基比粉质土好,但不如细粒土质砂。浸水后黏质土能较长时间保持水分,因而承载能力小。对于黏质土如在适当的含水量时加以充分压实和有良好的排水设施,筑成的路基也能获得稳定。

有机质土(如泥炭、腐殖土等)不宜作路基填料,如遇有机质土均应在设计和施工上采取适当措施。

4.特殊土

黄土属于大孔和多孔结构，具有湿陷性；膨胀土受水浸湿发生膨胀，失水则收缩；红黏土失水后体积收缩量较大；盐渍土潮湿时承载力很低。因此，特殊值也不宜作路基填料。

二、路基高程与最小填土高度

新建公路的路基设计高程：高速公路和一级公路采用中央分隔带的外侧边缘高程；二、三、四级公路采用路基边缘高程，在设计超高、加宽地段为设超高、加宽前该处边缘高程。改建公路的路基设计高程：一般按新建公路的规定办理，也可视具体情况而采用中央分隔带中线或行车道中线高程。

路基临界高度是指在不利季节当路基处于某种干湿状态时，路槽底面距地下水位或地面长期积水位的最小高度，可根据土质、气候因素按当地经验确定。

路基最小填土高度是指为保证路基稳定，根据土质、气候和水文地质条件，所规定的路肩边缘距原地面的最小高度。为利于排水，干燥路基最小填土高度规定为：细粒土质砂0.3～0.5m；黏质土0.4～0.7m；粉质土0.5～0.8m。

挖方或填筑路堤有困难的地段可加深边沟，使路肩边缘距边沟底面的高度符合上述规定。当路基填土高度不能满足上述规定时，则应采取相应的措施，以保证路基的强度与稳定。沿河受水浸淹的路基高度应高出路基设计洪水频率计算水位加壅水高，再加波浪侵袭高度以上0.5m。

第三节　路基的主要工程特性

路基的主要工程特性表现在路基的变形、破坏、受力与工作区等几个方面。

一、路基的变形、破坏形式及其原因

1.路基的沉陷

路基沉陷的特征是路基表面产生较大的竖向位移。路基的沉陷一般为不均匀的沉陷，如图1-1-2所示。

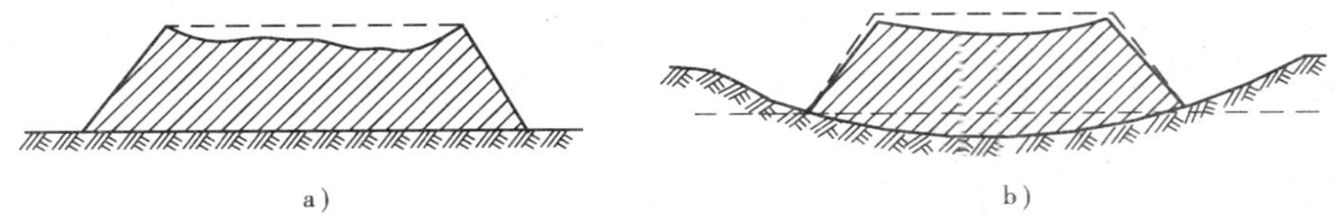

图1-1-2　路基石均匀沉陷

a)堤身下陷；b)地基下沉

路基本身的沉陷一般主要是由于填料选择不当，填筑方法不合理，压实不足，在荷载和水、温度综合作用下引起的竖向位移。原地面为软弱土层，例如泥沼、流沙或垃圾堆积等，填筑前未经换土或压实处理，造成承载力不足，发生侧面剪裂凸起，地基发生下沉，亦引起路堤下陷。

2.路基边坡的坍方

按其破坏规模与原因的不同，路基边坡的坍方可分为剥落、碎落、滑坍、崩坍、坍塌等，如图

1-1-3 所示。

剥落是指边坡土层或风化岩层表面，在大气的干湿或冷热的循环作用下，表面发生胀缩现象，使表层土或岩石成片状或带状从坡面上剥落下来，并且老的脱落后，新的又不断产生。

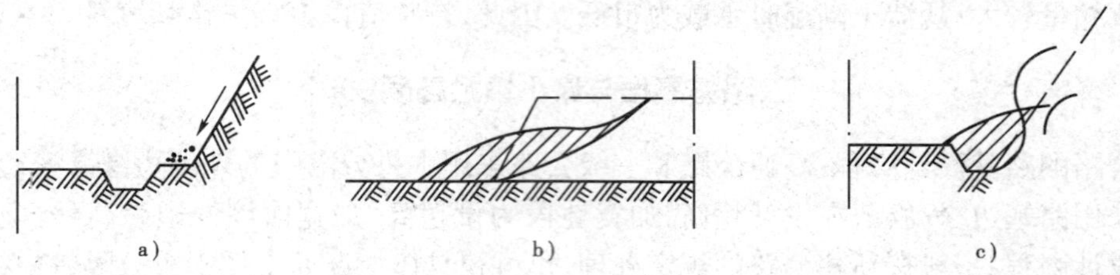

图 1-1-3 路基边坡坍方

a)剥（碎）落；b)滑坍；c)崩坍

碎落是坡面岩石成碎块的一种剥落现象，其规模与危害程度比剥落严重。

滑坍是指路基边坡土体或岩石沿着一定的滑动面整体向下滑动，其规模与危害程度比碎落更为严重，有时滑动体可达数百方以上。

崩坍是大的石块或土块脱离原有岩体或土体而沿边坡倾落下来，崩坍体的各部分相对位置在移动过程中完全打乱。

坍塌（亦称堆坍）主要是由于土体（或土石混杂的堆积物）遇水软化，而边坡又在 45°～60°之间，且在边坡无支撑情况下产生的。路基边坡坍方的主要原因有：边坡过陡冲刷；填筑路堤方法不当；土体过于潮湿；坡脚被水冲刷；岩石破碎和风化严重等。

3. 路基沿山坡滑动

在较陡的山坡上填筑路基，如果原有地面较光滑，未作必要的处理，如未进行凿毛或人工开挖台阶，或丛草未清除，坡脚又未进行必要的支撑，特别是在受到水的浸润后，填方路基与原地面之间摩擦阻力减小，路基整体或局部沿地面向下移动，如图 1-1-4 所示。

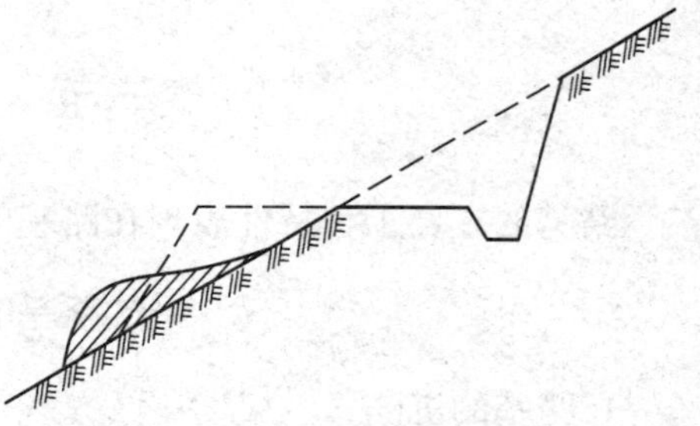

图 1-1-4 路堤沿山坡滑动

4. 不良地质水文条件造成的路基破坏

公路通过不良地质水文地区，或遭受较大的自然灾害作用，如巨型滑坡、泥石流、地震及特大暴雨等，均能导致路基的大规模破坏。

综上所述，路基发生变形、破坏的主要原因归纳为如下几个方面：

(1) 不良的工程地质与水文地质条件。

(2) 不利的水文与气候因素。

(3) 设计不合理。

(4) 施工不符合有关规定。

上述原因中，地质条件是影响路基工程质量和产生病害的基本前提，水是造成路基病害的主要原因。

二、路基的受力与工作区

1. 路基受力状况

一般情况下，路基承受两种荷载，一种是路面和路基自重引起的静力荷载；另一种是车轮荷载引起的动力荷载。在两种荷载的共同作用下，使路基土处于受力状态。理想的状态是使路基受力时只产生弹性变形，而车轮驶过以后恢复原状，以确保路基的相对稳定，不致引起路面破坏。

当车轮荷载为圆形均布荷载时，圆形均布荷载中心下土基的垂直压应力可用式(1-1-1)近似计算：

$$\sigma_1 = \frac{P}{1 + 2.5\left(\frac{Z}{D}\right)^2} \tag{1-1-1}$$

自重引起土基中的压应力，考虑到在一定深度以下，同路基自重相比较，路面重力的影响不大，所以在研究荷载作用最大深度时，为简化计算，近似地将路面材料相当于土基材料，则土基材料由自重引起的压应力可用式(1-1-2)计算：

$$\sigma_2 = \rho Z \tag{1-1-2}$$

式中：ρ——土基的湿密度(kN/m^3)；

Z——应力作用深度(m)。

车轮荷载所产生的垂直应力 σ_1，土基自重力引起的垂直应力 σ_2 及两者的应力曲线如图1-1-5所示。

2.路基工作区

由图 1-1-5 可以看出，车轮荷载引起的应力 σ_1 随着深度增加而逐渐减小(曲线变化)，自重力引起的应力 σ_2 则随着深度增加而增大(直线变化)。

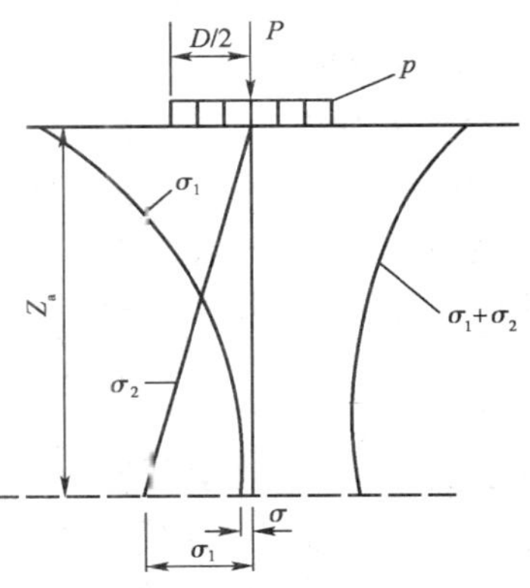

图 1-1-5　土基应力分布图

在某一深度 Z_a 处，车轮荷载所产生的应力仅为自重应力的 1/5 ~ 1/10，在此深度 Z_a 以下，车轮荷载对土基强度和稳定性影响甚小，故而可略去不计。根据 $P/[1+2.5(Z_a/D)] = (1/5 \sim 1/10)\rho Z_a$ 可推出车轮荷载所引起的应力分布深度 Z_a。我们把经受车轮荷载作用影响较大的土基范围称为路基工作区，Z_a 称作路基的工作深度。几种汽车车型的路基工作区深度的近似值见表 1-1-1。

路基工作区深度　　表 1-1-1

汽 车 型 号	每侧后轮重力 P(kN)	工作区深度 Z_a(m)
解放 CA—10B 载货汽车	(1/2)× 60.85	1.6
东风 EQ—140 载货汽车	(1/2)× 69.20	1.7
黄河 JN—150 载货汽车	(1/2)× 101.60	1.9
北京 BJ—130 载货汽车	(1/2)× 27.18	1.2
黄河 QD—351 倾卸汽车	(1/2)× 97.15	1.9
上海 SH—380 倾卸汽车	(1/2)× 360.00	2.9
天津 TJ—644C 大客车	(1/2)× 75.30	1.7
红旗 CA—773 小客车	(1/2)× 15.75	1.0

注：该表系以 $\sigma_1/\sigma_2 = 1/5$ 和 $\rho = 18$kN/m^3 计算而得。

由表 1-1-1 可以看出,轻、重型汽车车轮荷载的影响深度相差很大,设计和施工时应予以注意。

3.当量厚度

由于路基、路面不是均质体,路面材料的密度较路基为大,路基工作区的实际深度随路面强度的增加而减少。因此,要精确计算 Z_a,应将路面折算为与路基同一性质的整体后,再进行计算。柔性路面的当量厚度换算公式为:

$$Z_0 = \sum_{i=1}^{n-1} h_i \sqrt[2.4]{\frac{E_i}{E_0}} \tag{1-1-3}$$

式中:Z_0——各层路面材料换算为路基土层的当量厚度(m);

E_i——路面各结构层的回弹模量(MPa);

h_i——路面各结构层的厚度(m);

E_0——路基土的回弹模量(MPa)。

车轮荷载在路基内的作用深度应为 $Z_a \sim Z_0$。

路基工作区内,土基的强度与稳定性,对于保证路面的强度与稳定,满足行车要求极为重要。因此,对应力作用区内的土质选择、含水量与压实程度等,在设计和施工时均应特别注意。

当应力作用深度大于路基填土高度时,车轮荷载不仅作用于路堤,而且作用于天然地基上部土层,此时,天然地基上部土层和路堤应同时满足路基工作区的设计要求。路基高度与工作区深度的关系如图 1-1-6 所示。

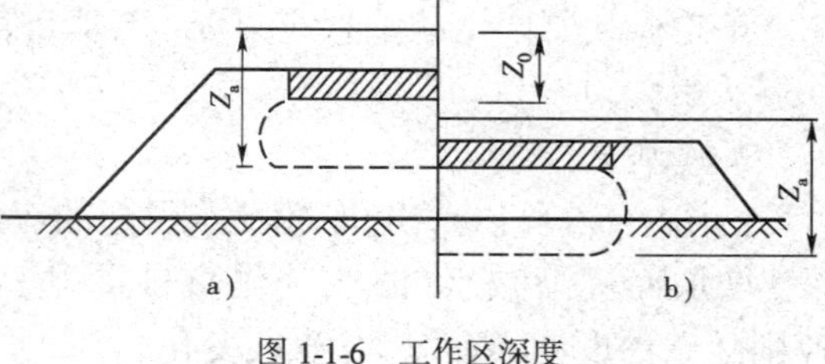

图 1-1-6　工作区深度

由此可知,路基工作区内的强度对保证公路稳定作用的重要性。

三、保证路基强度与稳定性的措施

路基强度是指路基土体抵抗在外荷载及自重作用下可能发生相对滑动位移、竖向变形和破坏的能力。路基强度一般用抗剪强度和回弹模量两个指标来评定。抗剪强度与路基土的颗粒直径大小有关,颗料愈大,抗剪强度愈高。而回弹模量值的大小,取决于荷载的作用形式及竖向垂直位移的大小,以及土本身的性质与状态。

路基的强度与稳定性,受水、温度、土质等的影响,在一年内出现显著的季节性变化。在季节性冰冻地区,由于负温差的影响,土基下层较暖的水分向上层较冷的土层移动,产生水分积聚和冻结,引起冻胀;春融时,土基又因过湿而发生翻浆。在非冰冻地区,雨季时,会造成土基过分湿软,强度与稳定性降低。因此,为保证路基的强度与稳定性,必须深入进行调查研究,仔细分析各种自然因素与路基的关系,抓住主要问题,采取有效措施。保证路基稳定性的措施一般有下列几种:

(1)正确设计路基横断面。

(2)选用工程性质良好的土填筑路基。

(3)适当提高路基,保证要求的最小填土高度。

(4)充分压实土基,保证达到规定的压实度。

(5)正确地进行地面和地下的排水设计。

(6)设置防冻层,减小土基冻结深度,减轻土基冻胀。

(7)采取边坡加固与防护措施,以及修筑挡土结构物。

第二章　路基基本构造

【内容简介和学习要求】

本章着重介绍了路基典型横断面，路基的宽度、路基的高度、路基边坡，路基取土坑、弃土堆、护坡道、碎落台、堆料坪和错车道等附属设施。

通过本章学习，学生能够描述常用的几种路基横断面形式及其构成；论述各级公路的行车道宽度、路基宽度，路基的边坡、边坡构成及合理的取值；在施工中，能根据施工图纸设置合理的取土坑、弃土堆、护坡道、碎落台、堆料坪和错车道。

第一节　路基典型横断面

为了满足行车的要求，路线有些部分高出原地面，需要填筑；有些部分低于原地面，需要开挖。因此，路基横断面形状各不相同。典型的路基横断面有路堤、路堑、填挖结合及零填零挖。

1.路堤

高于原地面的填方路基称路堤。路床以下的路堤分上、下两层，路面底面以下 80～150cm 范围内的填方部分为上路堤，上路堤以下的填方部分为下路堤。图 1-2-1 是填方路基横断面的基本形式。按其填土高度可划分为：填土高度低于 1.0m 的矮路堤；填土高度高于 1m 低于表 1-2-5 所规定的一般路堤；填土高度超过表 1-2-5 所规定的高路堤。按其所处的条件及加固类型的不同还有沿河路堤、陡坡护脚路堤及挖渠填筑路堤等。

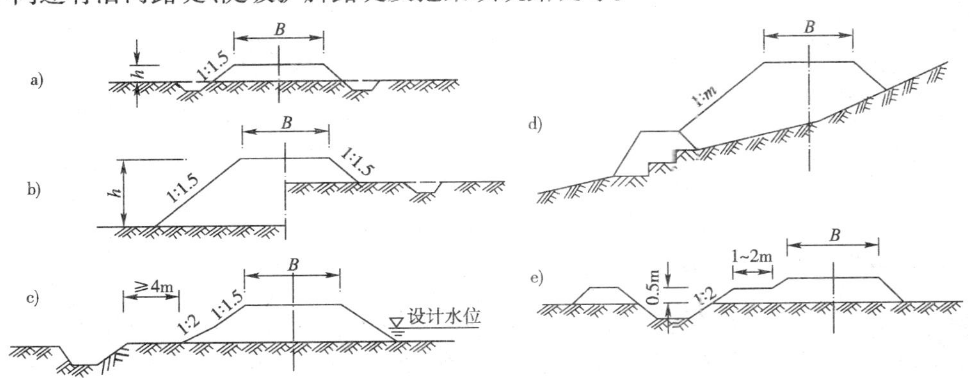

图 1-2-1　填方路基横断面的基本形式

a)矮路堤；b)一般路堤；c)沿河路堤；d)护脚路堤；e)挖渠填筑路堤

2.路堑

低于原地面的挖方路基称为路堑，图 1-2-2 是挖方路基的基本形式。

最典型的路堑为全挖断面，路基两侧均需设置边沟。在陡峭山坡上可挖成台口式路基。即在山坡上，以山体自然坡面为下边坡，其他部分由全部开挖形成，以避免局部填方。在整体坚硬的岩石层上，为节省石方工程，有时可采用半山洞路基，但要确保安全可靠，不得滥用。

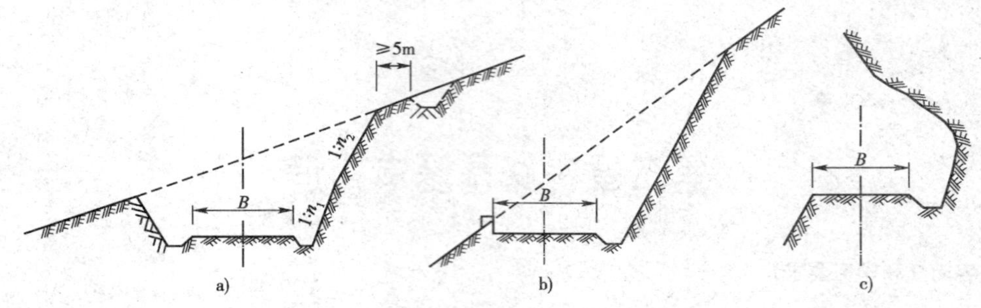

图 1-2-2　路堑横断面的基本形式

a)路堑;b)台口式路基;c)半山洞路基

3.填挖结合路基

在一个断面内,部分为路堤,部分为路堑的路基称为填挖结合路基。图 1-2-3 是填挖结合

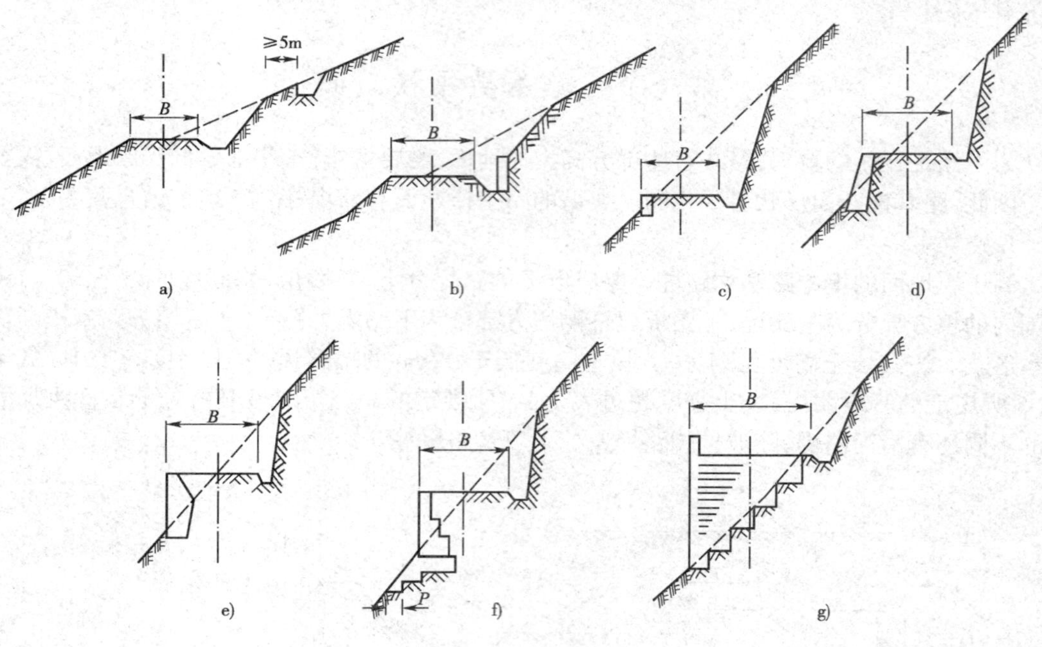

图 1-2-3　填挖结合路基横断面的基本形式

a)一般半填半挖路基;b)矮挡墙路基;c)护肩路基;d)砌石路基;e)护墙路基;f)挡土墙路基;g)半山桥

路基横断面的基本形式。如若处理得当,路基稳定可靠,这种形式是比较经济的。但由于开挖部分路基为原状土,而填方部分为扰动土,往往这两部分密实程度不相同。另外,填方部分与山坡结合不够稳定,若处理不当,这类路基会在填挖交界面处出现纵向裂缝,填方沿基底滑动等病害。因此,应加强填挖交界面结合处的压实;原地面横坡陡于 1:5 的填方部分,应采取开挖台阶等措施;必要时,在路堤部分设置挡土墙或石砌护脚。

4.零填零挖路基

在干旱的平原区和丘陵区、山岭区的山脊线路段,原地面与路基高程基本相同,构成零填零挖的路基断面形式,如图 1-2-4 所示。

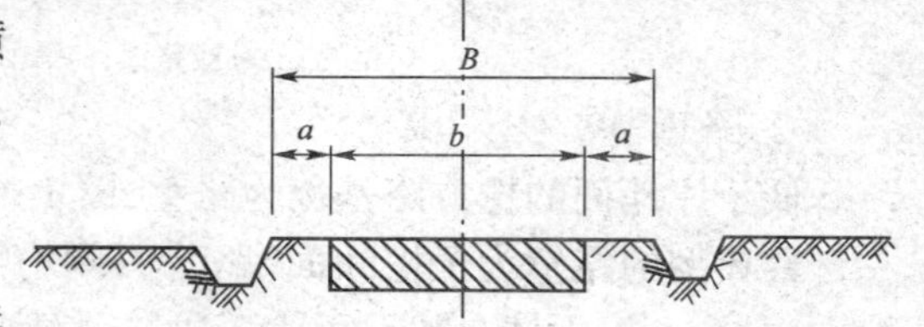

图 1-2-4　零填零挖路基横断面的基本形式

B-路基宽度;a-路肩宽度;b-路面宽度

第二节　路基的基本构造

路基的几何参数由宽度、高度和边坡坡度等所构成。路基的边坡坡度及相应的处治措施，是决定路基稳定性和横断面经济性的重要因素之一。

一、路基宽度

为满足车辆及行人在公路上正常通行，路基需有一定的宽度。公路路基宽度是指在一个横断面上两路肩外缘之间的宽度，如图1-2-5所示。

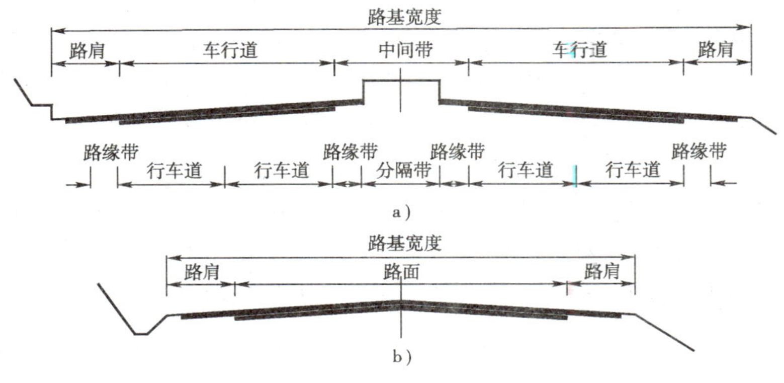

图1-2-5　公路路基宽度图

a)高速公路、一级公路；b)二、三、四级公路

1.行车道数及行车道宽度

行车道数是根据远景年设计小时交通量和一条车道的设计通行能力，并考虑公路的等级及不同路段而决定。行车道数可分为单车道、双车道、四车道及多车道。

高速公路和一级公路一般为四车道。高速公路必要时车道数可按双数增加。一般公路普遍是双车道。交通量不大的山岭区四级公路可采用单车道，并在适当距离及地点设错车道。错车道尺寸如图1-2-6所示。

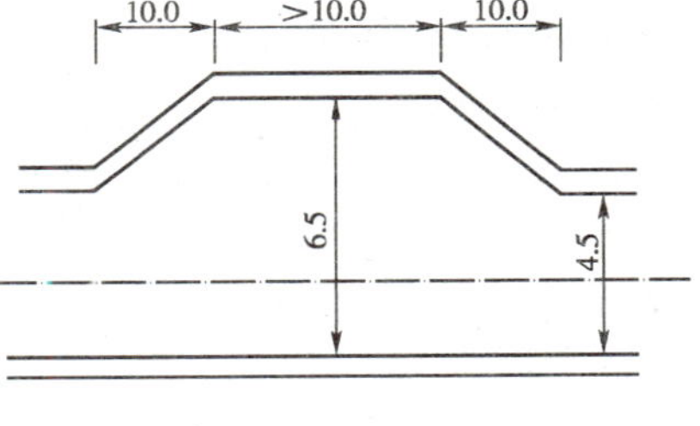

图1-2-6　错车道(尺寸单位：m)

目前采用的一个车道宽度一般为3.5～3.75m。《公路工程技术标准》(JTG B01—2003)中规定的各级公路单车道宽度如表1-2-1所示。高速公路、一级公路各路段的车道数应根据交通量与服务水平要求确定。高速公路、一级公路的车道数为四车道以上时，应按双数增加。

各级公路行车道宽度　　表1-2-1

设计速度(km/h)	120	100	80	60	40	30	20
车道宽度(m)	3.75	3.75	3.75	3.50	3.50	3.25	3.00(单车道时为3.50m)

2.中间带

高速公路和一级公路应设置中间带。中间带由两条左侧路缘带及中央分隔带组成。路缘带一般与行车道处于同一平面，并有相同的路面强度。其构造应起到诱导视线的作用。高速公路的中央分隔带应设置必要的安全、防眩和导向等设施。中间带的宽度按现行《公路工程技术标准》中的规定如表 1-2-2 所示。

中间带宽度 表 1-2-2

设计速度(km/h)		120	100	80	60
中央分隔带宽度(m)	一般值	3.00	2.00	2.00	2.00
	最小值	2.00	2.00	1.00	1.00
左侧路缘带宽度(m)	一般值	0.75	0.75	0.50	0.50
	最小值	0.75	0.50	0.50	0.50
中间带宽度(m)	一般值	4.50	3.50	3.00	3.00
	最小值	3.50	3.00	2.00	2.00

注:当受地形条件及其他特殊情况限制时,可采用最小值。

3.路肩

路肩是指行车道外缘到路基边缘的带状部分。设中间带的高速公路和一级公路行车道左侧不设路肩。若采用分离式断面的路基时,行车道左侧应设硬路肩,其宽度一般为:设计速度 120km/h 时采用 1.25m,设计速度 100km/h 时采用 1.00m,设计速度≤80km/h 时采用 0.75m。

高速公路和一级公路,应在路肩宽度内设右侧路缘带,其宽度一般为 0.5m。四级公路路肩宽度,当采用单车道路面时,一般为 1.5m,其余为 0.5m。二、三、四级公路,在村镇附近及混合交通量大的路段,路肩应予加固,以充分利用。

各级公路的路肩宽度,《公路工程技术标准》(JTG B01—2003)中的规定如表 1-2-3 所示。

各级公路路肩宽度 表 1-2-3

设计速度(km/h)		高速公路、一级公路				二级公路、三级公路、四级公路				
		120	100	80	60	80	60	40	30	20
右侧硬路肩宽度(m)	一般值	3.50 3.00	3.00	2.50	2.50	1.50	0.75	—	—	—
	最小值	3.00	2.50	1.50	1.50	0.75	0.25			
土路肩宽度(m)	一般值	0.75	0.75	0.75	0.50	0.75	0.75	0.75	0.50	0.25(双车道)
	最小值	0.75	0.75	0.75	0.50	0.5	0.5			0.50(单车道)

注:当受地形条件及其他特殊情况限制时,可采用最小值。

综上所述,路基宽度随公路等级、路段及地形而变化,《公路工程技术标准》(JTG B01—2003)中的规定如表 1-2-4 所示。

各级公路路基宽度 表 1-2-4

公路等级		高速公路、一级公路								
设计速度(km/h)		120			100			80		60
车道数		8	6	4	8	6	4	6	4	4
路基宽度(m)	一般值	45.50	34.50	28.00	44.50	33.50	26.00	32.00	24.50	23.00
	最小值	—	—	26.00	—	—	24.50	—	21.50	20.00

公路等级		二级公路、三级公路、四级公路					
设计速度(km/h)		80	60	40	30	20	
车道数		2	2	2	2	2 或 1	
路基宽度(m)	一般值	12.00	10.00	8.50	7.50	6.50(双车道)	4.50(单车道)
	最小值	10.00	8.50	—	—	—	

四级公路应采用双车道路基宽。交通量小的路段,可采用单车道 4.50m 路基宽。四级公

路采用 4.50m 路基时，应在驾驶人员能看到相邻两点的适当位置设置错车道，设置错车道路段的路基宽度不应小于 6.5m。

二、路基高度

路基设计高程与路中线原地面高程之差，称为路基填挖高度或施工高度。

路基高度是影响路基稳定性的重要因素。它也直接影响工程造价。为此，在路线纵坡设计时，应尽量满足最小填土高度要求，使路基处于干燥或中湿状态，尤其是路线穿越农田、冻害严重而又缺乏砂石的地区。在取土困难或用地受到限制，不能满足要求时，则应采取相应的处治措施，如路基两侧加深加宽边沟、换土或填石、设置隔离层等，以减少或防止地面积水和地下水危害路基。

三、路基边坡

为保证路基稳定，路基两侧需做成具有一定坡度的坡面。路基边坡坡度是以边坡的高度 H 与宽度 b 之比来表示。为方便起见，习惯将高度定为 1，相应的宽度是 b/H，一般写成 $1:m$，$m=b/H$ 称为坡率，如 1:0.5，1:1.5，如图 1-2-7 所示。m 值愈大，边坡愈缓，稳定性愈好，但工程数量增大，且边坡过缓而暴露面积过大，易受雨、雪侵蚀，反而不利。可见，路基边坡坡度对路基稳定起着重要的作用。恰当地边坡坡度，既能使路基稳定，又可节省造价，尤其在深路堑及工程地质复杂的地区，这对路基的建造是极为重要的。

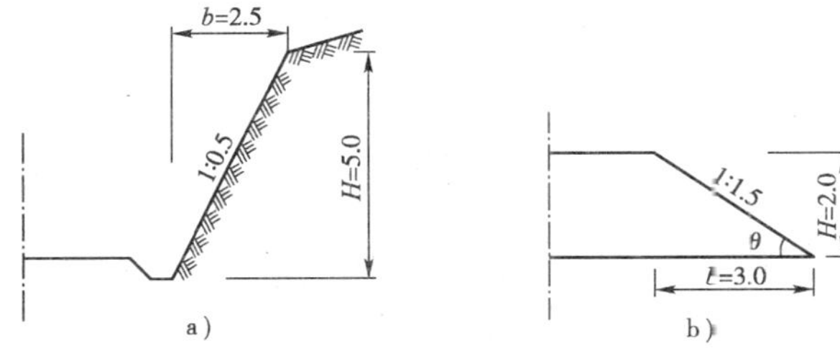

图 1-2-7　路基边坡坡度示意图（尺寸单位：m）

a）路堑；b）路堤

1.路堤边坡

路堤的边坡坡度，应根据填料的物理力学性质、气候条件、边坡高度以及基底的工程地质和水文地质条件等进行合理的选定。根据多年工程实践和大量试验研究总结，将一般路堤边坡坡度列入表 1-2-5 中。

路堤边坡坡度　　表 1-2-5

填料种类	边坡最大高度(m)			边坡坡度		
	全部高度	上部高度	下部高度	全部坡度	上部坡度	下部坡度
黏质土、粉质土、砂类土	20	8	12	—	1:1.5	1:1.75
砂、砾	12	—	—	1:1.5	—	—
碎(块)石土、卵石土	20	12	8	—	1:1.5	1:1.75
不易风化的石块	20	8	12	—	1:1.3	1:1.5

注：采用台阶式边坡时，下部边坡可采用与上部边坡一致的坡度。

沿河路堤边坡坡度，要求在设计水位以下部分视填料情况，可采用 1:1.75～1:2.0；常水位以下部分可采用 1∶2.0～1∶3.0。如若选用渗水性较强的土填筑，其值可采用较陡的边坡。

2.路堑边坡

挖方路基边坡，主要与当地的工程地质、水文地质情况、地面排水条件及边坡高度、施工方法等因素有关，应综合分析论证确定。

土质路堑边坡形状可分为直线形、上陡下缓折线形、上缓下陡折线形和台阶形等四种形式，如图 1-2-8 所示。确定边坡形状，应根据土的组织结构、均匀、密实程度和可塑状态及边坡高度，合理地选择。一般地区，当边坡土质均匀或为薄层互层，水文地质较好时，宜选用直线形边坡。若边坡高度较大、且土质不均匀，可考虑折线形边坡。上部土层较下部土层密实程度大时，采用上陡下缓形；反之，则采用上缓下陡形。折线形边坡易在变坡拐点处出现冲刷而使边坡遭受破坏，因此，降雨量大、土质软弱地区的边坡，不宜采用这种形式，或需经防护后才采用。如果工程地质和水文地质较差，或下层是风化岩，上层是密实程度高的土质，或边坡高超过 15～20m，则宜采用阶梯形边坡。阶梯平台一般设在边坡中间适当位置，若边坡过高，可设多级台阶。台阶最小宽度不宜小于 1.0m，对多雨地区，应在平台上修筑拦截水的设施。实践表明，此类边坡对路基边坡稳定性具有很好的保护作用。

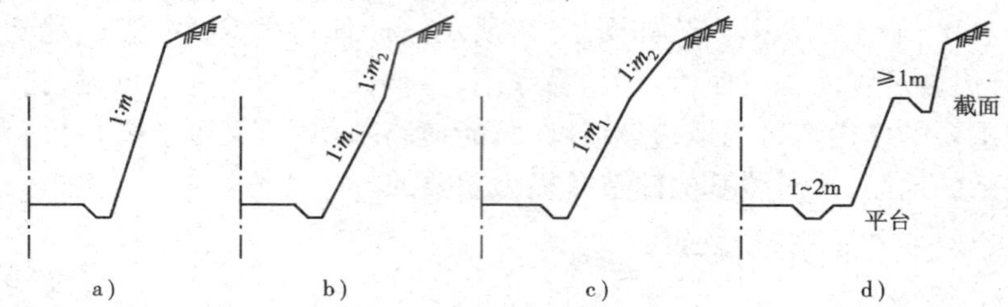

图 1-2-8 路堑边坡形式

a)直线形；b)上陡下缓折线形；c)上缓下陡折线形；d)台阶形

凡具有一定黏性的土质，其挖方边坡坡度可参照表 1-2-6 所列数值范围，结合已成公路的实践经验采用。表 1-2-6 中的密实程度，应通过挖坑试验判别。其划分标准见表 1-2-7。

土质路堑边坡坡度 表 1-2-6

岩石种类		边坡高度(m)	
		20	20～30
一般土	较松 中密、密实 胶结	1∶1.0～1∶1.5 1∶0.5～1∶1.25 1∶0.3～1∶0.5	1∶1.5～1∶1.75 1∶0.75～1∶1.5 1∶0.5～1∶0.75
黄土		1∶0.1～1∶1.25	1∶0.4～1∶1.25

土的密实程度划分表 表 1-2-7

分级	试坑开挖情况
较松	铁锹很容易铲入土中，试坑坑壁很容易坍塌
中密	天然坡面不易陡立，试坑坑壁有掉块现象，部分需用镐开挖
密实	试坑坑壁稳定，开挖困难，土块用手使力才能破碎，从坑壁取出大颗粒处能保持凹凸形状
胶结	细粒土密实度很高，粗颗粒之间呈弱胶结。试坑用镐开挖很困难，天然土密实坡面可以陡立

第三节　路基的附属设施

为了使路基稳定和保证行车安全畅通，与路基使用品质及其稳定性相关的附属设施，如取土坑、弃土堆、护坡道、碎落台、堆料坪以及单车道公路的错车道等，都应视为路基主体工程不可缺少的部分。

一、取土坑与弃土堆

公路土石方数量经过合理调配后，或在养护过程中，不可避免地会在公路沿线附近借土或弃土。在公路沿线挖取土方填筑路基或作为养护材料所留下的整齐土坑，称为取土坑。利用挖方路基所剩余的土或不宜筑路而废弃的土堆积成有规则形状的土堆称为弃土堆。无论借土或弃土，首先要合理地选择地点。一般应从土质、数量、用地及运输等方面考虑选点；其次要结合沿线农田水利，改地造田，不毁农田，少占或不占良田，维护自然生态平衡，防止水土流失；再者，结合沿线规划，充分利用，做到"借之有利，弃而无害"。公路等级愈高，或位于城郊附近的干线，尤其应注意。

取土坑一般设置在地势较高一侧。其深度或宽度，应视填土数量、施工方法及用地许可条件而定。平原区一般深度为 1.0m。为防止坑内积水，路基坡脚与坑之间，当堤顶与坑底高差超过 2m 时，需设宽度 1.0m 的护坡道，坑底设纵、横排水坡及相应设施，大致如图 1-2-9 所示。

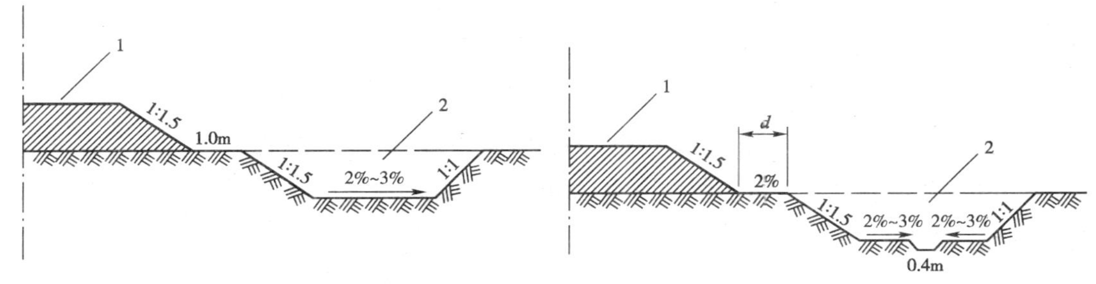

图 1-2-9　路旁取土坑示意图

1-路堤；2-取土坑

河流淹没地段的桥头引道两侧一般不设取土坑。河滩上的取土坑，应与调治构造物的位置相适应，一般距离河流水位界 10m 以外。此类取土坑不得长期积水及危害路基或构造物的稳定。

开挖路基的废方，应妥善处理，充分利用；如用于公路、农田水利、基建等，做到变废为宝，弃而不乱。对无法加以利用的弃土，亦应防止乱弃而造成水土流失，危害路基及农田水利，淤塞河道。

废方，一般选择在沿线附近低洼荒地或路堑的下坡一侧堆放。沿河路基废石方，条件允许时，可以部分占用河道，但不能造成河道上游壅水，危及路基及附近农田等。如需在路堑上侧弃土，要求堆弃整平，顶面具有适当横坡，并设置平台三角土埂及排水沟渠，如图 1-2-10 所示。积砂或积雪地段的弃土堆，为有利于防砂防雪，一般设在迎风一侧。路堑深度大于 1.5m 时，弃土堆距坡顶至少 20m。浅而开阔的路堑两旁不得设弃土堆。

二、护坡道与碎落台

当路堤较高时，为保证边坡稳定，在取土坑与坡脚之间，或在边坡坡面上，或筑成有一定宽度的平台，称为护坡道。其目的是加宽边坡横距，减缓边坡平均坡度。护坡道愈宽，愈有利于边坡稳定，但工程量随之增加。根据实践，宽度至少为 1.0m，并随填土高度而增大。一般情况下，护坡道宽度 d 为：$h \leqslant 3.0$m，$d = 1.0$m；$h = 3 \sim 6$m，$d = 2$m；$h = 6 \sim 12$m；$d = 2 \sim 4$m。

碎落台通常设在路堑边坡坡脚与边沟外侧边缘之间，有时也设置在边坡中部，如图 1-2-11 所示，其作用是为防止零星土石碎落物落入边沟。碎落台宽度一般为 1.0 ~ 1.5m。兼顾护坡道作用，可酌情放宽。对风化严重的岩石边坡或不良土质边坡，为防止塌方，碎落台可修成矮墙，如图 1-2-11 所示，其顶部宽度大于 0.5m，墙高 1 ~ 2m。

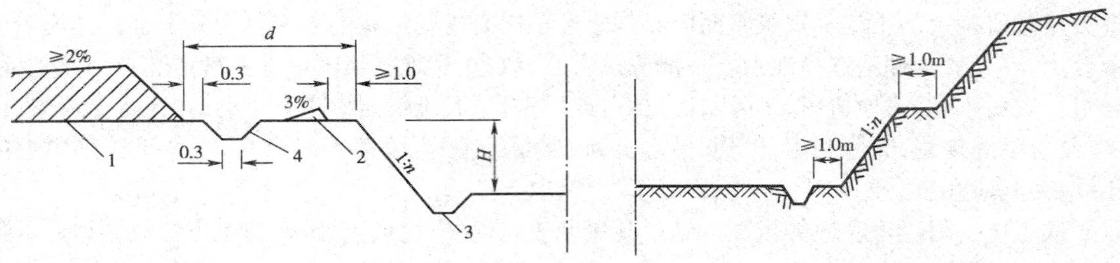

图 1-2-10 弃土堆横断面图(尺寸单位：m)

1-弃土堆；2-三角平台；3-边沟；4-截水沟；d-弃土堆内侧坡脚与路堑坡顶的距离；H-路堑高度

图 1-2-11 碎落台示意图

三、堆料坪与错车道

在低等级公路中，为避免在路肩上堆放路面养护用料，在用地条件许可时，可在路肩外缘或边沟外缘设置堆料坪。一般每隔 50 ~ 100m 设置一个，其长 5 ~ 8m，宽 2m 左右，如图 1-2-12 所示。

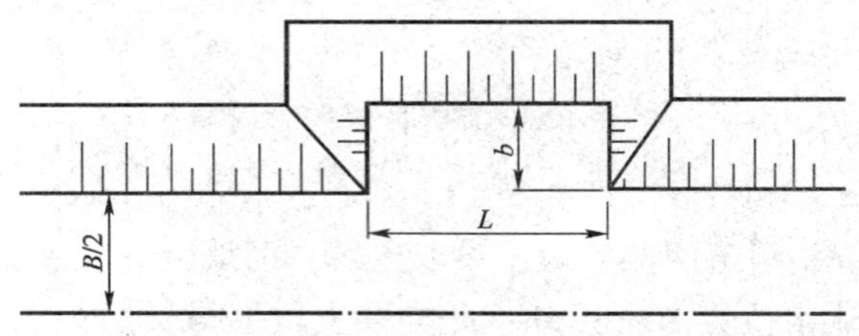

图 1-2-12 堆料坪示意图

b-堆料坪宽度；L-堆料坪长度；B-路基宽度

四级公路，当采用 4.5m 的单车道路基时，为了满足双向行车会车和相互避让的需要，在可通视的一定距离内，设置一段错车道，如图 1-2-6 所示。错车道的路基宽度$\geqslant$6.5m，有效长度$\geqslant$20m。

第三章　路基施工准备工作

【内容简介和学习要求】

本章概括介绍了路基的施工方法，路基施工的一般程序、内容，路基土方施工分级；路基施工前的组织准备、物质准备、技术准备等各项准备工作；施工组织设计的编制、施工组织设计的实施，并辅以实际施工组织设计案例。本章着重介绍了路基施工前的导线复测、恢复中线测量的内容和方法，施工测量放样内容和方法。

通过本章学习，学生能够为施工开工做好充分的准备。即根据路基工程施工现场情况，为路基施工做好充分的组织、物质、技术等各项准备工作；能够编制施工组织设计；能够进行施工前的导线复合测量，并会进行坐标方位角的推算、坐标增量计算、角度闭合差的调整、坐标增量闭合差的调整，完成导线平差计算；采用坐标放样方法进行恢复中桩测量放样的计算和敷设；采用图解法或计算法进行路基边桩的计算与现场放样工作。

第一节　概　　述

路基的强度和稳定性，不仅要通过设计予以保证，而且还要通过施工得以实现。路基是路面的基础，路基的施工质量直接影响路面的使用品质，以致影响交通运输的畅通与安全，因此，应充分重视路基施工。

路基土石方工程量大，分布不均匀，不仅与自身的其他工程设施（如路基排水、防护与加固等）相互制约，而且同公路工程的其他项目（如桥涵、路面等）相互交错且关系密切。因此，路基建筑往往成为整个公路施工进展的关键环节。为确保工程质量，实现快速、高效、安全施工，必须重视施工技术与管理，合理选择施工方法，周密制订施工组织计划，应用并推广先进的技术，切实做好安全生产等，这是高速发展公路事业的发展需要，亦是实现“精心施工”的必由之路。

一、路基施工方法

路基施工的基本方法，按其技术特点大致可分为如下几种：

1.人工施工

人工施工是传统方法，使用手工工具，劳动强度大，工效低，进度慢，工程质量难以保证，但短期内还必然存在并适用某些辅助性工作。

2.简易机械化施工

这是以人力为主，配以机械或简易机械的一种施工方法，可减轻劳动强度，加快施工进度，提高劳动生产率，在我国目前条件下，量小的工程项目仍不失为值得提倡的一种施工方法。

3.综合机械化施工

是指使用配套机械，对主机配以辅机，相互协调，共同完成主要工序的综合机械化作业。综合机械化施工极大地减轻劳动强度和提高劳动生产率，显著地加快施工进度，提高工程质量，降低工程造价，保证施工安全，是加快公路建设，实现公路施工现代化的根本途径。

4.爆破法施工

是石质路基和冻土路基开挖的基本方法。如果采用钻岩机钻孔与机械清理,亦是岩石路基机械化施工的必要条件。

5.水力机械化施工

它是使用水泵、水枪等水力机械,喷射强力水流,冲散土层并流运至指定地点沉积,例如采集砂料或地基加固等。水力机械化施工适用于电源和水源充足,挖掘比较松散的土质及地下钻孔等。对于砂砾填筑路堤或基坑回填,还可以用来起密实作用(称为水夯法)。

施工方法的选择,应根据工程性质,工程数量,施工期限及可能获得的人力和机械设备等条件来考虑。

二、路基施工的一般程序和内容

公路工程施工过程相对比较长,而路基施工过程在整个公路工程施工过程中时间权重很大。路基施工的主要程序和内容如图 1-3-1 所示。

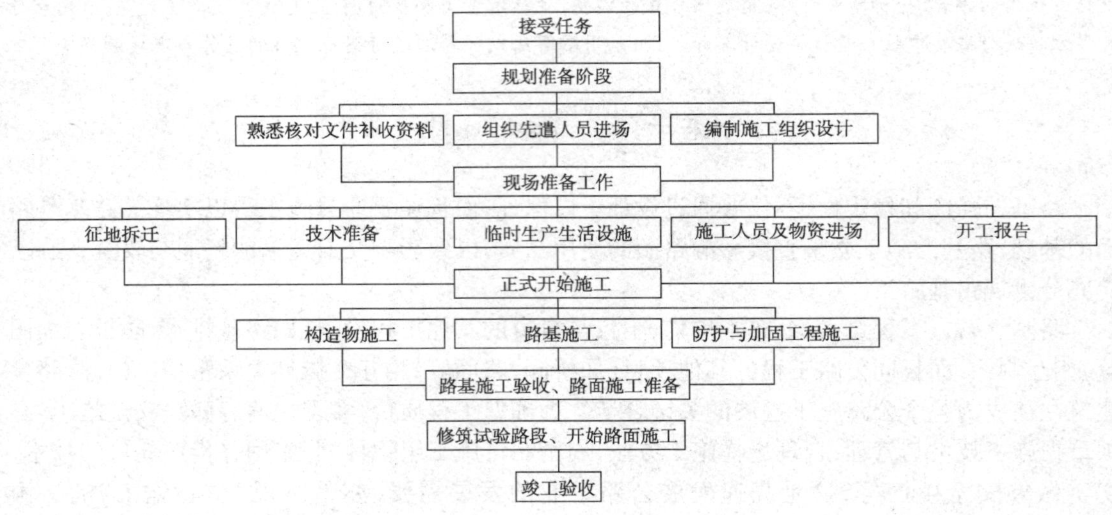

图 1-3-1　公路工程施工过程程序简图

1.施工前的准备工作

做好施工前的准备工作,是保证施工顺利进行的重要前提,必须给予足够的重视并认真准备。准备工作可大致归纳为组织准备、物质准备和技术准备三个方面。

2.修建小型人工构造物

小型人工构造物包括小桥、涵洞、挡土墙、盲沟等,这项工程通常与路基施工同时进行,但要求人工构造物先行完工,以利于路基工程不受干扰地全线展开。

3.路基土石方工程

该项工程包括填筑路堤、开挖路堑、路基压实、整平路基表面、整平边坡、修建排水沟渠及防护加固工程等。

4.路基工程的竣工检查与验收

路基工程竣工检查与验收应按现行竣工验收规范要求进行。其检查与验收的项目主要包括:路基及有关工程的位置、高程、断面尺寸、压实度或砌筑质量等,要求其应满足容许误差的范围,凡不符合要求的工程应分析原因,接受教训,并采取相应的措施予以纠正,必要时返工重建。

这里要特别指出的是，除竣工检查与验收外，在施工过程中每当一部分工程完成时，尤其是隐蔽工程，应按施工标准及技术规范的要求进行检查与验收。中间验收的目的在于检查工程质量，及时发现存在的问题，研究分析采取的措施。它是各工序、分部工程、分项工程、单位工程、建设项目竣工检查验收达到合格或优良业绩的保证措施。

三、路基土石方施工分级

为了便于选择施工方法和施工机具，确定工程量并作为编制施工图预算和支付工程费用的依据，根据路基土石开挖难易程度将其分为六级，具体分级参见表 1-3-1。

公路路基土石方按开挖难易分级表 表 1-3-1

分级	分类	土石名称	钻 1m 所需时间			爆破 $1m^3$ 所需炮眼深度(m)		开挖方法
			1	2	双人打眼(2d)	路堑	隧道导坑	
I	松土	砂类土，种植土，中密的砂性土及黏性土，松散的水分不大的黏土，含有 30mm 以下的树根或灌木根的泥碳土						用脚蹬锹一下到底
II	普通土	水分较大的黏土，密实的砂性土及黏性土，半干硬的黄土，含有 30mm 以上的树根及灌木根的泥碳土，石质土（不包括块石及漂石土）						部分须用镐刨松再用锹挖，或连蹬数次才能挖动
III	硬土	硬黏土，密实的硬黄土，含土较多的块石土及漂石土，各种风化成土块的岩石						必须全部用镐刨松才能用锹挖
IV	软石	多种松软岩石，胶结不紧的砾岩，泥质页岩，砂岩，较坚硬的泥灰岩，块石土及漂石土，软而节理较多的石灰岩		<7	<0.2	<0.2	<2.0	部分用撬棍或十字镐及大锤开挖，部分用爆破法开挖
V	次坚石	硅质页岩，硅质砂岩，白云岩，石灰岩，坚硬的泥灰岩，软玄武岩，片麻岩，正长岩，花岗岩	<15	7~20	0.2~1.0	0.2~0.4	2~3.5	用爆破法开挖
VI	坚石	硬玄武岩，坚实的石灰岩，白云岩，大理石，石英岩，闪长岩，粗粒花岗岩，正长岩	>15	>20	>1	>0.4	>3.5	用爆破法开挖

第二节 施工前的准备工作

施工单位接受施工任务后，即可着手进行施工准备工作。施工单位的施工准备工作千头万绪，涉及面广，必须有计划、按步骤、分阶段地进行，才能在较短的时间内为工程的开工创造必要的条件。准备工作的基本任务是了解施工的客观条件，根据工程的特点、进度要求，合理安排施工力量，从人力、物资、技术和施工组织等方面为工程施工创造一切必要的条件。

一、组织准备

组织准备包括建立健全施工组织机构和组建施工队伍。

1.建立施工组织机构

我国与国际施工惯例接轨，工程建设已全部按照《FIDIC》合同条件进行施工与监理，因此对一个施工单位来讲，主要实行项目经理负责制，即项目经理全面负责的目标责任制，其组织机构如图1-3-2所示。

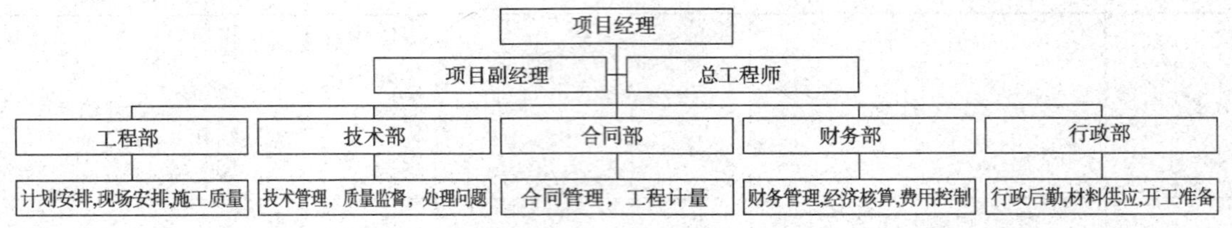

图1-3-2　施工组织机构图

2.组建施工队伍

根据所承担的工程量的大小和工期要求，安排出总进度计划网络图，并进一步估算出全部工程用工工日数，平均日出工人数，施工高峰期日出工人数，以及技术工种、机械操作工种、普通工种等用工比例，选择能够适应其工程质量、工期进度要求的作业队伍，并与施工劳动作业单位签订《劳务合同》，实行合同管理。

考虑到所担负工程的具体情况，结合施工队伍施工特点、技术装备情况、技术熟练程度和施工能力，施工队伍应进行适当的培训，以满足工程施工的要求。

二、物质准备

1.机械及工具准备

根据工程需要、工程量大小及施工进度，配备足够数量且有效的施工机械、设备及工具。机械设备要配套选择，充分发挥机械设备的性能，要保证机械设备的正常操作使用。

2.材料准备

(1)编好材料预算，提出材料的需用量计划及加工计划。

(2)根据施工平面图安排和落实材料的堆放和临时仓库设施。

(3)组织材料分批进场。当场地狭小时，要考虑场地的多次周转使用，按时间、按工点使用场地。

(4)组织材料的加工准备，尽可能集中加工。例如对水泥混凝土、沥青混合料等，通过集中加工，可以减少材料消耗，提高材料的利用率，确保材料质量，也可以减轻劳动强度，提高机械化和专业化水平，同时还可以减少临时设施的规模，节约施工临时用地，有利于实现文明施工。

3.安全防护准备

按照施工安全要求，切实做好防火、防爆工作，准备好各种安全防护和劳动防护用品，并要求全体人员严格遵守安全技术操作规程进行施工。安全工作要预防为主，消除事故隐患。另外，不应把搞好安全生产单纯看作技术性的工作，而必须从思想上、组织上、制度上、技术上采取相应的措施，综合治理才能奏效。

三、技术准备

1.熟悉设计文件

主要是领会文件精神，注意设计文件中所采用的各项技术指标，考虑其技术经济的合理性和施工的可能性。要熟悉文件的过程中，应进行现场核对，如发现有疑问、错误和与实际不符之处，应按照有关规定，及时向监理或设计代表等有关部门提出，及时得到确认，或进行相应的变更。

2.编制施工方案，进行施工组织设计

主要是编制施工进度图和概预算控制文件等。请详见本章第三节施工组织设计。

3.技术交底

技术交底即把设计对施工的要求、施工方案及措施传达到基层甚至每个工人，这是落实技术责任制的前提。施工前应向参加施工的技术人员，进行贯彻施工技术和操作规程的技术交底工作。

在每一单位工程或分部(分项)工程开工前，均应进行技术交底，以保证严格按照施工图、施工组织设计、施工操作规程、安全生产规程、工程施工及验收规范和其他技术规程进行施工作业。

技术交底应按工程情况分级进行。重要工程应先由项目经理部向施工队交底，施工队向班组交底；一般工程由施工队的单位工程技术负责人向班组长和工人交底，其内容主要包括：

(1)说明有关工程的各项技术要求。

(2)指出图纸上必须注意的尺寸、轴线、高程、构造物的位置、规格和数量。

(3)使用材料的品种、规格等级、配合比和质量要求。

(4)施工方法，施工顺序，各班组及各工种之间交叉配合注意事项。

(5)工程质量要求和安全操作要求。

(6)设计变更情况等。

上述各项交底一般用口头辅以图表方式进行，必要时可做示范操作或建立质量样板，以使上岗人员充分掌握要领。

4.施工测量

工程开工前，要对业主及设计单位提供的现场红线控制桩等进行现场复核，确认无误后才能使用。施工前的测量工作主要包括：

(1)导线的复测与加密。

(2)中线的复测。

(3)水准点的复测与增设。

(4)横断面的检查与补测。

(5)路基中线边线的施工放样，详见本章第四节、第五节。

5.清理场地

根据施工放样所确定的位置，清理施工现场，为施工做好充分的准备。

四、场地准备

施工场地，一般由建设单位(业主)来提供，施工单位进行场地准备，或根据合同文件由建设单位配合施工单位来准备。

1.用地划界及拆迁建筑物

施工前,根据实际情况确定用地范围,进行公路用地测量,并绘制用地平面图及用地划界表,送交有关单位办理拆迁及占用土地手续。施工前对路基施工范围内的所有文物古迹建筑物、设施等,均应会同有关部门事先拆迁或改造。因路基施工影响沿线附近建筑物的稳定时,应予适当加固。

2.砍伐树木

在路基施工范围内,对妨碍视线、影响行车的树木、灌木丛,均应在施工前进行砍伐或移植清理。砍伐后的树木,应堆放在不妨碍施工和不影响农业生产的地方。

高速公路、一级公路及填土高度小于1m的其他公路,应将路基范围内的树根全部挖除;填土高度在1m以上的其他公路,允许保留树根。采用机械施工的路堑及取土坑等,均应将树根全部挖除。

3.场地排水

场地排水是指疏干、排除场地上所积地面水,保持场地干燥,为施工提供正常条件。通常是根据现场情况,设置纵横排水沟,形成排水系统,将水引入附近河渠、低洼处排除。为节省工程量,避免返工浪费,所开挖的排水沟,应与所设计的路基排水系统相结合。

在受地面积水或地下水影响的土质不良的地段施工时,为了保证工程质量,减少土方挖掘、运送和夯实的困难,施工前也应切实做好场地排水工作,并保证排水设施齐全有效。

五、临时工程

为了维护施工期间的场内外交通,保证机具、材料、人员和给养的运送,必须在开工前修筑临时道路,并应保持行驶安全。在施工过程中,如需阻断原有道路的交通时,应事先设置便道、便桥和必要的行车标志及灯光,以保证交通不受阻碍。完工时,应恢复受施工干扰的旧路与其他场地,并做好新旧路的连接工程。

此外,为保证筑路员工的生活、物质器材的存放以及木工、钢筋工在室内作业,要修建临时的房屋和工棚。为了保证工程用水和生活用水的需要,还要修建临时的给水设施。

六、铺筑试验路

高速公路和一级公路、特殊地区的公路或采用新技术、新工艺、新材料的路基,在正式施工前,应采用不同的施工方案和施工方法,铺筑试验路并进行相关试验分析,从中选出最佳施工方案和施工方法以指导大面积路基施工。所铺筑的试验路应具有代表性,施工机械和施工工艺流程要与以后全面施工时相同。通过试验路铺筑可确定不同压实机械压实各种填料的最佳含水量、适宜的松铺厚度、相应的碾压遍数、最佳机械配置与施工组织方法等。

第三节　施工组织设计

施工组织设计所研究的是生产力组织问题。它是以经济关系为前提、以施工技术为基础,研究具体建设项目、单位工程施工中的建筑工人、施工机械和建筑材料等生产要素的组织设计与实施等问题。

一、施工组织设计

施工组织设计，是指根据设计人员、业主和监理工程师的要求，从工程的全局出发，按照客观的施工规律和当时、当地的具体条件，统筹考虑施工活动中的人力、资金、材料、机械和施工方法等主要因素后，对整个工程施工进度和资源消耗做出的科学安排。其目的是使工程建设在一定的时空内实现有组织、有计划、有秩序的施工，以期达到施工的相对最优效果。

1.施工组织设计的内容

施工组织设计的主要内容有：

(1)工程概况，如工程规模、数量、工期、特征，主要地质、水文、气候情况，技术要求等。

(2)拟定有效的施工技术方案。主要是施工方法，尤其是冬季、夏季和雨季或缺水、风沙、高原等地区及技术复杂的特殊施工方法，决定采用的新技术、新工艺、新材料和新设备，技术安全措施，质量保证措施等。

(3)合理的施工顺序和施工进度计划，包括以实物工程量和投资额表示的工程总进度计划和分年度计划，以及需用工日数、机械台班数。

(4)施工总体及部分工程平面布置，土石方平衡规划，施工现场平面布置。

(5)劳动力需用量及提供途径，包括总需用量和分工种、分年度的需用量。

(6)施工机械、筑路材料、施工用水、用电的分年度需用量和供应情况、解决的方案。

(7)道路、防洪、排水和生产、生活用房等设施的建设及完成时间要求。

(8)施工准备工作进度表。施工组织设计可用文、图、表三种形式表示，互相结合，互相补充，尽可能做到形象准确、简单，有利指导现场施工。

2.编制施工组织设计的依据和步骤

编制施工组织设计的依据为：设计文件和施工组织规划设计；会审图纸、现场核对、恢复定线所取得的补充资料；施工队伍的素质及机具装配水平；当地气象资料；技术组织措施；有关规范、规程、合同等。

编制施工组织设计可按图 1-3-3 所示程序进行。根据设计图及定额资料精确计算各个工程项目的工程量，以便准确地计算人力、物力的需用量，科学地安排和使用人力、物力，做到既能保证需用，又不出现冗员、窝工和物资设备呆滞等现象。确定施工技术方案，对各个部分的施工工序、施工方法、施工机械选择、安全保证措施等都要做出具体规定，并绘制工程总体和平面布置图。施工进度计划要确定工程的开工和竣工日期、施工顺序和施工进度，对重点工程(特别是工作面小、工程量大，严重影响工期的工程)应编制详细施工方案及进度计划。

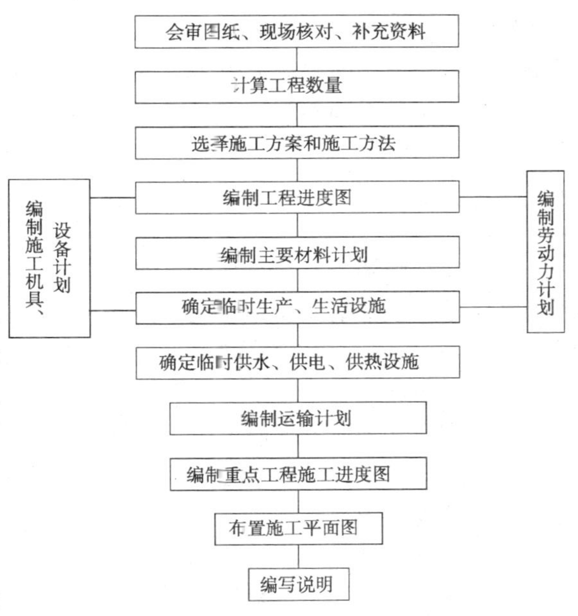

图 1-3-3　施工组织设计的编制程序图

3.施工方案

施工方案是指对工程施工所做的总体设想和安排。拟定施工方案时，应着重研究以下几方面的问题：

(1)确定各单位工程或分部工程的施工顺序。

(2)确定各施工过程的施工方式、方法及施工机具。

(3)进行总体设想与安排，其中主要包括时间组织、技术组织、生产力组织、施工条件组织、物资组织，以及资金组织等方面的总体设想和安排。

4.路基土石方的施工组织

路基土石方施工组织包括：确定施工方法和土方调配；编制施工进度计划；确定工地施工组织，规定各工程队施工所需的机械数量。

(1)土方调配。调配时需考虑技术经济条件，尽量在经济合理的范围内移挖作填，使路堑和路堤中土石方数量达到平衡，减少废方与借方。

在平原地区的路基施工中，路基填方为主导工序，土方调配应重点处理好摊铺、碾压以及与桥涵施工的关系，做到分段施工，使工作面得到充分利用。

(2)施工方法的选择。按照土的种类、土方数量、运距、施工机械等具体条件，并根据工程期限和各种施工方法的技术经济指标来决定施工方法，正确地选用土方机械，并据以进行土方调配。土方调配与施工方法的选择二者密切相关，互为影响，必须同时考虑，最后的调配结果应与所选用的机械的经济运距相适应。

(3)施工进度计划的编制。根据所采用的技术定额，求出劳动力的工日数和施工机械的台班数量。其次根据路基工程的施工期限，安排工地的施工日期和施工程序，求出需要的工人人数和机械台数，最后确定工人和机械的劳动组织，并决定其转移的次序，保证在规定期限内完成路基施工任务。

(4)工地施工组织。现场施工，应根据施工进度计划所安排的施工方法、施工期限、施工程序来进行。每一施工工地应按照所规定的施工程序，将路基土石方专业施工队所承担的施工地段，具体按各种土方施工机械(如推土机、铲运机、挖土机等)所施工的地段划分为施工分段，该施工分段将开挖路堑与填筑路堤的地点规划在一段，成为完整的挖、运、填、压的工作循环。

此外还应编制工人和机具的供应计划，以及筹划所需的机具修理、水电供应和施工所需的其他办公与生活用品的供应组织，以确保工程的顺利开展。

所有这些基本问题都应该周密考虑，详细安排，系统地反映在路基工程实施性施工组织设计中，以指导施工。

二、施工组织设计的实施

公路是带状构造物，工程量大，涉及面广，影响因素复杂，人们在编制组织设计时，不可能预见到施工中全部的发展和变化。因此，除了一般的管理工作之外，还必须随时根据现场实际情况，不断进行修正和平衡，以保证施工的顺利进行和计划的顺利实施。

1.施工作业计划

施工作业计划应根据施工组织设计和现场具体情况，灵活安排，平衡调度，以确保施工进度与质量。施工作业计划可分为月作业计划和旬作业计划，一般包括本月内应完成的施工任务和资源需要等内容。

施工作业计划由直接进行施工的基层单位(如工程队、工区等)编制，经管理部门批准后，以施工任务单的形式下达给所属的施工员执行。施工任务单是下达给班组直接组织工人施工的指令性文件，一般包括：工程名称及用实物工程量表示的任务数；开、竣工日期及质量要求；

计划使用工日数和机械台班数;施工方法、技术组织措施;领料限额;劳动定额和出工日工等。

2.施工调度

施工调度工作是组织施工中各个环节、各专业、各工种协调动作的中心。它的主要任务是保证施工有条不紊地进行,并为施工中的正确指挥创造有利条件,以促使施工任务按期保质完成。搞好调度工作的关键是熟悉设计文件和施工组织设计、现场和施工队伍的技术水平、设备的完好情况等。

3.施工现场的平面管理

首先要严格执行批准的施工组织设计,生活设施、材料场地、仓库、构件预制、木材加工、动力和给水线路、施工道路、机械修理、混凝土加工等都要按照平面图布置,不得随便更改。在执行中,随着工程进展,情况变化,对平面布置需要进行补充或调整时,要做好系统安排。其次,要加强经常性的现场管理,合理分配使用场地,协调各方面关系,保证现场交通和给水排水系统畅通。

4.施工原始记录

施工单位从事施工活动的原始记录,是各项工程完成情况的文字和数据反映,也是鉴定工程好坏的主要凭证和总结经验教训、进行科学研究、寻求改进途径的可靠资料,而且还是交付使用后进行养护管理、维修的依据。原始记录包括的内容有:各种原材料、半成品、成品的检验、试验记录;主要测试记录;各种外部和隐蔽工程检查记录及重要工程隐蔽部位照片;各种有关质量问题的报告,如变更设计申请、质量事故报告等;工程进度日记,交接班检查记录。

原始记录的工作量较大,有相当部分是由施工作业班、组填报,并由技术部门统一归口,竣工时应一并交验。

三、示例:×××路线工程施工组织设计

1.工程概况

该工程为关中平原地区的二级汽车专用公路,该合同段全长4.3km。其中路宽12m,平均填土高度为2.00m,总填土、石方量为19.61万立方米;路面宽度10m,路面结构总厚度为50cm,路肩宽1m,用15cm厚的石灰砂砾土加固。其行车道的路面结构厚度组合为:面层:3cm中粒式沥青混凝土;联结层:5cm粗粒式沥青碎石;基层:20cm石灰土砂砾;底基层:21cm石灰土。

全线有分离立交桥1座,长10.74m;小桥1座,长13.65m;通道桥6座,总长73.1m;涵洞10道,总长205.1m;浆砌片石挡墙4621m^3;安全设施(隔离栅)3465m;管理设施237处;环境保护(绿化)8109延米。

路基取土场1处,距路线4.4km;碎石料场2处,距路线分别为55km和38km;碎石砂场2处,距路线分别为10km和7km;石灰场距路线较远约200km。上述材料储量丰富,但运输便道只有1条,且便道上有1座小桥需加固处理。

2.施工组织机构

项目经理部设经理1人、副经理2人、总工程师1人。下设3个科室,5个施工队,1个车队,1个预制厂,1个中心试验室。

(1)工程技术质量科:负责工程的质量管理、技术管理、计划统计管理、预算合同管理。

(2)材料设备科:负责工程的料场调查、材料采购供应、机械设备管理、能源管理、维修保养。

(3)综合行政办公室:负责本工程的财务、人事、劳资安全和后勤服务。

(4)3 个路队,2 个桥队,1 个车队,1 个预制厂和 1 个中心试验室。

3.主要工程项目的施工布置

本合同段路线短,施工项目多且作业面少,根据设计文件和施工环境将本工程划分为三个施工阶段:一阶段以路基土方和桥涵施工为主,最迟 8 个月内结束;二阶段以路面基层、底基层为主(含土路肩加固),最迟在开工后第 10 个月内完工;三阶段以路面沥青混凝土施工为主(含路缘石安装),最迟在开工后第 13 个月内结束。

(1)土石方工程

土方工期安排 9 个月,扣除不利气候影响,实际施工为 6 个月,故每月需完成土方 32500m^3。土方运输以自卸车为主,分 2 个作业面同时开工,实际平行流水作业,为能切实可行地完成计划指标,采取下列措施:

①遇到未开工的涵洞工程,直接填筑通过,如涵洞系灌溉渠道,宜铺设临时圆管通过。

②遇到未开工或正在施工的小桥、通道桥,在该桥两端留出缺口,等主体工程完工后再行填筑。

③试验路,选定在 X 处 100 延米,争取在开工后 1 个月内完成试验工作,取得试验结果,以指导土石方施工的顺利展开。

(2)桥涵工程

桥涵工程及浆砌片石工程由 2 个桥涵施工队和混凝土构件预制厂承担。先行施工涵洞及行车道板的预制项目,2 个施工队在各自的区域内按工序实行立体交叉平行流水作业。桥涵主体工程在开工后第 7 个月之前全部竣工,八字墙墙身及桥面系统也应在第 8 个月结束。

4.施工方法及流程

(1)路基土方施工流程

路基土方施工流程见图 1-3-4。

(2)桥涵施工流程

①涵洞施工流程图(略)。

②通道桥施工流程图(略)。

③分离式立交桥施工流程图(略)。

钻孔灌注桩采用冲击钻成孔;空心板现场预制,35t 汽车吊安装,混凝土机械拌和,人工灌注。

④预应力钢筋混凝土行车道板施工流程图(略)。

(3)路面施工方法及流程

①路面底基层(21cm 厚石灰土)采用路拌法,机械施工,人工配合。施工流程见图 1-3-5。

②路面基层(20cm 石灰土砂砾),施工工艺与底基层类似(略)。

③路面面层(5cm 沥青碎石联结层,4cm 中粒式沥青混凝土面层),采用厂拌沥青混合料,现场机械摊铺。施工流程见图(略)。

5.施工计划的实施

(1)工期的保证。根据合同工期和主要工程项目的施工布署,制订本标段总体施工计划及单项工程施工计划。根据计划工期配备施工人员和机械设备。

①施工人员数量和机械设备数量配备(略)。

②施工进度图(略)。

(2)技术保证(略)。

(3)质量的监督保证(略)。

(4)后勤服务,建设环境的保证(略)。

(5)施工安全生产保证体系及实施(略)

6.施工平面图(略)

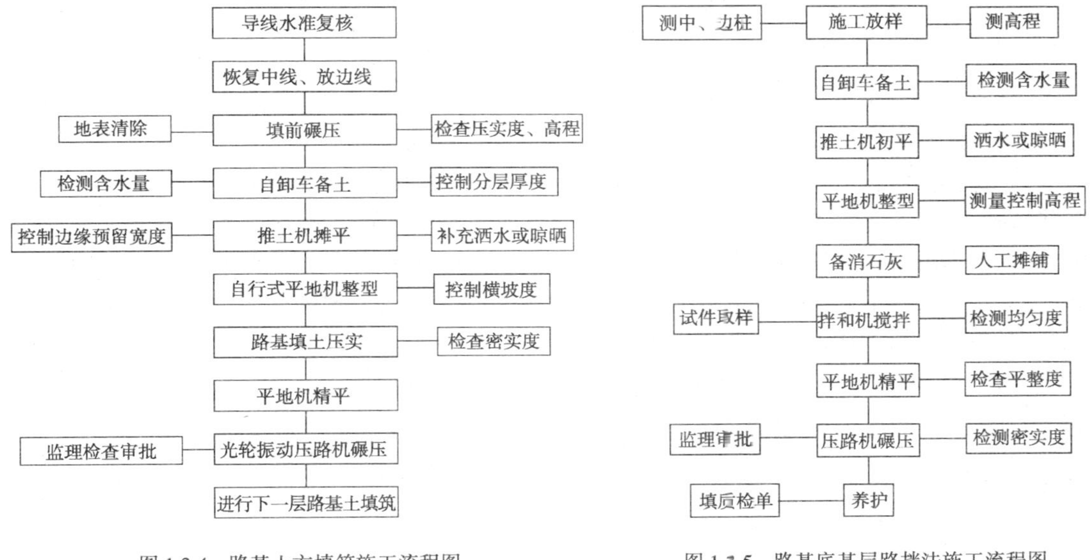

图 1-3-4　路基土方填筑施工流程图

图 1-3-5　路基底基层路拌法施工流程图

第四节　导线复测与恢复中线测量

可靠的施工测量是保障正确执行设计意图的前提。施工测量包括导线的复测与加密,中线的复测,水准点的复测与增设,路基横断面的检查与补测,以及路基、路面、桥涵和其他构造物的详细放样等。本节详细地叙述在施工测量中起控制作用的导线复测作业和对施工至关重要的恢复中线工作,特别是其坐标放线方法。

一、导线复测技术

高等级公路的中线及其沿线构造物的位置是由导线控制的,施工单位必须对设计单位提供的导线控制点及其现场控制桩认真进行复测核对;若设计单位设置的导线点过稀而不便使用,或导线点落在施工操作范围之内而可能遭到损坏时,应对导线点进行加密或移位。导线测量是平面控制测量,要有较高的精度,除特殊情况外,一般高速公路其角度闭合差应满足 $\pm 16\sqrt{n}('')$(n 为测站数)其长度闭合差应满足 ±1/10000。这样的精度要求,如采用传统的人工用钢尺丈量距离的办法是很难达到的,也是难于保证测量进度的。因此,高等级公路一般采用全站仪等先进仪器进行测量。

公路是带状建筑物,导线多从某个高级控制点(如国家平面控制点)出发,沿着公路两侧布设,最后附合到另一高级控制点上去,如图 1-3-6 所示,A、B、C、D 为高级控制点,D_1、D_2、D_3…为导线点。加密的导线可从某个高级控制点或导线点支出,如图 1-3-6 的 $D_{2\text{-}1}$、$D_{2\text{-}2}$,称为支导线。支导线不闭合亦不附合于已知导线点上,错误与否难于核对,故点数不宜超过两个。

导线点的位置应选在地势较高、视野开阔、方便安置仪器的地方,以利于恢复中线及构造物放样时用；相邻两导线点必须通视，才能量角、测距；导线点间距视地形地物情况和工程需要而定，一般以不超过 1km 为宜，且相邻边长应尽量不要相差悬殊。

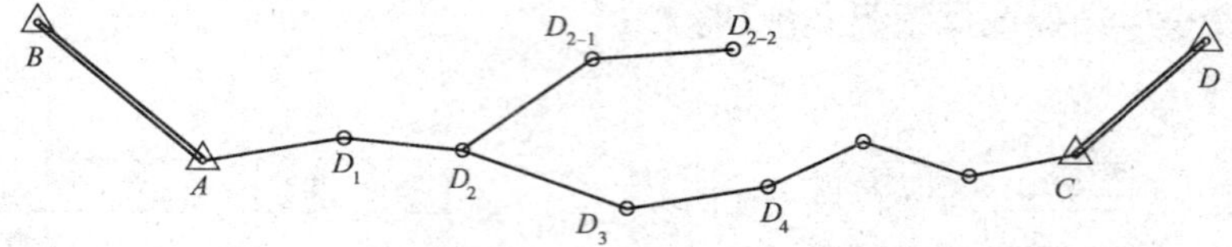

图 1-3-6　附合导线和支导线示意图

1.坐标方位角推算 α_{BC}

为了计算各导线点的坐标，首先应推算出导线各边的坐标方位角（以下简称方位角）。导线已与高级控制点联测，因此，导线各边的方位角可由已知边的方位角依次推算出来。如图 1-3-7，A、B、C 为导线点，若已知 AB 的方位角 α_{AB} 和导线点 B 的偏转角 β，则 BC 边的方位角 $\alpha_{BC}=\alpha_{AB}\pm\beta$（$\beta$ 右偏取正，左偏取负）。也可以用导线点上量测的左角或右角来推算下一条边的方位角。若用 B 点的左角 $\beta_{左}$ 时，则

$$\alpha_{BC}=\alpha_{AB}\pm180^\circ+\beta_{左} \tag{1-3-1}$$

若用 B 点的右角 $\beta_{右}$ 时，则

$$\alpha_{BC}=\alpha_{AB}\pm180^\circ-\beta_{右} \tag{1-3-2}$$

2.坐标增量计算

如图 1-3-8 所示，在平面直角坐标系中，A、B 两点的坐标分别为 (x_A,y_A)、(x_B,y_B)，它们相应的坐标差称为坐标增量。若 AB 的长度为 D_{AB}，其方位角为 α_{AB}，则

$$\left.\begin{aligned}\Delta x&=x_B-x_A\\ \Delta y&=y_B-y_A\end{aligned}\right\} \tag{1-3-3}$$

$$\left.\begin{aligned}\Delta x&=D_{AB}\cos\alpha_{AB}\\ \Delta y&=D_{AB}\sin\alpha_{AB}\end{aligned}\right\} \tag{1-3-4}$$

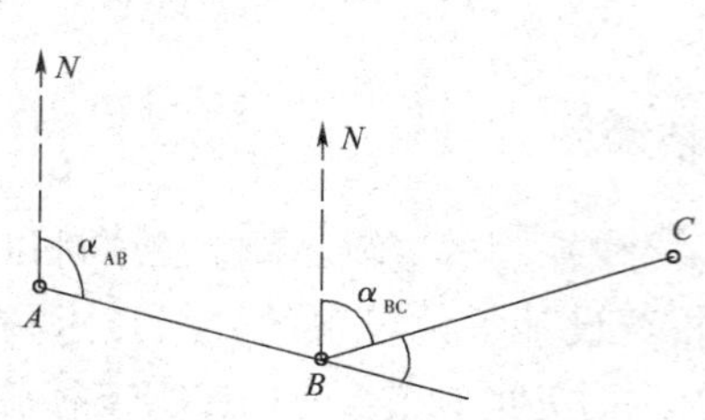

图 1-3-7　坐标方位角

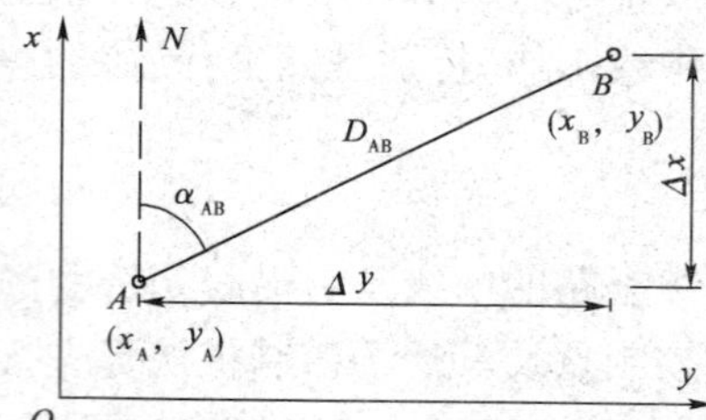

图 1-3-8　坐标增量

可以看出，当 α_{AB} 在 0°～90°时，Δx、Δy 均为正值；在 90°～180°时，Δx 为负值，Δy 为正值；在 180°～270°时，Δx、Δy 均为负值；在 270°～360°时，Δx 为正值，Δy 为负值。

已知导线边长和方位角，就可以算出坐标增量；由已知导线点的坐标，加上两点间的坐标增量，就得到另一点的坐标。反之，若已知 A、B 两点的坐标，就可以求出 AB 边的边长和方位角。

$$D_{AB}=\sqrt{\Delta x^2+\Delta y^2} \tag{1-3-5}$$

$$\alpha_{AB}=\arctan\frac{y_B-y_A}{x_B-x_A} \tag{1-3-6}$$

3.角度闭合差调整

如图1-3-9所示,附合导线从高级控制点 A 出发,最后附合于高级控制点 C 上。把高级控制边 AB、CD 延长相交于 E,组成一个闭合多边形。设附合导线点的个数(包括起点 A 和终点 C)为 n,则该多边形的内角总和为$(n-1)\times180°$。而 E 点的内角是$\alpha_{AB}-\alpha_{CD}-180°$,故附合导线 n 个观测角内角总和的理论值

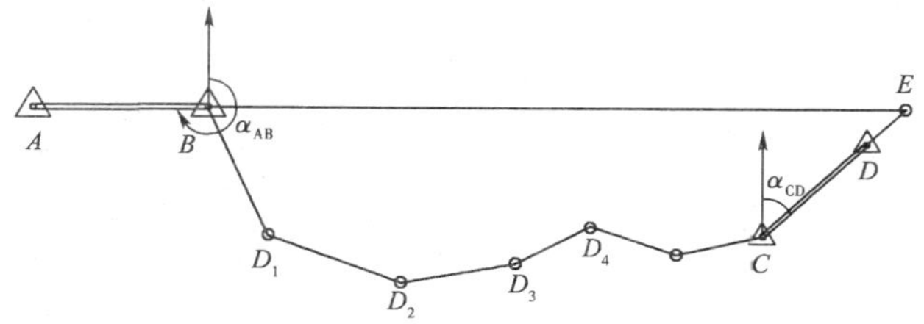

图1-3-9 附合导线闭合差示意图

$$\sum\beta_{理}=n\times180°-(\alpha_{AB}-\alpha_{CD}) \tag{1-3-7}$$

设附合导线 n 个观测角内角总和的实测值是$\sum\beta_{测}$,则附合导线的角度闭合差

$$f_\beta=\sum\beta_{测}-n\times180°+(\alpha_{AB}-\alpha_{CD}) \tag{1-3-8}$$

如果$f_\beta\leqslant16\sqrt{n}('')$,即测角精度满足要求,则可进行角度闭合差调整。调整的办法是将闭合差按相反的符号平均分摊到每个观测角中去。然后按调整后的内角,从起始边 AB 的方位 α_{AB}出发,依次推算各导线边的方位角,推算至附合边 CD 的方位角,若恰好等于该边的已知方位角 α_{CD},则说明角度闭合差的调整及导线各边方位角的推算都正确无误。

4.坐标增量闭合差调整

附合导线起终点坐标已知,附合导线坐标增量的代数和,在理论上应等于起终点的坐标增量。

$$\left.\begin{aligned}\sum\Delta X_{理}&=X_{终}-X_{始}\\\sum\Delta Y_{理}&=Y_{终}-Y_{始}\end{aligned}\right\} \tag{1-3-9}$$

由于量角和测距都存在误差,所以用量测值计算而得的坐标增量代数和,往往不等于理论值,其增量闭合差

$$\left.\begin{aligned}f_X&=\sum\Delta X_{测}-\sum\Delta X_{理}\\f_Y&=\sum\Delta Y_{测}-\sum\Delta Y_{理}\end{aligned}\right\} \tag{1-3-10}$$

导线全长闭合差

$$f=\sqrt{f^2_X+f^2_Y} \tag{1-3-11}$$

设导线全长为$\sum D$,则导线全长的相对闭合差

$$K=\frac{f}{\sum D} \tag{1-3-12}$$

若 $K\leqslant1/10000$,即测距精度满足要求,则可进行增量闭合差调整。调整办法是将它们以相反的符号按与边长成正比例分配到各边的坐标增量中去。有了调整后的坐标增量,就可以从已知导线起点坐标,依次推算其他各点的坐标。

二、恢复中线的传统方法

通过测设直线或曲线,将公路中心线的平面位置准确地具体地标定在地面上。中线测量

的传统手段是用经纬仪定向，钢尺量距。

图 1-3-10 是缓和曲线与圆曲线组成的平曲线，其中缓和曲线段为 ZH ~ HY 及 YH ~ HZ，圆曲线段为 HY ~ YH。缓和曲线长 l_s，圆曲线半径 R。

引入缓和曲线后圆曲线内移值

$$p = \frac{l_s^2}{24R} - \frac{l_s^4}{2688R^2} \tag{1-3-13}$$

引入缓和曲线后切线的增长值

$$q = \frac{l_s}{2} - \frac{l_s^3}{240R^2} \tag{1-3-14}$$

缓和曲线的中心角

$$\beta_0 = \frac{l_s}{2} \times \frac{180}{\pi} \tag{1-3-15}$$

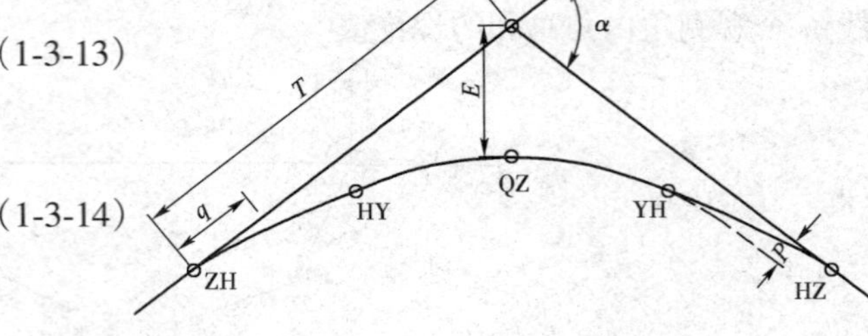

图 1-3-10　公路平曲线示意图

带有缓和曲线的平曲线要素

切线总长

$$T = (R + p)\tan\frac{\alpha}{2} + q \tag{1-3-16}$$

曲线总长

$$L = (\alpha - 2\beta_0) \times \frac{\pi}{180}R + 2l_s \tag{1-3-17}$$

外距

$$E = (R + p)\sec\frac{\alpha}{2}R \tag{1-3-18}$$

平曲线共有 5 个主点，其里程计算式如下：

直缓点(ZH)里程 = 交点(ZD)里程 − T；

缓圆点(HY)里程 = 直缓点(ZH)里程 + l_s；

缓直点(HZ)里程 = 直缓点(ZH)里程 + L；

圆缓点(YH)里程 = 缓直点(HZ)里程 − l_s；

曲中点(QZ)里程 = 缓直点(HZ)里程 − $L/2$；

根据切线总长 T 定出直缓点 ZH 和缓直点 HZ 之后，即可用下述方法分别对缓和曲线及圆曲线内各中桩进行详细测设。

1.缓和曲线段的测设

1)切线支距法

切线支距法是以 ZH(或 HZ)点为坐标原点，以切线方向为 X 轴，以半径方向为 Y 轴(图 1-3-11)。在缓和曲线上某点 A 的坐标

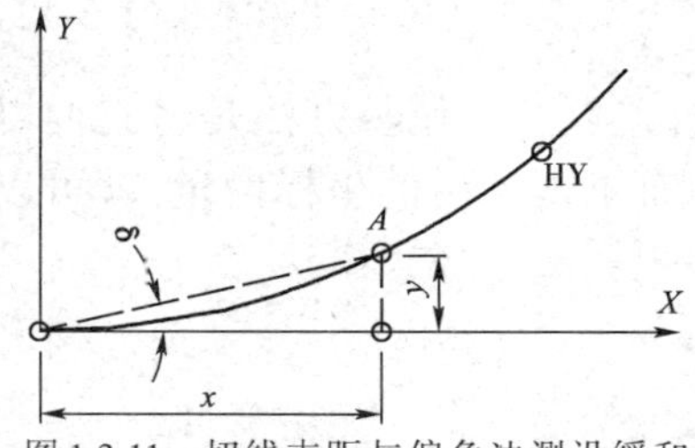

图 1-3-11　切线支距与偏角法测设缓和曲线段

$$\left.\begin{aligned} x &= l - \frac{l^5}{40R^2 l_s^2} \\ y &= \frac{l^3}{6Rl_s} \end{aligned}\right\} \tag{1-3-19}$$

式中：l——原点至某点 A 的曲线长度。

当 $l = l_s$(即 HY 或 YH 点)时

$$\left.\begin{aligned} x &= l_s\left(1-\frac{l_s^2}{40R^2}\right) \\ y &= \frac{l_s^2}{6R} \end{aligned}\right\} \tag{1-3-20}$$

2)偏角法

缓和曲线起点至某点 A 与其切线的夹角(即偏角)

$$\delta = \frac{l^2}{6RL_s} \times \frac{180°}{\pi} \tag{1-3-21}$$

当 $l = l_s$(即 HY 或 YH 点)时

$$\delta = \frac{l_s}{6R} \times \frac{180°}{\pi} \tag{1-3-22}$$

一般公路可采用与设计资料相对的桩号;对于高等级公路而言,因其圆曲线半径及缓和曲线长度都比较大,缓和曲线段的中桩间距一般采用 20m,但为使用方便,除其起终点(ZH、HY、YH、HZ)外,最好把中桩里程凑整为 10m 的倍数。

2.圆曲线段的测设

1)切线支距法

将坐标原点设在 HY(或 YH)点上(图 1-3-12),以该点的切线方向为 X 轴,过原点的半径方向为 Y 轴。

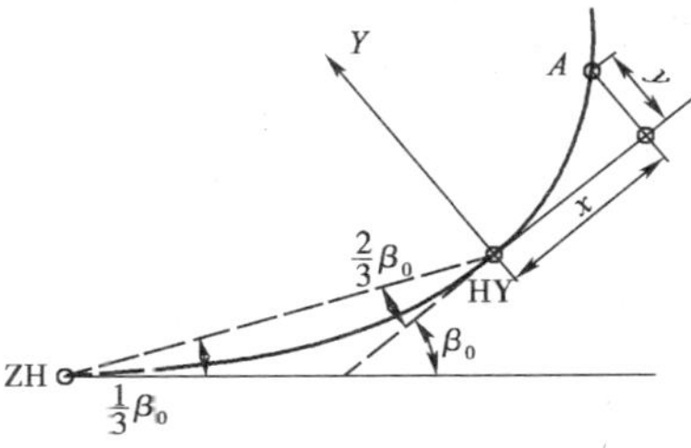

图 1-3-12　切线支距法测设圆曲线

HY(或 YH)至 ZH(或 HZ)连线与 HY(或 YH)的切线的夹角为 $\frac{2}{3}\beta_0$,因此,置仪器于 HY(或 YH),后视 ZH(或 HZ),就可以定出 X 轴方向。

圆曲线上某点 A 的坐标

$$\left.\begin{aligned} x &= R \times \sin\left(\frac{1}{R} \times \frac{180}{\pi}\right) \\ y &= R \times \sin\left(\frac{1}{R} \times \frac{180}{\pi}\right) \times \tan\left(\frac{l}{2R} \times \frac{180}{\pi}\right) \end{aligned}\right\} \tag{1-3-23}$$

当以 ZH(或 HZ)为坐标原点时,圆曲线上某点 A 的坐标为

$$\left.\begin{aligned} x &= R \times \sin\left(\frac{l - l_s/2}{R} \times \frac{180}{\pi}\right) + q \\ y &= R \times \sin\left(\frac{l - l_s/2}{R} \times \frac{180}{\pi}\right) \times \tan\left(\frac{l - l_s/2}{2R} \times \frac{130}{\tau}\right) + p \end{aligned}\right\} \tag{1-3-24}$$

切线支距法适用于平坦开阔的地区。但当曲线较长时,y 值亦较大,丈量困难。在此情况下,可在 QZ 点加设切线,将整个曲线分成两半进行测设。

2)偏角法

它是以 HY(或 YH)点至圆曲线上某一点 A 的弦长 C 及弦线与切线之间夹角 φ(弦切角)来测定其位置(图 1-3-13)。

$$\varphi = \frac{l^2}{2R} \times \frac{180}{\pi} \tag{1-3-25}$$

式中:l——弧长。

但如丈量用的是弦长 C

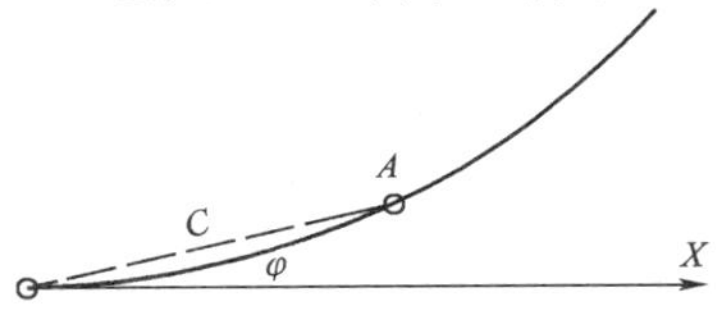

图 1-3-13　偏角法放样示意图

$$C = l - \frac{l^3}{24R^2} \tag{1-3-26}$$

偏角法能在圆曲线上任一点安置仪器进行测设,比较灵活。

三、恢复中线的坐标放线法

对于提供坐标的公路尤其是高等级公路,其中线位置一般都用大地坐标表示,设计单位一般提供中线的逐桩坐标或控制桩的坐标。不论如何,施工单位应首先根据设计单位提供的现场控制桩进行复测,确认其实际位置与所提供的坐标对应无误后,再计算其他中桩(包括施工需增加的中桩)的坐标,然后逐桩恢复其中线位置或加设。实际上,恢复中线就是再一次实施详细的中线测量工作。

1.计算夹角和距离

如图 1-3-14 所示,设仪器置于导线点 A,以导线点 B 为定向点,A、B、C 三点的坐标是已知的,根据几何条件计算出 θ 角和距离 D。则

后视方位角

$$A_0 = \arctan\frac{Y_b - Y_0}{X_b - X_0} \tag{1-3-27}$$

前视方位角

$$A = \arctan\frac{Y - Y_0}{X - X_0} \tag{1-3-28}$$

夹角(左角)

$$\theta = A - A_0$$

前视距离

$$D = \sqrt{(X - X_0)^2 + (Y - Y_0)^2} \tag{1-3-29}$$

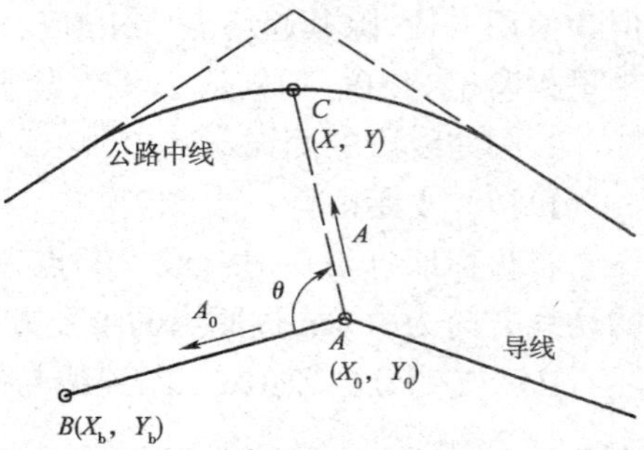

图 1-3-14　坐标放样原理

中线上点的坐标(待定点 C 的坐标(X、Y))要根据平面线形计算,计算比较繁琐。在此省略,若有兴趣,请查阅相关教材。

2.中线坐标放样

坐标放线就是置仪器于导线点或其他已知坐标点上,用极坐标的方法测设中线。设仪器置于导线点 A,以导线点 B 为定向点,根据上述公式计算出的 θ 角和距离 D,即可确定出中线上 C 点的现场位置。

具体做法是:置全站仪于导线点 A,后视导线点 B 确定方向,水平角归零,顺时针方向拨角 θ,定出方向线,置反射棱镜于 AC 方向,镜头面对全站仪测距头,用全站仪测水平距离,指挥棱镜前上或后退,直至 AC 距离等于距离 D,则此时 C 点位置就是现场要确定的实际位置。

第五节　施 工 测 量

一、施工测量的内容

1.中线的复测和固定

从路线勘测到施工进场,一般要经过一段时间,在这段时间内,测设的桩志可能有的部分丢失,有的现场发生了移动。所以,在施工前必须首先进行恢复中线测量,核对设计路线,使各种中线桩完整无缺,以便于依此进行施工放样。

恢复路线中线的依据是“直线、曲线及转角一览表”、“护桩记录”及“路线平面图”等设计资料。高速公路、一级公路主要以“主桩坐标表”、“导线成果表”为依据。当路线的主要控制桩(如交点、转点、主点桩等)在施工中有被挖掉、损坏或遗失的可能时,应视当地的地形条件和地物情况,采用有效的固定测量控制桩位方法,并予以保护或移桩。

路线交点(JD)桩的常规固定方法有延长切线法和交点法(交汇法),如图 1-3-15 所示。交点法适用于所需固定的一切桩点。施工中应尽量保护所有标志,当无法保留时,应另用桩志移钉于路基范围之外。当地形许可时,移钉各点的方向,直线上为垂直于路中线,曲线中为垂直于该点的切线方向。当地形条件受限制时,也可用其他方法将主要控制点移钉于路基范围以外,但在移钉的桩上和记录簿中,均应注明桩号及移钉距离。

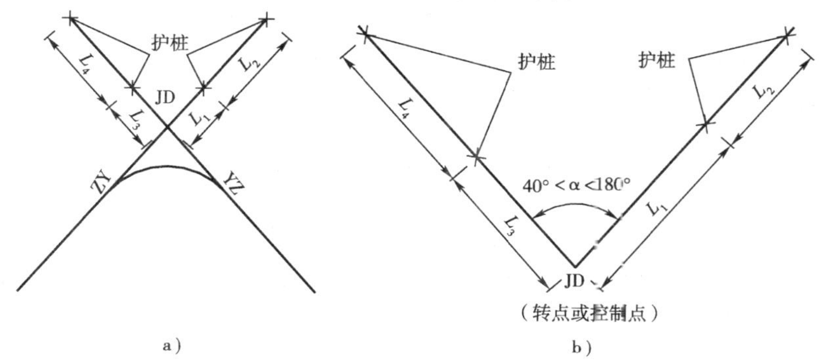

图 1-3-15　桩点固定法

a)延长切线设置保护桩;b)交点法设置保护桩

为避免返工浪费,在施工期间应根据固定桩随时恢复原桩(尤其是高填深挖地段),并检查其是否符合原设计标准。

对于高等级公路,可利用坐标法进行加设导线控制桩,利用坐标法进行路线中桩的放样,一般情况下是不使用交点桩进行坐标放样的。

2.路线高程复测与水准点的增设

中线复测后,应进行基平(标平)和中平测量,以复核原水准点高程和中桩地面高程,并测定增设的临时水准基点高程和加桩的地面高程。为便于施工期间引用,在下列情况应增设临时水准基点:

(1)桥位附近及填土高度超过 5m 地段。

(2)隧道进出口、山岭垭口及其他较大的人工构造物附近(如涵洞、挡土墙等)。

(3)重丘、山岭地区工程集中、地形复杂地段。

临时水准基点的高程应符合精度要求方准使用。如发现个别水准基点有受施工影响(如爆破、行车等)可能时,应将其移出影响范围之外,其高程应与原水准基点相闭合。

3.横断面的检查与补测

路基施工前,应进行详细检查、核对横断面,发现有错误或有怀疑时,应进行复测。加桩处,应补测横断面。横断面检查与补测时,应正确掌握其方向,否则将会产生较大误差。

4.竣工测量

路基土石方基本完成后,应进行全线的竣工测量,包括中线测量、横断面测量及中平测量。以便整修路基,并作为竣工验收的依据。当竣工测量误差符合规定时,应对曲线的交点桩、长直线的转点桩等路线主控制桩,埋设永久基桩。否则,应采取相应可靠的技术措施和工程措施，例如局部调整路基中线等。

二、路基边线放样

路基边坡放样就是在原地面上标定出路基边缘、路堤坡脚及路堑堑顶、边沟、取土坑、护坡道、弃土堆等的具体位置，以便确定出路基轮廓，方便施工。下面介绍路基边桩和边坡的放样方法。

1.路基边桩的放样

1)图解法

路基横断面图为供路基施工的主要图纸，可根据已戴好“帽子”的横断面图放样路基边桩。如图 1-3-16 所示，坡脚点 A（或坡顶点 B）与中桩的水平距离可以从横断面图上按比例量出，然后在地面上用皮尺沿横断方向量出 A 点（或 B 点）距中桩的水平距离即可定出边桩。

在量测距离时尺子一定要拉平，如横坡较大时，须分段丈量，在量得的相应点处钉上坡脚桩（或坡顶桩）。每个横断面都放出边桩后，再分别将中线两侧的路基坡脚或路堑的坡顶用灰线连接起来，即为路基填挖边界。

此法一般用于较低等级的公路路基边桩放样。

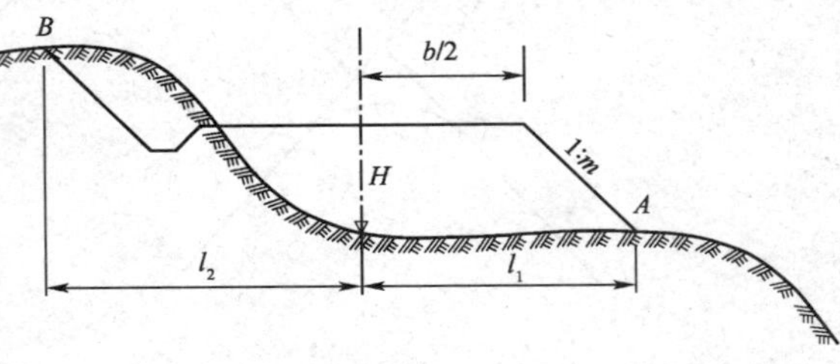

图 1-3-16　图解法放边桩

2)计算法

现场没有横断面设计图，只有施工填挖高度时，可用计算法放样路基边桩。计算法放样路基边桩的精度比图解法高，主要用于一般公路平坦地形或地面横坡均匀一致路段的路基边桩放样。

(1)平坦地面上边桩放样

路堤坡脚至中桩的距离

$$l = \frac{b}{2} + mH \tag{1-3-30}$$

路堑坡顶至中桩的距离

$$l = \frac{b_1}{2} + mH \tag{1-3-31}$$

式中：b——路基设计宽度(m)；

b_1——路基与两侧边沟宽度之和(m)；

m——边坡设计坡率；

H——路基中心设计填挖高度(m)。

(2)倾斜地面上边桩放样

如图 1-3-17 所示，当地面横向倾斜较大时，计算时应考虑横向坡度的影响。

路堤坡脚至中桩的距离

上侧坡脚
$$l_1 = \frac{b}{2} + m(H - h_1) \tag{1-3-32}$$

下侧坡脚
$$l_2 = \frac{b}{2} + m(H + h_2) \tag{1-3-33}$$

路堑坡顶至中桩的距离

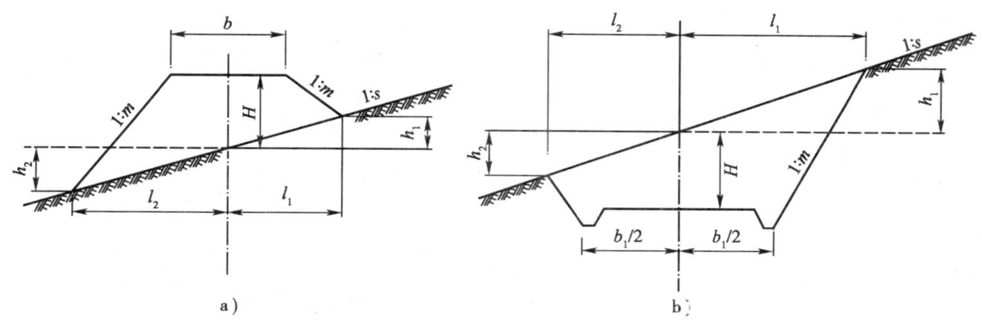

图 1-3-17　计算法放样边桩

a)路堤;b)路堑

上侧坡顶
$$l_1 = \frac{b}{2} + m(H + h_1) \tag{1-3-34}$$

下侧坡顶
$$l_2 = \frac{b}{2} + m(H - h_2) \tag{1-3-35}$$

式中:h_1——上侧坡脚(坡顶)与中桩的高差(m);

h_2——下侧坡脚(坡顶)与中桩的高差(m)。

应当指出,上列各式中的 h_1 与 h_2 都是未知数,因此还不能计算出路基边桩至中桩的距离。由于地面横坡均匀一致,放样时应先测得地面坡度为 1:s,s 为地面横坡率。

因为 $l_1 = h_1 s$,代入式(1-3-32)

$$l_1 = h_1 s = \frac{b}{2} + m(H - h_1)$$

整理简化得
$$h_1 = \left(\frac{b}{2} + mH\right)\frac{1}{s + m}$$

将 h_1,代入式(1-3-32)得

$$l_1 = \left(\frac{b}{2} + mH\right)\frac{s}{s + m} \tag{1-3-36}$$

同理可得
$$l_2 = \left(\frac{b}{2} + mH\right)\frac{s}{s - m} \tag{1-3-37}$$

路堑坡顶至中桩的距离为

$$l_1 = \left(\frac{b_1}{2} + mH\right)\frac{s}{s + m} \tag{1-3-38}$$

$$l_2 = \left(\frac{b_1}{2} + mH\right)\frac{s}{s - m} \tag{1-3-39}$$

根据式(1-3-36)至式(1-3-39)所计算的距离,直接丈量定出两侧边桩。

3)渐近法

渐近法的原理是,在分段丈量水平距离的同时,用水准仪、全站仪(高等级公路使用)、经纬仪、手水准或其他方法(如抬杆法、钓鱼法)测出该段地面两点的高程差,最后累计得出边桩点与中桩点的高程差,可用式(1-3-32)至式(1-3-35)验证其水平距离是否正确,如有不符,逐渐移动边桩,到正确位置为止。该法精度高,既可用于高等级公路,又适用于中、低级公路。

(1)用渐近法放路堤坡脚桩如图 1-3-18 所示,路堤上侧坡脚 A 点的放样步骤如下:

①从横断面设计图中或由计算求得上侧坡脚 A 至中桩 O 的水平距离 l'，l' 为大概值。

②从 O 点沿横断面方向量出水平距离 l' 得 A_1 点，同时测出 A_1、O 两点的高程差为 h'。

③根据 h'，用式(1-3-32)复算水平距离 l，如复算值大于(或小于)实测值 l'，时，说明假定的边桩距中桩太近(或太远)，两者相差 $|l-l'|$。

④继续假定增长(或缩短) l' 值，相应地重测 h'，代入公式再计算，直到计算距离 l 与实测距离 l'，相等时为止。

用渐近法确定路堤坡下侧坡脚 B，方法相同，只须用式(1-3-33)进行计算。

(2)用渐近法放路堑坡顶桩方法同上，分别用式(1-3-34)和式(1-3-35)进行验证。

[例题]

已知路基面顶宽 $b_1=9.50\text{m}$，中桩开挖高度 $H=5.20\text{m}$，边坡率 $m=0.5$，试定出它的边桩，具体尺寸参见图 1-3-19。

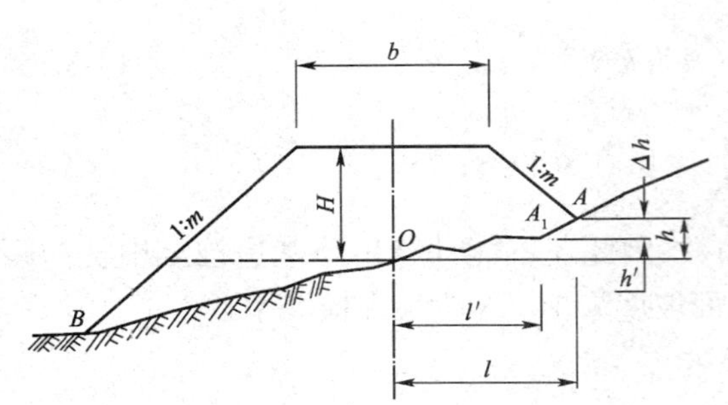

图 1-3-18 用渐近法放路堤坡脚

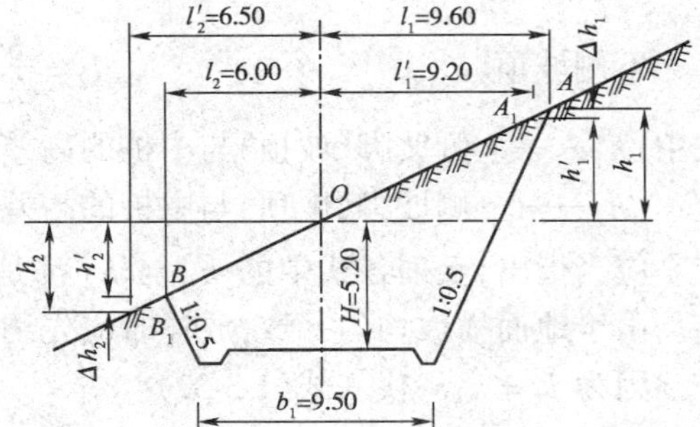

图 1-3-19 用渐近法放样路堑坡顶

解：(1)确定上侧坡顶 A，由横断面设计图中量得 $l'_1=9.20\text{m}$。

(2)丈量水平距离 l'_1 得 A_1 点，同时测出 A_1 点与 O 点的高差为 $h'_1=4.30\text{m}$。

用公式(1-3-34)计算 l_1，进行验证

$$l_1=\frac{b_1}{2}+m(H+h'_1)=\frac{9.5}{2}+0.5\times(5.20+4.30)=9.50>9.20\text{m}$$

说明所定边桩距中桩距离太近。

(3)假定 $l'=9.60\text{m}$，丈量水平距离，得到 A 点，测得 A 和 A_1 两点的高差为 $\Delta h_1=0.20\text{m}$，算出 A 点与中桩 O 点的高差为

$$h_1=h'_1+\Delta h_1=4.30+0.20=4.50\text{m}$$

(4)继续用公式验证

$$l_1=\frac{9.5}{2}+0.5\times(5.20+4.50)=9.60\text{m}$$

计算的距离与实测的距离相等，A 点即为上侧坡顶桩。同样的方法，B 点即为下侧坡顶桩。

2.路基边坡的放样

有了边桩还不足以指导施工，为了使填、挖的边坡达到设计的坡率，还应把边坡坡度在实地标定出来，以便比照施工。

1)用麻绳竹杆放边坡

当路堤填土高度不大时，可按图 1-3-20a)所示的方法，一次把线挂好。

当路堤高度较高时，可分层挂线。在每层挂线前，应当标定中线并用水准仪、手水准找平，如图 1-3-20b)所示。

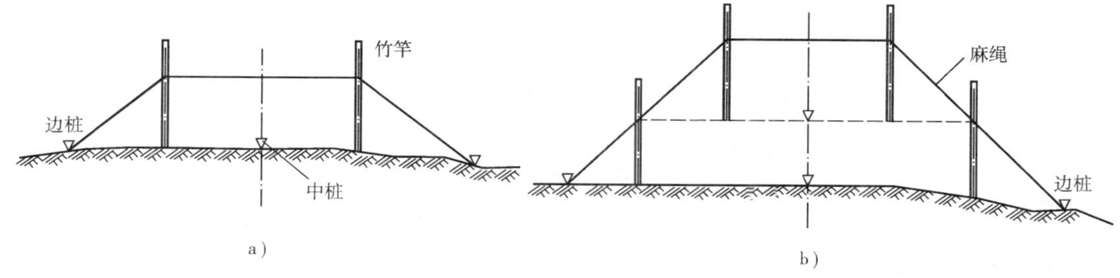

图 1-3-20 麻绳竹竿挂线法放边坡

a)一次挂线;b)分层挂线

2)用坡度样板放边坡边桩

首先按照边坡坡度做好边坡样板,施工时可比照样板进行放样。样板的式样有活动边坡样板(坡度尺),如图 1-3-21a)所示;固定边坡样板,如图 1-3-21b)所示。开挖路堑时,在坡顶外侧立固定样板,施工时可瞄准样板进行开挖。

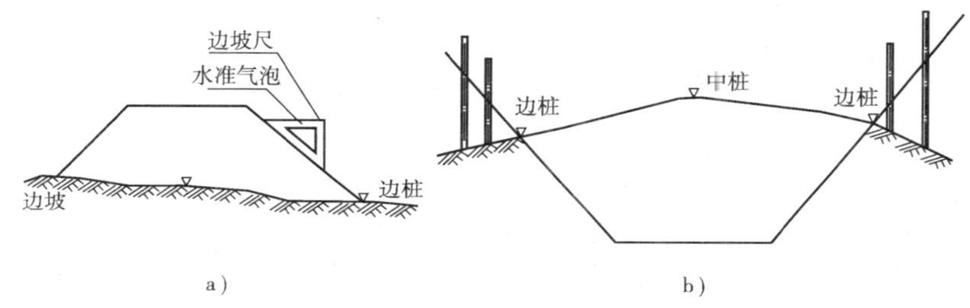

图 1-3-21 坡度样板法放边坡

a)活动样板;b)固定样板

3.坐标综合放样法(适合于高等级公路的填方路基)

利用设计提供的中桩坐标进行中桩放样,利用方向架确定出横断面方向,用皮尺或钢尺在横断方向的量取中桩到边桩的距离,测量中桩与边桩的高差,进行距离的改正。正确放出边桩的位置(可全部用全站仪配合外业用便携 PC 机进行放样,只是在定点位时稍慢,但其精度很高)。

此法也可以用于施工中的路基施工宽度和边坡的控制。具体作法为:利用填土高度计算中桩至填土层坡脚的平距,根据填土层厚度计算收坡的平距。进行实地量测即可。

此方法在施工控制中的特点为:在施工中,可填上 2~3 层土,进行一次测量放样,保证中桩及边坡的准确,消除施工中丢失中桩或因在路基土中埋设中柱而影响路基土压实的因素,但测量任务相对较重。因此适就于要求比较严格的高等级公路。

第四章　土质路基施工

【内容简介和学习要求】

本章着重介绍了土质路堤填筑、路堑开挖的方案、方法及施工时应注意的问题；土质路基施工常用的施工机械，施工机械的选择；路基压实度的影响因素及其关系；土质路基的压实标准，压实工作的组织和施工时应注意的事项；结合工程实际介绍了桥涵构造物填筑的一般要求和质量控制；路基的验收与质量标准，路基施工过程中的整修与竣工后的维修。

通过本章学习，学生能够根据施工现场的实际情况，合理选择正确的施工方法、适宜的机械、正确的施工控制标准和方法并进行合理的施工组织。

第一节　土质路基填挖基本方案

一、路堤填筑

为了保证路堤的强度和稳定性，在填筑路堤时，要处理好基底，保证必须的压实度及选择正确填筑方案。

1.基本要求

1)路堤填筑材料的要求

填筑路堤所用的大量填料，一般都是就近取用当地土石。为保证路堤的强度和稳定性，应选择强度高、稳定性好的土石作填料。如碎石、砾石、卵石、粗砂等透水性好的材料，它们不易被压缩、强度高、水稳性好，填筑时不受含水量限制，分层压实后较易达到规定的施工质量，此类材料应优先选用。用透水性不良或不透水的土如黏土作路堤填料时，必须在最佳含水量下分层填筑并且充分压实。粉质土的水稳定性和冰冻稳定性均较差，不宜作路堤填料，在季节性冰冻地区更应慎用。黏质土和高液限黏土可用来填筑高度小于5m的路堤，但应水平分层填筑并压实到规定的密实度。

高速公路和一级公路路堤填料应到实地采取土样并进行土工试验，有关指标应符合表1-4-1的技术要求。二级及二级以下公路路堤填料也宜按表1-4-1的规定选用。

路基填方材料最小强度和最大粒径　　表1-4-1

项目分类(路面底面以下深度)		填料最小强度(CBR,%)		填料最大粒径(cm)
		高速公路、一级公路	其他等级公路	
路堤	上路床(0~30cm)	8.0	6.0	10
	下路床(30~80cm)	5.0	4.0	10
	上路堤(80~150cm)	4.0	3.0	15
	下路堤(>150cm)	3.0	2.0	15
零填及路堑路床(0~30cm)		8.0	6.0	10

捣碎后的植物土、重黏土、白垩土、硅藻土、腐烂的泥炭类土在一定条件的限制下可以采用。具体的限制条件可参见《公路路基施工技术规范》(JTJ 033—95)。

2)加宽旧路堤时应遵守的要求

(1)所用土宜与旧路堤相同,否则应选用透水性较佳的土或选用接近于路堤的土。

(2)清除地基上的杂草,并沿旧路边坡挖成向内倾斜的台阶(台阶宽度应不小于 1m),砂性土可不挖台阶。

(3)分层填筑夯实到要求的密实度。

3)路堤稳定性调查

修建山坡路堤前,应对山坡的稳定性进行调查,必要时应采取适当措施,以保证路堤的稳定性。路堤应由最低一层台阶填起,并分层夯实,然后逐台向上填筑分层夯实。所有台阶填完后,即可按照一般填土程序进行。

2.路堤基底的处理

路堤基底是指土石填料与原地面的接触部分。为使两者结合紧密,防止路堤沿基底发生滑动,或路堤填筑后产生过大的沉陷变形,则可根据基底的土质、水文、坡度和植被情况及填土高度采取相应的处理措施。

1)密实稳定的土质基底

当地面横坡度不陡于 1:10,且路堤高度超过 0.5m 时,基底可不作处理;路堤高度低于 0.5m 的地段,应将原地面草皮等杂物清除。地面横坡为 1:10～1:5 时,需铲除地面草皮、杂物、积水和淤泥。当地面横坡度陡于 1:5 时,在清除草皮杂物后,还应将原地面挖成台阶,台阶宽度不小于 1m,高度为 0.2～0.3m。台阶顶面做成向内倾斜 2%～4%的斜坡,如图 1-4-1所示。

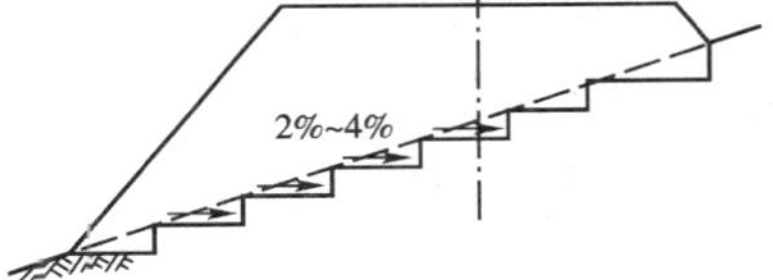

图 1-4-1 斜坡基底的处理

2)覆盖层不厚的倾斜岩石基底

当地面横坡为 1:5～1:2.5 时,需挖除覆盖层,并将基岩挖成台阶。当地面横坡度陡于1:2.5时,应进行个别设计,特殊处理,如设置护脚或护墙。

3)耕地或松土基底

路堤基底为耕地或松土时,应先清除有机土、种植土,平整压实后再进行填筑。在深耕地段,必要时应将松土翻挖,土块打碎,然后回填、找平、压实。经过水田、池塘或洼地时,应根据具体情况采取排水疏干、挖除淤泥、打砂桩、抛填片石或砂砾石等处理措施,以保持基底的稳固。

当路基稳定受到地下水影响时,应予拦截或排除,引地下水至路堤基底范围以外。如处理有困难时,则应在路堤底部填以渗水土或不易风化的岩块。

3.填料压实

填料压实是保证路堤填筑质量的关键,必须充分重视,有关压实的理论与要求,将在本章第四节叙述。

4.填筑方案

路基基本填筑方案有分层填筑法、竖向填筑法和混合填筑法三种。

1)分层填筑法

路堤填筑必须考虑不同的土质,从原地面逐层填起并分层压实,每层填土的厚度可按压实机具的有效压实深度和压实度确定。分层填筑法又可分为水平分层填筑和纵坡分层填筑 2 种。

(1)水平分层填筑。水平分层填筑填筑时按照横断面全宽分成水平层次,逐层向上填筑。如原地面不平,应由最低处分层填起,每填一层经过压实后再填下一层,如图1-4-2a)所示。

(2)纵坡分层填筑。纵坡分层填筑宜于用推土机从路堑取土填筑距离较短的路堤,依纵坡方向分层,逐层向上填筑,如图1-4-2b)所示。

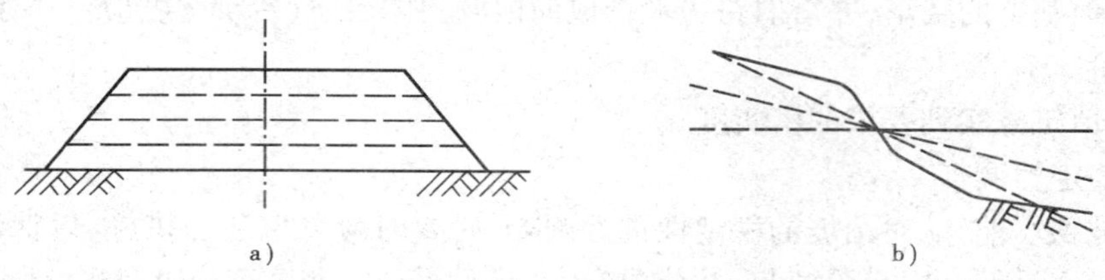

图1-4-2　分层填筑法

a)水平分层填筑;b)纵坡分层填筑

2)竖向填筑法

在深谷陡坡地段填筑路堤,无法自下而上分层填筑,可采用竖向填筑法。竖向填筑是指从路堤的一端或两端按横断面全部高度,逐步推进填筑。如图1-4-3所示。竖向填筑因填土过厚不易压实,施工时需采取下列措施:选用振动式或夯击式压实机械;选用沉陷量较小及颗粒径均匀的砂石材料;暂不修建较高级的路面,容许短期内自然沉落。

3)混合填筑法

在深谷陡坡地段填筑路堤,尽量采用混合填筑法,如图1-4-4所示,即在路堤下层竖向填筑,上层水平分层填筑,使上部填土经分层压实获得需要的压实度。

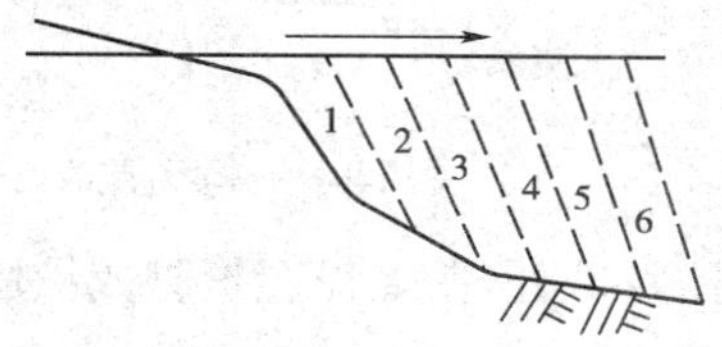

图1-4-3　竖向填筑法

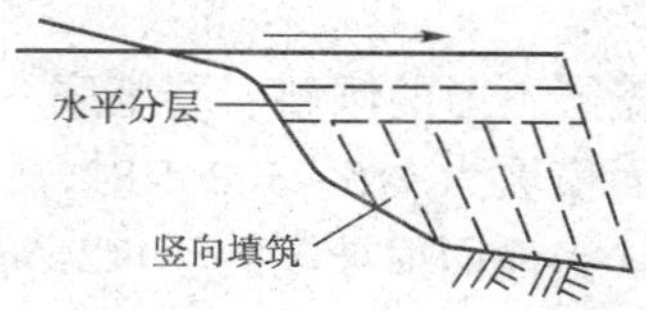

图1-4-4　混合填筑法

5.不同土质路堤填筑

在施工中,沿线的土质经常发生变化,为不致将不同性质的土任意混填,以致造成路基病害,必须在施工前进行现场调查,做出正确的规划,拟定合理的调配方案。

1)不同土质混合填筑时须遵守的规定

(1)不同性质的土填筑路堤时,应分层填筑,层数应尽量减少,每层总厚度最好不小于0.5m。不得混杂乱填,以免形成水囊或滑动面。

(2)透水性较小的土填筑路堤下层时,其顶面应做成4%的双向横坡,以保证来自上层透水性填土的水分及时排出。

(3)透水性较小的土填筑上层时,不应覆盖在透水性较大的土所填筑的下层边坡上,以保证水分的蒸发和排除。

(4)因潮湿及冻融而不改变更其体积的优良土应填在上层,强度(形变模量)较小的土应填在下层。

用不同土质填筑路堤的正确与错误方案如图1-4-5所示。

2)填石路堤

填石路堤主要考虑石料性质、石块大小、填筑高度和边坡坡度,应逐层水平填筑,并进行相应的压实。

(1)用风化石填筑路堤时,石块应摆平放稳,空隙用小石块或石屑填满铺平,边坡坡度同土质路堤。

(2)用不易风化的25cm以下的石块填筑路堤时,应分层铺填。当路堤高度不超过6m时,边坡要码砌1~2m厚,大面向下,小面向上,摆平靠紧,用小碎石填缝找平。

(3)用25cm以上的大石块填筑路堤时,可大致分层填铺,不必严格找平,尽量做到靠紧密实,边坡要码砌1~2m厚,如边坡码砌成台阶形时,上下层石块应错缝互相压住。

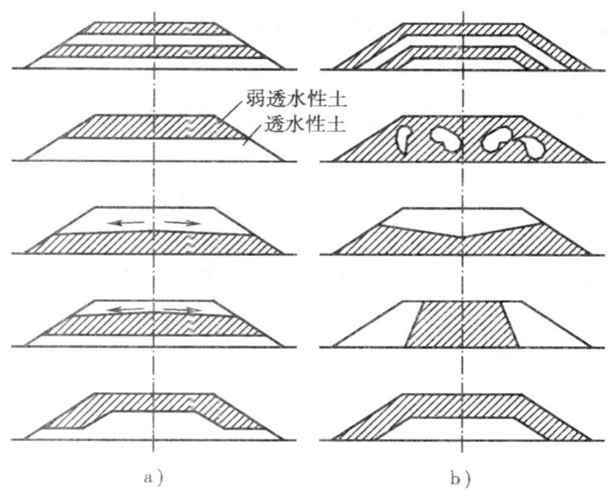

图1-4-5 路堤分层填筑方案

a)正确方案;b)错误方案

3.土石混合填筑路堤

土石混合填筑路堤时,如土石易于分清时,易分开分段填筑;如不易分清时,应尽量按下述情况施工,不得乱抛乱填。

(1)当石块多于70%时,将石块大面向下,小面向上分开摆平放稳,缝隙内填以土或石屑,每层厚不超过40cm,大致整平后仍需夯实。

(2)当石块含量在50%~70%之间时,石块除应按上述办法摆平放稳外,石间空隙应放大致能容纳夯底面积,以便于夯实,每层厚度不得超过30cm。

(3)当石块含量少于50%时,可在卸土后随摆石块随匀土,平整成厚30cm,再夯实,如石块过大,可挖一洞穴埋入,以免妨碍夯实。

6.桥涵填土

为保证桥头路堤稳定,台背填土除设计文件另有规定外,一般应用砂性土或其他渗水性土填筑。

(1)填土长度。一般在上部为距翼墙尾端不小于台高加2m,下部为距基础内缘不小于2m。

(2)填土高度。从路堤顶面起向下计算,在冰冻地区一般不小于2.5m;无冰冻地区到高水位,均应填以渗水性土,其余部分可用与路堤相同的土填筑,并在其上设横向排水盲沟或铺向外倾斜的黏土或胶泥层。

填土应分层夯实到要求的压实度,每层的松铺厚度不得超过20cm。桥台背后填土应与锥坡填土同时进行(详见本章第五节)。

二、路堑开挖

开挖路堑前应首先处理好排水,并根据断面的土层分布、地形条件、施工方法,以及土方的利用和废弃情况综合考虑,力求做到运距短、占地少。

路堑土方开挖方式,根据具体情况可采用横挖法、纵挖法和混合式开挖法三种。

1.横挖法

横挖法是指按路堑整个横断面从其两端或一端进行挖掘的方法,适用于短而深的路堑,如

图 1-4-6 所示。掘进时逐段成型向前推进,运土由相反方向送出。为了增加工作面,加快挖掘进度,可在不同高度处,分几个台阶挖掘,台阶高度视工作便利与安全而定,一般为 1.5~2.0m。挖掘时上层在前,下层随后,下层施工面上应留有上层操作的出土和排水通道,如图 1-4-7 所示。

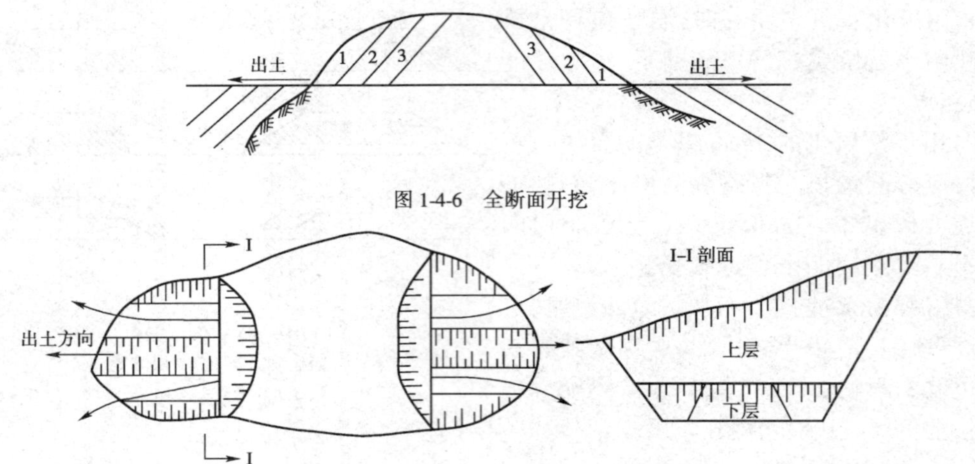

图 1-4-6　全断面开挖

图 1-4-7　分层横向开挖示意图

2.纵挖法

纵挖法可分为分层纵挖法和通道纵挖法。

分层纵挖法沿路堑分为宽度及深度都不大的纵向层次挖掘,如图 1-4-8 所示。挖掘工作可用各式铲运机。在短距离及大坡度时,可用推土机;在较长较宽的路堑,可用铲运机,并配备运土机具进行工作。

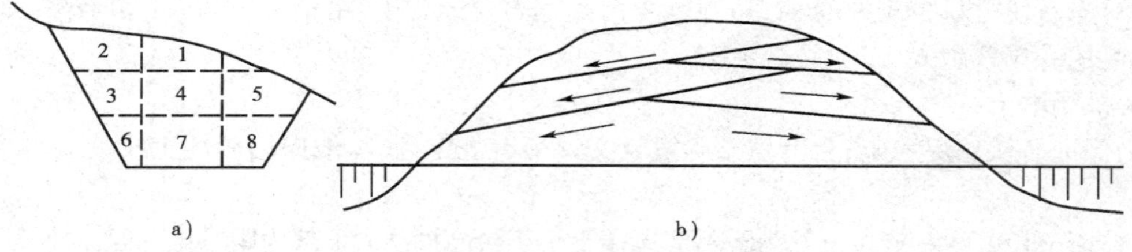

图 1-4-8　分层纵向开挖示意图

通道纵挖法是先沿路堑纵向挖一通道,然后开挖两旁,如路堑较深可分几次进行纵挖,用此法挖路堑,可采用人力或机械挖掘,如图 1-4-9 所示。

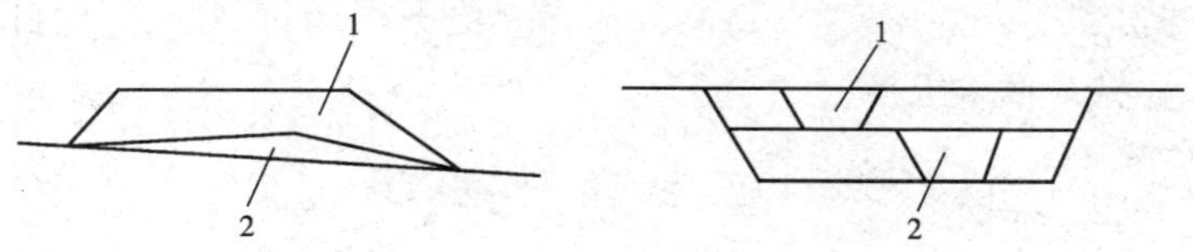

图 1-4-9　通道纵挖法

1-第一次通道;2-第二次通道

3.混合式开挖法

混合式开挖法系将横挖法、通道纵挖法混合使用,即先顺路堑挖通道,然后沿横向坡面挖掘,以增加开挖坡面。每一开挖坡面应容纳一个施工组或一台机械,在较大的挖土地段,还可沿横向再挖沟，以装置传动设备或布置运土车辆。

挖方地段有含水层时，在挖掘该层土前，应设置好排水系统。若挖方路基位于含水较多以致翻浆的土上时，则应换以透水性良好的土，其厚度应不小于0.8~1.0m。为换土所挖的凹槽底面应适当整平，并设纵向盲沟以利于排水。

4.路堑开挖应注意的问题

(1)不论采用何种方法开挖，均应保证开挖过程中及竣工后能顺利排水。为此，施工时先挖截水沟，并设法引走一切有可能影响边坡稳定的地面水和地下水。施工中要在路堑的路线方向保持一定的纵坡。

(2)废渣的处理。路堑挖出的土方，除应尽量利用于填方外，余土应有计划地弃置，按弃土堆规定办理，以不妨碍路基排水和路堑边坡稳定为原则，并尽可能用于改地造田，美化环境。

(3)注意边坡的稳定，及时设置必要的支挡工程。开挖时必须按照横断面自上而下，依照设计边坡逐层进行，防止因开挖不当导致坍方；在地质不良拟设支挡工程的地段，应考虑在分段开挖的同时，分段修建支挡工程，以保证安全。

(4)路堑与路堤交界处，其基底的树根、杂草等，应予清除，如遇土质不良须更换透水性良好的土。

第二节　土质路基的施工机械

常用的路基土方工程机械有松土机、推土机、铲运机、平地机、装载机和挖掘机(配以汽车运土)，以及各种压实机械等。各种土方机械可进行单机作业，如平地机、推土机等；挖掘机需要配以松土、运土、平土及压实等相应机具，综合完成路基施工任务。

一、常用的土质路基施工机械

1.推土机

推土机是路基施工最常用的机械之一，具有灵活机动、所需作业面小、转移方便、干湿地均可作业等特点，主要用于纵向短距离运土和横向推土，还可用于平整场地、挖基坑、填埋沟槽及其他辅助作业。推土机适用于填挖高度在3m以下，运距10~100m以内的土方挖运、填筑和初步压实。其最大切土深度应为10~20cm，推运距离以30~75m为最佳，运距过长则不经济。可用多台推土机并行作业以提高推土效率。推土机上的附属设备可用于松土、除树根等。

推土机施工时可采用波浪铲土、多刀推土、并列推土或下坡推土等方法进行作业。波浪推土是推土机铲土时将铲刀最大限度地切入土中，直到发动机稍有超负荷现象时，将铲刀提起以使发动机恢复正常工作，再降下铲刀切土，再起刀，再切土，这样反复多次，直到铲刀前推满土并将其推至指定地点。多刀推土是在较宽的作业面上，推土机分段将所切土推运到各切土终点，等作业面上积聚一个个土堆后，再由远而近以土拥土的方法叠送至卸土处。并列推土是用两台以上同类型推土机同步作业，以减少运土损失。两铲之间间隔距离不宜过大或过小，一般为15cm左右。下坡推土法是利用推土机下坡时的重力分力，加速铲土过程和增大运土量是以提高施工效率的一种推运方法。

2.铲运机

铲运机主要用于铲运土方，分拖式和自行式两种。铲运斗容量一般为6~10m³。当铲运机行进时，可做自挖、自装、自运、自卸等各项工作，并有铺平及初步压实的作用。铲运机一般用于填筑路堤、开挖路堑、填挖和平整场地等，其通行坡度不应大于15%，经济运距为400~600m。

铲运机作业分一般铲土、波浪式铲土、跨铲铲土及下坡铲土等。铲运Ⅰ、Ⅱ级土时，铲刀一开始即以最大切土深度(不得超过30cm)铲土，随着铲运机行驶阻力不断增加而逐渐减小铲土深度，直到铲斗装满为止。波浪式铲土适用于较硬的土质，铲运机开始铲土即以最大切土深度切入土中，随着铲运机负荷逐渐增加，发动机转速下降时，相应地减小切土深度，如此反复若干次，直到铲斗装满为止。下坡铲土是利用铲运机的重力分力所产生的下坡推力使牵引力增加，从而提高铲土效率。铲土下坡角一般为7°～8°，最大不超过15°。适用于铲挖较坚硬的土质。

铲运机铲土时应达到运距短、坡道平缓和修筑工作量小的目的，这就必须综合考虑施工效率、地形条件、机械磨损等因素选择合适的运行线路。用铲运机填筑路堤或开挖路堑时，可采用"椭圆"形、"8"字形、"之"字形、"穿梭"形或"螺旋"形等线形。

3.平地机

平地机是公路工程施工的专用机械之一，路基施工时主要用于平整场地、修整路基顶面和路拱，还可用于修筑高度为0.75m以下的矮路堤及深度为0.5m以下的浅路堑及平整边坡、开挖边沟或排水沟等。平地机的刀片铲切深度视土类和施工要求可在0.08～0.25m范围内确定。

平地机的主要工作装置是刮刀，它可以调整成4种作业动作，即刮刀平面回转、刮刀左右端升降、刮刀左右引伸和刮刀机外倾斜，分别做刮刀刀角铲土侧移以开挖边沟、刮刀刮土侧移以填筑路基及回填沟渠、刮刀刮土以平整路基顶面、刮刀机外倾斜以清刷路基边坡等作业。

4.挖掘机

挖掘机主要用于挖土和装土，必须配备运土机械与之共同作业，适用于工程量大而集中的土石方挖掘。路基工程中常用全圆回转履带式挖掘机，土斗分反铲和正铲两种。反斗铲挖掘机的工作面可低于其停留面以下3～6m，常用于挖基坑、沟槽等。正斗铲的挖掘机主要用来挖掘高出挖掘机停留面的土堆。反铲挖掘机可进行沟端开挖和沟侧开挖作业。沟端开挖时挖掘机从沟的一端开始，沿沟中线倒退开挖。运输车辆停在沟侧，此时动臂只回转40°～45°即可卸料。若沟的宽度为挖掘机回转半径的两倍时，运输车辆只能停在挖掘机侧面，动臂回转90°卸料。若所挖沟渠较宽，可分段挖掘。反铲挖掘机沟侧开挖时，挖掘机停在沟侧，运输车辆停在沟端，动臂回转小于90°即可卸料。

正铲挖掘机可采用侧向开挖或正向开挖的方式作业。侧向开挖，车辆的运行路线位于挖掘机开挖路线的侧面，可左线行驶。正向开挖，运输车辆停在挖掘机后方，主要用于挖掘进口处。

5.装载机

装载机是公路施工常用的一种机械，主要适用于土石方和松散物料的装载或自卸自运，清理场地和平整地面，以及推土、起重和牵引车辆等多种作业。

二、常用土质路基施工机械的选择

各种路基土方施工机械，按其性能，可以完成路基土方的部分或全部工作。常用的土方机械适用范围如表1-4-2；按施工条件选择土方机械时，可参考表1-4-3。

常用土方机械适用范围 表1-4-2

机械名称	适用的作业项目		
	施工准备工作	基本土方作业	施工辅助作业
推土机	1.修筑临时道路； 2.推倒树木，拔除树根； 3.铲草皮，除积雪及建筑碎屑； 4.推缓陡坡地形，整平场地； 5.翻挖回填井、坑、陷穴、坟	1.高度3m以内的路堤和路堑土方； 2.运距100m以内土方的挖、填与压实； 3.傍山坡挖填结合路基土方	1.路基缺口土方的回填； 2.基粗平，取弃土方的整平； 3.土压实，斜坡上挖台阶； 4.配合挖掘机与铲运机松土、运土
铲运机	1.铲除草皮； 2.移运孤石	运距在60～700m以内的挖土、运土、铺平与压实（高度不限）	1.路基粗平； 2.取土坑与弃土堆整平

续上表

机械名称	适用的作业项目		
	施工准备工作	基本土方作业	施工辅助作业
自动平地机	除草、除雪、松土	修筑0.75m以内路堤与0.6m以内路堑,以及挖填结合路基的挖、运、填土	开挖排水沟,平整路基,整修边坡。
松土机	翻松旧路面、清除树根及废土层、翻松硬土		1.Ⅱ~Ⅳ类土的翻松; 2.破碎0.5m以内的冻土层
挖掘机		1.半径7m以内的挖土与卸土; 2.装土供汽车远运	1.挖沟槽与基坑; 2.水下捞土(反向铲土等)

按施工条件选择土方机械 表1-4-3

路基形式及施工方法	填挖高度(m)	土方移运水平直距(m)	主要施工机械名称	辅助机械	机械施工运距(m)	最小工作地段长度(m)
一、路堤						
路侧取土	<0.75	<15	自动平地机			300~500
路侧取土	<3.00	<40	58.8kW推土机		10~40	
路侧取土	<3.00	<60	73.5~102.9kW推土机	>58.8kW推土机	10~60	
路侧取土	<6.00	20~100	6m^{3}拖式铲运机		80~250	50~80
路侧取土	>6.00	50~200	6m^{3}拖式铲运机		250~500	80~100
远运取土	不限	<500	6m^{3}拖式铲运机		<700	>50~80
远运取土	不限	500~700	9~12m^{3}拖式铲运机		<1000	>50~80
远运取土	不限	>500	9m^{3}以上自动铲运机		>500	>50~80
远运取土	不限	>500	自卸汽车运土		>500	(5000m^3)
二、路堑						
路侧弃土	<0.6	<15	自动平地机			300~500
路侧弃土	<3.00	<40	58.8kW推土机		10~40	
路侧下坡弃土	<4.00	<70	73.5~102.9kW推土机	>58.8kW推土机	10~70	
路侧弃土	<6.00	30~100	6m^{3}拖式铲运机		100~300	50~80
路侧弃土	<15.0	50~200	6m^{3}拖式铲运机		300~600	>100
路侧弃土	>15.0	>100	9~12m^{3}拖式铲运机		<1000	>200
纵向利用	不限	20~70	58.8kW推土机	推土机	20~70	
纵向利用	不限	<100	73.5~102.9kW推土机		<100	
纵向利用	不限	40~600	6m^{3}拖式铲运机		80~700	>100
纵向利用	不限	<800	9~12m^{3}拖式铲运机		<1000	>100
纵向利用	不限	>500	9m^{3}以上自动铲运机		>500	>100
纵向利用	不限	>500	自卸汽车运土		>500	(5000m^3)
三、半挖半填						
横向利用	不限	<60	58.8~102.9kW斜角推土机		10~60	

注:表中均指Ⅰ、Ⅱ类土,如土质坚硬时应先用松土机疏松。

在土质路基的施工过程中，为充分发挥各种施工机械的作用，应根据具体情况选择配套的施工机械。

在填筑土质路基时，当运距较远且土方集中时，一般是用挖掘机挖土装车、自卸汽车运输、推土机摊土及排压土、平地机整平填土、压路机进行碾压；当运距较近时（如路侧取土），可采用推土机铲运机运土、平地机整平、压路机压实。配套机械选用参考表 1-4-4。

路堤填筑机械化施工机械配备参考表 表 1-4-4

机械种类	数量	说明	机械种类	数量	说明
挖掘机 （$1.5m^3$）	2 台		平地机 （16G）	2 台	
自卸汽车 （15～20t）	10 辆	运距在 5km 以内	羊角碾振动压路机 （16t）	1 台	
推土机 （GH140）	2 台		振动压路机	2 台	

挖方路基的施工作业时，要根据实地情况选用机械：

(1)当土方的运距小于 100m 时，选用推土机为宜；100～500m 时，以铲运机为合理；大于 500m 时应选用自卸汽车运土。

(2)不同的土质选用不同的机械设备。

(3)机械组合尽可能并列化。

如：黄土路堑挖作填方时，土方作业的配套机械选用可参考表 1-4-5。

挖方路基土方配套机械表 表 1-4-5

机械名称	规格型号	数量(台)	用途	产地	备注
推土机	D85	1	推土	日本	平均运距为 500m 时，日产量可达到 $1600m^3$/台班
	D7H	1	推土	日本	
装载机	FL330	1	装土	美国	
	FL230	1	装土	美国	
自卸汽车	三菱 15t	8	运土	日本	

机械化施工不仅要有足够数量的土方机械，而且关键在于先进的组织管理，使各种机械都能得到合理的利用，使生产率获得最大限度的提高。相反，会造成机械、动力和资金的积压浪费。根据实践经验，组织机械化施工需要注意以下几点：

(1)建立健全管理体制和组织机构，对施工和机械等实行统一计划、统一管理、统一调度，使各个工序、各个环节联系紧密，保证施工的连续性。

(2)制订完善的施工技术与机械技术管理制度，实行科学管理。

(3)深入调查研究，认真编制施工组织计划，保证指挥准确及时。

(4)正确选择施工机械及技术操作方案。

(5)贯彻“抓住重点，兼顾一般”的原则，把主要力量集中在重点工程上。切勿平均使用齐头并进，延误工期，造成浪费。

(6)加强技术培训，坚持技术考核，实行安全生产、文明施工，把提高劳动生产率、节能减少开支等指标具体化、制度化。

(7)做好维修保养，提高机械完好率。

(8)加强配件管理，保障维修的需要。

第三节　影响路基压实效果的因素

一、土基压实的意义

实践证明，在没有经过人工压实的路基上是不能铺筑路面的，这是由于未经压实的路基，在自然因素和行车荷载的作用下，必然要产生较大的变形或破坏。为使路基具有足够的强度和稳定性，必须予以人工压实，因此，路基的压实是路基施工中极其重要的环节，亦是提高路基强度与稳定性的根本措施之一。

路基土体是三相体，土粒为骨架，颗粒之间的孔隙为水分和气体所占有，基于它们都各具特性，构成了土体的各种物理性质，如渗透性、黏滞性、弹性、塑性和力学强度等。土的物理力学性质随着三相组成不同而变化。土基压实就是用某种工具或机械增加土体单位体积内固体颗粒的数量，减少孔隙率，从而提高土基的强度和稳定性。大量的室内试验和工程实践表明：

1.压实使土的强度大大增加

土的强度亦可用形变模量表示。由于大多数土没有明显的弹性极限，其应力-应变曲线也不是呈现直线形状，因此土的应力与应变的比值称为形变模量。

例如：对液限为60%，塑性指数为28的黏性土进行一系列室内形变模量试验后，用数学加工法整理数据，得到该组土的形变模量 E(MPa)、含水量 w(%)和干密度 ρ_d(g/cm^3)之间的回归方程式

$$E = -1231gw + 8.66\rho_d + 83.7 \quad (1\text{-}4\text{-}1)$$

由此式可以看出，干密度愈大，土的强度愈高；含水量对土的强度影响也很大，含水量越高，土的强度越低。

2.压实使土基的塑性变形明显减少

路基压实不足，在行车荷载作用下，在路面上会发生辙槽、沉陷等变形，而且密实度(指单位体积内固体颗粒排列紧密的程度，通常用干密度表示，排列得愈紧密，单位体积内固体颗粒就愈多)越小，所产生的辙槽等变形就愈大。

可以通过简单的计算来说明压实不足的土基在行车作用下产生辙槽的程度。假设某土基原干密度为1.50g/cm³，在行车作用下上部20cm厚的土层平均干密度达到1.55g/cm³，由于干密度增加了0.05g/cm³，20cm厚的土层要产生0.64cm的压缩变形。观测表明，压实不足的干土路堤，在旱季不会产生多少沉陷，但到了雨季，水分浸入路堤后，在行车荷载作用下就可能产生大的沉陷，因此说，压实使土基的塑性变形明显减少。

3.压实使土的透水性降低，毛细上升高度减小

土体经过压实后，土粒之间的孔隙减少，其密实度愈大，内部的孔隙就愈小，外界水分进入土体的通道被堵塞，阻力增加，因此降低了土的渗透性，减少了毛细水上升高度，同时提高了土体的抗冻性。各种土压实前后的毛细上升高度见表1-4-6。

各种土压实前后的毛细水高度 表1-4-6

土　类	毛细水上升高度(m)	
	未经压实的土	接近最大密实度的土
砂土	0.2~0.6	0.1
低液限黏土	0.3~0.6	0.2
粉土	0.8~1.5	0.5
中液限黏土	1.5~2.0	0.4
高液限黏土	1.5~2.0	0.4

二、影响压实效果的因素

在室内对细粒土进行击实试验时，影响土的密实度的主要因素有含水量、土的颗粒组成以

及击实功。在施工现场碾压细粒土路基时,影响路基压实效果的主要因素有土的含水量、碾压层厚度、压实机械的类型和功能、碾压遍数和地基的强度。

1.含水量对压实的影响

通过室内击实试验绘制的密实度(干密度)与含水量之间的关系曲线如图1-4-10所示。在压实过程中,土的含水量对所能达到的密实度起着十分重要的作用。锤击或碾压的功需要克服土颗粒间的内摩阻力和凝聚力,才能使土颗粒产生位移并互相靠近。土的内摩阻力和凝聚力随密实度而增加。土的含水量小时,土颗粒间的内摩阻力大,压实到一定程度后,某一压实功不再能克服土的抗力,压实所得的干密度小。当土的含水量逐渐增加时,水在土颗粒间起着润滑作用,使土的内摩阻力减小,因此同样的压实功可以得到较大的干密度。当土的含水量继续增加到超过某一限度后,虽然土的内阻力还在减少,但单位土体中的空气体积已减到最小限度,而水的体积却在不断增加,由于水是不可压缩的,因此在同样的压实功下,土的干密度反而逐渐减少。在干密度与含水量关系曲线上与最大干密度对应的含水量称为最佳含水量。

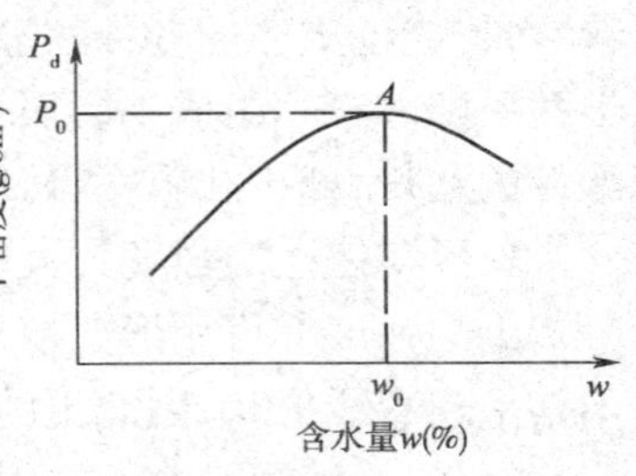

图1-4-10 干密度与含水量关系曲线

某种土在一定的压实功作用下,只有在最佳含水量时,才能压实到最大干密度。在施工现场,用某种压路机碾压含水量过小的土,要达到高的压实度是困难的;如土的含水量超过最佳含水量过多,要达到较大的压实度同样是困难的。对含水量过大的土进行碾压时,经常会发生"弹簧"现象而不能压实。

2.土质对压实的影响

试验表明,各种不同土的最佳含水量和最大干密度是不相同的,如图1-4-11所示。

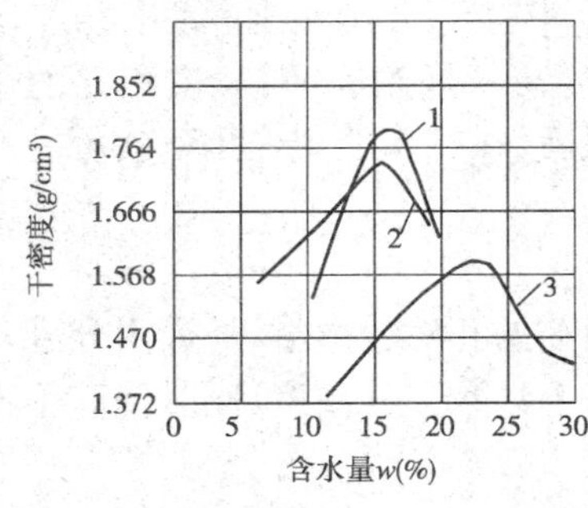

图1-4-11 不同土质的 ρ_d-w 关系曲线

1-亚砂土;2-亚黏土;3-黏土

(1)土中粉粒和黏粒含量愈多,土的塑性指数愈大,土的最佳含水量就愈大,同时其最大干密度愈小。因此,一般砂性土的最佳含水量小于黏性土的最佳含水量,而最大干密度则大于黏性土的最大干密度。

(2)各种不同土的最佳含水量和最大干密度虽然不同,它们的击实曲线的性质是基本相同的。

(3)亚砂土和亚黏土的压实性能较好,而黏性土的压实性能较差。

3.压实功对压实的影响

对于同一类土,其最佳含水量和最大干密度随压实功变化而变化。试验得到的不同压实功能下土的 ρ_d-w 关系曲线如图1-4-12所示。图中曲线表明,同一种土的最佳含水量随压实功的增加而减小;最大干密度则随压实功的增加而提高。此外,在相同含水量条件下,压实功愈高,土的干密度愈大。根据这一特性,在施工中如果土的含水量低于最佳含水量,加水又有困难时,可采用增加压实功能的办法来提高其压实度,即采用重碾或增加碾压次数。

然而,用增加压实功能的办法来提高土的密实度是有限度的,当压实功能增加到一定程度后,土的密实度增加较缓慢,在经济效益和施工组织上不够合理。相比之下,严格控制最佳含水量,要比增加压实功能收效大得多。

根据压实的原理,正确运用压实的特性,按照不同的要求,选择适应不同土质的压实机具,确定最佳压实厚度、碾压遍数和碾压速度，准确地控制最佳含水量，以指导压实的实施工作。

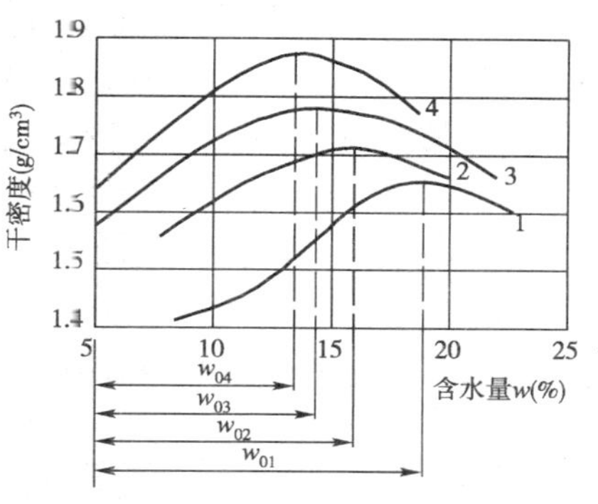

图 1-4-12　不同压实功能的 ρ_d-w 关系曲线

图中 1、2、3、4 曲线分别表示 600kN·m、1150kN·m、2300kN·m、3400kN·m 压实功能

三、含水量与强度、水稳定性的关系

1.含水量与强度的关系

试验表明，当土的含水量等于或小于最佳含水量时，土的强度随密实度的增加而增加，但是，当含水量大于最佳含水量时，强度只随密实度增长到一定程度，超过某一限度时，强度反而下降。这是因为，压实土在最佳含水量时，实质已接近于两相土，此时，继续压实，土基强度仍会增长；当含水量大于最佳含水量时，随着密实度增大到某一数值，土孔隙中的水分在荷载作用下产生的动水和静水压力大大降低土的强度，因而密实度的增大反而使强度降低。

土中含水量小于最佳含水量时，虽然密实度增加强度也会随着提高，但是这种强度的提高需要增加压实功才能获得，而且在受到水浸入时，强度会大大降低，既不经济又不稳定。

2.含水量与水稳定性的关系

将不同湿度的土样放在湿锯末中吸湿 7d，使其受水浸湿而达到饱和，通过实验可以发现：

(1)每个土样的密实度都降低了，只有在最佳含水量时压实的土样具有最大的密实度；

(2)每个土样的强度都降低了，含水量小于最佳含水量的试样强度急剧下降，最佳含水量的试样强度下降幅度最小。

根据上面的试验分析可以得出结论：

①含水量是影响压实效果的决定性因素；

②在最佳含水量时，最容易获得最佳压实效果；

③压实到最大密实度的土体水稳定性最好。

第四节　土质路基压实施工

一、土基压实标准

为了便于检查和控制压实质量，土基的压实标准常用压实度来表示。所谓压实度是指土压实后的干密度与该土的标准最大干密度之比，用百分率表示。按照标准击实试验法，土在最佳含水量时得到的干密度就是它的标准最大干密度。其压实度计算公式：

$$k = \frac{\rho_d}{\rho_0} \tag{1-4-2}$$

式中：k——压实度(%)；

ρ_d——压实土的干密度(g/cm³)；

ρ_0——压实土的标准最大干密度(g/cm³)。

压实施工应首先确定压实度。正确选定压实度 k 值，关系到土基受力状态，路基路面设计要求、施工条件，必须兼顾需要与可能，讲究实效与经济。

行车荷载和填土自重在路基土内部引起的应力分布，集中在土基应力作用区，在路基上层约 80cm 范围内土层承受着强烈的行车荷载反复作用，在路基下层，路基主要承受本身重量。因此，对路基上层的压实度要求较高，下层的压实度可适当降低。

路面等级愈高，对路基强度要求相应增大；路基填挖不同，对路基的强度与稳定性有较大关系。此外，用某种压路机碾压含水量过小或过大的土，要达到高的压实度是困难的，在特殊干旱和特殊潮湿地区，实际施工中往往不得已而降低压实标准。

路基压实度依填挖类型及土层深度规定如表 1-4-7。路基施工时，应按表 1-4-7 规定的不同深度取土样试验，并记录其结果作为交工验收文件内容之一。

路基压实度表 表 1-4-7

填挖类别	路床顶面以下深度(m)	路基压实度(%)		
		高速公路、一级公路	二级公路	三级公路、四级公路
零填及挖方	0～0.30	—	—	≥94
	0～0.80	≥96	≥95	—
填方	0～0.80	≥96	≥95	≥94
	0.80～1.50	≥94	≥94	≥93
	>1.50	≥93	≥92	≥90

注：①表列压实度系按交通部现行《公路土工试验规程》重型击实试验法求得的最大干密度的压实度系数。对于铺筑中级或低级路面的三、四级公路路基，允许采用轻型击实试验法求得的最大干密度的压实度系数。

②特殊干旱或特殊潮湿地区，表内压实度数值可酌情减小 2%～3%。

二、压实机具选择

土基压实机具的类型较多，常用的压实机具可分为静力碾压式、夯实式和振动式三大类。静力碾压机械包括光面碾(普通两轮或三轮压路机)、羊足碾和气胎碾等几种。夯击机具中有夯锤、夯板、风动夯及蛙式夯机等。振动机械有振动器、振动压路机等。

不同的压实机具，对不同土质的压实效果不同，这是选择压实机具的主要依据，表 1-4-8 所列是几种常用机具的一般技术特性。各种压实机具，对不同土在不同含水量情况下所需碾压(夯击)次数可参考表 1-4-8，但确切的碾压次数，应按要求的压实度根据试验压实结果确定。

压路机的技术性能 表 1-4-8

机具名称	最大有效压实厚度(实厚)(m)	碾压行程次数				适宜的土类
		黏性土	亚黏土	粉砂土	砂性土	
人工夯实	0.10	3～4	3～4	2～3	2～3	黏性土与砂性土
牵引式光面碾	0.15			7	5	黏性土与砂性土
羊足碾(2个)	0.20	10	8	6		黏性土
自动式光面碾 5t	0.15	12	10	7		黏性土与砂性土
自动式光面碾 10t	0.25	10	8	6		黏性土与砂性土
气胎路碾 25t	0.45	5～6	4～5	3～4	2～3	黏性土与砂性土
气胎路碾 50t	0.70	5～6	4～5	3～4	2～3	黏性土与砂性土
夯击机 0.5t	0.40	4	3	2	1	砂性土
夯击机 1.0t	0.60	5	4	3	2	砂性土
夯板 1.5t 落高 2m	0.65	6	5	2	1	砂性土
履带式	0.25	6～8		6～8		黏性土与砂性土
振动式	0.4	2～3				砂性土

一般情况下，对于砂性土，以振动式机具压实效果最好，夯击式次之，碾压式较差；对于黏性土，则以碾压式和夯击式较好，而振动式较差甚至无效。此外，压实机具的单位压力不应超

过土的强度极限，否则会立即引起土基破坏。土的强度极限与土的性质、施荷速度和承压面积有关，根据试验，各种压实机械作用下土的强度极限如表 1-4-9 所示，可供选择压实机具时参考。

碾压与夯实时土的强度极限　　表 1-4-9

土类	土的极限强度					
	光面碾		气胎碾		夯板(直径 70 ~ 100cm)	
	kPa	kg/cm^2	kPa	kg/cm^2	kPa	kg/cm^2
低黏性土(砂土、低液限黏土、粉土)	294 ~ 588	3 ~ 6	294 ~ 392	3 ~ 4	294 ~ 686	3 ~ 7
中等黏性土(粉质中液限黏土、中液限黏土)	588 ~ 980	6 ~ 10	392 ~ 588	4 ~ 6	686 ~ 1176	7 ~ 12
高黏性土(高液限黏土)	980 ~ 1470	10 ~ 15	588 ~ 784	6 ~ 8	1176 ~ 1960	12 ~ 20
极黏的土(很高液限黏土)	1470 ~ 1764	15 ~ 18	784 ~ 980	8 ~ 10	1960 ~ 2254	20 ~ 23

注：表列值均为最佳含水量下的土。

三、压实工作组织

压实工作的组织以压实原理为依据，以尽可能小的压实功能获得良好的压实效果为目的，压实工作必须很好地组织，并注意以下要点。

(1)填土层在压实前应先整平，可自路中线向路堤两边作 2% ~ 4% 的横坡。

(2)压实机具应先轻后重，以适应逐渐增长的土基强度。

(3)碾压速度应先慢后快，以免松土被机械推走。

(4)压实机具的工作路线，应先两侧后中间，以便形成路拱，再从中间向两边顺次碾压。弯道部分设有超高时，由低的一侧边缘向高的一侧边缘碾压，以便形成单向超高横坡。前后两次轮迹(或夯击)须重叠 15 ~ 20cm。压实时应特别注意均匀，否则可能引起不均匀沉陷。

(5)经常检查土的含水量，并视需要采取相应措施。

四、施工注意事项

(1)严格按照设计文件和相关的施工规范进行路基施工，以试验及测试结果作为检查施工质量是否符合要求的主要依据。

(2)加强排水，确保路基施工质量。施工排水有利于控制土的含水量，便于施工作业。路基施工前应先修筑截水沟、排水沟等排水设施。雨季施工时要加强工地临时排水，各施工作业面应及时整平、压实、封闭。填方地段路基应根据土质情况和气候条件做成 2% ~ 4% 的排水横坡；挖方工作面应根据路堑纵横断面情况，采取有效措施把积水排除。当地下水位较高或有地下水渗流时，应根据地下水的位置和流量设置渗沟等适宜的地下排水设施。

(3)合理取土、弃土。施工时取土与弃土应从方便路基施工、节约用地、保护耕地和农田水利设施等角度考虑，并注意取土、弃土后的排水畅通，避免对路基造成不利影响。

(4)注意保护生态环境。建成后的公路应有美好的路容和景观。路基施工时应尽量减少对自然植被及地形地貌的破坏，以免造成水土流失，不能避免时应适当进行绿地恢复。施工时清除的杂物应区别情况，予以妥善处理，不得倾弃于河流及水域中。施工结束时也应当注意对生活环境的保护。

(5)应因地制宜,合理利用当地材料和工业废料修筑路基,有效降低工程造价。

(6)路基施工填筑宽度。为了保证公路路基的施工质量,在施工时,应将路基施工宽度两侧适当的增加一定的宽度,根据情况及要求可采用30~50cm。这样,在路基施工中,既可以保证路基边缘能够有效的压实,保证压路机的作业安全;另一方面还可避免在施工中因雨水的冲刷而对路基进行修补。

(7)路基填筑施工中的土层平整。填筑路基土层是否平整,也是能否保证路基施工质量的一个关键。如果在路基压实过程中,填的土层不平整(高低不平),那么压路机是很难压实。因此在路基施工过程中,平地机是必不可少的一个施工机械,更应注意填筑层的平整。

(8)施工季节的影响。不同地区季节对施工的影响不同。以北方为例,春季与秋季是土方作业的最好季节,一般应很好利用此季节进行土质路基的施工;夏季,则由于雨水过多影响施工进度与施工质量;冬季,则是因气温偏低,冰冻会严重影响路基施工质量,是不易施工的季节。南方则不同,冬季反而是南方土质路基施工的最好季节。

(9)分层厚度。根据施工情况及施工机械的配置,分层填筑的最大厚度不得超过30cm。

(10)安全施工。必须贯彻安全生产的方针,制定施工安全措施,加强安全教育和检查,严格执行安全操作规程,避免造成人员伤亡和财产损失。

第五节　桥涵及其他构造物处的填筑

一、一般要求

(1)填料。为保证路堤稳定,台背填土除设计文件另有规定外,一般应尽可能采用砂类土或渗水性土。当采用非渗水性土时,应在土中加入石灰、水泥等稳定材料进行处理。

(2)填筑。应适时分层回填压实;分层松铺厚度宜小于20cm。当采用小型夯具时,松铺厚度不宜大于15cm,并应充分压(夯)实到规定要求。

(3)桥涵填土范围。按照规定台背填土顺路线方向长度,顶部为距翼墙尾端不小于台高加2m;底部距基础内缘不小于2m;拱桥台背填土长度不应小于台高的3~4倍;涵洞填土长度每侧不应小于2倍孔径长度。

(4)桥台背后填土宜与锥坡同时进行。涵洞缺口填土应在两侧对称均匀分层回填压实。

(5)挡墙背面填料宜选用砾石土或砂类土。墙趾部分的基坑应及时回填压实,并做成向外倾斜的横坡。填土过程中,应防止水的浸害。回填结束后顶部应及时封闭。

二、填筑压实质量控制

桥涵及其他结构物回填是路基工程中的关键部位,为保证桥头路堤稳定,在施工中应克服认为结构物回填工程量小、操作空间小而往往被忽视,致使回填材料不符合要求,压实度达不到设计标准的现象。在施工中应做到:

(1)结构物回填应选择适宜的材料并通过检验,所用机具应适合回填操作空间,若不适宜用大型压路机碾压时,应尽量采用小型手扶振动夯或手扶振动压路机压实。

(2)结构物回填处顺路线方向长度应按设计或相关规范规定,并挖成台阶,经监理工程师检查后才能分层回填。分层厚度一般规定每层15cm,并应在桥台背墙或明显地方标明高度逐层填筑、逐层碾压检测。检查频率每50m^{2}检验1点,不足50m^{2}时至少检验1点,每点都应合格。

(3)回填处如有泄水孔或其他构筑物时,一定要按设计要求或设置碎石、粗砂或砾料层,以便达到泄水孔处过滤作用。

(4)回填钢筋混凝土圆管时,必须注意两边对称同时进行,直至管顶。回填时特别要注意管道两侧腋下的回填压实。回填钢筋混凝土盖板涵时,只有在盖上钢筋混凝土板后才能回填。当客观情况需要两侧不均匀填筑时,必须等到涵台(墙)的混凝土或圬工砌体的砂浆达到规定强度后才能进行。

(5)结构物回填应分层平铺,紧接桥台、翼墙处,应密切注意与结构物相接的压实度,但也应注意任何压实不能对结构物部位造成损害。

(6)对于圆柱式桥台或肋柱式桥台的台背回填,应内、外侧同时分层填筑,并随时砌筑护坡以减少单向推力。

(7)桥台、涵身背后和涵洞顶部的填土压实度标准,从填方基底或涵洞顶部至路床顶面均与路基标准相同(除非另有文件规定)。

三、工程实例

(济青高速公路桥涵等构造物处填土采取的技术措施)

1.回填材料

除管涵外的所有构造物的台背均应回填透水性好的砂性土(或者用石灰土),管涵可用路基土,所有锥体护坡回填透水性好的砂性土(或用石灰土),基坑除管涵外,均应回填透水性好的砂性土。为了便于边坡植草,台后回填部分横向外侧两边,应各有1m路基土包封,并同路基顺接,长度为台背回填顺坡线路方向所规定的范围。回填材料须经现场监理工程师认可方能使用。

2.回填范围

(1)台后部分:顺线路方向长度,底部(基础顶面处)离台身1m,然后按1:1的边坡开挖台阶回填至与路面底基层底面交会处;当涵顶填土≥40cm时,台背回填高度与板顶高度一致,板顶与路基用同一材料同时填筑。

(2)垂直线路方向:至锥坡边坡脚(1:1.5)。

3.压实度要求

(1)基坑:回填压实度要求为90%。

(2)台背部分:高度至路面底层以下0~80cm深度,压实度为95%,80cm以下压实度为90%,锥坡为90%。

(3)台背回填处地表的处理:如该处地表属路基填筑90%的压实度区域,则可先铺20cm松的填料,然后一起碾压;如属95%的压实度区域,则须先将地表压至95%的密实度,然后上料压实。

4.检测方法及测点布置

根据现场实际情况,可用核子密实度仪、环刀、灌砂等方法进行检测。台后部考虑回填由基坑底向上回填宽度逐渐变化,因此,每层检查3~5点(具体点数根据现场实际需要确定),锥体护坡每层检测1点。含水量每层检测1点。

5.施工采取的主要技术措施

(1)构造物有防水要求时,要先做好防水层才能回填。

(2)每层松铺厚度原则上不大于15cm。为便于检查每层填铺厚度是否均匀及方便施工，台背回填前，从基础顶面开始，把每层填筑的厚度在台背墙上做上记号，并以此为参照进行每层的施工。这样现场施工人员就能容易且较好地控制每层的填铺厚度，检查施工质量也较为方便。

(3)为防止桥台发生位移，台背填土进度应符合《公路桥涵施工技术规范》(JTJ 041—2000)的有关规定。

(4)与台背相接的路基端头，是控制的重点。要求在施工时，对路基端头的压实度进行复测，复测的目的就是确保回填部分与路基部分衔接好，消除隐患。路基端头每层检查3个点，两侧各一个，中间一个。如果临近台背的第一桩号检测不满足要求，继续向路基方向的下一个桩号检测，直至合格为止，这样就可确定台背回填的实际范围。

(5)如果台背回填为砂砾料，为解决砂砾料顶层松散的现象，要求台背回填至最后时，顶层做30cm厚灰量8%的石灰土封层，但回填总高度不变。

(6)考虑施工质量和工效，对施工单位所用的夯实工具应有适当的要求。施工单位台背回填一般可采用蛙式打夯机。

第六节　路基的检查验收与整修

一、路基的整修

路基工程基本完成后，由施工单位会同监理单位按设计文件和相关施工规范要求检查路中线、高程、宽度、边坡坡度和排水设施等，根据检查结果制定整修计划并进行整修。

1.土质路基的整修

土质路基表面的整修可用机械配合人工切土和补土，并配合压路机碾压。深路堑边坡应按设计自上而下进行削坡整修，不得在边坡上贴补。填土经压实后不得有松散、软弹、翻浆及表面不平现象，到设计高程后，宜用平地机刮平，路堤两侧超过设计高度部分应切除。

2.边坡加固与整修

边坡需防护加固的地段，应预留加固位置和厚度，使完工后的边坡与设计一致。当路堑边坡被雨水冲刷成沟槽时，应自下而上，分层挖台阶填筑并夯实。若填补厚度很小，又非加固边坡地段时，可用种植土填补并种草。当填方边坡出现冲沟或坍塌缺口时，应自下而上分层挖台阶加宽填补并压实，再按设计坡面修坡。

二、检查验收及质量标准

1.中间检查

施工过程中当每一分项、分部工程完成后，应按设计文件及施工规范等进行中间检查。如路基原地面处理完毕，应检查基底处理情况；边坡加固前，应对加固方法、加固形式、填挖方边坡加固的适用性、边坡坡度是否适当等进行检查；若发现已完工路基受水浸淹损坏、取土及弃土超过设计、意外的填土下陷、填挖方边坡坍塌需增加土方及边坡加固工程数量时应进行中间检查。此外，在路基渗沟回填土前、路基换土工作完成后、各类防护加固工程基坑开挖后必须进行中间检查验收，检查不合格不得进行下一工序的施工。

2.竣工验收

对路基进行竣工验收时,应对以下项目进行检查、验收:路基的平面位置、路基宽度、高程、横坡和平整度;边坡坡度及加固设施;边沟等排水设施的尺寸及沟底纵坡;防护工程的修建位置和各部尺寸;填土压实度及表面弯沉;取土坑、弃土堆、护坡道、截水沟、渗水井等的位置和形式;隐蔽工程施工记录等。这些项目的评定按《公路工程质量检验评定标准》(JTG F80/1—2004)进行。

3.质量标准

1)土方路基

土方路基施工应符合下列质量要求:路基必须分层填筑压实,表面平整坚实,无软弹和翻浆现象,路拱合适,排水良好,土的压实度、强度和路床的整体强度符合设计要求。挖方地段上边坡应平整稳定。路床土压实度及强度必须符合规定。土方路基施工实测项目允许偏差见表1-4-10。

土方路基施工实测项目质量标准 表1-4-10

<table>
<tr><th rowspan="3">项次</th><th rowspan="3" colspan="3">检 查 项 目</th><th colspan="3">规定值或允许偏差</th><th rowspan="3">检查方法和频率</th><th rowspan="3">权值</th></tr>
<tr><th rowspan="2">高速公路、一级公路</th><th colspan="2">其他公路</th></tr>
<tr><th>二级公路</th><th>三、四级公路</th></tr>
<tr><td rowspan="5">1△</td><td rowspan="5">压实度(%)</td><td rowspan="2">零填及挖方(m)</td><td>0~0.30</td><td>—</td><td>—</td><td>94</td><td rowspan="5">按《公路工程质量检验评定标准》(JTG F80/1—2004)附录B检查。
密度法:每200m每压实层测4处</td><td rowspan="5">3</td></tr>
<tr><td>0~0.80</td><td>≥96</td><td>≥95</td><td>—</td></tr>
<tr><td rowspan="3">填方(m)</td><td>0~0.80</td><td>≥96</td><td>≥95</td><td>≥94</td></tr>
<tr><td>0.8~1.5</td><td>≥94</td><td>≥94</td><td>≥93</td></tr>
<tr><td>>1.5</td><td>≥92</td><td>≥92</td><td>≥90</td></tr>
<tr><td>2△</td><td colspan="3">弯沉(0.01mm)</td><td colspan="3">不大于设计要求</td><td>按《公路工程质量检验评定标准》(JTG F80/1—2004)附录I检查</td><td>3</td></tr>
<tr><td>3</td><td colspan="3">纵断高程(mm)</td><td>+10,-15</td><td colspan="2">+10,-20</td><td>水准仪:每200m测4断面</td><td>2</td></tr>
<tr><td>4</td><td colspan="3">中线偏位(mm)</td><td>50</td><td colspan="2">100</td><td>经纬仪:每200m测4点,弯道加HY、YH两点</td><td>2</td></tr>
<tr><td>5</td><td colspan="3">宽度(mm)</td><td colspan="3">符合设计要求</td><td>米尺:每200m测4处</td><td>2</td></tr>
<tr><td>6</td><td colspan="3">平整度(mm)</td><td>15</td><td colspan="2">20</td><td>3m直尺:每200m测2处×10尺</td><td>2</td></tr>
<tr><td>7</td><td colspan="3">横坡(%)</td><td>±0.3</td><td colspan="2">±0.5</td><td>水准仪:每200m测4个断面</td><td>1</td></tr>
<tr><td>8</td><td colspan="3">边坡</td><td colspan="3">符合设计要求</td><td>尺量:每200m测4处</td><td>1</td></tr>
</table>

2)路肩

路肩施工必须做到表面平整密实、无积水、边缘顺直、曲线圆滑,偏差应符合表1-4-11的规定。

路 肩 允 许 偏 差 表1-4-11

<table>
<tr><th>项 次</th><th colspan="2">检 查 项 目</th><th>允 许 偏 差</th><th>项 次</th><th>检 查 项 目</th><th>允 许 偏 差</th></tr>
<tr><td>1</td><td colspan="2">压实度</td><td>不小于设计值</td><td>3</td><td>宽度</td><td>不小于设计值</td></tr>
<tr><td rowspan="2">2</td><td rowspan="2">平整度(mm)</td><td>土路肩</td><td>20</td><td rowspan="2">4</td><td rowspan="2">横坡</td><td rowspan="2">±0.5%</td></tr>
<tr><td>硬路肩</td><td>10</td></tr>
</table>

三、路基的维修

路基工程完工后，在路面施工前及公路工程初验后直至竣工验收终验前，路基如有损坏，施工单位应进行维修，并保证路基排水设施完好，及时清除排水设施中的淤积物、杂草等。对较长时间停工和暂时不做路面的路基，则应保持排水畅通；复工前应对路基各分项工程予以整修。

路面施工前应整修路基，使表面无坑槽，保持规定的路拱。若路堤经雨水冲刷或发生沉降时，应立即修补、加固或采取其他处理措施，并查明原因，做好记录。遇路堑边坡坍方时，应及时清除。未经加固的高路堤和路堑边坡以及潮湿地区的土质路基边坡上的积雪应及时清除，以免危害路基。当路基构造物有变形时，应详细查明原因，及时修复，使之保持稳定。路基工程完工后，每当大雨、连日暴雨或积雪融化期间，应控制施工机械和车辆在土质路基上通行；若不能避免时，应及时排干积水，整平压实。

第五章　石质路基施工

【内容简介和学习要求】

本章着重介绍了石质路基开挖施工中常用的爆破法的作用原理、影响爆破的主要因素、爆破常用工具和起爆方法；常用的爆破方法中应注意的事项，填筑、路堑开挖的方案，方法、施工应注意的问题；填石路基施工的材料要求、施工方法和压实要求；石方路基质量检测方法和质量验收标准。

通过本章学习，学生能根据现场实际，选择正确的施工方法、施工控制标准，合理的组织施工。工程的验收。

在山岭重丘区路基工程施工中，往往会遇到集中的或分散的岩石区域，这就必须进行石方的破碎、挖掘作业。岩土的破碎开挖，主要采用两种方法：一是松土机械作业法；二是爆破作业法。松土机械作业法是利用大型、整体式松土器，耙松岩土后由铲运机械装运。爆破作业法是利用炸药爆炸时所产生的高热和高压，使岩石或周围的介质受到破坏或移位。目前，爆破仍然是石方路基施工最有效的方法。

第一节　爆破作用原理及影响因素

一、爆破作用原理

为了爆破某一岩体，在其中或表面放置的一定数量的炸药，称为药包。按药包的形状或集结程度不同，可以分为集中药包、延长药包和分集药包三种。

1.药包在无限介质内的作用

药包在无限介质内爆炸时，炸药在瞬间内通过化学反应转化为气体状态的爆炸产物。由于膨胀作用，体积增加数千倍甚至上万倍，形成高温高压，产生的冲击波以每秒上千米的速度，自药包中心按球面等量向外扩散，传递给周围介质，使介质产生各种不同程度的破坏和振动现象。这种现象随着距药包中心的距离增大而逐渐消失。按破坏程度的不同大致可分为4个爆破作用区。如图1-5-1所示。

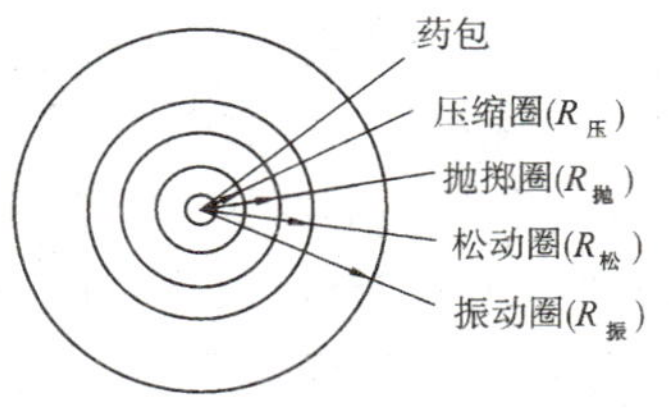

图1-5-1　爆破作用圈

1)压缩区

图1-5-1中$R_压$表示压缩圈半径，在这个作用圈范围内，介质直接承受药包爆炸所产生的极其巨大的作用力。如果介质是可塑性的土，便会遭到压缩形成空腔；如果是坚硬的脆性岩石，便会被粉碎。以$R_压$为半径的球形区称为压缩区。

2)抛掷区

$R_{压}$ 至 $R_{抛}$ 的区间为抛掷区。该区介质的原有结构受到破坏而分裂成碎块，而且爆炸力尚有余力，足以使这些碎块获得运动速度。如果在有限介质内，这些碎块的一部分会向临空面方向抛掷出去。

3）松动区

$R_{抛}$ 至 $R_{松}$ 的区间为松动区。该区爆炸力大大减弱，能使介质结构受到不同程度的破坏，但没有较大的位移。

4）振动区

$R_{松}$ 至 $R_{振}$ 的区间为振动区。微弱的爆破作用力不能使该区介质产生破坏，只能产生振动现象。振动圈以外爆破作用能量将逐渐消失。

2.药包在有限介质内的爆破作用与爆破漏斗

药包在有限介质内爆炸时，在具有临空的表面上都会出现一个爆破坑，一部分炸碎的土石被抛至坑外，一部分仍落在坑底。由于爆破坑形状如同漏斗，称为爆破漏斗，如图 1-5-2 所示。爆破漏斗的形状和大小，不但与药包量大小、炸药性能、介质的性能等有关，同时还与临空面的数量和所处的边界条件有关。爆破漏斗一般用以下几个要素表示：

（1）最小抵抗线 W。药包中心至临空面的最短距离。

（2）爆破漏斗口半径 r_0。最小抵抗线与临空面交点至漏斗口边缘的距离。

（3）抛掷漏斗半径 R。从药包中心沿漏斗边缘至坑口的距离。

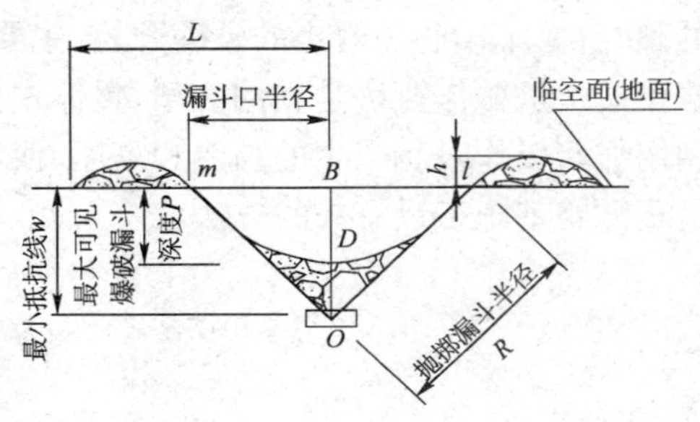

图 1-5-2　平坦地形爆破漏斗示意图

爆破作用的性质通常用爆破作用指数 n 来表示。爆破作用指数是指爆破漏斗口半径与最小抵抗线的比值：$n = r_0/W$。当 $n = 1$ 时，称为标准抛掷爆破，此时漏斗顶部夹角为 90°；$n > 1$ 时，称为加强抛掷爆破；$n < 1$ 时，称为减弱抛掷爆破。当 $n < 0.75$ 时，不会发生抛掷现象，岩石只能产生松动和隆起。通常将 $n = 0.75$ 时的爆破称为标准松动爆破，$n < 0.75$ 时的爆破称为减弱松动爆破。

二、影响爆破的主要因素

药包在介质中爆炸时，介质被抛掷和松动的体积或破碎的程度称为爆破效果。影响爆破效果的因素主要有以下几种：

（1）炸药的威力。一般在坚石中，宜用粉碎力大的炸药，如 TNT、胶质炸药等，爆破后岩石破碎程度较大，但破坏范围一般较小；在次坚实、软石、裂缝大而多的岩石中，以及松动爆破中，宜用爆力大而粉碎力较小的炸药，如硝铵类炸药；开采料石，则宜用爆力和猛度都较小的炸药，如黑火药。

（2）炸药用量。药量少了，达不到预期的效果；药量多了，不但造成浪费，而且会出现飞石过远、裂缝增多、边坡坍塌等超爆现象。因此，药量应适中。

（3）地形条件。在爆破工程中，地形的陡坦程度及临空面数量，对爆破效果影响也很大。地形越陡，临空面数目越多，爆破效果越好；反之，爆破效果差。

（4）地质条件。地质条件是指岩石性质和岩层构造。岩石性质包括岩石的密度、韧性和整体性等，是确定岩石单位耗药量和能否采用大爆破的主要依据；岩石构造主要指岩石的层理产状等，往往会对爆破的范围、爆破漏斗的形状和大小产生重大影响。

(5)其他因素。装药的密实度、堵塞炮眼和导洞的质量、爆破技术的熟练与正确程度等对爆破效果均有影响。

第二节　炸药、起爆器材及起爆方法

一、炸　　药

1.炸药的性质

炸药是一种化学性质不稳定的物质，在外力的作用下(如冲击、摩擦等)，易发生爆炸。爆速高达每秒几千米，爆温高达1500～4500℃，压力超过10万个标准大气压，因此，具有非常大的破坏力。炸药的性质用以下指标进行描述：

1)炸药的威力

一般用爆力和猛度来衡量。爆力是指炸药破坏一定量介质的能力；猛度是指炸药爆炸时，将一定量岩石粉碎成细块的能力。

2)炸药的敏感度

指炸药在外能作用下发生爆炸的难易程度，包括爆燃点、撞击敏感度、摩擦敏感度和起爆敏感度。炸药的敏感度受其密度、湿度、粒度和杂质含量的影响。

3)炸药的安定性

指炸药在长期存储时，保持其原有物理化学性质不变的能力。

2.炸药的分类

炸药的种类繁多，爆破工程中常用的可分为如下两类：

1)起爆炸药

起爆炸药是一种爆炸速度极高的烈性炸药，爆速可达2000～8000m/s，用以制造雷管。起爆炸药又可分为正起炸药和副起炸药。正起炸药对热能和机械冲击能均具有强烈的敏感性，如雷汞、黑索金、泰安等；副起炸药须由正起炸药起爆，其爆速甚高，可加强雷管的起爆能量，如三硝基甲硝胺，四硝化戊四醇等。

2)主要炸药

用以对岩石或其他介质进行爆炸的炸药称为主要炸药。它的敏感性较低，要在起爆炸药强力的冲击下才能爆炸。它可分为：缓性炸药，爆速为1000～3500m/s，如硝铵炸药、铵油炸药；粉碎性炸药，爆速为3500～7000m/s，如梯恩梯(TNT)、胶质炸药等。道路工程中常用的主要炸药的成分和性能如下：

(1)黑色炸药。由硝酸钾、硫磺、木炭(配比为75∶10∶15)所组成的混合物。它对火星和碰击极其敏感，易燃烧爆炸，怕潮湿，威力小，适用于开采石料。

(2)梯恩梯(TNT)炸药。TNT或称三硝基甲苯。淡黄色针状结晶体，熔铸块呈褐色，敏感度低，安定性好，耐水性强，爆炸威力大，适用于爆破坚硬的岩石。但本身含氧不足，爆炸时产生有毒气体一氧化碳，不宜用于地下作业。

(3)胶质炸药。由硝化甘油和硝酸铵(有时用硝酸钾或硝酸钠)的混合物，另加入一些木屑和稳定剂制成的。可分为耐冻、非耐冻两种。工业上常用的是硝化甘油及二硝化乙二醇含量分别为62%和35%的耐冻胶质炸药。它对冲击、摩擦和火星都很敏感,如果湿度较高或储存时间过久,容易分解、渗油和挥发。此时对外界的作用更敏感,受冻后尤其危险,它是一种危险性较高的炸药。但胶质炸药威力大,不吸湿,有较大密度和可塑性,适合于在水下和坚石中使用。

(4)硝铵炸药。它是目前石方爆破中广泛应用的一类炸药。主要品种有煤矿铵梯炸药、岩石铵梯炸药、露天铵梯炸药等。道路工程中常用的岩石硝铵炸药由硝酸铵、梯恩梯(TNT)和少量木粉组成,其配合比为85:11:4,具有中等威力和一定的敏感性,在8号雷管作用下可以充分起爆,是安全的炸药。但是它有吸湿性与结块性,受潮后敏感性和威力显著降低,同时产生毒气。

(5)铵油炸药。它是硝酸铵和柴油(或加木粉)的混合物,通常两者比例为94.5:5.5,当加木粉时,其比例为92:4:4。这是一种廉价、安全、制造简单、威力比硝铵炸药略低、敏感性低的炸药,具有结块性和吸湿性,使用时不能直接用8号雷管起爆,须同时用10%的硝铵炸药作起爆体,才能使其充分起爆。

(6)浆状炸药。它是以硝酸铵、梯恩梯(或铝、镁粉)和水为主混合而成的一种浆糊状炸药,其威力大,抗水性强,适用于深水爆破(坚硬岩石),但需烈性炸药起爆。

二、起爆器材及起爆方法

1.起爆器材

道路施工常用的起爆器材是雷管,按引爆方式不同可分为火雷管和电雷管两种。

(1)火雷管:也称普通雷管,用导火索引爆,按其装药量的多少编号,常用的6号雷管相当于1g雷汞的装药量。

(2)电雷管:由电流引爆,按其起爆时间可分为即发型和迟发型。即发型电雷管同时点火同时起爆;迟发型电雷管同时点火,但不同时起爆,按其推迟起爆时间长短可分为2s、4s、6s、8s、10s、12s数种。

2.起爆方法

(1)导火索起爆。导火索起爆是先将导火索点燃,引爆火雷管,从而使全部炸药引起爆炸。雷管内装的都是烈性炸药,遇撞击、按压、摩擦、加热、火花都会爆炸。因此在运输、保管、使用中要特别注意,要轻拿轻放,不可随便乱扔。

(2)电力起爆。电力起爆是利用电雷管中电力引火剂的通电发热燃烧使雷管爆炸,从而引起药包爆炸。电力起爆的电源有放炮器、干电池、蓄电池、移动式发电站、照明电力线路或动力电力线等。电力起爆网中,电雷管的联结方式有串联、并联和混合联三种。电力起爆所用电线必须采用绝缘性完好的导线。

(3)导爆索起爆。导爆索(又称传爆线)起爆就是利用导爆索的爆炸直接引起药包的爆炸。导爆索其外形与导火索相似,直径4.8~5.8mm,药芯系烈性炸药做成,有良好的防水性能,浸在水中12h仍能爆炸。导爆索爆速快(6800~7200m/s),主要用于深孔爆破和药室爆破,使几个药室能做到几乎同时起爆,可以提高爆破效果。由于导爆索着火较困难,使用时须在药室外的导爆索上捆扎一个8号雷管来起爆。

(4)塑料导爆管起爆。由内涂引爆炸药的塑料导爆管组成的起爆网络与药包联接,通过雷管、导火索、引火头等能产生冲击波的器材激发导爆管,从而起爆药包。导爆管本身很安全,可作为非危险品运输。一个8号雷管能激发30~50根导爆管,效率高,成本低,安全可靠。

第三节　常用的爆破方法

开挖岩石路基所采用的爆破方法，要根据石方的集中程度、地质、地形条件及路基断面形状等具体情况而定，一般可分为中小型爆破和大型爆破两大类。

一、中小型爆破

中小型爆破主要包括裸露药包法、炮眼法、药壶法和猫洞炮等。

1.裸露药包法

裸露药包法是将药包置于被炸物体表面，或经清理的岩缝中，药包表面用草皮或稀泥覆盖，然后进行的爆破。主要用于破碎大孤石或进行大块岩石的二次爆破。

2.炮孔爆破法

根据炮孔的深浅不同，炮孔爆破法又可分为浅孔爆破法和深孔爆破法。

(1)浅孔爆破法。浅孔爆破法又称为钢钎炮，它是在被爆破的岩石内钻凿直径为25～75mm、深度为1～5m的炮孔进行装药爆破，由于该爆破法每次爆破的石方量不大(通常不超过$10m^3$)，且飞石严重，大量使用不经济。适用于工程量不大的路堑开挖、整修边坡、开挖边沟或大块岩石的再爆破。

(2)深孔爆破法。深孔法爆破就是孔径一般为75～120mm、深度大于5m，采用延长药包的一种爆破方法。炮孔需用大型的潜孔凿岩机、穿孔机或空压机打孔，如用挖运机械清方，可以实现石方施工全面机械化，是大量石方($10000m^3$以上)快速施工的重要方法，其优点是劳动生产率高，一次爆落的方量多，施工进度快，爆破时对路基边坡的影响比大爆破小，若配合预裂或光面爆破，则边坡平整稳定，爆破效果更易控制，爆破时比较安全。但由于需要用大型机械，故转移工地、开辟场地、修筑便道等准备工作比较复杂，且爆破后仍有10%～25%的大石块需第二次爆破。

炮孔爆破法施工作业过程如下：

(1)炮孔位置的选择。在布置炮孔位置时，要尽量利用临空面较多的地形，或者有计划地改造地形，使前一次爆破为后一次爆破创造更多的临空面，这样可以提高爆破效果。此外，应防止炮孔的方向与临空面正交，否则，会使炮孔轴线与最小阻力线的方向一致，易于在爆破时首先引起封口崩落将炮孔堵塞，而降低效果或失效。

(2)凿岩钻孔。钻孔是爆破工程中所占时间比例较大的作业，因此，提高钻孔工作效率，对工程进度的影响相当重要。凿岩钻孔有人工钻孔和机械钻孔两种。

(3)装药及堵塞。装药必须由经过专业培训的人员操作。不得在雨雪、大风、雷电、浓雾天气及黑夜装药，应使用木片或竹片装药，不得使用铁器装药。由于炮孔必须堵塞三分之一的深度，否则容易出现冲天炮，所以装药量大致为炮孔深度的1/3～1/2，特殊情况下不得超过2/3，最少不能少于炮孔深度的1/4。

装药前应把炮孔内的石粉、泥浆除净，并将炮孔口周围打扫干净。若炸药为药粉，装药时应用勺子或漏斗分几次装入，每装一次，用木棍或竹棍轻轻压紧。起爆药卷装入炮孔时，要特别小心，不可撞击或挤压，以防触及雷管而发生爆炸。

装药后，可用1份黏土、2份粗砂、含水适当的松散土料进行堵塞；若为水平炮孔或斜炮孔，则用2份黏土、1份粗砂、做成比炮孔小5～8mm、长100～150mm的圆柱形炮泥进行堵塞。

堵塞时，对于紧靠起爆药卷的堵塞料不要捣压，以免振动雷管引起爆炸，以后装入的堵塞料则要轻轻捣实。在捣实中注意不要碰坏导火索或雷管脚线。

(4)起爆和清方。爆破后，应按爆破次数，分次对破碎的岩石进行清理。选择清方机械时，既要考虑施工场地，又要考虑机械功能，以提高工作效率，加快工程进度。

3.药壶法(葫芦炮)

药壶爆破法是指在深2.5m以上的炮孔底部用少量炸药经一次或多次爆破(称烘膛)将孔底扩大成葫芦形，最后装入炸药进行爆破，如图1-5-3所示。此法与炮孔爆破法相比，具有爆破效果好、工效高、进度快、炸药消耗少等优点，是小炮中最省工、省药的一种方法。但扩大药壶的操作较为复杂，爆落的岩石大小不均匀。由于在坚硬岩石中扩大药壶较为困难，故此法主要用于硬土和软石的爆破，爆破层的高度一般为3~8m，不含水分，自然地面坡度在70°左右。如果自然地面坡度较缓，一般先用浅孔爆破切脚，炸出台阶后再使用。为避免超爆，药壶距边坡应预留一定间隙。扩大药壶时应不致将附近岩层震垮。

4.猫洞炮

猫洞炮系指炮洞直径为0.2~0.5m，洞穴呈水平或略有倾斜，深度小于5m，用集中药包在炮洞中进行爆炸的一种方法，如图1-5-4所示。其特点是充分利用岩体本身的崩塌作用，用较浅的炮眼爆破较高的岩体，一般爆破可炸松15~150m。在有裂缝的软石和坚石中，阶梯深度大于4m，药壶炮的药壶不易形成时采用这种爆破方法，可以获得好的爆破效果。人工钻孔(打眼)效率低下，仅用于较小规模的少量浅孔爆破。在高等级公路中，多采用机械钻孔。

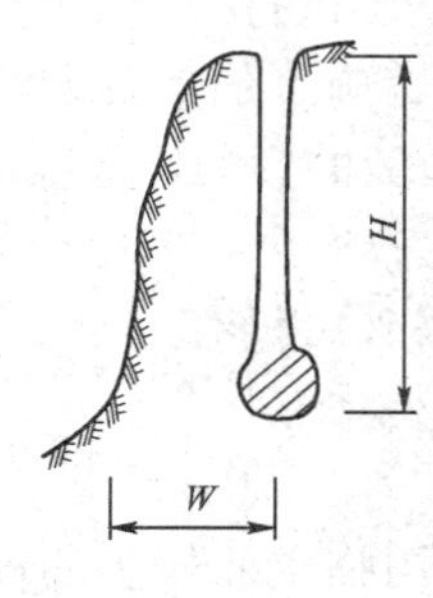

图1-5-3　药壶炮

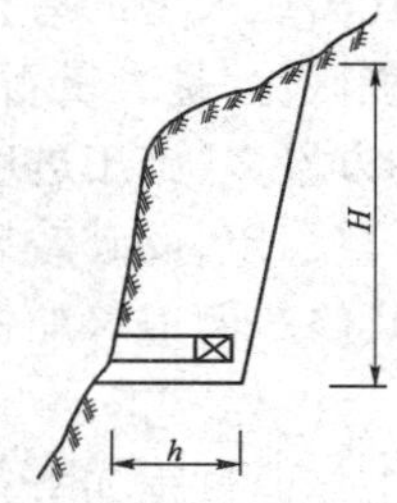

图1-5-4　猫洞炮

二、大 爆 破

大爆破施工，是采用导洞和药室装药，用药量在1000kg以上的爆破。大爆破的威力大、效率高，可缩短工期、节约劳力，但使用不当则可能破坏山体平衡，造成后患，因此，公路石方开挖一般不宜采用。必须采用大爆破施工时要特别慎重。

大爆破施工程序为：大爆破技术设计→施工前的准备→竖井导洞和药室的开挖→装药→导洞和竖井堵塞→敷设起爆线路→爆破→瞎炮处理和爆破效果测定。

三、瞎炮处理

点火后未爆炸的炮为瞎炮。瞎炮不但浪费炸药和材料，影响施工进度，而且严重地影响安全生产。因此，必须采取一切有效的措施防止产生瞎炮。一旦出现瞎炮，应停止瞎炮附近的所有其他工作，由原施工人员参加处理，采取措施安全排除，其方法为：

(1)对大爆破，应找出线头接上电源重新起爆；或沿导洞小心掏取堵塞物取出起爆体；或用水灌浸药室使炸药失效后清除。

(2)对中小炮,可在距瞎炮的最近距离不小于0.6m处,另行打眼爆破;当炮眼或装药不深时,也可用裸露药包爆破。

四、施工中应注意的问题

1.爆破区管线调查

需用爆破法开挖的地段,必须查明空中缆线及地下管线的具体位置以确保其安全。爆破法开挖程序石方爆破开挖必须严格按如下程序进行。施爆区管线调查→炮位设计与设计审批→配备专业施爆人员→清除施爆区覆盖层和强风化岩石→钻孔→爆破器材检查与试验→炮孔(或坑道、药室)检查与废渣清除→装药并安装引爆器材→布置安全岗和施爆区安全人员→炮孔堵塞→撤离施爆区和飞石、强地震波影响区内的人、畜→起爆→清除瞎炮→解除警戒、测定爆破效果(包括飞石、地震波对施爆区内外构造物造成的损伤及造成的损失)。

2.施爆及排水

进行爆破作业时必须由经过专业培训并取得爆破证书的专业人员施爆。要注意开挖区的施工排水,在纵向和横向形成坡面开挖面,以确保爆破出的石料不受积水浸泡。

3.边坡清刷

(1)石质挖方边坡应顺直、圆滑、大面平整。边坡上不得有松石、危石。

(2)挖方边坡应从开挖面往下分级清刷边坡,下挖2~3m时,应对新开挖边坡刷坡,对于软质岩石边坡可用人工或机械清刷,对于坚石和次坚石,可使用炮眼法、裸露药包法爆破清刷边坡,同时清除危石、松石。清刷后的石质路堑边坡不应陡于设计规定。

(3)石质路堑边坡如因过量超挖而影响上部边坡岩体稳定时,应用浆砌片石补砌超挖的坑槽。

4.路床整修

石质路堑路床底高程应符合设计要求,开挖后的路床基岩高程与设计高程之差应符合相关规范要求。如过高,应凿平;过低,应用开挖的石屑或灰土碎石填平并碾压密实。

第四节 填石路基施工及石方路基质量控制

一、填石路基施工

填石路堤是山丘区公路的一种最常见、最普遍的路基形式。填石路堤的施工,除应考虑石料性质、石块大小、填筑高度和边坡坡度等因素外,还应注意选择正确的填筑方法。

1.填料要求

填石路堤的石料来源主要是路堑和隧道爆破后的石料,要求石料强度不低于15MPa(用于护坡石料强度不低于的20MPa)。最大粒径不宜超过层厚的2/3。在高速公路及一级公路填石路堤路床顶面以下50cm范围内,填料最大粒径不得大于10cm,其他等级公路填石路堤,路床顶面以下30cm范围内,填料最大粒径不应大于15cm。

2.填筑方法

填石路堤的填筑方式有倾填(含抛填)和逐层填筑、分层压实两种。

1)倾填法

倾填法又可分为两种情况:一种是石块从岩面爆破后直接散落在准备填筑的路堤内;另一种是用推土机将爆破后堆置在半路堑上的石块或用自卸汽车从远处运来的爆破石块推入路堤。

高速公路、一级公路和铺设高级路面的其他等级公路的填石路堤不宜采用倾填式施工,而应采用分层填筑、分层压实的方法。二级及二级以下且铺设低级路面的公路在陡峻山坡段施工特别困难或大量爆破以挖作填时,可采用倾填方式将石料填筑于路堤下部,但倾填路堤在路床底面下不小于1.0m范围内仍应分层填筑压实。

填石路堤倾填前,路堤坡脚应用粒径大于30cm的硬质石料码砌,码砌厚度为1~2m。

2)分层填筑法

分层填筑法施工,又可分为机械作业和人工作业两种方法。

机械施工分层填筑时,高速公路及一级公路分层松铺厚度不宜大于30cm;其他公路不宜大于50cm。施工中应安排好石料运行路线,专人指挥,按水平分层,先低后高、先两侧后中央卸料,并用大型推土机摊平,个别不平处应配合人工用细石块、石屑找平。如果石块级配较差、粒径较大、填层较厚,石块间的空隙较大时,可于每层表面的空隙里扫入石渣、石屑、中砂、粗砂,再以压力水将砂冲入下部,反复数次,使空隙填满。

人工摊铺、填筑填石路堤,当铺填粒径25cm以上石料时,应先铺填大块石料,大面向下,小面向上,摆平放稳,再用小石块找平,石屑塞填,最后压实;铺填粒径25cm以下石料时,可直接分层摊铺,分层碾压。

3.填石路堤的压实

填石路堤均应压实并宜选用工作质量12t以上的重型振动压路机、工作质量2.5t以上的夯锤或25t以上的轮胎压路机压(夯)实。当缺乏上述的压实机具时,可采用重型静载光轮压路机压实并减少每层填筑厚度和减小石料粒径,其适宜的压实厚度应根据试验确定,但不得大于50cm。采用重型振动压路机或夯锤压实填石路堤时,可加厚至1.0m。

填石路堤压实时,应先压两侧(即靠路肩部分)后压中间,压实路线对于轮碾应纵向互相平行,反复碾压。对夯锤应成弧形,当夯实密实程度达到要求后,再向后移动一夯锤位置。行与行之间应重叠40~50cm;前后相邻区段应重叠100~150cm。

填石路堤压实到要求紧密程度所需的碾压或夯压的遍数应经过试验确定。石料的紧密程度用12t以上振动压路机进行压实检验,当压实层顶面稳定,不再下沉表面无轮迹时,可判为密实状态;采用重锤夯实时,可按重锤下落时不下沉而发生弹跳现象为达到密实度要求。高速公路及一级公路填石路堤路床顶面下50cm(其他公路30cm)范围内应填筑符合路床要求的土,并应按土质路堤的相关规定进行压实。

二、石方路基质量检测方法

1.质量要求

(1)开炸石方应避免超量爆破,上边坡必须稳定;坡面的松石、危石必须清除干净。

(2)修筑填石路堤应认真进行地表清理,逐层水平填筑石块,摆放平稳。填筑层厚度及石块尺寸应符合设计和施工规范规定,填石孔隙用小石块和石屑填满铺平,采用振动压路机分层碾压,填筑层顶面石块应稳定。路基顶部填筑石块的最大尺寸不大于15cm。

(3)基表面应整修平整,边坡应顺直。

2.质量实测项目标准

石方路基外观鉴定为:上边坡不得有松石;路基边线直顺,曲线圆滑。实测项目应符合表1-5-1中的规定。

石方路基实测项目质量标准　　表1-5-1

<table>
<tr><th rowspan="2">项次</th><th rowspan="2" colspan="2">检查项目</th><th colspan="2">规定值或允许偏差</th><th rowspan="2">检查方法和频率</th><th rowspan="2">权值</th></tr>
<tr><th>高速公路、一级公路</th><th>其他公路</th></tr>
<tr><td>1</td><td colspan="2">压实度</td><td colspan="2">层厚和碾压遍数符合要求</td><td>查施工记录</td><td>3</td></tr>
<tr><td>2</td><td colspan="2">纵断高程(mm)</td><td>+10,-20</td><td>+10,-30</td><td>水准仪:每200m测4个断面</td><td>2</td></tr>
<tr><td>3</td><td colspan="2">中线偏位(mm)</td><td>50</td><td>100</td><td>经纬仪:每200m测4点,弯道加HY、YH两点</td><td>2</td></tr>
<tr><td>4</td><td colspan="2">宽度(mm)</td><td colspan="2">符合设计要求</td><td>米尺:每200m测4处</td><td>2</td></tr>
<tr><td>5</td><td colspan="2">平整度(mm)</td><td>20</td><td>30</td><td>3m直尺:每200m测4处×3尺</td><td>2</td></tr>
<tr><td>6</td><td colspan="2">横坡(%)</td><td>±0.3</td><td>±0.5</td><td>水准仪:每200m测4个断面</td><td>1</td></tr>
<tr><td rowspan="2">7</td><td rowspan="2">边坡</td><td>坡度</td><td colspan="2">符合设计要求</td><td rowspan="2">每200m抽查4处</td><td rowspan="2">1</td></tr>
<tr><td>平顺度</td><td colspan="2">符合设计要求</td></tr>
</table>

注:土石混填路基压实度或固体体积率可根据实际情况进行检验,其他检测项目与石方路基相同。

第六章　湿软地基加固与特殊路基施工

【内容简介和学习要求】

本章着重介绍了湿软地基加固的方法、应用；多年冻土地区路基施工、盐渍土地区路基施工、黄土地区路基施工等特殊路基施工方法和质量要求。

通过本章学习，学生能够根据现场实际，对湿软地基进行加固处理，进行特殊路基的施工作业。

第一节　概　　述

我国地域辽阔，国土从南到北处在不同的纬度带，从东到西地势逐渐升高形成不同的垂直高度带，由此构成了许许多多不同的区域地质构造、地形、地貌、地质和水文地质、岩土、气候等地区性和地段性的特殊条件，这些本身条件和其间的组合在一定的外因或场合作用，形成诸多类型的自然病害，影响公路路基的强度和稳定性。我们把在这些带有地域或区域性地基上修建的路基，一般称为特殊路基。

在路基设计与施工中，经常会遇到这样或那样的重点问题或关键技术问题，都是与该地区或地域的自然病害有关，因此自然病害是特殊路基设计和施工时特别对待和处理的关键。

在不同的自然病害条件下进行特殊路基施工，可采取不同的设计与施工方法。对湿软地基，经过特殊处理后，就可按一般方法进行路基施工。对多年冻土地区的地基，则很难进行处理，即是进行特殊处理后，也不能按一般方法进行路基的施工。因此我们把特殊路基分为两部分。一部分是经过特殊处理就能按一般方法进行路基施工的，习惯称为特殊地基加固，而把另外一部分习惯称为特殊路基施工。

第二节　湿软地基加固

湿软地基主要指天然含水量过大，胀缩性高，具有湿陷性，承载力低，在荷载作用下容易产生滑动或固结沉降的土质地基，如软土、泥沼、泥碳、湿陷性黄土、人为垃圾、松散杂填土、膨胀土、海(湖)相沉积土等。路基直接填筑在这些地基上，往往会因地基承载力不足，或在自然因素作用下产生过大的变形，导致路基产生各种破坏。因此，有必要采取措施对湿软地基予以加固。湿软地基加固关键是治水和固结。

一、换填土层法

换填土层法是采用人工、机械或爆破等方法，将基底一定深度及范围的湿软土层挖除，换以强度大、稳定性好的砂砾、卵石、碎石、石灰土、素土等回填，并分层压实至规定的密实度。如当地石料丰富，亦可直接在路基基底抛投片石，将湿软土层挤出基底范围，以提高路基强度。

换填砂垫层,可起到加速软弱土层排水固结,提高承载力,减少沉降量。各种回填材料,其应力分布规律、极限承载力、沉降特点,基本上与砂砾垫层相接近。因此,换填土层厚度、宽度以砂砾垫层作为计算模型。

砂垫层厚度,可按直线变形体理论计算;或者假定应力通过基础按30°刚性角向下扩散,砂垫层底面呈梯形分布。一般地,砾垫层厚度在0.6~1.0m之间,坡脚两侧应宽出路基边脚50~100cm。砂垫层实测项目质量要求见表1-6-1中的规定。

砂垫层实测项目质量标准 表1-6-1

项次	检查项目	规定值中允许偏差	检查方法和频率	权值
1	砂垫层厚度	不小于设计	每200m检查4处	3
2	砂垫层宽度	不小于设计	每200m检查4处	1
3	反滤层设置	符合设计要求	每200m检查4处	1
4	压实度(%)	90	每200m检查4处	2

二、排水固结法

排水固结法是在湿软地基中设置垂直排水井,缩短排水距离,运用堆载预压,挤出土中过多含水量,加速土体固结,达到挤紧土粒,提高土体的抗剪强度。因此,该法适用于含水量过大,土层较厚的软弱地基。按垂直排水井材料的不同,可分为砂井法和排水板法。

1.砂井法

用锤击、振动、螺钻、射水等方式成孔,在孔内灌砂而形成砂井。射水法成孔称为水冲法,其他称为沉管法。砂井表面铺设0.5~1.0m厚的砂垫层或砂沟。排水固结速度与堆载量大小,加载速度,砂井直径、间距、深度等因素有关。实践证明,预压加载量大致与设计荷载相接近,预压至80%的固结度。就路基而言,加载工作往往直接填土取代。填土速度根据施工工期、地基强度增长情况分级填筑,以每昼夜地面沉降量不超过1.5cm、坡脚侧向位移不超过0.5cm来控制。砂井直径多为30~40cm,间距2~4m,平面上呈三角形或正方形布置,尤以三角形布置效果为佳;其深度以穿越地基可能的滑动面为宜。砂井用砂为中粗砂,含泥量不宜大于3%。

为了缩短砂井排水距离,往往预先在直径约7cm的圆筒状编织袋里装满砂,然后放入成孔中。此法称袋装砂井法,该法能保证砂井的密实性和连续性,成孔时对土层挠动少,并具有施工机具简单、成本低等优点。袋装砂井井距一般为1~1.4m,其他与普通砂井相同。袋装砂井、塑料板实测项目如表1-6-2中的规定。

袋装砂井、塑料板实测项目 表1-6-2

项次	检查项目	规定值或允许偏差	检查方法和频率	权值
1	井(板)间距(mm)	±150	抽查2%	2
2△	井(板)长度(mm)	不小于设计	查施工记录	3
3	竖直度(%)	1.5	查施工记录	2
4	矿井直径(mm)	+10,-0	挖验2%	1
5	灌砂量(%)	-5	查施工记录	2

2.排水板法

用纸板、纤维、塑料或绳子代替砂井的砂做成排水井。其原理和方法完全与砂井排水法一致。目前基本上以带沟槽的塑料芯板作为排水板，因此，又称塑料板法。

此外，排水固结法还有降水预压和真空预压等新技术。

3.盲沟排水法

在路堤填方前深挖纵向、横向沟，回填石块，排出地下水，固结路基。

三、土工合成材料法

在路堤下面与地表之间铺设一层或多层具有较高抗拉强度及较大渗透性的土工聚合高分子化学材料。这种柔性滤层既能起到扩大基础分散荷载的作用，同时土工合成材料又能承受拉力，增加了一个稳定力矩，并且不影响排水。

1.概述

土工合成材料分有纺和无纺两类，无纺多用作渗滤材料；有纺多用作补强材料。为保护土工合成材料不被硬物刺破，并增大摩擦力，一般情况下均在土工合成材料上、下铺设0.2～0.3m的砂垫层。在生产实践中，往往将土工合成材料与排水固结相结合，共同作用，综合处理。这样，既保持土工合成材料功能，又加速了排水固结作用，迅速提高极限承载力，而且对地基的沉降也有改善作用，减少了路堤中心的沉降量。目前多用塑板排水与土工合成材料作综合处理。

一般公路中，木材丰富的地区常用柴排法代替土工合成材料处理湿软地基，也取得良好的效果。

2.施工注意事项

应用土工合成材料的工程，其施工除了应遵守一般的有关常规施工程序和规定外，还应着重考虑由于铺设土工合成材料而带来施工上的特别要求，并保证按设计断面及质量要求施工，注意现场检测。土工合成材料的铺设施工随着工程应用及具体条件可能使用各种各样的施工方法和机具，但任何情况下均应注意土工纤维的有效性与施工方法是否得当，而且必须精心施工。施工中应注意下列事项：

(1)铺设土工合成材料时，应注意均匀、平整。在斜坡上施工时，应保持一定松紧度(可用U形钉控制)以避免石块使其变形超出聚合材料的弹性极限。

(2)铺设土工合成材料时，应注意端头的位置和锚固。

(3)铺设土工合成材料的关键是保证连续性，不出现扭曲、折皱、重叠，并要特别注意应避免过量拉伸以避免超过其强度和变形的极限产生破坏或撕裂、局部顶破等。

(4)为保证土工合成材料的整体性，施工中心须注意土工合成材料的连接，常用的有搭接法与缝接法，缝接法又分对面缝与折叠缝两种接法。

(5)现场施工中发现土工合成材料有破损时必须立即修补好。

(6)土工合成材料的存放以及施工铺设过程应尽量避免长时间曝晒或暴露，以免其性能劣化。

3.质量标准

1)基本要求

土工合成材料质量应符合设计要求，在平整的下承层上全断面铺设，土工合成材料应拉直平顺，紧贴下承层；锚固端施工符合设计要求；接缝搭接黏合强度符合要求；上下层土工合成材料的搭接缝应交替错开。

2)实测项目

加筋工程土工合成材料实测项目应符合表1-6-3的要求。防裂工程土工合成材料实测项目应符合表1-6-4要求。隔离工程土工合成材料、过滤工程土工合成材料实测项目也应符合其相关的规定，相应的规定表格在此省略。

加筋工程土工合成材料实测项目质量标准　　表1-6-3

项　次	项　目	单位	允许偏差	检查方法和频率	权　值
1	下承层平整度、拱度		符合设计、施工要求	每200m检查4处	1
2	搭接宽度	mm	+50，-0	抽查2%	2
3	搭接缝错开距离	mm	符合设计、施工要求	抽查2%	2
4	锚固长度	mm	符合设计、施工要求	抽查2%	3

防裂工程土工合成材料实测项目质量标准　　表1-6-4

项　次	项　目	单位	允许偏差	检查方法和频率	权　值
1	下承层平整度、拱度		符合设计、施工要求	每200m检查4处	1
2	搭接宽度	mm	≥50(横向)；≥150(纵向)	抽查2%	3
3	黏结力	N	≥20	抽查2%	3

四、反压护道法

在路堤的一侧或两侧填筑适当高度与宽度的单级或多级护道，使路堤下的淤泥或泥碳向两侧隆起的趋势得到平衡；同时，加宽了荷载的分布宽度，减少了路堤的基底应力，从而保证路堤的稳定。

护道的高度与宽度，应通过圆弧法验算确定。单级护道高度必须低于极限高度，一般为路堤高度的1/2～1/3。

采用反压护道加固路基，不需特殊机具和材料，施工简易。因此，该法适用于非耕作区、取土不困难地区和路堤高度小于1.5～2倍极限高度的软基。

五、碾压夯实法

采用压实功能较大的振动压实方法，对非黏性土及松散杂填土、地表松散土，如矿渣、碎砖瓦等建筑垃圾填土，予以碾压，可提高地基强度，降低压缩性。振动时间愈长，效果愈好，但时间过长对压实无明显提高。对细颗填土，振动时间以3～5min为宜；对建筑垃圾，振动碾压时间略大于1min合适。

重锤夯实加固地基，是利用起重设备将锤体直径为1～1.5m，质量为1.5t左右的钢筋混凝土截头圆锥体(底部垫钢板)，提升2.5～4.5m高度后，重锤自由落下，锤体夯实土基。这种方法可显著地提高地基表层土的强度，降低湿陷性黄土的湿陷性，使杂填土表层强度一致。重锤夯实次数，以最后两次的平均夯沉量不超过规定值来控制，一般黏性土和湿陷性黄土为1～2cm，砂土为0.5～1.9cm。实践表明，一般夯实次数为8～12遍，作用厚度可达锤底直径的一倍左右。

在重锤夯实的基础上，60年代以来研制出现了强夯法。它的夯锤重达8～12t(甚至200t)，自由落差8～20m(最高达40m)。经过对土基的强力夯击，利用冲击波和动应力，使地基土密实，达到土基加固的目的，可显著地提高承载力(2～5倍)，降低压缩性(2～10倍)。加固厚度达10～20m。该项技术尽管迄今仍没有一套成熟、完善的理论和设计方法，但已在土木工程中得到广泛应用，且在加固饱和软黏土地基方面取得了新的成果与经验。

六、挤 密 法

地基成孔后在孔内灌以砂、石、土、石灰土或石灰等材料，捣实而成直径较大的桩体。利用桩体横向之间的相互挤紧作用，使地基土粒相互紧密，减少孔隙，桩体与原土组合而成复合地基，提高地基承载力，达到加固地基的目的。桩孔内填石灰而形成石灰桩，主要是利用生石灰的吸水、膨胀、发热及离子交换作用，使桩体硬化，达到挤密软土，加固地基。因此，要求生石灰是新鲜的，灰块必须粉碎。

砂桩加固范围，一般要求各边比基础宽 1.0m 左右。桩径一般为 0.2~0.3m。砂桩间距与要求地基土加密的程度有关。经验表明，群桩面积约占松散土加固面积的 20%，通常间距为桩径的 3~5 倍。桩的平面布置以梅花形较好。桩的长度与加固土层厚度及加固要求有关。软土层较薄，砂桩可穿透软土层。如软土层过厚则通过计算桩底处软土的应力，要求其值小于或等于软土容许承载力。

砂桩和砂井相比，虽然形成相似，但两者有着本质的区别。砂桩是分散体，承载力较低，其主要作用是挤密地基土。砂桩主要适用于处理松砂、杂填土和黏粒含量不大的普通黏性土。砂井主要作用是排水固结，因而适用过湿软土层。

七、化学加固法

化学加固，一般是用压力将化学溶液或胶结剂通过注浆管均匀地注入软基土层中，经过短暂时间后，使土颗粒胶结起来凝成一个整体，达到对土基加固的目的，并能起到防渗作用。目前化学溶液主要有下列几类：水玻璃溶液为主的浆液，价格昂贵；丙烯酸氨为主的浆液，效果较好，价高难以推广；还百水泥浆以及纸浆废液为主的浆液等。

化学加固施工工艺主要有压力灌注、电动硅化和高压旋喷法几种。压力灌注及电动硅化法一般是将浆液注入土中赶走孔隙内的水或气体，从而占据其位置，然后将土胶结成整体。高压旋喷法是利用高压(20~25MPa)射流的强度使浆液与土混和，从而在射流影响的有效范围内使土体速凝成一圆柱形的桩，桩径达 0.5~1.0m。

以上仅简略地介绍了已有的几种地基加固方法，有的已在国内公路路基工程中运用，有的新技术还在研讨。湿软地基加固，规模大，造价高，应注重技术和经济两方面的研究。同时，地基加固是路基主体工程的一部分，要结合路基高程、断面形式等方面综合处治。随着公路建设的高速发展，地基加固方法在理论与实践上必将有新的发展与突破。

第三节　特殊路基施工

一、多年冻土地区路基施工

由于自然条件与冻区土壤条件的不同，施工方法也就有所不同。根据设计对土基冻融状态的要求可分为以下几种方法：

1.保证土基处于冻结状态下的路基施工

在公路施工过程中，使土基保持冻结状态，永冻土的上限不下降，创造土基夏季不融化条件，其施工期宜选在冬季，因此冬季必须完成大量土方工程。如在融期施工，则应采取快速分修的施工方法，以免冻层暴露太久，冻土上限下降，引起沉陷破坏。施工中应注意，必须在路基底面上和整个公路用地范围内从路基中心算起的两侧各 50～100m 范围内保持青苔植被不被破坏，同时排水系统与路基坡脚应保持足够距离。排水沟一般不小于 10m；挡水埝不小于 6m。

路基填方作业时，应采用端部卸土的方法填筑，汽车、拖拉机等带轮子的设备，在前面尚未铺设足够的填料以支承前，严禁在坡道上进出，一般应：

(1)土基冻结深度大于 30cm 后开始取土。

(2)路堤下部各层高为 0.5m 时，按逐步向前法填土，以后的各层按纵向法施工。

净砂和砂砾石最宜于作路堤填料，因为这种填料具有非冻结性，排水性能好，在冻结季节便于开挖和运输。当路堤高度较小时(应大于保护多年冻土上限不下降的最小填土高度)可在路堤下部先填一部分细颗粒土，厚度一般不小于 1.0m。

2.限制土基融化深度下的路基施工

在限制土基融化深度的路段，应采用当地的黏土质土和无黏性的碎屑土填筑路基，高等级公路宜设置集中取土场，富冰冻土、饱冰冻土以及含冰层路段确需就近解决部分土源时，必须在路基坡脚 10m 以外取土；斜坡地表路堤取土坑应设在上坡一侧，取土坑深度均不得超过当年多年冻土上限以上土壤厚度的 80%，坑底应有坡度，积水应有出口，取土完成后，应立即将取土坑挖出的草皮填入坑中紧靠路堤的一侧，铺成斜坡。

使用黏土质土时，施工工艺按土壤含水量来确定。春季，在解冻天气到来之前，须将取土坑上的积雪和青苔植被清除(堆放在一起)。以加快土壤的融化，土料应选用保温隔水性能均好的细颗粒土。采用黏性土或透水性不良土壤填筑路堤时，要控制土的湿度，碾压时含水量不超过最佳含水量 ±2%。不得用冻土块或草皮层及沼泽地含草根的湿土填筑。通过热融湖(塘)的路堤，水下部分必须用渗水性良好的土壤填筑，并应高出最高水位 0.5m。靠近基底部位有饱冰层且有可能融化时，可设保温护道和护脚，保温材料就地取材。用草皮时，草根向上一层一层叠铺，最外一层要带泥，以便拍实形成保护层。沿线两侧 20m 范围内植被和原生地貌要严加保护，山区位于河滩台地、斜坡、分水岭上的路段，土壤为碎石或砾石时，采用一般方法取土筑堤，但是，考虑到冻土和湿土在挖掘上的困难。春季应预先清除青苔植被，使融水沿沟流向低处，把土壤水排干。

3.挖方路基施工

地下水发育阶段，路基边沟应有防渗措施，路堑顶宜设挡水埝。与坡顶距离不小于 6m；若必须修排水沟或截水沟时，在挡水埝 4m 以外设置。路堑边坡应边挖边修坡，冬季开挖作业边坡容易鼓肚，若不及时抢修容易冻结。边坡加固铺砌厚度均应满足保温要求，如用草皮铺砌应水平叠砌，错缝嵌紧，缝隙用黏土或草皮填塞严密以形成整体。

饱冰冻土和含土冰层地段路堑，为防止开挖后基底冻胀翻浆。可根据需要换填足够厚度的渗水性土。

4.冬季施工排水

冬季施工排水，是在天寒地冻的特殊条件下采取的特殊排水方法。

可采用冻土墙截水或排炮封水处理后，采用水泵排除施工区段内部的积水。水泵站设在施工段的冰面上，水泵抽水，可排放到工段旁边沼泽地的水面上，边排放边冻结，水结成冰，排水出路问题亦随之解决。应当指出的是，多年冻土地区冬季施工排水的方法很多，除此之外还有促冻揭冰、层层扒冻冰层等方法，具体选用时，要因地制宜。

二、盐渍土地区路基施工

1.一般规定

路堤填料的含盐量不得超出规定允许值,不得夹有盐块和含盐植物的根茎。对填料的含盐量及其均匀性应加强施工检测,路床以下每 $1000m^3$ 填料、路床部分每 $500m^3$ 填料,应至少做一组试件,每组取 3 个土样,取土不足以上数量时,也应做一组试件。

若当地无适用的填料,允许使用超过规定的材料作填料,但需通过试验决定实施措施。

2.基底处理

施工准备工作必须先整理地面排水系统,排除路基底部及其附近的积水。当路堤底部表层盐渍土含有过量盐分或者表土松软有盐壳时,应在填筑路堤前,将路堤基底与取土坑范围内的表层盐渍土铲除。铲除深度应根据土的试验资料决定,一级以上公路不应小于 1.0m,同时换填渗水性土。铲除后的路基表面应做成由路基中心向两侧约 2% ~ 4% 的横坡,铲除的表层的盐渍土应堆置在距路较远处,最好堆置在低处,以免水流浸渍后又流回路基。

在盐渍土表层为经常泛浆的软弱土体时,对含水量超过液限的土层,一般厚度按 0.5 ~ 1.0m需要全部清除并换填渗水土壤。如软弱土层的含水量界于液限和塑限之间,应铺筑 10 ~ 30cm 的渗水性土后再填入黏性土。当软弱基层已清除至地下水位以下时,则需要铺筑渗水土,其高度至少超过地下水位 30cm,其上再用黏性土填筑。

3.路基施工

1)施工安排

盐渍土地区修建高速公路路基,施工季节应尽可能安排在土的含水量接近于最佳含水量的时期进行施工,宜选不发生冻结、不积水的枯水季节。对砂性盐渍土,以春末夏初季节施工为宜。在强盐渍土地区修筑路基,应在表层土含盐量降低的春季为宜。

路基施工程序的安排,要自清除基底的过盐渍土开始,工序衔接,连续施工,一次做到设计规定的路基高程,在采用隔离层的地段至少要一次做到隔离层的顶部,以避免路基的再盐渍化和形成新的盐壳。

2)排水

当取土场土料含水量高时,应结合实地情况开挖临时排水沟,排除地表水,降低地下水位,或采用挖槽、翻摊晾晒方法。取土坑也可以分层取土,在施工过程中如遇排水困难地段,宜在路基一侧(或两侧)取土坑外边缘填筑纵向保护堤,用以保护路基工程的实施。

3)压实

一般盐渍土路基的压实度应尽可能提高一些,以防止盐分的转移和保证路基的稳定。为此要求分层填筑,分层压实,每层填土厚度对于黏性盐渍土不得大于 20cm(虚铺 30cm),对于砂性盐渍土不得大于 30cm。在过干旱区严重缺水地段,可选用高效能的压实机具采用加大压实功能的办法提高密实度,特别是对路基最顶一层填料,一定要在最佳含水量时压实。

4)预防盐胀

在强盐渍化细颗粒土地区,为截断路基下部的含盐毛细水、气态水而设置的封闭性隔离层,宜设在路床顶以下 80cm 深处。其材料可用粗粒的渗水土或沥青、石灰等不透水材料修筑。同时为了防止隔离层失效,应在其顶面和底面各补一层 5 ~ 10cm 的反滤层。在采用塑料薄膜做隔离层时,为防止薄膜被挤破,应在其隔离层上下分别铺一层 10 ~ 15cm 厚的砂或黏土作为保护层。

5)对盐渍土进行处理

对盐渍土可以掺入石灰进行改性处理，石灰的掺入量应通过采样试验决定，一般弱盐渍土为12%，中等盐渍土为14%左右。

6)路肩及边坡加固

水对盐渍土的溶蚀，是盐渍土失稳的主要原因，因此施工时应及时依据设计要求对路肩和边坡进行加固防护。在路基边坡坡角附近最好设置护坡道，当地下水位较高时，可在其护坡道外设置降低地下水位的排水沟，将水引至路基以外。同时注意不要把地表排水沟与降低地下水位的排水沟合并使用，以保证路基稳定。

在湿盐渍土地区利用湿盐渍土修筑路基时，应考虑湿盐渍土的沉陷问题，施工时可适当加宽路基宽度。

三、黄土地区路基施工

黄土地区公路应查明黄土公布范围、厚度及其变化规律；沿线黄土的成因类型和地层特征；路线所处的地貌单元及地表水、地下水等情况，各种不同地层黄土的物理、力学性质、湿陷性类型和湿陷等级。

黄土地区公路应特别注意加强排水，采取拦截、分散的处理原则，设置防冲刷、防渗漏和有利于水土保持的综合排水设施及防护工程，并妥善处理农田水利设施与路基的相互干扰。

1.用湿陷性黄土填筑路堤的施工

黄土浸水后，本身结构迅速破坏，强度降低，在外加荷载或自重的作用下发生下沉的现象称为湿陷。用湿陷性黄土填筑路堤施工不当，常常发生很大的下沉量，引起路基失稳，特别是高路堤地段，根据工程施工中总结的经验应做好以下几项工作：

(1)填料。新老黄土均可选择为路堤填方的适用料，但黄土透水性差，干湿难以调节，大块土料不易粉碎，使用前应通过试验决定解决措施。新黄土为良好填料。路堤填料应采用充分扰动的土，大于10cm的块料必须打碎。

(2)土的含水量。由于施工季节不同而异，多数情况下，填料含水量均小于最佳含水量。此时黄土处于干燥状态，摊铺到路基上成土块状，施工时每摊一层均应按需用量洒水，待土体吸收水份后，再采用双轮双铧犁反复掺拌或用稳定土拌和机拌和，然后整平压实成型。

在一些含水量大于最佳含水量的地区，公路施工常采用加入石灰降低含水量的方法来进行施工。

(3)压实。黄土地区路基压实多采用重型(＞15t压实机具)，松铺厚度25～30cm。如采用50t特重型压路机，松铺厚度可达40cm。值得注意的是黄土压实如不能在最佳条件下抓紧碾压成型，以后就很难压好。多加碾压遍数会造成表面2cm左右土质干裂成粉，继续增加压实遍数，干裂深度会加深，造成粉散更严重，如果施工中间歇再长一点，就更难达到要求。因此施工中应做到一次压实成功，一般重型压路机5～7遍即可达到设计要求。

(4)黄土路堤特别是高路堤，常在填挖交界面上产生裂缝，除了因路基本体沉陷、结合处被拉开外，结合面处理方法不当也是一个原因。由于黄土坡面常呈陡立状态，无法开挖结合台阶，施工中常用的方法有：将挖方路堑超挖一定深度，然后与填方路基一起回填至设计高程，此部位也可以每填1～2m时再用重锤增加夯实，夯位应紧靠，间隙不得大于15cm。第二遍夯位应压在首遍夯位的缝隙上，如此依次夯实。也有采用土钉来加强结合的方法，土钉一般可用ϕ18mm的圆钢制作，长80cm，打进老土面40cm，间距1.0～1.5m，一般每两层高度楔进一排。

(5)黄土路堤的边坡容易遭受雨水冲刷，施工防水非常重要，故成型后的路堤应及时拍紧、整平、刷顺，边坡防护工程（如栽草皮、浆砌护坡，排水工程急流槽等）应在路基成型后随即开始施工，雨季前完成。施工中应对高路堤进行沉降观测，在路基横断面上预留一定宽度以便路基下沉后，后补的填方断面不应小于设计宽度。

2.黄土路堑施工

由于黄土有直立特性，应按设计边坡进行施工，不可放缓，以免引起边坡冲刷。

路堑施工，当挖到接近设计高程时，对路基面以下路床部分的土基强度和密实度进行检测，路床顶面以下 0～30cm 范围内对一级以上公路压实度应大于 90%。如密实度不足，土质不适用，应挖除换填，分层碾压以达到设计要求，换填深度一级以上公路宜挖除 50cm 或按设计规定。

黄土路堑施工，必须做好两侧的排水设施，堑顶部靠山侧要做好排水工程，将地表水、地下水引入设有防渗层的地沟内排走，以免影响路基稳定。

3.湿陷性黄土处理

黄土地区场地的湿陷类型按实测自重湿陷量或通过室内压缩试验累计的计算来判定自重湿陷量。当实测或计算自重湿陷量不超过 70mm 时，为非自重湿陷性黄土场地，当实测或计算自重湿陷量超过 70mm 为自重湿陷性黄土场地。

湿陷性黄土地基的湿陷等级，应根据基底下各层累计的总湿陷量和自重湿陷量的计算值等因素，通过表 1-6-5 来判定。

湿陷性黄土地基的湿陷等级　　表 1-6-5

湿陷类型		非自重湿陷场地	自重湿陷场地	
计算自重湿陷量 Δ_{ZS}(mm)		$\Delta_{ZS}<70$	$70<\Delta_{ZS}\leqslant 350$	$\Delta_{ZS}>350$
总湿陷量 Δ_S (mm)	$\Delta_S<300$	I(轻微)	II(中等)	—
	$300<\Delta_S\leqslant 360$	II(中等)	II(中等)或 III(严重)	III(严重)
	$\Delta_{ZS}>600$	—	III	IV(很严重)

注：当 $300\text{mm}<\Delta_S<500\text{mm}$，$700\text{mm}<\Delta_{ZS}<300\text{mm}$ 时，定为 II 级；当 $500\text{mm}\leqslant\Delta_S\leqslant 600\text{mm}$，$300\text{mm}\leqslant\Delta_{ZS}\leqslant 350\text{mm}$ 时，定为 III 级。

高速公路和一级公路通过湿陷性黄土和压缩性较高的黄土地段时，可根据路堤填高度、受水浸湿的可能性及湿陷后的危害程度和修复的难易程度，按表 1-6-6 确定湿陷性黄土地基的处理深度。

湿陷性黄土地基处理深度　　表 1-6-6

湿陷等级与特征 / 路堤高度	经常流水（或浸湿可能性大）				季节性流水（或浸湿可能性小）			
	I	II	III	IV	I	II	III	IV
高路堤（>4m）	2～3	3～5	4～6	6	0.8～1	1～2	2～3	5
低路堤（≤4m）	0.8～1.2	1～1.5	1.5～2	3	0.5～1.0	0.8～1.2	1.2～2.0	2

注：与桥台相邻路基、高挡土墙路基（墙高大于 6m），应消除地基的全部湿陷量或穿透全部湿陷性土层。

湿陷性黄土地基的处理方法应根据公路等级、黄土湿陷等级、处理深度要求、施工条件及材料来源,并经技术经济比较后确定。对湿陷等级为Ⅰ~Ⅱ级非自重湿陷性黄土和Ⅰ级自重湿陷性黄土,可采用重锤夯实法或冲击碾压;Ⅱ级以上自重湿陷性黄土,可采取强夯、挤密桩(石灰桩、灰土桩、碎石桩)或孔内深层强夯等方法进行压密、加固处理。农田灌溉可能引起黄土地基湿陷,可对路堤两侧坡脚外5~10m范围内作表层加固防渗处理或设侧向防渗墙。

对危害路基稳定的黄土陷穴应进行处理。黄土陷穴的处理方法应根据陷穴埋藏深度及大小来确定,可采用开挖回填夯实及灌浆等方法处理,处理宽度应视公路等而定。对流向陷穴的地面水,应采取拦截引排措施;对堑体的裂缝和积水洼地,应填平夯实。

第七章　路基工程质量检测方法

【内容简介和学习要求】

本章着重介绍了路基压实度检测方法中的最佳含水量和最大干密度的确定方法；土基压实的控制标准，土基压实质量的环刀、灌砂检测方法。

通过本章学习，学生能根据现场实际，确定压实路段土基的最佳含水量和最大干密度；在现场进行土基压实度的控制与检测工作，能进行检查和数据计算。

第一节　最佳含水量和最大干密度的确定

进行路基压实质量检测，首先必须根据填土路段所需取土场的位置，按照相关规范要求选取有代表性的土样确定并提供填筑土的重要参数最佳含水量与最大干密度，否则就无法进行路基土的压实质量检测。常用的方法是击实试验法。

1.适用范围

击实试验分轻型击实和重型击实。小试筒适用于粒径不大于25mm的土，大试筒适用于粒径不大于38mm的土。

2.仪器设备

(1)标准击实仪。轻、重型试验方法和设备的主要参数应符合表1-7-1中的规定。

击实试验方法种类　　表1-7-1

试验方法	类别	锤底直径	锤质量(kg)	落高(cm)	试筒尺寸			层数	每层击数	击实功(kJ/m^3)	最大粒径(mm)
					内径(cm)	高(cm)	容积(cm^3)				
轻型	I.1	5	2.5	30	10	12.7	997	3	27	598.2	25
	I.2	5	2.5	30	15.2	12	2177	3	59	595.2	38
重型	II.1	5	4.5	45	10	12.7	997	5	27	2687.0	25
	II.2	5	4.5	45	15.2	12	2177	3	98	2677.2	38

(2)烘箱及干燥器。

(3)天平：感量0.01g。

(4)台秤：称量10kg，感量5g。

(5)圆孔筛：孔径38mm、25mm、19mm和5mm各1个。

(6)拌和工具：400mm×600mm、深70mm的金属盘、土铲。

(7)其他：喷水设备、碾土器、盛土盘、量筒、推土器、铝盒、修土刀、平直尺等。

3.试样

采用不同的方法准备试样。各方法可按表1-7-2准备试料。

1)干土法(土重复使用)

将具有代表性的风干或在50℃温度下烘干的土样放在橡皮板上，用圆木棍碾散，然后过不同孔径的筛(视粒径大小而定)。对于小试筒，按四分法取筛下的土约3kg；对于大试筒，同样按四分法取样约6.5kg。

试 料 用 量 表1-7-2

试验方法	类别	试筒内径(cm)	最大粒径(mm)	试料用量(kg)
干土法 (试样重复使用)	*a*	10 10 15.2	5 25 38	3 4.5 6.5
干土法 (试样不重复使用)	*b*	15.2	至25 至38	至少5个试样，每个3 至少5个试样，每个6
湿土法 (试样不重复使用)	*c*	10 15.2	至25 至38	至少5个试样，每个3 至少5个试样，每个6

估计土样风干或天然含水量，如风干含水量低于开始含水量太多时，可将土样铺在不吸水的盘上，用喷水设备均匀地喷洒适当用量的水，并充分拌和，闷料一夜备用。

2)干土法(土不重复使用)

按四分法至少准备5个试样，分别加入不同水分(按2%～3%含水量递增)，拌匀后闷料一夜备用。

3)湿土法(土不重复使用)

对于高含水量土，可省略过筛步骤，用手拣除大于38mm的粗石子即可。保持天然含水量的第一个土样，可立即用于击实试验。其余几个试样，将土分成小土块，分别风干，使含水量按2%～3%递减。

4.试验步骤

(1)根据工程要求，按表1-7-1规定选择轻型或重型试验方法。根据土的性质(含易击碎风化石数量多少，含水量高低)，按表1-7-2规定选用干土法(土重复或不重复使用)或湿土法。

(2)将击实筒放在坚硬的地面上，取制备好的土样分3～5次倒入筒内。小筒按三层法时，每次约800～900g(其量应使击实后的试样等于或略高于筒高的1/3)；按五层法时，每次约400～500g(其量应使击实后的土样等于或略高于筒高的1/5)。对于大试筒，先将垫块放入筒内底板上，按五层法时，每层需试样约900g(细粒土)～1100g(粗粒土)；按三层法时，每层需试样1700g左右。整平表面，并稍加压紧，然后按规定的击数进行第一层土的击实，击实时击锤应自由垂直落下，锤迹必须均匀分布于土样面上，第一层击实完后，将试样层面“拉毛”，然后再装入套筒，重复上述方法进行其余各层土的击实。小试筒击实后，试样不应高出筒顶面5mm；大试筒击实后，试样不应高出筒顶面6mm。

(3)用修土刀沿套筒内壁削刮，使试样与套筒脱离后，扭动并取下套筒，齐筒顶细心削平试样，拆除底板，擦净筒外壁，称量，准确至1g。

(4)用推土器推出筒内试样，从试样中心处取样测其含水量，计算至0.1%。测定含水量用试样的数量按表1-7-3规定取样(取出有代表性的土样)。两个试样含水量的精度应符合现行《公路土工试验规程》(JTJ 051—93)中规定的要求。

(5)对于干土法(土重复使用)，将试样搓散，然后按上述方法进行洒水、拌和，但不需闷料，

测定含水量用试样的数量　　表 1-7-3

最大粒径(mm)	试样质量(g)	个数	最大粒径(mm)	试样质量(g)	个数
<5	15~20	2	约 19	约 250	1
约 5	约 50	1	约 38	约 500	1

每次约增加2%~3%的含水量,其中有两个试样大于最佳含水量和两个试样小于最佳含水量,所需加水量按下式计算:

$$m_{\mathrm{w}}=\frac{m_{\mathrm{i}}}{1+0.01w_1}\times 0.01(w-w_1) \tag{1-7-1}$$

式中:m_{w}——所需的加水量(g);

m_{i}——含水量 w_1 时土样的质量(g);

w_1——土样原有含水量(%);

w——要求达到的含水量(%)。

按上述步骤进行其他含水量试样的击实试验。

对于干土法(土不重复使用)和湿土法,按以上所述置备各个试样,分别按上述步骤进行试验。

5.结果整理

(1)按下式计算击实后各点的干密度:

$$\rho_{\mathrm{d}}=\frac{\rho}{1+0.01w} \tag{1-7-2}$$

式中:ρ_{d}——干密度(g/cm^3);

ρ——湿密度(g/cm^3);

w——含水量(%)。

(2)以干密度为纵坐标,含水量为横坐标,绘制干密度与含水量的关系曲线如图1-4-10所示,曲线上峰值点的纵、横坐标分别为最大干密度和最佳含水量。如曲线不能绘出明显的峰值点,应进行补点或重做。

(3)当试样中有大于38mm颗粒时,应先取出大于38mm颗粒,并求得其百分率 p,把小于38mm部分作击实试验,应分别对试验所得的最大干密度和最佳含水量进行校正。

(4)试验记录格式如表1-7-4所示。

击实试验记录　　表 1-7-4

土样编号		筒号		落距	45cm		
土样来源		筒容积	997cm^3	每层击数	27		
试验日期		击锤质量	4.5kg	大于5mm颗粒含量			
干密度	试验次数		1	2	3	4	5
	筒加土质量	(g)	2907.6	2981.8	3130.9	3215.8	3191.1
	筒质量	(g)	1103	1103	1103	1103	1103
	湿土质量	(g)	1804.6	1878.8	2027.9	2112.8	2088.1
	湿密度	(g/cm^3)	1.81	1.88	2.03	2.12	2.09
	干密度	(g/cm^3)	1.67	1.71	1.80	1.83	1.76

续上表

土样编号		筒号				落距		45cm				
土样来源		筒容积		997cm^3		每层击数		27				
试验日期		击锤质量		4.5kg		大于5mm颗粒含量						
含水量	盒号											
	盒+湿土质量	(g)	33.45	33.27	35.60	35.44	32.88	33.13	33.13	34.09	36.96	38.31
	盒+干土质量	(g)	32.45	32.26	34.14	34.02	31.40	31.64	31.36	32.15	24.28	35.36
	盒质量	(g)	20	20	20	20	20	20	20	20	20	20
	水质量	(g)	1.0	1.01	1.44	1.42	1.48	1.49	1.77	1.94	2.68	2.95
	干土质量	(g)	12.45	12.26	14.16	14.02	1.40	11.64	11.36	2.15	14.28	15.36
	含水量	(%)	8.0	8.2	10.3	10.1	13.0	12.8	15.6	16.0	18.8	19.2
	含水量	(%)	8.1		10.2		12.9		15.8		19.0	
	最佳含水量=15.68%				最大干密度=1.83g/cm^3							

试验者__________　　　　计算者__________　　　　校核者__________

第二节　土基压实质量控制与检测

一、土基压实工作的控制

土的含水量是影响土压实的重要因素，土的压实应控制土接近最佳含水量时进行。土的含水量过大则降低路堤的稳定性和强度，且不可能用人工压实方法达到需要的压实度。因此应将土晾晒，当接近最佳含水量时，再进行压实。土的含水量不足，需要过多的压实工作，且常不易达到规定的压实度，因此应均匀加水润湿至最佳含水量。采用人工加水时，达到最佳含水量所需要的加水量计算式如下：

$$V=(w_0-w_e)\frac{P}{1+w_e} \tag{1-7-3}$$

式中：V——所需加水量(kg)；

w_e——土原来的含水量(以小数计)；

w_0——土的最佳含水量(以小数计)；

P——需要加水碾压的土的质量(kg)。

在填方施工过程中，为保证压实质量，必须经常检查土的含水量及压实度，以便随时调整。

1)确定要求的密实度

根据设计要求，用标准击实试验求出最佳含水量 w_0 和最大干密度 ρ_0，根据道路等级、路基的层位、路基所处地区的自然条件，确定要求的压实度 K，则要求达到的密实度 $\rho_1=\rho_0K$。

2)压实过程中应严格控制含水量

含水量过大时，应将土摊开晾晒至需要的含水量时再行碾压；含水量过小时，需均匀加水后再进行碾压。

3)检查土的压实程度

检查压实后土的含水量 w 和干密度 ρ_d 是否符合要求。

(1)当 $\rho_d > \rho_1$ 时,说明压实工作过度,应适当减少压实次数。

(2)当 $\rho_d = \rho_1$ 时,说明压实适当。

(3)当 $\rho_d < \rho_1$ 时,说明压实不够,需要找出原因(含水量过大或过小,或压实功不足,或压实层过厚,或压实方法存在问题等),并采取相应措施以达到要求的密实度。

二、压实质量的检测方法

压实质量的检测方法有环刀法、灌砂法、灌水法、电动取土器法、蜡封法和核子密度仪法等。本节介绍常用的环刀法和灌砂法。

1.环刀法

1)适用范围

本试验方法适用于现场测定细粒土的密度。由于取样深度较浅,故测得的密实度偏大。

2)仪器设备

(1)环刀:内径 6~8cm,高 2~3cm,壁厚 1.5~2mm。

(2)天平:感量 0.1g。

(3)其他:环刀金属盖、铁锤、凿子、铝盒、修土刀、钢丝锯、凡士林等。

3)试验步骤

(1)在试验地点,选一块约 10cm×10cm 的平坦表面,并将其清扫干净。

(2)将环刀刀口向下放在此平坦表面上,盖上环刀金属盖,用锤子将环刀垂直打入试样中,至土样伸出环刀上部为止。

(3)将试样连同环刀一起挖出,注意使土样伸出环刀下部,削去两端余土,使与环刀口面齐平,并将剩余土样适量装入铝盒中,测定其含水量 w(烘干法或酒精燃烧法)。

(4)擦净环刀外壁,称环刀与土的总质量 m_1,准确到 0.1g。

4)结果整理

计算湿密度

$$\rho = \frac{m_1 - m_2}{V} \tag{1-7-4}$$

计算干密度

$$\rho_d = \frac{\rho}{1 + 0.01w} \tag{1-7-5}$$

式中:m_1——环刀与土合质量(g);

m_2——环刀质量(g);

V——环刀体积(cm^3);

w——含水量(%)。

试验记录格式如表 1-7-5。

密度试验记录(环刀法) 表 1-7-5

土样编号				1		2		3	
环刀号				1	2	3	4	5	6
环刀容积	(cm^3)	①		100	100	100	100	100	100
环刀质量	(g)	②							
土和环刀质量	(g)	③							
土样质量	(g)	④	③-②	178.6	181.4	193.6	194.8	205.8	207.2
湿密度	(g/cm^3)	⑤	④/①	1.79	1.81	1.94	1.95	2.06	2.07
含水量	(%)	⑥		13.5	14.2	18.2	19.4	20.5	21.2
干密度	(g/cm^3)	⑦	⑤/(1+0.01⑥)	1.58	1.58	1.64	1.63	1.71	1.71
平均干密度	(g/cm^3)	⑧		1.58		1.64		1.71	

2.灌砂法

1)适用范围

本试验法适用于现场测定细粒土、砂类土和砾类土的密实度。试样的最大粒径不得超过15mm,测定密度层的厚度为15～20cm。测定细料土的密度时,可以采用 $\phi100$ 的小型灌砂筒;如最大粒径超过15mm,则应选用 $\phi150$ 的大型灌砂筒。

2)仪器设备

(1)灌砂筒。金属圆筒(可用白铁皮制作)的内径为100mm(或150mm),总高360mm。灌砂筒主要分两部分:上部为储砂筒,筒深270mm(容积约 $2120cm^3$ 或 $4600cm^3$),筒底中心有一个直径10mm(或15mm)的圆孔;下部装一倒置的圆锥形漏斗,漏斗上端开口的直径为10mm(或15mm),并焊接在一块直径100mm(或150mm)的铁板上,铁板中心有一直径10mm(或15mm)的圆孔与漏斗上的开口相接。在储砂筒筒底与漏斗顶端铁皮之间设有开关。开关为一薄铁板,一端与筒底及漏斗铁板铰接在一起,另一端伸出筒身外,开关铁板上也有一个直径10mm(或15mm)的圆孔。将开关向左移动时,开关铁板上的圆孔恰好与筒底圆孔及漏斗上开口相对,即三个圆孔在平面上重叠在一起,砂就可以通过圆孔自由落下。将开关向右移动时,开关将筒底圆孔堵塞,砂即停止下落。

灌砂筒的形式和主要尺寸如图1-7-1所示。

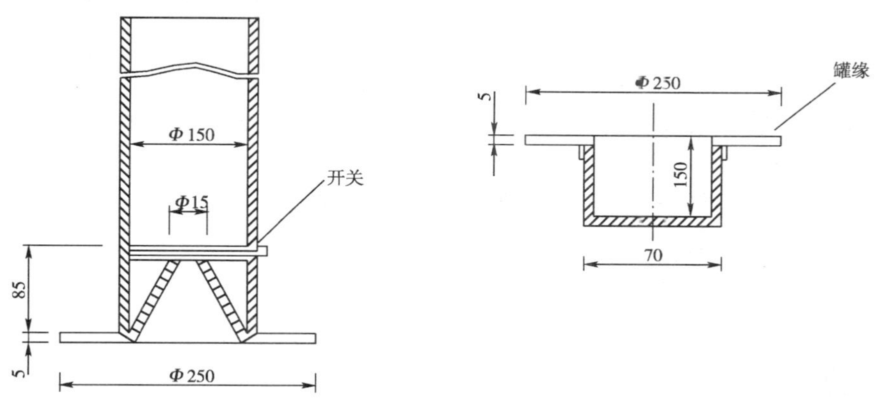

图1-7-1 灌砂筒与标定罐(尺寸单位:mm)

(2)金属标定罐内径100mm(或150mm),高150mm的金属罐(可用薄铁皮制作),上端周围有一罐缘。

(3)基板一个边长350mm,深40mm的金属方盘,盘中心有一直径100mm(或150mm)的圆孔。

(4)打洞及洞中取料的合适工具,如凿子、铁锤、长把勺、长把小簸箕、毛刷等。

(5)玻璃板:边长约500mm的方形板。

(6)铝饭盒或金属方盘:存放挖出的试样。

(7)台秤:称量10～15kg,感量5g。

(8)其他:铝盒、天平、烘箱等。

3)量砂

粒径0.25～0.5mm,清洁干燥的均匀砂,约20～40kg。应先烘干,并放置足够长的时间(通常7d),使其与空气的湿度达到平衡。

4)仪器标定

确定灌砂筒下部圆锥体内砂的质量。其步骤如下：

(1)在储砂筒内装满砂。筒内砂的高度与筒顶的距离不超过15mm。称取筒内砂的质量m_1,准确至1g。每次标定及而后的试验都维持这个质量不变。

(2)将开关打开,让砂流出,并使流出砂的体积与工地所挖试洞的体积相当(或等于标定罐的容积)。然后关上开关,并称量筒内砂的质量m_5,准确至1g。

(3)将灌砂筒放在玻璃板上,打开开关,让砂流出,直到筒内砂不再下流时,关上开关,并细心地取走灌砂筒。

(4)收集并称量留在玻璃板上的砂或称量筒内的砂,准确至1g。玻璃板上的砂就是填满灌砂筒下部圆锥体的砂。

(5)重复上述量测,至少三次。最后取其平均值m_2,准确至1g。

5)确定量砂的密度ρ_s(g/cm^3)

(1)用水确定标定灌的容积$V(cm^3)$。将空罐放在台秤上,使罐的上口处于水平位置,读记罐质量m_7,准确至1g。向标定罐中灌水,注意不要将水弄到台秤上或罐的外壁。将一直尺放在罐顶,当罐中水面快要接近直尺时,用滴管往罐中加水,直到水面接触直尺。移去直尺,读记罐和水的总质量m_8。重复测量时,仅需用吸管从罐中取出少量水,并用滴管重新将水加满至接触直尺。标定罐的体积按下式计算:

$$V = m_8 - m_7 \tag{1-7-6}$$

(2)在储砂筒中装入质量为m_1的砂,并将灌砂筒放在标定罐上,打开开关,让砂流出,直到储砂筒内的砂不再下流为止,关闭开关。取下灌砂筒,称取筒内剩余的砂质量,准确到1g。

(3)重复上述步骤,至少3次,最后取其平均值为m_3,准确至1g。

(4)按下式计算填满标定罐所需砂的质量m_a:

$$m_a = m_1 - m_2 - m_3 \tag{1-7-7}$$

式中:m_1——灌砂入标定罐前,筒内砂的质量(g);

m_2——灌砂筒下部圆锥体内砂的平均质量(g);

m_3——灌砂入标定罐后,筒内剩余砂的质量(g)。

(5)按下式计算砂的密度ρ_s

$$\rho_s = \frac{m_a}{V} \tag{1-7-8}$$

6)试验步骤

(1)在试验地点,选一块约40cm×40cm的平坦表面,并将其清扫干净,将基板放在此平坦表面上。如此表面的粗糙度较大,则将盛有量砂m_5(g)的灌砂筒放在基板中间的圆孔上。打开灌砂筒开关,让砂流入基板的中孔内,直到储砂筒内的砂不再下流时关闭开关。取下灌砂筒,并称筒内砂的质量m_6,准确至1g。

(2)取走基板,将流在试验地点的量砂收回,重新将表面清扫干净。将基板放在清扫干净的表面上,沿基板中孔凿洞,洞的直径100mm(或150mm)。在凿洞过程中,应注意不使凿出的试样丢失,并随时将凿松的材料取出,放在已知质量的塑料袋内密封。试洞的深度应等于碾压层厚度。凿洞毕,称取此塑料袋中全部试样质量,准确至1g,减去已知塑料袋的质量后,即得出试样的总质量m_t。

(3)从挖出的全部试样中取出有代表性的样品，放入铝盒中，测定其含水量 w。样品数量要求：对于细粒土，不少于 100g；对于粗粒土，不少于 500g。

(4)将基板安放在试洞上，将灌砂筒安放在基板中间(储砂筒内放满砂到恒量 m_1)，使灌砂筒的下口对准基板的中孔及试洞。打开灌砂筒的开关，让砂流入试洞内。在此期间，应注意勿碰动灌砂筒。直到储砂筒内的砂不再下流时关闭开关。仔细取走灌砂筒，称量筒内剩余砂的质量 m_4，准确到 1g。

(5)如清扫干净的平坦的表面上粗糙度不大，则不需要放基板，将灌砂筒直接放在已挖好的试洞上，打开筒的开关，让砂流入试洞内。在此期间，应注意勿碰动灌砂筒。直到储砂筒内的砂不再下流时关闭开关。仔细取走灌砂筒，称量筒内剩余砂的质量 m_4，准确到 1g。

(6)取出试洞内的量砂，以备下次试验时再用。若量砂的湿度已发生变化或量砂中混有杂质，则应重新烘干，过筛，并放置一段时间，使其与空气的湿度达到平衡后再用。

(7)如试洞内有较大的孔隙，量砂可能进入孔隙时，则应按试洞外形，松弛地放入一层柔软的纱布。然后再进行灌砂工作。

7)结果整理

填满试洞所需砂的质量 m_6 按下式计算：

灌砂时试洞上放有基板的情况

$$m_b = m_1 - m_4 - (m_5 - m_6) \tag{1-7-9}$$

灌砂时试洞上不放基板的情况

$$m_b = m_1 - m_4' - m_2 \tag{1-7-10}$$

式中： m_1——灌砂入试洞前筒内砂的质量(g)；

m_2——灌砂筒下部圆锥体内砂的平均质量(g)；

m_4、m_4'——灌砂入试洞后，筒内剩余砂的质量(g)；

$(m_5 - m_6)$——灌砂筒下部圆锥体内及基板和粗糙表面间砂的总质量(g)。

试验地点土的湿密度 ρ 可按下式计算：

$$\rho = \frac{m_t}{m_b} \times \rho_s \tag{1-7-11}$$

式中：m_t——试洞中取出的全部土样的质量(g)；

m_b——填满试洞所需砂的质量(g)；

ρ_s——量砂的密度(g/cm^3)。

试样的干密度 ρ_d 的计算公式同式 1-7-5。本试验的记录格式如表 1-7-6，其余同环刀法。

密度试验记录(灌砂法)　　　　表 1-7-6

工程名称＿＿＿＿＿＿　　土样说明砾类土　　试验日期＿＿＿＿＿＿

试验者＿＿＿＿＿　　计算者＿＿＿＿＿　　校核者＿＿＿＿＿　　砂的密度 1.28 g/cm^3

取样桩号	取样位置	试洞中湿土样湿量(g)	灌满试洞后剩余砂质量 m_4、m_4'(g)	试洞内砂质量 m_b(g)	湿密度 ρ (g/m^3)	含水量测定							干密度 ρ_d(g/cm^3)
						盒号	盒+湿土质量(g)	盒+干土质量(g)	盒质量(g)	土质量(g)	水质量(g)	含水量(%)	
		4031		2233.6	2.31	B5	1211	1108.4	195.4	913	102.6	11.2	2.08
		2900		1613.9	2.30	3号	1125	1040	195.5	844.1	85	10.1	2.09

第八章　路基排水

【内容简介和学习要求】

本章着重介绍了路基排水的目的及设置排水设施的原则，地表排水和地下排水设施的类型、构造和施工技术；路基排水综合设计的基本要求，排水设施的质量和检测方法。

通过本章学习，能够描述路基排水设施的设置原则和基本要求；进行路基排水设施的施工、施工技术管理和检测、验收。

第一节　路基排水的目的及设置原则

一、路基排水的目的

水是造成路基及其沿线构造物病害的主要原因。危害路基的水可分为地面水和地下水两大类。路基排水的目的在于确保路基始终处于干燥、坚实和稳定状态。其任务就是将路基范围内的土基湿度降低到一定的范围。

二、路基排水的设置原则

(1)摸清水源，全面规划，因势利导，综合治理。不同地区，不同路段，降雨量、汇水面积、植被等不尽相同，水源不同，流量不同。因此，必须深入调查，充分利用有利地形和自然水系，及时疏流，就近分流等来实现排水目的。

(2)保护生态环境，与农田水利相配合。各种沟渠所汇集的水应尽可能引至天然河流，严禁直接使水流入农田。必要时适当增设管涵或增大管涵断面尺寸，以利农田排灌。

(3)在保证做到迅速有效地排除影响路基稳定的各种水源前提下，排水构造物应贯彻因地制宜、就地取材、经济适用的原则。

(4)防重于治，防治结合。路线纵断面设计时要考虑路基排水；山区要注意水土保持，采取分散径流，降低流速，节节拦蓄的方针，做到“泥不下山，水不出沟”。对各种排水设施要定期检查、维修，并根据实际情况不断改善路基排水条件。

第二节　地表排水设施的类型、构造与施工

一、地表排水设施类型与构造

路基地表排水结构物主要有边沟、截水沟、排水沟、跌水、急流槽、拦水带、蒸发池、渡槽、倒虹吸等。

1.边沟

边沟一般设置在路堑、矮路堤、零填零挖路基及陡坡路堤边缘外侧或坡脚外侧，主要用来汇集和排除路基范围内和流向路基的少量地面水。

边沟的横断面形状，主要有梯形、矩形、三角形和流线型几种。一般情况下，土质边沟宜采用梯形；石质边沟宜采用矩形；矮路堤或机械化施工时可采用三角形。流线型边沟主要用于积砂或积雪路段。

高速公路、一级公路边沟的底宽、深度不应小于 0.6m，其他等级公路不应小于 0.4m。当流量较大时，应根据流量加大边沟断面尺寸。

梯形土质边沟的内侧边坡一般为 1:1～1:1.5；岩石边坡为 1:0～1:0.5；浆砌边沟内侧边坡可直立；三角形边沟内侧边坡一般为 1:2～1:3。各种边沟外侧边坡与挖方边坡一致。

边沟的纵坡一般应与路线纵坡一致，并不宜小于 0.5%，以防淤积，在特殊情况下容许减至 0.3%。当边沟纵坡过大，且有冲刷可能时，应采取加固、设置跌水或急流槽等措施。

为防止边沟水流漫溢或冲刷，边沟的单向排水长度一般不宜超过 300～500m。若超过此值，则应添设排水沟或涵洞，将水引出路基范围以外。

2.截水沟

截水沟又称天沟，一般设置在挖方路基上侧边坡坡顶以外 或山坡路堤上方的适当地点。其主要作用是拦截山坡上方流向路基的地表水，保护挖方边坡和填方坡脚不受流水冲刷。降雨量较大、暴雨频繁，植被较差的山区路段，必要时可设置两道或多道截水沟。

图 1-8-1 为路基边坡上方设置的截水沟示意图。截水沟断面形式一般为梯形，底宽、深度一般不宜小于 0.5m，必要时按设计流量确定。其边坡坡度视土质而定，常采用 1:1～1:1.5。为保证迅速排除地面水，沟底纵坡不应小于 0.5%。

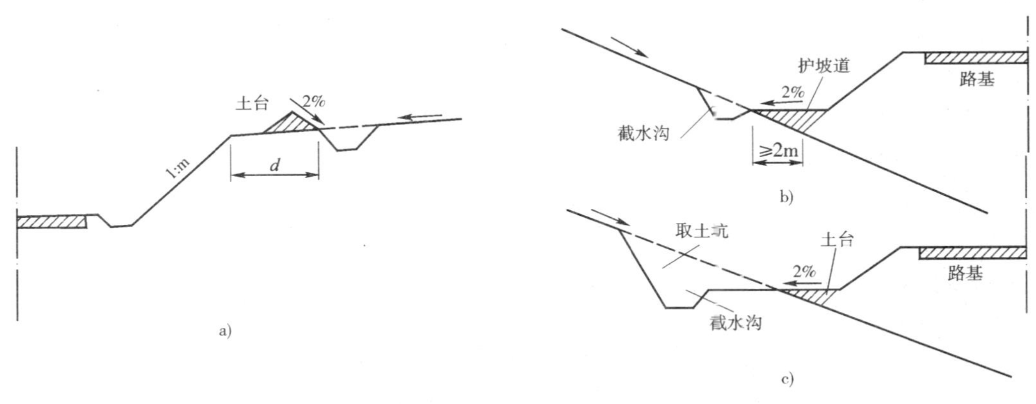

图 1-8-1　截水沟断面图

a)路堑截水沟；b)山坡路堤截水沟；c)设有取土坑的截水沟

截水沟离路堑坡顶的距离 d，视土质而定，一般土质 $d \geqslant 5$m；黄土地区 $d \geqslant 10$m；软弱层地段 $d \geqslant H+5$m(其中 H 为挖方边坡高度)，但不应小于 10m。山坡填方路段若需要设截水沟，应保证截水沟与坡脚之间有 2m 的间距。截水沟挖出的土，可在路堑与截水沟之间修成土台，台顶应筑成 2%倾向截水沟的横坡，土台坡脚离路基坡顶应有大于 1m 的距离。为防止水流下渗，对沟底纵坡较大的土质截水沟，及土质松软、透水性较大或裂隙较多的岩石路段，应进行沟渠加固。必要时设跌水或急流槽。

3.排水沟

排水沟的作用是将边沟、截水沟、取土坑所汇集的水流或路基附近的积水，引至桥涵范围以外的天然河流、低洼地。

排水沟的横断面，一般采用梯形，尺寸根据流量而定。但底宽、沟深均不宜小于0.5m。土沟的边坡坡度为1∶1～1∶1.5。

排水沟应尽量做成直线，如必须转弯时，转弯半径不宜小于10～20m。沟的连续长度一般不宜超过500m。沟底纵坡应不小于0.5%，以1%～3%为宜。纵坡大于3%时，需要加固，大于7%时，则应改为跌水或急流槽。排水沟与其他沟渠相接时，力求水流顺畅。

4.急流槽与跌水

在陡坡或深沟地段设置的坡度较陡、水流不离开槽底的沟槽称为急流槽。其作用是将上下游水位差较大的水流引至桥涵进口或路基下方。急流槽可由浆砌片石或水泥混凝土铺筑成矩形或梯形断面。浆砌片石急流槽的底厚为0.2～0.4m，施工时做成粗糙面，壁厚0.3～0.4m，底宽至少应为0.25m，槽顶与两侧斜坡面齐平，槽底每隔2.5～5m设一凸榫，嵌入坡面土体内0.3～0.5m，以防止槽身顺坡面下滑。若急流槽较长时，应分段砌筑，每段长度不宜超过5～10m，预留伸缩缝，接头处用防水材料填缝。

设置于需要排水的高差较大而距离较短或坡度陡峻的地段的阶梯形构造物，称为跌水。其作用主要是降低水流流速，消减水流能量。跌水有单级和多级之分。跌水可带消力池，也可不带消力池。不带消力池的跌水，台阶高度为0.3～0.4m，高度与长度之比，应与原地面坡度吻合。带消力池的跌水，单级跌水墙的高度为1m左右，消力槛的高度宜为0.5m，消力池台面设2%～3%的外倾纵坡，消力槛顶宽不宜小于0.4m，槛底设泄水孔。跌水的槽身结构与急流槽相同。

跌水和急流槽均为人工排水沟渠的特殊形式，两者既可单独使用，也可以与其他排水构造物联合使用，形成完整的排水系统。

5.蒸发池

路线穿越平坦地形，地面排水困难，无法把地面水排走时，可在距离路基适当的地方设置蒸发池，引水入池，依靠自然蒸发或下渗将水排除。蒸发池到路基坡脚的距离不宜小于5～10m，池的容积按汇水流量决定，深度可达1.5～2.0m。

6.拦水缘石

为避免高填方边坡被路面水冲毁，可在路肩上设置拦水缘石，如图1-8-2所示，将水流拦截至挖方边沟或在适当地点设急流槽引离路基。与高路堤急流槽连接处应设置喇叭口。

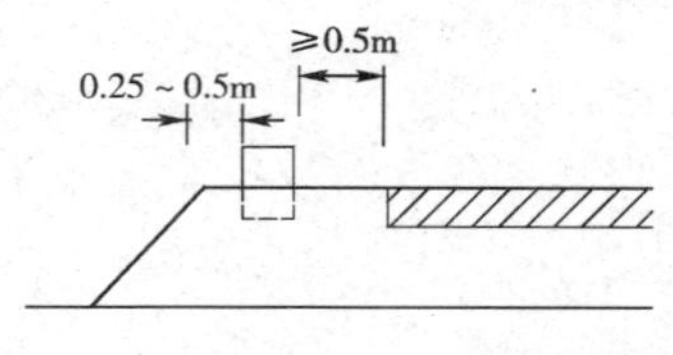

图1-8-2　拦水缘石设置

拦水缘石一般可用干、浆砌片石或混凝土筑成，高为0.40～0.50m，其中高出路肩为0.15～0.20m，埋入路肩下的深度为0.25～0.30m。拦水缘石的顶宽为：干、浆砌片石0.15～0.20m，混凝土0.08～0.12m。设置拦水缘石段的路肩宜适当加固，以免集中水流造成冲刷。

二、地面排水沟渠的加固与施工

排水沟渠加固措施应结合当地地形、地质、纵坡和流速等条件，因地制宜，就地取材，简便易行，经济适用。目前常用的有以下几种类型。

1.土沟表面夯实

一般适用于土质边沟和排水沟（不适用于堑顶截水沟或堑顶排水沟），沟内平均流速不大于 0.8m/s。沟底纵坡不大于 1.5%。

在施工时，其水沟沟底及沟壁部分应少挖 0.05m，并随挖随夯，将沟底沟壁夯拍坚实，使土的干密度不小于 1.66×10^3kg/m，以免土中水分消失，不易夯拍坚实。施工中如发现沟底沟壁有鼠洞或蛇穴，应用原土补填夯实。

2.三合土或四合土抹面

当沟底纵坡不大于 3%，水流平均速度在 1.5～2.5m/s 时，可采用三合土或四合土抹面。三合土是指水泥、砂及炉渣组成的混合料，其配合比一般可采用水泥:砂:炉渣 = 1:5:1.5(质量比)。四合土是指水泥、石灰、砂、炉渣组成的混合料，配合比一般采用 1:3:6:24(质量比)。混合土厚度视沟内流速或沟底纵坡而定，一般取 0.10～0.25m；加固常流水的水沟表面时，如加抹厚 1cm 的 7.5 号水泥砂浆，效果更佳。其具体施工方法如下：

(1)施工前两周，将石灰水化，使用前 1～3d，将炉渣(炉渣经过高温烧化，其粒径不超过 5mm)掺入拌匀，使用时将碎(卵)石或水泥(低标号)及砂掺入，反复拌和均匀。

(2)沟渠开挖后趁土质潮湿立即加固。如土质干燥，则宜洒水湿润后再行加固。

(3)沟渠铺混合土前，应将沟底及沟壁表面夯拍整平，然后安装模板，保证加固厚度的一致。

(4)沟渠铺混合土后，应拍打排浆，然后再抹水泥砂浆护层，待稍干后，用大卵石将表面压紧磨光，最后用麻袋或草垫覆盖，洒水养生 3～5d，养护时如发现裂缝或表面剥落，应予以修补。

3.单层干砌片石加固

一般用于无防渗要求，土质沟渠沟底纵坡在 5% 以上，流速大于 2.0m/s，或砂土质沟渠沟底纵坡在 3%～4% 以上的沟渠应加固。当沟内平均流速在 2.0～3.5m/s 时，干砌片石尺寸可采用 0.15～0.25m；当流速大于 4.0m/s 时，应采用急流槽或跌水。当沟壁沟底为细颗粒土时，应加设卵(碎)砾石垫层，其厚度为 0.10～0.15m。片石间隙应用碎石填塞紧密，片石大面应砌向表面，以减少表面粗糙度。

4.单层栽砌卵石加固

用于无严格防渗要求，且容许流速在 2.0～2.5m/s 以内的沟渠加固。所用卵石的尺寸与容许流速有关，当允许流速为 2.0m/s 时，卵石直径不宜小于 0.15m，当允许流速为 2.5m/s 时，卵石直径不宜小于 0.20m。若沟壁沟底为细粒土时，需加设 0.10～0.15m 砂砾垫层。施工时，一般应先砌沟底，后砌沟壁。砌底选用较好的大卵石，坡脚两行尤应注意选料砌牢。砌筑可自下而上逐步选用较小的卵石，最上一层则用较长卵石平放封顶压牢。所有卵石均应栽砌，大头朝下，相互靠紧，每行卵石须大小均匀，两排之间保持错缝。卵石下部及卵石之间的孔隙，均应用小石填塞紧密。

5.浆砌片石加固

浆砌片石(砌筑方法参见本章第四节有关内容)边沟有梯形与矩形两种，厚度为 0.25～0.30m，一般用于沟内水流速度较大(平均流速大于 4m/s)及防渗要求较高的地段。沟底纵坡一般不受限制(可考虑用急流槽形式)，但在有地下水(或常年流水)及冻害地段，沟壁沟底外侧需加设反滤层或垫层，并在沟壁上预留泄水孔。

施工时应注意沟渠开挖后要整平夯拍，如土质干燥应洒水润湿，遇有鼠洞陷穴应堵塞夯实。水泥砂浆标号一般采用 5.0 号，随拌随用，砌筑完后应注意养生。

第三节　地下排水设施的类型、构造与施工

拦截、汇积和排除地下水,或降低地下水位,使路基免遭破坏的结构物,称为地下排水结构物。其构造一般比地面排水结构物复杂,且维修改建困难,投资也较大,故在施工中应予以高度重视,以免建成后因结构物失效而酿成后患。

公路上常用的地下排水结构物有明沟、暗沟、渗沟和渗井等,现分述如下:

1.明沟

明沟用于拦截和引排路堑边坡或边沟外侧土体内的上层滞水或浅层地下水,也可兼排地面水。明沟断面一般采用梯形或矩形(图 1-8-3),沟底应埋入不透水层,沟底纵坡坡度应不小于 0.3%。梯形断面一般适用于地下水埋藏较浅的地方,最小底宽 0.5m。矩形断面则用于处理地下水埋藏相应较深,或地质不良、水沟边坡容易发生滑塌的地方,其最小底宽为 0.8m,深度不宜超过 2m。明沟边坡一般应以干砌片石加固,并设反滤层以使水流渗入明沟。当用混凝土或浆砌时,沟壁与含水层之间应设置渗水孔和反滤层,沟壁最下一排渗水孔的底部高出沟底应不小于 0.2m。沿明沟纵向每隔 10～15m 应设置一道伸缩缝。

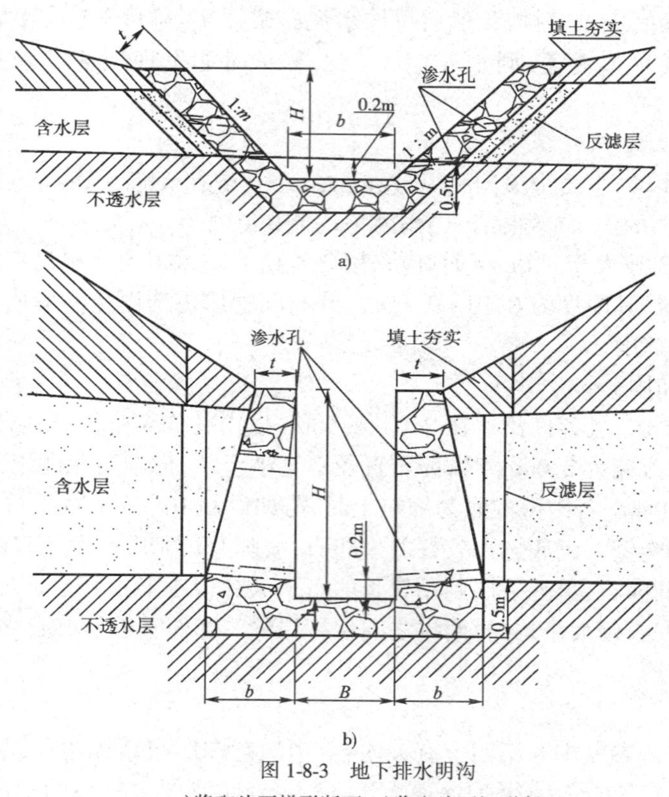

图 1-8-3　地下排水明沟

a)浆砌片石梯形断面;b)浆砌片石矩形断面

2.暗沟

暗沟是引导地下水流的沟渠。其本身不起渗水、汇水作用,而是把路基范围内的泉眼或渗沟汇积的水流排到路基范围以外,使水不致在土基中扩散,损害路基,如图1-8-4所示。

暗沟的构造一般比较简单,在路基填土之前,或挖成之后,按照泉眼范围大小,剥除泉眼上层浮土,挖出泉井,砌筑井壁与沟壁,上盖混凝土(或石)盖板。井深应保证盖板顶的填土厚度

不小于 50cm。井宽按泉眼的范围大小确定,一般为 20 ~ 30cm,高约为 20cm。如沟身两侧为石质,盖板可直接放在两侧石壁上。暗沟沟底纵坡一般不小于 1%,出口处沟底应高出边沟最高水位 20cm 以上,不允许出现倒灌现象。

为防止泥土或砂粒落入沟槽或泉眼,以免淤塞,在其周围可铺筑碎(砾)石反滤层。反滤层的颗粒直径由上而下、由外而里,逐渐增大,即上面和外层铺砂,中间铺砾石,下面和内层铺碎石块或大卵石,每层厚度不小于 10cm,相邻层次间颗粒粒径之差,以不大于 4 ~ 6 倍为宜。暗沟的埋置深度应不小于当地的冰冻深度,以保证能在全年内均起作用。暗沟施工时地下沟槽的开挖宽度,可以由上而下逐渐减少,当沟深在 1.25m 以下时,沟槽底宽约为 0.3 ~ 0.5m;当沟深更大时,为了于必要时加设支撑,沟槽底可采用 0.7 ~ 1.0m。

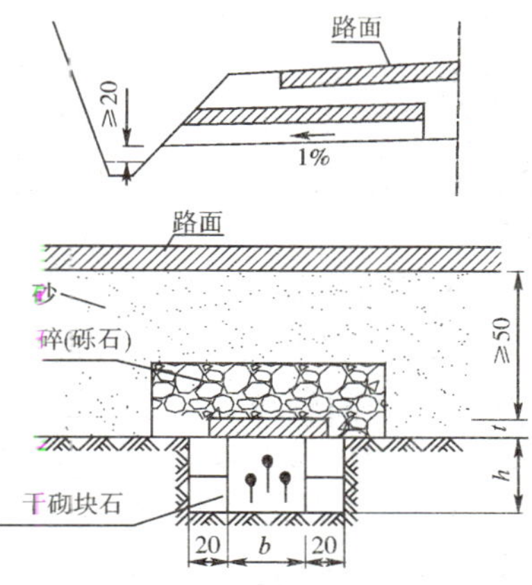

图 1-8-4　疏导路基泉水的暗沟构造图

3.渗沟

渗沟是一种常见的地下排水沟渠。其作用是为了切断、拦截有害的含水层和降低地下水位,保证路基经常处于干燥状态。

渗沟分为填石渗沟、管式渗沟和洞式渗沟三种形式,如图 1-8-5 所示。填石渗沟,也称盲沟,一般用于流量不大、渗沟不长的路段,是公路上常用的一种渗沟。施工时应注意淤塞失效,由于排水层阻力较大,其纵坡不应小于 1%,一般可采用 5%,盲沟深度不超过 3m,宽度一般为 0.7 ~ 1.0m;管式渗沟,设于地下引水较长的地段,但渗沟过长时,加设横向泄水管,将纵向渗沟内的水流,分段迅速排除。沟底最小纵坡为 0.5%,以免淤塞;当地下水流量较大,或缺乏水管时,可采用洞式渗沟,洞孔大小依设计流量而定。沟底纵坡最小为 0.5%。

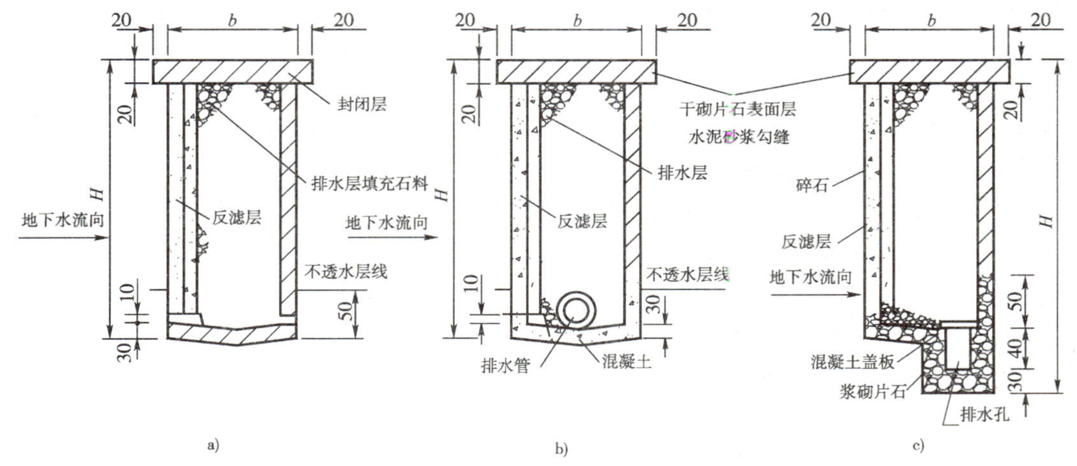

图 1-8-5　渗沟的构造(尺寸单位:cm)

a)填石渗沟;b)管式渗沟;c)洞式渗沟

渗沟的施工质量是保证其能否发挥作用的关键因素。质量控制不严、造成渗沟淤塞,不但起不到汇流、排水作用,反而会给工程留下隐患。因此,在施工中,必须注意以下问题:

(1)渗沟的布置应尽可能与地下水流向互相垂直,使之能拦截更多的地下水。

(2)渗沟的横宽(人工开挖)一般视埋藏深度、排水要求、施工和维修便利而定,深度为 2m

时，宽度为 0.8～1.0m；深度在 3～4m 时，宽度不小于 1.0m。沟内用作排水和渗水的砂石填料，应经过筛选和清洗。

(3)为防止土粒落进填充石料的孔隙，造成渗沟堵塞，以及防止地面水渗入沟内，渗沟顶部应设封闭层。封闭层可用双层反铺草皮或其他材料铺成隔层，并在其上夯填厚度不小于 0.5m 的黏土防水层或用浆砌片石筑成。

(4)汇积水流时，为防止含水层中砂、土等挤入渗沟，应设反滤层。反滤层应用筛选过的中砂、粗砂、砾石、碎石等渗水材料分层填筑。一般相邻层的粒径比不小于 1:4，层厚不小于 0.15m，砂石料颗粒小于 0.15mm 的含量不应大于 5%，颗粒粒径一般为含水层土粒最大粒径的 8～10 倍。禁止用粉砂、细砂及风化石料填筑。

(5)填石渗沟的排水层，应采用石质坚硬的较大颗粒填筑，并保证排水孔隙度。其透水材料的填充高度，应不低于未设渗沟前的地下水位，并不低于 0.3m。

(6)管式渗沟的泄水管，可用陶土、混凝土或石棉等材料制成，管径视设计流量而定，一般为 0.1～0.3m，管壁应设渗水孔眼，在冬季管内流水结冰的地段，为防止堵塞，可采用直径大一些的水管。管式渗沟的高度，应使填料顶面高出原地下水位，而且不低于沟底至管顶之间高度的 2～4 倍。渗水管基座宜用片石干砌，当基座底部砌入隔水层时，应用浆砌。

(7)洞式渗沟的底部孔洞，排水能力较强，应用浆砌片石筑成，上加混凝土盖板。洞式渗沟所要求的高度，与管式渗沟相仿。

(8)渗沟的施工与暗沟一样，宜由下游向上游施工，并应随挖随撑随填，以防坍塌。渗沟反滤层施工时，各层间用隔板隔开，同时填筑，至一定高度后向上抽出隔板，继续分层填筑至要求的高度为止。

(9)为了核查、维修渗沟，同暗沟施工一样，每隔 30～50m，或在平面转折和坡度由陡变缓处，宜设置检查井，检查井一般采用圆形，内径不小于 1.0m，在井壁处的排水管管底应高出井底 0.3～0.4m，井底铺筑一层 0.1～0.2m 的混凝土，以免漏水。兼起渗井作用的检查井壁，应在含水层范围设置渗水孔和反滤层。

4.渗井

当平坦地区如路基附近无河流、沟渠或洼地，地面水或浅层地下水无法排除，影响路基稳定，而距地面不深处又有透水土层，地下水流向背离路基，同时地面水流量不大时，可设置渗井，通过渗井汇积渗入地面 1.5m 以下，并从透水层中排除，疏干路基土(图 1-8-6)。

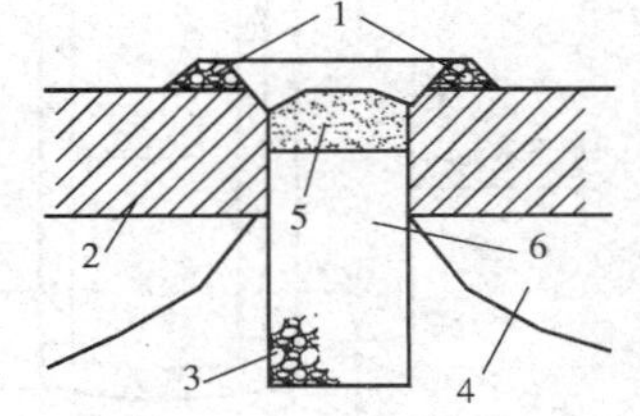

图 1-8-6　渗水井构造

1-防护土堤；2-不透水层；3-碎(砾)石；4-渗透扩散曲线；5-粗砂；6-砾石

渗井由上部集水构造和下部排水构造两部分组成。

上部构造。渗井面积的大小，决定于路基表面水的流量，一般可采用直径为 1.0～1.5m 的圆井，或边长 1.0～1.5m 的方井。渗井内部填充材料须筛洗干净，在填筑填充材料前，须预先在井位上安置内外两套铁皮套筒。填筑过程中，根据填充程度逐渐将套筒撤出；渗井的顶部四周(进口部分除外)用黏土筑堤围护，顶上也可加筑混凝土盖板，严防水井淤塞。

下部构造。渗井的下部，必须穿过不透水层而深达渗透层，井内填充材料用碎石或卵石，上部不透水土层内填充砂和砾石，透水土层离地面较深时，可用钻井机钻孔，但钻井的直径应不小于 15cm，有时可达 50～60cm。

渗井容易淤塞，从单位面积来说，造价也较高，所以一般不轻易采用，当土基含水量过大，路面翻浆，彻底解决地下排水系统又不可能时，可采用渗井群来疏干路基土。

第四节 路基排水综合设计及质量控制

一、路基排水综合设计

1.综合设计的意义

上述各类排水结构物，均是针对某一水源，为满足某一方面的要求而设置的。由于自然条件、路线布置及其他人为因素的不同，水源可能同时来自几个不同的方面，它们对路基危害程度不尽相同。因此，单一互不联系的排水结构物，是不能完成全路基排水任务的。为了使各结构物都得以合理使用，需要进行路基排水综合设计。

2.综合设计的基本要求

排水综合设计，一般结合路线的平面、纵断面设计和沿线地形、地质、水文条件进行。对一般公路，常在路线平面图、地形图上予以反映。对高等级公路，排水不良、易受水流冲刷的特殊地区，如滑坡路段、隧道洞口、干线交叉道口、连续回头曲线等排水复杂路段，应作专项公路排水综合设计。设计中应考虑以下各点：

(1)流向路基的地面水和地下水，需在路基外适当位置设置截水沟或渗沟拦截，并引离路基范围之外指定地点。路基范围内的水源，分别采取边沟、暗沟、渗沟或渗井汇集或降低水位，通过排水沟排到指定地点，必要时设置跌水或急流槽、倒虹吸、桥涵。

(2)对明显的天然沟槽，一般宜"一沟一涵"，不要勉强改、并；对沟槽不明显的漫流，应在上游设置束流设施加以调节，尽量汇成沟槽，导流排除。

(3)为了提高截流效果，节省工程，地面沟渠应大体沿等高线布置，并尽可能垂直于流水方向直线布置。转弯处以圆曲线相接。

(4)各种排水结构物均应设置于稳固的地基上，不得渗流、溢水或滞留，冲刷严重时应予以加固。

(5)水流应循最短通路迅速排出路基范围之外。

二、排水设施质量检测方法

1.质量要求

路基排水设施的施工质量应符合下列要求：

(1)各类排水设施的位置、断面、尺寸、坡度、高程及使用材料应符合设计图纸要求。

(2)沟渠边坡必须平整、稳定，严禁贴坡。

(3)设施要求纵坡顺适，沟底平整，排水畅通，无冲刷和无阻水现象。

(4)要求线形美观，直线线形顺直，曲线线形圆滑。

(5)防渗加固设施要求坚实稳定，表面平整美观。浆砌片石工程砂浆配合比必须符合试验规定，砌体咬扣紧密，嵌缝饱满、密实，勾缝平顺无脱落，缝宽大体一致。干砌片石工程要求咬扣紧密、错缝，禁止叠砌、贴砌和浮塞。

2.质量标准

(1)土沟的实测项目质量标准见表1-8-1。

(2)排水沟的实测项目质量标准见表1-8-2。

(3)盲沟的实测项目质量标准见表 1-8-3。

土沟实测项目质量标准 表 1-8-1

项　次	检 查 项 目	规定值或允许偏差	检查方法和频率	权　值
1	沟底高程（mm）	+0，-30	水准仪：每 200m 测 4 处	2
2	断面尺寸（mm）	不小于设计	尺量：每 200m 测 2 处	2
3	边坡坡度（%）	不陡于设计	尺量：每 200m 检查 2 处	1
4	边棱直顺度（mm）	50	尺量：20m 拉线，每 200m 检查 2 处	1

浆砌排水沟实测项目质量标准 表 1-8-2

项　次	检 查 项 目	规定值或允许偏差	检查方法和频率	权值
1	砂浆强度（MPa）	在合格标准内	按规范规定进行评定	3
2	轴线偏位（mm）	50	经纬仪：每 200m 测 5 点	1
3	沟底高程（mm）	±15	水准仪：每 200m 测 5 点	2
4	坡面直顺度（mm）或坡度	30 或符合设计要求	20m 拉线或坡度尺：每 200m 查 2 处	1
5	断面尺寸（mm）	±30	尺量：每 200m 查 2 处	2
6	铺砌厚度（mm）	不小于设计	尺量：每 200m 查 2 处	1
7	基础垫层宽、厚（mm）	不小于设计	尺量：每 200m 查 2 处	1

盲沟实测项目质量标准 表 1-8-3

项　次	检 查 项 目	规定值或允许偏差	检查方法和频率	权　值
1	沟底高程（mm）	±15	水准仪：每 10～20m 测 1 点	1
2	断面尺寸（mm）	不小于设计	尺量：每 20m 检查 1 处	1

第九章　路基防护与加固

【内容简介和学习要求】

本章概括性介绍了路基防护与加固工程的基本概念、分类；着重介绍了路基坡面防护、冲刷防护的分类、各种防护方法和施工技术；路基挡墙的分类，重力式挡墙、加筋土挡墙的构造和施工技术；防护和加固工程的质量检测方法和验收标准。

通过本章学习，学生能够解释路基防护与加固工程的概念，描述各种防护与加固工程的施工方法、技术要求及注意事项和验收标准。

第一节　防护与加固工程的基本概念

一、防护与加固的目的

路基防护与加固的目的，在于防止自然因素所引起的路基破坏和过量变形；同时稳定路基、美化路容，提高公路的使用品质。防护与加固工程重点在于路基边坡防护及湿软地基的加固。因此，应同路基稳定性及路基排水紧密相结合，以保证路基的强度与稳定性。

二、防护与加固工程的分类

路基防护与加固工程设施，按其作用不同，可分为边坡坡面防护、冲刷防护及支挡建筑物等三大类。

1.坡面防护

主要用以防护易受自然因素影响而破坏的土质与岩石边坡。常用类型有植物防护、浆(干)砌片石及混凝土预制块、坡面处治及综合防护等。

2.冲刷防护

用于防护水流对路基的冲刷与淘刷，可分为直接防护和间接防护两类。直接防护类型有植物防护、砌石防护与加固两种。间接防护主要指设置导治结构物，如丁坝、顺坝、防洪堤、拦水坝等，必要时进行疏浚河床、改变河道，以改变流水方向，避免或减缓水流对路基的直接破坏作用。

3.支挡建筑物

用以防止路基变形或支挡路基本体或山体的位移，以保证其稳定性，常用的类型有挡土墙、土垛、石垛及浸水挡土墙等。

路基防护与加固工程中，一般把防止风化和冲刷，主要起隔离、封闭作用的措施称为防护工程。防护工程不能承受外力作用，所以要求路基本身必须稳定。把防止路基或山体因自重作用而引起的坍滑，地基承载力不足引起的沉陷，主要起支承、加固作用的结构物称为加固工程。它们当中有些措施往往兼有防护与加固作用。

第二节　路基坡面防护

路基边坡坡面防护，主要通过将坡面封闭隔绝或隔离，免受雨水冲刷，减缓温差及湿度变化影响，防止和延缓软弱岩土表面的风化、碎裂、剥蚀演变过程，从而保护路基边坡的整体稳定性，在一定程度上还可兼顾路容美化和协调自然环境的作用。

一、植物防护

植物防护又称为“生命防护”，主要适用于较缓的土质边坡。植物防护可美化路容，协调环境，调节边坡土的湿度，起到固结和稳定边坡的作用。不同的植被，还可起到交通诱导、安全、防眩、吸尘以及降噪作用。植物防护的方法有种草、铺草皮和植树。

1.种草

种草适用于边坡稳定、坡面冲刷轻微的路堤或路堑边坡。一般要求边坡坡度不陡于1:1，边坡地面水径流速度不超过0.6m/s。长期浸水的边坡不宜采用。

采用种草防护时，一般选用根系发达、茎干低矮、枝叶茂盛、生长力强、多年生长的草种，并尽量用几种草籽混种，使之生成一个良好的覆盖层。

应在温度、湿度较大的季节播种。播种的坡面应平整、密实、湿润。播种方法有撒播法、喷播法和行播法等。采用撒播法时，草籽应均匀撒布在已清理好的土质边坡上，同时做好保护措施。对于不利于草类生长的土质，应在坡面上先铺一层5~10cm的种植土。路堑边坡较陡或较高时，可通过试验采用草籽与含肥料的有机质泥浆混合，用喷播法将混合物喷射于坡面。采用行播法时，草籽埋入深度应不小于5cm，且行距应均匀。

播种后，应适时进行洒水施肥、清除杂草等养护管理，直到植物覆盖坡面。

2.铺草皮

适用于边坡较陡、冲刷严重、径流速度大于0.6m/s、附近草皮来源较易地区的路基。草皮铺砌形式有平铺、水平叠铺、垂直叠铺、斜交叠铺及网格式等。

铺草皮需预先备料，草皮可就近培育，草皮规格以不过于损坏根系，便于成活及运输而定，一般为20cm×40cm，厚约6~10cm。铺草皮应尽可能在春秋季或雨季进行，并随挖随铺，铺时自下而上，每块草皮用2~4根竹木小桩定在坡面上，使之稳定。

3.植树

主要作用是加固边坡、防止和减缓水流冲刷。林带可以防汛、防砂和防雪，调节气候、美化路容，增加木材收益。在坡面上植树与铺草皮相结合，可使坡面形成一个良好的覆盖层。

植树品种，以根系发达、枝叶茂盛、生长迅速的低矮灌木为主。沿河路堤植树，则以喜水、根深、杆粗的树种，并多排成行栽种，以起到导流、拦流、挑水、促使泥沙淤积，加固堤岸作用。植树的平面布置，应根据植树品种、作用，结合当地经验而定。城市或风景区的植物防护，应与有关部门协调配合。

二、干(浆)砌片石或混凝土预制块

1.干砌片石和浆砌片石

对较陡的土质边坡(1:0.75~1:1)或易风化破碎的岩石边坡，以及桥涵附近坡面，可采用干砌片石或浆砌片石防护。

易遭受雨、雪、水流冲刷，流速不大于 2～4m/s，易发生泥流、溜坍或严重剥落的路基边坡，以及受水冲刷较轻的河岸和路基，均可采用干砌片石护坡。干砌片石护坡一般可分为单层铺砌和双层铺砌两种，单层厚度为 0.25～0.35m。为提高路基整体强度，防止水分浸入，干砌片石宜用砂浆勾缝。当水流流速较大，波浪作用强，有漂浮物等冲击时，不宜采用干砌片石护坡的边坡，宜采用浆砌片石护坡，其厚度一般为 0.25～0.4m。无论是干砌片石或浆砌片石，均应在片石下面设置 0.1～0.15m 厚的碎（砾）石或砂砾混合物垫层，以起到整平作用，并可防止水流将干砌片石层下面的边坡细土粒带走。

石砌护坡坡脚应修筑墁石基础，基础尺寸及埋置深度应符合设计要求。砌石由下而上，错缝嵌紧，表面平整，周界用砂浆密封，以防渗水。对浆砌片石护坡，每隔 10～15m 设缝宽 2cm 的伸缩缝，缝内填塞沥青麻筋或沥青木板等材料；护坡的中、下部设 10cm×10cm 的矩形或直径为 10cm 的圆形泄水孔。其间距为 2～3m，孔后 0.5m 范围内设反滤层。路堤边坡上的浆砌片石护坡，应在路堤沉实或夯实之后施工，以免因路堤沉落而引起护坡的破坏。

2.浆砌（干砌）混凝土预制块

在缺乏片石、块石材料的地区，对于缓于 1:1 的边坡常采用混凝土预制块防护路基边坡（干砌高度不宜超过 3m），可同时起到美化路容的效果。但必须设置砂砾或碎石垫层。混凝土块一般采用 15 号混凝土（严寒地区可提高到 30 号）预制成边长不大于 1m，厚度不小于 6cm 的方块。方块尺寸以搬运方便并适合施工为准，厚度以满足构造要求、不易破碎、不易产生裂缝为准。

混凝土预制块护坡应按反滤层要求设置砂砾或碎石垫层，厚度 3～5cm 即可。

采用混凝土预制块护坡时应与浆砌片石等同效果防护形式作经济比较分析，反复论证以节约投资。

三、坡面处治

对易于风化的软质岩石、破碎岩石路堑边坡，可以采用抹面、勾缝、灌浆、喷浆、护面墙等进行防护。

1.抹面

抹面适用于易风化而表面平整、尚未剥落的岩石边坡，如页岩、泥岩、泥灰岩、千枚岩等软质岩层。表 1-9-1 为常用抹面厚度及材料配合比。一般选用石灰炉渣灰浆、石灰炉渣三合土、

抹面混合材料的配合比及用量 表 1-9-1

材料名称	石灰、炉渣混合浆（两层共厚 3～4cm）			石灰、炉渣三合土（厚 6～7cm）		四合土（厚 8～10cm）		水泥石灰砂浆（厚 3cm）	
	体积比		每 m² 用量	质量比	每 m² 用量	质量比	每 m² 用量	体积比	每 m² 用量
	表层（1.5～2.0cm）	底层（1.5～2.5cm）							
水泥	—	—	—	—	—	—	—	1	3.5kg
石灰	1	1	7.5kg	1	230kg	1	12kg	2	3.0kg
炉渣	2.0～2.5	3.0～4.0	0.03m³	5	1.1m³	9	118kg	—	—
黏土	—	—	—	—	0.3m³	3	36kg	—	—
砂	—	—	—	—	—	6	72kg	9	0.03m³
纸（竹）筋	—	—	0.5kg	—	—	—	—	—	—
卤水	—	—	0.14kg	—	—	—	—	—	—

四合土等复合材料较为经济。抹面可以分片或满布。面积较大时,每隔 5 ~ 10m 设一道缝宽 2cm 的伸缩缝,用沥青麻筋或油毛毡填塞密实。必要时坡顶设天沟,并用相同材料对沟壁抹面。为防止灰体表面开裂,增强抗冲蚀能力,可在表面涂沥青保护层,其沥青软化点宜稍高于当地的最高气温,用量约为 $3kg/m^2$。

2.勾缝与灌浆

勾缝适用于质地坚硬,不易风化但节理裂缝多而细的岩石边坡,以防水分渗入岩层内造成病害。勾缝可用按质量比为 1:2 ~ 1:3 的水泥砂浆,或按体积比为 1:0.5:3 或 1:2:9 的水泥石灰砂浆。

灌浆适用于质地坚硬、局部存在较大、较深的缝隙或洞穴,并有进一步扩展而影响边坡稳定性的岩石路堑边坡。其目的是借助灰浆的粘结力把裂开的岩石粘在一起,保证边坡稳定。水泥砂浆按质量比为 1:4 或 1:5,必要时可用压浆机灌注。裂缝或洞穴较宽则可用混凝土灌注。灌浆和勾缝前应先用水冲洗,并清除裂缝内的泥土、杂草。勾缝时要求砂浆应嵌入缝中,与岩体牢固结合。灌浆时要求插捣密实,灌满缝口并抹平。

3.喷浆与喷射混凝土

喷浆适用于易风化的新鲜平整的岩石坡面。通过喷涂一层厚度 5 ~ 10cm 的砂浆,岩石坡面将被封闭,形成一个保护层,达到阻止面层风化,防止边坡剥落与碎落的目的。砂浆可用水泥浆或水泥砂浆,甚至水泥石灰砂浆。其质量配合比为:水泥:石灰:河沙:水 = 1:1:6:3。喷浆前应将坡面整平,去除已经风化的表层,洒水湿润,一次喷成。为了增加喷浆与坡面的粘结,防止脱落或剥落,可采用锚喷混凝土防护。先在清挖出的密实、稳定的新鲜坡面上,钻孔、安装锚杆、灌浆;然后挂上纤维网柱或钢丝网柱;最后用高压泵射喷厚度 4 ~ 6cm 的 20 号混凝土。喷层厚度应均匀,喷后应养生 7 ~ 10d。

4.护面墙

护面墙由浆砌片石砌筑而成。适用于严重风化破碎,容易产生碎落坍方的岩石路堑边坡或易受冲刷、膨胀性较大的不良土质路堑边坡。其目的是使边坡免受自然因素影响,防止雨水下渗,从而保护边坡。护面墙沿着边坡坡面修建,不能承受土侧压力。因此,要求边坡必须稳定,且边坡不宜陡于 1:0.5。表 1-9-2 为护面墙常用尺寸表。墙基要求稳固,冰冻地基的护面墙基应埋置在冰冻线以下 0.25m;若为软基,可设拱形结构物跨过。

护面墙厚度参考值　　表 1-9-2

护墙高度 H(m)	路堑边坡	护墙厚度(m)	
		顶宽 b	底宽 d
$H \leqslant 2$	1: 0.5	0.4	0.4
$2 < H \leqslant 6$	1:0.5	0.4	$0.4 + H/10$
$6 < H \leqslant 10$	1:0.5 ~ 1:0.75	0.4	$0.4 + H/20$
$10 < H < 15$	1:0.75 ~ 1:1	0.4	$0.4 + H/20$

墙体纵向每隔 10 ~ 15m 设缝宽 2cm 的伸缩缝一道,缝内用沥青麻筋填塞。墙身上下左右每隔 2 ~ 3m 设 10cm × 10cm 方形或直径为 10cm 圆形泄水孔,孔后设砂砾反滤层。为增加墙体稳定性,墙背每 3 ~ 6m 高设一宽度为 0.5 ~ 1.0m 错台。根据边坡基岩或土质的好坏,每 6 ~ 10m 高为一级,设宽度不小于 1.0m 的平台。在缺乏石料地区,墙身可采用片石铺砌成方格或拱式边框,方格或框内用石灰炉渣、三合土或四合土等混合料抹面。

四、综合防护

综合防护主要包括框格防护、土工合成材料种草以及植物、圬工材料分区防护等三种形式。

1.框格防护

框格防护可采用混凝土、浆砌片(块)石、卵(砾)石等作骨架,框格内宜采用植物或其他的防护措施。多被采用于下述路段:防止受严重的雨水侵蚀和风化易产生沟槽的土质路段;不适宜植物生长和由于周围环境需要绿化的路段;仅用植物防护不足以抵抗侵蚀冲刷的黏土路基或高填路段。

该护坡方法适用于1:1.0以上的缓坡路段,不能承受土压力,造价高于植物防护且施工较麻烦,设计时应反复论证。网格填土后应整平、压实。严格的施工管理是防护成败的关键。

2.土工合成材料种草

近年来,国内外开始采用土工合成材料等先进技术产品结合种草,进行边坡防护和绿化。这种新型的土工合成材料与之草绿化相结合的方法,不仅可以提高单纯植草边坡的防护能力,而且与传统的浆砌片石或混凝土预制块防护方法相比,该种方法具有造价低、工业化生产程度高、施工进度快、美化环境和减轻环境污染等优点。

应用于路基边坡防护的主要有草籽无纺布、土工格栅、固栓网等。可单独埋入土中,也可直接覆盖边坡表面,以提高边坡的防护能力。

3.植物、圬工材料分区防护

对于高填路堤和深挖路堑边坡,可采用顶部植草坡脚浆砌片石(或混凝土预制块)的植物、圬工分区防护形式。这种防护形式不仅达到综合防护的效果,而且节约造价,美化环境在路基边坡中被广泛应用。

植草段与浆砌片石(混凝土预制块)上沿应填实,做好防水处理,慎防圬工体浸水坍塌。

近年来,在高等级公路建设中,人们越来越重视坡面防护的视觉效果。2001年年底通车的河南洛三灵高速公路,沿线几处深挖石方路段,在进行坡面处治时,采用"彩色喷涂"、"模拟瀑布"等,把灰蒙蒙的路堑边坡变成了美丽的景点,起到了很好的美化效果。

第三节　冲刷防护

一、直接防护

直接防护是在稳定的边坡上直接加固的一种措施,其特点是不干扰或很少干扰原来的水流性质。除了坡面防护和砌石护坡外,抛石、石笼、驳岸及浸水挡墙均属直接防护。当水流流速为3.0~5.0m/s时,宜采用抛石防护;流速大于5.0m/s,或过多压缩河床,造成上游壅水时,则改用石笼防护或设置驳岸、浸水挡土墙等支挡结构物。

1.抛石防护

图1-9-1为抛石防护示意图,类似于陡坡路堤在坡脚处设置石垛,其中图1-9-1a)适用于新建公路,图1-9-1b)适用于旧路路堤抛石垛。抛石粒径应大于0.3m并小于设计厚度的1/2。流速大、水很深、波浪高的路段,抛石应采用粒径较大的石块。

2.石笼防护

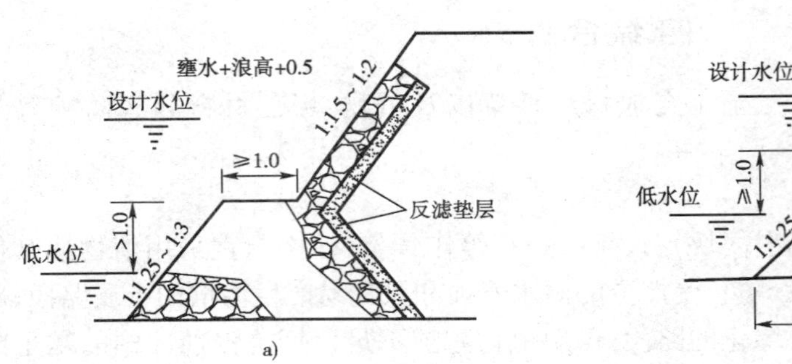

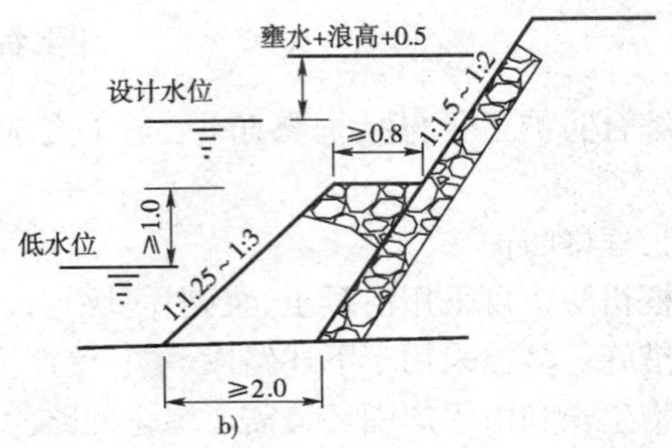

图 1-9-1 抛石防护(尺寸单位:m)

石笼防护主要用于缺乏大石块的地区,是用铁丝编织成长方体或圆柱体框架,内填石料,设置在坡脚处。笼内填石粒径不小于 4cm,一般为 5～20cm,外层石料要求有棱角,内层用较小石块填充。编制石笼时,应注意各部分尺寸的正确性,以利于石笼与石笼之间紧密连接。安置石笼时,用于防止冲刷淘底的石笼,应与坡脚线垂直,且堤岸一端固定;用于防止堤岸边坡冲刷时,则垒码平铺成梯形。单个石笼的大小,以不被相应速度的水流冲动为宜,铺设时须用厚 0.2～0.4m的碎(砾)石垫层铺平,底层各角,可用铁棒固定于基底。

二、间 接 防 护

采用导流或阻流的方法,改变水流性质,消除或减缓水流对路基边坡的直接冲刷和淘刷,或者迫使主流流向偏离被防护的路段,改变河槽中冲刷和淤积的部位,以及必要的改河工程,均属于间接防护。一般地,在河床宽敞、冲刷和淤积基本相等,防护路段较长,流速较低的河段采用间接防护较直接防护经济。常用的导流结构物一般有丁坝、顺坝、格坝,及必要的改河工程。

丁坝指坝体轴线与导线(河岸)正交或成较大角度的斜交的导流构造,其作用是将水流挑离河岸。丁坝形式较多,按长短分,有长丁坝、短丁坝。短丁坝只干扰其附近局部水流,使水流流向河心;长丁坝则使水流冲向对岸。丁坝可由乱石堆砌而成。其横断面为梯形,坝身顶宽 2～3m,坝头顶宽约 3～4m,上游边坡 1:1～1 :1.5,下游边坡 1:1.5～1:2。丁坝要求设置多个形成坝群。

顺水坝指坝轴线基本沿导流线边缘布置,使水流较顺缓地改变流向,起疏导水流作用。顺坝坝长与被防护段长度基本相等,构造与丁坝大体相同。

当顺水坝较长,距离河岸间距较大时,为防止水流冲走沉积泥沙,在顺水坝与河岸之间设置一道或几道横格,形成格坝。格坝一端与顺坝相连,另一端嵌入河岸。

第四节 路基挡土墙

一、墙 的 分 类

防止路基填土或山坡土体坍塌而修筑的承受土体侧向压力的墙式构造物,称为挡土墙。在公路工程中,它广泛地用于支撑路堤填土或路堑边坡,以及桥台、隧道洞口和河流堤岸等处。

按照挡土墙设置的位置,挡土墙可分为:路堑墙、路堤墙、路肩墙和山坡墙等。

按照挡土墙的结构形式,挡土墙可分为:重力式挡土墙、锚定式挡土墙、薄壁式挡土墙、加筋土挡土墙等。

按照挡土墙的墙体材料，挡土墙可分为：石砌挡土墙、混凝土挡土墙、钢筋混凝土挡土墙、钢板挡土墙等。

公路工程中应用最广泛的是浆砌片石重力式挡土墙。

二、重力式挡土墙的构造与施工

1.重力式挡土墙的构造

重力式挡土墙，一般由墙身、基础、排水设施和沉降、伸缩缝等几部分组成。

1)墙身

(1)墙背

根据墙背倾斜方向的不同，墙身断面形式可分为仰斜、垂直、俯斜、凸形折线式和衡重式等几种。

(2)墙面

一般为平面，其坡度取决于墙背坡度和墙趾处地面的横坡度。

(3)墙顶

重力式挡土墙可采用浆砌或干砌圬工。墙顶最小宽度，浆砌时应不小于50cm；干砌时应不小于60cm。干砌挡土墙的高度一般不宜大于6m。浆砌挡土墙墙顶应用砂浆抹平，或用较大石块砌筑，并勾缝。干砌挡土墙顶部50cm厚度内，宜用砂浆砌筑，以求稳定。

(4)护栏

在地形险峻地段的路肩墙，或墙顶高出地面6m以上且连续长度大于20m的路肩墙，或弯道处的路肩墙的墙顶应设置护栏等防护设施。

2)基础

(1)基础类型

挡土墙大多数都是直接砌筑在天然地基上的浅基础。当地基承载力不足且墙趾处地形平坦时，为减少基底应力和增加抗倾覆稳定性，常常将墙趾部分加宽成台阶，或墙趾墙踵同时加宽，形成扩大基础。

(2)基础埋置深度

挡土墙基础，应视地形、地质条件埋置足够的深度，以保证挡土墙的稳定性。设置在土质地基上的挡土墙，基底埋置深度应符合下列要求：

①一般应在天然地面下不小于1.0m；

②受冲刷时，应在冲刷线下不小于1.0m；

③冻胀土层中的基础应设在冰冻线以下不小于0.25m处。

挡土墙基础设置在岩石上时，应清除表面风化层；基础嵌入基岩深度不应小于0.15~0.6m。墙前地面倾斜时，墙趾前应留有足够的襟边宽度，以防地基剪切破坏，襟边宽度可取嵌入深度的2~3倍。

3)排水设施

浆砌挡土墙应根据渗水量在墙身的适当高度处布置泄水孔。泄水孔尺寸和间距应符合设计要求。最下排泄水孔的底部应高出地面30cm；当为路堑墙时，出水口应高出边沟水位30cm。为防止水分渗入地基，在最下一排泄水孔的底部应设置30cm厚的黏土防水层，在泄水孔进口处应设置粗粒料反滤层，以避免堵塞孔道。干砌挡土墙因墙身透水可不设泄水孔。

4)沉降伸缩缝

在挡土墙中通常把沉降缝与伸缩缝合并在一起，统称为沉降伸缩缝。挡土墙应每隔10～15m设置一道沉降伸缩缝，缝宽一般为2～3cm。浆砌挡土墙的沉降伸缩缝内可用沥青麻筋或沥青木板等材料，沿墙内、外、顶三边填塞，填深不宜小于15cm。当墙背为填石且冻害不严重时，可仅留空隙，不嵌填料。对于干砌挡土墙，沉降伸缩缝两侧应选平整石料砌筑，使其形成垂直通缝。

2.重力式挡土墙施工

由于挡土墙的种类不同，其施工方法也千差万别。这里仅就浆(干)砌片石挡土墙施工作相关介绍。

1)材料要求

(1)片石

①应经过挑选，选取质地均匀，无裂缝，不易风化的片石。

②抗压强度不低于25MPa。在地震区及严寒地区，应不低于30MPa。

③应具有两个大致平行的面，其厚度不宜小于15cm，其中一条边长不小于30cm，体积不小于$0.01m^3$。砌筑时，如用小片石垫平、垫稳，可不受此限。

(2)砂浆

①砂浆的组成。砂浆一般用水泥、砂和水拌和而成，也可用水泥、石灰、砂与水拌和，或石灰、砂与水拌和而成。它们分别简称为水泥砂浆、混合砂浆和石灰砂浆。

②砂浆的拌制。

a.强度。砂浆强度等级代表其抗压强度。拌制砂浆必须符合设计要求，一般不得低于5号。勾缝用砂浆应比砌筑用增高1级。

b.稠度。主要包括和易性与流动性。一般情况下，将砂浆用手捏成小团，松手后不松散。水泥砂浆的水灰比应控制在0.60～0.70范围内。

c.配合比。用质量或体积比表示，可由试验确定，还可根据已有的经验和资料参考决定。

d.拌制。可用人工或机械拌和。砂浆应随拌随用，保持适宜的流动性，在运输中已离析的砂浆应重新拌和。

③砂浆塑化剂。常用的砂浆塑化剂有非水硬石灰砂浆塑化剂和加气型砂浆塑化剂两种。在水泥砂浆中掺入塑化剂，能提高砂浆的工作性能，给施工操作带来较大的方便。加气塑化剂还同时具有防冻的作用。

2)施工工艺及要求

砌筑工艺分浆砌、干砌两种。

(1)浆砌片石

①准备工作。浆砌前应做好一切准备工作，包括：工具配备；按设计图纸检查和处理基底；放线；安放脚手架、跳板等施工设施；清除砌石上的尘土、泥垢等。

②砌筑顺序。以分层进行为原则。底层极为重要，它是以上各层的基石，若底层质量不符合要求，则要影响以上各层。较长的砌体除分层外，还应分段砌筑，两相邻段的砌筑高差不应超过1.2m，分段处宜设在沉降伸缩缝的位置。分层砌筑时，应先角石，后边石或面石，最后才填腹石。

③砌筑工艺。浆砌原理是利用砂浆胶结片石，使之成为整体而组成人工构筑物，常用坐浆法和挤浆法等。

a.坐浆法。(铺浆法)砌筑时先在下层砌体面上铺一层厚薄均匀的砂浆，压下砌石，借石料自重将砂浆压紧，并在灰缝上加以必要的插捣并用力敲击，使砌石完全稳定在砂浆层上，直至灰缝表面出现水膜。

b.挤浆法。除基底为土质的第一层砌体外，每砌一块石料，均应先铺底浆，再放石块，经左右轻轻揉动几下后，再轻击石块，使灰缝砂浆被压实。在已砌筑好的石块侧面安砌时，应在相邻侧面先抹砂浆，后砌石，并向下及侧面用力挤压砂浆，使灰缝挤实，砌体被贴紧。

④砌筑要求。砌体外圈定位行列与转角石应选择表面较平、尺寸较大的石块，浆砌时，长短相间并与里层石块咬紧，上下层竖缝错开，缝宽不大于4cm，分层砌筑应将大块石料砌于下层，每处石块形状及尺寸应合适。竖缝较宽者可塞以小石子，但不能在石下用高于砂浆层的小石块支垫。排列时，应将石块交错，坐实挤紧；尖锐凸出部分应敲除。

⑤砌缝要求。

a.错缝。砌体在段间、层间的垂直灰缝应互相交错，压叠成不规则的灰缝叫错缝，它们相互间距离，每段上、下层及段间的垂直距离不小于8cm。

b.通缝。指砌体的水平灰缝。这是砌体受力的薄弱环节，其承压能力较好，受剪、抗拉、受扭的能力极差，最容易在此被损坏。砌体对通缝要求较高，不仅要求砂浆饱满密实，成缝时还不允许有干缝、瞎缝和大缝。

c.勾缝。有平缝、凹缝和凸缝等。勾缝具有防止有害气体和风、雨、雪等侵蚀砌体内部，延长构筑物使用年限及装饰外形美观等作用。在设计无特殊要求时，勾缝宜采用凸缝或平缝，勾缝宜用1:1.5～1:2的水泥砂浆，并应嵌入砌缝内约2cm。勾缝前，应先清理缝槽，用水冲洗湿润，勾缝应保持砌后的自然缝，不应有瞎缝、丢缝、裂纹和粘结不牢等现象。

(2)干砌片石

干砌片石是不用胶凝材料仅靠石块间的摩擦力和挤压力相互作用使砌体的砌石互相咬紧的施工方法。由于它不用砂浆胶凝，坚固性和整体性较差，操作比浆砌困难。在施工中应注意以下几点：

①选择的片石要尽量大，铺砌时大面向下。

②错缝要交错咬接，不得有松动的石块。接触面积要尽可能多，空隙及松动石块间必须用小石块嵌填紧密，但不得在一处集中填塞小碎石块。

③要考虑上、下、左、右间的接砌，应将面石的角棱修整，以利于砌筑和美观。

④干砌筑顺序应先中后边，先外后里，并要求外高内低，以防石块下滑。

⑤分层干砌应于同一层的每平方米面积内干砌一块直石，以便上、下层咬接。

(3)施工注意事项

施工应与设计要求相配合，并严格按相关施工规范的规定执行。同时还应注意如下事项：

①基坑开挖后，若发现地基与设计情况有出入，应根据实际情况修改设计。若发现岩基有裂缝，应以水泥砂浆或小石子混凝土灌注至饱满。

②墙趾部分基坑，在基础施工完成后应及时回填夯实，并做成外倾斜坡，以免积水下渗，影响墙身的稳定。

③挡土墙的外墙应用规格块、料石砌筑，并采用丁顺相间的砌法，同时还应保证砂浆饱满，防止出现“墙体里外两层皮”的现象。

④注意泄水孔和排水层(即反滤层)的施工操作，保证排水通畅。

⑤浆砌挡土墙需待砂浆强度达到70%以上时，方可回填墙背填料。且墙背填料应符合设计要求，并做到逐层填筑，逐层夯实。不允许向着墙背斜坡填筑，夯实时应注意勿使墙身受较

大冲击影响。墙后地面横坡陡于1:3时，应作基底处理（如挖台阶），然后再回填。

三、加筋土挡土墙构造与施工

1.加筋土挡土墙构造

加筋土挡土墙由面板、拉筋、填料及基础四个组成部分。

1)面板

面板的主要作用是为了防止断部填料从拉筋间挤出。其强度只要满足构造要求及运输堆码中的受力要求即可。我国一般采用混凝土或钢筋混凝土作面板。面板型式有十字形、矩形、L形、T形、六边形、槽形等多种形式。混凝土面板的强度一般为20号，面板与拉筋的连接可采用预留孔或预埋件处理，面板四周宜设定企口搭接，上下面板的联结宜采用钢筋插销装置。

2)拉筋

拉筋有成筋带，其作用是与填土产生摩擦力并承受结构内部拉力。因此，要求拉筋具有足够的抗拉强度，不易脆断，柔性好，延伸率低，同时与填土能产生较大的摩擦力，而且抗老化、防腐蚀问题也容易处理。

我国目前主要采用的拉筋主要有扁钢带、钢筋混凝土带和聚丙烯土工带。

3)填料

填料为加筋土结构的主体材料。选择填料的原则是容易压实、能保证填料与加筋之间具有足够的摩擦力，并且对拉筋无腐蚀性。填料宜就地取材，砂类土、砾石类土、碎石土、黄土、中低液限黏土及满足质量要求的工业废渣均可作填料。

4)基础

加筋土挡墙的基础是指墙面板下的基础，其主要作用是便于安砌墙面板。因此，这种基础可以做得很小，其断面视地基、地形条件而定，一般采用宽度大于0.3m，高度大于0.15m的条形基础即可。

2.加筋土挡土墙施工

1)施工工艺程序

加筋挡墙的施工程序为：基底处理→基础浇筑→预制墙面板→安装、调整墙面板→铺设拉筋→填土、碾压，分述如下：

(1)基底处理。基底土要求反复碾压达到95%的密实度。如因基底土质不良无法满足密实度要求，则必须进行相应处理。一般是在基底开挖60cm见方的基槽（深度一般为1.0~1.5m），换上合格填土，并分层夯实达到密实度标准。

(2)基础浇筑。按照测量放线的位置安装基础横板，在基础内侧，根据基础顶面高程划出墨线，按此墨线钉上塑料三角条，现浇混凝土时，用此三角条控制基顶高程。条形基础一般为20号混凝土。

(3)预制墙面板。预制墙板采用专用钢模板。模板要求有足够的刚度和强度，几何尺寸误差应控制在0~2mm之间。预制时要求配合比准确，振捣密实，无裂纹，墙板外侧平整（或花纹要清晰），墙板内侧要粗糙。养护28d其强度应达到设计要求。

(4)安装墙板。当挡土墙的基础混凝土强度达到70%以上时，即可安装第一层墙板。安装墙板用适当的吊车、大平板车各一辆。首先在条形基础上铺以砂浆垫层，起吊底层墙板安置定位，墙板内外侧均支以撑木，以防倾倒。然后在底层墙板的预留孔中插入长度为120cm的传力杆，将标准板安置于底层板之间。墙板在起吊升降定位时要求平稳，慢速轻放，切忌碰撞。

所有墙板在安装前必须仔细检查,有裂纹、缺陷者,一律弃之不用。

(5)调整墙板。墙板安装就位后,其竖向应符合设计边坡要求,横向应使每层墙板均在同一水平线上。因此,必须对墙板进行调整。

在放样支架上定出墙板设计边线,依据该边线,控制每块墙板上边沿两端点至边坡的距离为2cm(预留2cm是为抵消由于逐层填土碾压产生的墙板向外位移量)。如每块墙板两端与相邻墙板不在同一水平线上时,可用厚度不同的树脂粘结软木进行调整,软木厚度分为1.0cm、1.5cm、2.0cm、2.5cm四种规格,为防止漏土,所有的水平缝(宽2~3cm)最好用软木填满,两相邻墙板内侧面垂直缝宜用聚乙烯泡沫条带填塞(若需设泄水孔时,每块墙板则只填一边)。墙板外侧面垂直缝用三角形木楔塞紧,每缝两处,相邻上、下墙板用木夹板夹紧固定,如图1-9-2所示。

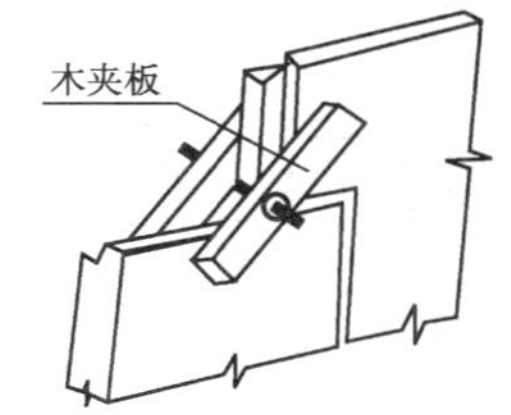

图1-9-2 木夹板固定相邻面板

(6)铺设拉筋。待填土达到一定位置时,即可铺设第一层拉筋,拉筋铺设时应水平散开成扇形,筋条之间不要重叠以防减少拉筋与填料之间的摩擦力。

(7)填土碾压。每层筋条的填料一般分两层填铺,用平地机整平,每次松铺厚度一般为20~30cm,碾压后的密实度,要求达到95%,如经工地快速试验未达到密实度标准,必须将该层填土翻松,调整土的含水量,然后重新整平碾压,直至符合标准。按照经验,距离墙板2m内的填土采用1.5t小型压路机碾压,2m以外用12~15t压路机碾压。

2)施工注意事项

(1)加筋土挡墙的关键问题是排水和防水,一定要防止水浸入挡墙,尤其对亚黏土和黏性土来说更为重要。同时,对所有与填土接触的部件均应采用严密的防水措施,如对拉筋的表面进行聚氯乙烯防护处理;拉筋的断头用沥青胶封口;在墙板内侧面涂刷防水剂等等。

(2)铺设拉筋时务必拉紧,这是保证墙板稳定在设计位置上,确保墙板安装质量的重要一环。填土时,距离墙板2m处用12~15t压路机进行碾压,装运填土时,重型自卸汽车又经常在距离墙板2~4m内操作,机械的压力和振动对踏板向外推移影响很大,如拉筋未拉紧,墙板向外移势必偏大。在施工中,一经检查发现墙板超出设计位置,应责令立即返工。

(3)加筋挡墙的面板一定要用钢模板,尺寸一定要准确,这样预制成的面板拼装时纵、横缝才能符合标准,使面板间接缝受力均匀,拼出的挡墙使用寿命长且美观。

(4)加筋挡墙成败关键是加筋的强度与耐久性,如果加筋质量不过关,加筋挡墙的寿命就无法保证,甚至会出现工程质量事故。施工中,一定要精心组织施工,加强施工现场指导,严格对各工序质量进行把关,才能使这种安全、经济、实用、美观的工程设计方法得以圆满地实现。

加筋土挡墙排水设施及沉降伸缩缝的施工可参阅相关书籍,在此不再赘述。

第五节 防护与加固工程的质量检测方法

一、防护工程

1.护坡

1)质量要求

(1)护坡基础埋置深度及地基应符合设计要求。

(2)浆砌时砂浆配合比应符合试验规定,砌体要咬扣紧密,嵌缝饱满密实。

(3)石料质量规格符合有关规定。

(4)护坡填土密实达到设计要求。

(5)护坡表面平整,无垂直通缝,勾缝平顺,无脱落现象。

2)质量标准

外观鉴定应表面平整,无垂直通缝;勾缝平顺,无脱落现象。实测项目应符合表 1-9-3 的规定。

锥、护坡实测项目质量标准 表 1-9-3

项次	检查项目	规定值或允许偏差	检查方法和频率	权值
1△	砂浆强度(MPa)	在合格标准范围内	按《公路工程质量检验评定标准》(JTO 80/1)附录下检查	3
2	顶面高程(mm)	±50	水准仪:每 50m 用检查 3 点,不足 50m 时至少 2 点	1
3	表面平整度(mm)	30	2m 直尺:锥坡检查 3 处,护坡每 50m 检查 3 处	1
4	坡度	不陡于设计	横坡尺量:每 50m 量 3 处	1
5△	厚度(mm)	不小于设计	尺量:每 20m 检查 3 处	2
6	底面高程(mm)	±50	水准仪:每 50m 检查 3 点	1

2.导流工程

1)质量要求

(1)导流工程(堤、坝)的基础埋置深度及地基应符合设计要求。

(2)材料规格和质量应符合相关规定。

(3)表面平整,线条直顺,曲线圆滑。

2)质量标准

外观鉴定应砌体边缘顺直,外露表面平整;勾缝平顺,缝宽均匀,无脱落现象。导流工程的实测项目质量标准应符合表 1-9-4 规定的要求。

导流工程的实测项目质量标准 表 1-9-4

项次	检查项目		规定值或允许偏差	检查方法和频率	权值
1△	砂浆强度(MPa)		在合格标准范围内	按《公路工程质量检验评定标准》(JTG F80/1—2004)附录 F 检查	3
2	平面位置(mm)		30	经纬仪:按设计图控制坐标检查	2
3	长度(mm)		不小于设计长度 -100	尺量:每个检查	1
4△	断面尺寸(mm)		不小于设计值	尺量:用尺量 5 处	2
5	高程(mm)	基底	不大于设计值	水准仪:检查 5 点	2
		顶面	±30		

3.石笼防护

1)质量要求

(1)铁丝笼的网眼尺寸应符合设计要求。

(2)石笼的坐码或平铺应符合设计要求。

(3)材料规格和质量应符合有关规定。

(4)表面整齐,曲线圆滑,线条直顺。

2)质量标准

外观质量鉴定应符合表面整齐,线条顺直,曲线圆滑的要求。实测项目应符合表 1-9-5 的规定。

石笼防护的实测项目质量标准　表 1-9-5

项　次	检 查 项 目	规定值或允许偏差	检查方法和频率	权　值
1	平面位置(mm)	符合设计要求	经纬仪:按设计图控制坐标检查	1
2	长度(mm)	不小于设计长度 - 300	尺量:每个(段)检查	1
3	长度(mm)	不小于设计长度 - 200	尺量:每个(段)量 5 处	1
4	高度(mm)	不小于设计	水准仪或尺量:每个(段)检查 5 处	1
5	底面高程	不高于设计	水准仪:每个(段)检查 5 点	1

二、砌石、挡土墙

1.砌石工程

1)基本要求

(1)石料的质量和规格及砂浆用料的质量和规格应符合设计要求,按规定的配合比进行施工。

(2)砌体应错缝砌筑、相互咬紧;浆砌时砌块应坐浆挤紧,嵌缝后砂浆饱满,无空洞现象;干砌时无松动、无叠砌和浮塞。

2)质量标准

外观鉴定应砌体边缘直顺,外露表面平整;勾缝平顺,缝宽均匀,无脱落现象。实测项目应符合表 1-9-6 或表 1-9-7 的规定。

干砌片石实测项目质量标准　表 1-9-6

项　次	检 查 项 目	规定值或允许偏差	检查方法和频率	权　值
1	顶面高程(mm)	± 30	水准仪:每 20m 测 3 点	1
2	外形尺寸(mm)	± 100	尺量:每 20m 或自然段,长宽各测 3 处	2
3△	厚度(mm)	± 50	尺量:每 20m 检查 3 处	3
4	表面平整度(mm)	50	2m 尺量:每 20m 检查 5 处	2

浆砌砌体实测项目质量标准　表 1-9-7

<table>
<tr><th>项　次</th><th colspan="2">检 查 项 目</th><th>规定值或允许偏差</th><th>检查方法和频率</th><th>权　值</th></tr>
<tr><td>1△</td><td colspan="2">砂浆强度(MPa)</td><td>在合格标准内</td><td>按《公路工程质量检验评定标准》(JTG F80/1—2004)附录 F 检查</td><td>3</td></tr>
<tr><td rowspan="2">2</td><td rowspan="2">顶面高程(mm)</td><td>料、块石</td><td>± 15</td><td rowspan="2">水准仪:每 20m 检查 3 点</td><td rowspan="2">1</td></tr>
<tr><td>片石</td><td>± 20</td></tr>
<tr><td rowspan="2">3</td><td rowspan="2">竖起度或坡度</td><td>料、块石</td><td>± 0.3%</td><td rowspan="2">吊垂线:每 20m 检查 3 点</td><td rowspan="2">2</td></tr>
<tr><td>片石</td><td>0.5%</td></tr>
<tr><td rowspan="3">4△</td><td rowspan="3">断面尺寸(mm)</td><td>料石</td><td>± 20</td><td rowspan="3">尺量:每 20m 检查 2 处</td><td rowspan="3">2</td></tr>
<tr><td>块石</td><td>± 30</td></tr>
<tr><td>片石</td><td>± 50</td></tr>
<tr><td rowspan="3">5</td><td rowspan="3">表面平整度(mm)</td><td>料石</td><td>10</td><td rowspan="3">2m 尺量:每 20m 检查 5 处 × 3 尺</td><td rowspan="3">2</td></tr>
<tr><td>块石</td><td>20</td></tr>
<tr><td>片石</td><td>30</td></tr>
</table>

2.砌体挡土墙

1)基本要求

(1)石料或混凝土预制块的质量和规格应符合相关和设计的要求。

(2)砂浆所用的水泥、砂、水的质量应符合相关规范的要求,按规定动作的配合比施工。

(3)地基承载力必须满足设计要求。

(4)砌筑应分层错缝。浆砌时坐浆挤紧,嵌填饱满密实,不得有空洞,不得松动、叠砌和浮塞。

(5)沉降缝、泄水孔、反滤层的设置位置、质量和数量应符合设计要求。

2)质量要求

外观鉴定应砌体表面平整,砌缝完好、无开裂现象,勾缝平顺、无脱落现象;泄水孔坡度向外,无堵塞现象;沉降缝整齐垂直,上下贯通。实测项目应符合表1-9-8或表1-9-9的规定。

砌体挡土墙实测项目质量标准　　表1-9-8

项　次	检 查 项 目		规定值或允许偏差	检查方法和频率	权　值
1△	砂浆或混凝土强度(MPa)		在合格标准范围内	按《公路工程质量检验评定标准》(JTG F80/1—2004)附录F检查	3
2	平面位置(mm)		50	经纬仪:每20m检查墙顶处边线3点	1
3	顶面高程(mm)		±20	水准仪:每20m检查1点	
4	竖直度或坡度(%)		0.5	吊垂线:每20m检查2点	
5△	断面尺寸(mm)		不小于设计	尺量:每20m量2个断面	1
6	底面高程(mm)		±50	每20m用水准仪检查1点	3
7	表面平整度(mm)	块石	20	2m直尺:每20m检查3处,每处检查竖直和墙长两个方向	1
		片石	30		
		混凝土块、料石	10		

干砌挡土墙实测项目质量标准　　表1-9-9

项　次	检 查 项 目	规定值或允许偏差	检查方法和频率	权　值
1	平面位置(mm)	50	经纬仪:每20m检查3点	2
2	顶面高程(mm)	±30	水准仪:每20m检查3点	2
3	竖直度或坡度(%)	0.5	尺量:每20m用吊垂线检查3点	1
4△	断面尺寸(mm)	不小于设计	尺量:每20m检查2处	2
5	底面高程(mm)	±50	水准仪:每20m测1点	2
6	表面平整度(mm)	50	2m直尺:每20m检查3处,每处检查竖直和墙长两个方向	1

3.加筋土挡土墙

1)基本要求

(1)混凝土所用的水泥、砂、石、水和外掺剂的质量和规格必须符合相关规范的要求,按规定的配合比施工。

(2)地基强度符合设计要求。

(3)锚杆、拉杆或筋带的质量和规格,必须满足设计的有关求,根数不得少于设计数量。
(4)筋带须理顺,放平拉直,筋带与面板、筋带与筋带连接牢固。
(5)混凝土不得出现露筋和空洞现象。
2)质量要求
外观鉴定:
(1)预制面板表面不平整光洁,线条顺直美观,不得有破损翘曲、掉角、啃边等现象出现。
(2)蜂窝、麻面面积不得超过该面面积的 0.5%。
(3)混凝土表面出现非受力裂缝酌情减 1~3 分。
(4)墙面直顺,线形顺适,板缝均匀,伸缩缝贯通垂直。
(5)露在面板外的锚头应封闭密实、牢固,整齐美观。
实测项目的质量标准列于表 1-9-10~表 1-9-13 中。

面板预制实测项目　　表 1-9-10

项　次	检 查 项 目	规定值或允许偏差	检查方法和频率	权　值
1	混凝土板强度(MPa)	在合格范围内	按《公路工程质量检验评定标准》(JTG F80/1—2004)附录 D 检查	3
2	边长(mm)	±5 或 0.5%边长	尺量:长宽各量 1 次,每批抽查 10%	2
3	两对角线差(mm)	10 或 0.7%最大对角线长	尺量:每批抽查 10%	1
4△	厚度 (mm)	+5,-3	尺量:检查 2 处,每批抽查 10%	2
5	表面平整度(mm)	4 或 0.3%边长	2m 直尺:长宽方向各测 1 次,每批抽查 10%	1
6	预制件位置(mm)	5	尺量:检查每件,每批抽查 10%	1

筋 带 实 测 项 目　　表 1-9-11

项　次	检 查 项 目	规定值或允许偏差	检查方法和频率	权　值
1	筋带长度	不小于设计	尺量:每 20m 检查 5 根(束)	2
2	顶面高程(mm)	符合设计要求	尺量:每 20m 检查 5 处	2
3	竖直度或坡度(%)	符合设计要求	尺量:每 20m 检查 5 处	2
4	断面尺寸 (mm)	符合设计要求	尺量:每 20m 检查 5 处	1

面板安装实测项目　　表 1-9-12

项　次	检 查 项 目	规定值或允许偏差	检查方法和频率	权　值
1	每层面板顶高程(mm)	±10	水准仪:每 20m 抽查 3 组板	1
2	轴线偏位(mm)	10	挂线、尺量:每 20m 量 3 处	2
3	面板竖直度或坡度	+0,-0.5%	用吊线或坡度板:每 20m 检查 3 处	1
4	相邻面板错台(mm)	5	尺量:每 20m 检查面板交界处 3 处	1

锚杆、锚碇板和加筋土挡土墙总体实测项目 表 1-9-13

项次	检查项目		规定值或允许偏差	检查方法和频率	权值
1	墙顶和肋柱平面位置(mm)	路堤式	+50,-100	经纬仪:每 20m 检查 3 点	2
		路肩式	±50		
2	顶面高程(mm)	路堤式	±50	水准仪:每 20m 检查 3 点	2
		路肩式	±30		
3	肋柱间距(mm)		±15	尺量:每柱间	1
4	墙面倾斜度(mm)		+0.5%*H* 且不大于+50,-1%*H* 且不小于-100	用垂线或坡度板:每 20m 检查 2 处	2
5	面板缝宽(mm)		10	尺量:每 20m 至少检查 5 条	1
6	墙面平整度(mm)		15	2m 直尺:每 20m 测 3 处,每处检查竖直和墙长两个	1

注:①平面位置和倾斜度"+"指向外,"-"指向内。

②*H* 为墙高。

第二篇

路面工程施工技术

第一章 绪　论

【内容简介和学习要求】

本章概括性介绍了路拱横坡度、路面结构层和路面的分类；重点介绍了路面施工前的施工组织、路面材料的质量检验、施工设备选择、场地布置、现场准备和试验段施工。

通过本章学习，学生能够描述路面的结构层，进行路面施工前的组织、技术、物质和试验等各种准备工作。

第一节 路面概述

一、路拱横坡度

为了使路面上的雨水能及时排除，路面的表面通常做成中间高、两边低的形状，称为路拱。考虑到行车的平稳性，目前常用的路拱形式是二次抛物线形或直线形。从路中心到路面边缘的平均坡度叫路拱横坡度，路拱横坡度的大小与路面类型、公路等级和当地气候有关。表2-1-1列出了各种不同类型路面的路拱横坡度取值范围。

各类路面的路拱横坡度　　表2-1-1

路面类型	路拱横坡（%）	路面类型	路拱横坡（%）
沥青混凝土、水泥混凝土	1.0~2.0	碎砾石等粒料路面	2.5~3.5
其他黑色路面、整齐块石	1.5~2.5	其他低级路面	3.0~4.0
半整齐石块、不整齐块石	2.0~3.0		

路肩横坡度应比路面横坡度大1%~2%，以利迅速排水。路肩全宽或部分宽度的表面一般采用硬路肩，以形成平整、坚实、不透水的表面。

二、路面结构层的划分

由于行车荷载对路面的作用随着深度而逐渐减弱，同时，路基的湿度和温度状况也会影响路面的工作状况。因此，从受力情况、自然因素等对路面作用程度的不同以及经济的角度考虑，一般将路面分成若干层次来铺筑。

1.面层

直接承受车轮荷载反复作用和自然因素影响的结构层叫面层，可由1~3层组成。高等级路面的面层常由2~3层组成，分别称为表面层、中面层和底面层。中、低级路面如砂石路面面层上所设的磨耗层和保护层亦包括在面层之内。

2.基层

基层是设置在面层之下，并与面层一起将车轮荷载的反复作用传布到底基层垫层和土基中。底基层是设置在基层之下，并与面层、基层一起承受车轮荷载反复作用，起次要承重作用。

3.垫层

它是底基层和土基之间的层次，它的主要作用是加强土基、改善基层的工作条件。修筑垫层常用材料有两类：一类是用松散粒料；另一类是用整体性材料。

4.联结层

联结层是在面层和基层之间设置的一个层次。主要作用是加强面层与基层的共同作用或减少基层的反射裂缝。联结层所用的材料一般是沥青贯入式和沥青碎石。

为了保护沥青路面的边缘，一般要求基层较面层每边宽出25cm；垫层也要较基层每边宽出25cm。

三、路面分类

从路面力学特性出发，路面可分为下述两类：

1.柔性路面

柔性路面是指刚度较小，抗弯拉强度较低，主要靠抗压、抗剪强度来承受车辆荷载作用的路面。它主要包括用各种基层(水泥混凝土除外)和各类沥青面层、碎(砾)石面层、块石面层所组成的路面结构。

2.刚性路面

主要是指水泥混凝土作面层或基层的路面结构，刚性路面与柔性路面的主要区别在于路面的破坏状态和它分布荷载到路基上的状态有所不同。

此外，采用二灰(石灰和粉煤灰)或水泥稳定土或水泥处治砂砾基层，这些基层的特性是前期强度较低，但随着时间的推移其强度和刚度不断增大。我们把这类基层称为半刚性基层。而把含有这类基层的路面结构称为半刚性路面。

第二节　路面施工准备

根据公路工程建设工期安排，或路基施工即将完工之前一定的时间内，施工单位就应着手进行路面施工的各种准备工作。如果路面施工单位和路基施工单位是同一个施工单位，那么其施工组织结构不会发生变化，仅是调整施工队伍，由路基施工队伍，调换为路面施工队伍，或进行适当的人员及设备调整；若是新的施工单位(承包人)，那么就应提前进行施工前的各种准备工作。

施工前的准备工作除与路基施工准备类同的外，主要有确定料源及进场材料的质量检验、机械选型与配套、拌和厂选址、修筑试验路段等项工作。

一、路面施工组织

1.路面施工组织的特点

(1)路面除了基层或面层的构造有变化外，每公里的工作量大致是相同的。因此，路面工作队就可以保持比较固定的组织，就能按更均衡的流水速度向前推进。

(2)路面工程要用许多材料，因此路上的施工必须和采掘、加工与储存这些材料的基地工作密切联系。组织路上工作时，也应考虑基地工作的情况。例如，计算沥青摊铺机的数量时，必须考虑有机结合料基地的位置，决定沥青混凝土面层的施工流水方向时，也应当考虑沥青混凝土工厂所在地点的影响。

(3)在设计路面施工日程以及各工序的推进速度时，必须考虑路面施工的特殊技术要求。

例如，沥青类路面不宜在过低的气温时施工，那么，路面施工就要安排在气温高于最低限值的时期内。又如，施工沥青贯入式路面时，上层嵌缝料的摊铺与碾压必须在主层所贯入的结合料凝结之前完成，因此上层的摊铺与碾压就必须符合一定的速度要求。

(4)由于路面用料数量很大，以及对于下面各层的平整度有一定的要求，所以对堆料地点、运料路线以及机械的行驶位置都应予以适当的规定，这就是说要做好工地布置。例如，天然砂砾基层的用料可以随运随铺；需要人工掺配的材料，则应预先按预定数量运至路基两侧堆放，以备用。

(5)建造不同的基层或面层时，要根据各工序的繁重程度以及所遇到的具体情况，决定哪种机械是主导机械。例如，施工沥青贯入式路面或碎石路面时，大多以压路机为主导机械，而施工稳定土基层时，摊铺机（或犁拌机具）为主导机械。

2.路面工程施工组织设计的编制

路面工程施工组织设计的编制程序如下：

(1)根据设计路面的类型，进行料场勘察与选择，确定材料供应范围及加工方法。

(2)选择施工方法和设计工序。

(3)计算工作量。

(4)编制流水作业图，布置工地，组织施工队伍。

(5)编制工程进度日程图。

(6)计算所需资源（劳动力、机械、材料）及平衡分期的需要量，编制材料运输日程计划。

二、订料源及进场材料的质量检验

所有路面结构材料均应进行质量检验，合格后方可进场。

1.结合材料

每批到货均应检验生产厂家所附的试验报告，检查装运数量、装运日期、订货数量、试验结果等。对每批进行抽样检测，试验中如有一项达不到规定要求时，应加倍抽样试验，如仍不合格，则退货并索赔。结合材料的试验项目应按规范要求进行常规检测。有时根据合同要求，可增加其他非常规测试项目。

2.石料

料场选择，主要是根据路面要求检查石料的技术标准能否满足要求，如对于沥青面层材料，主要是检查石料等级、饱水抗压强度、磨耗率、压碎值、磨光值及石料与沥青的粘结力，这些都是料场取舍的关键条件。实际中，有些石料虽然达到了技术标准要求，但不具备开采条件，在确定料场时也应慎重考虑。对各个料场采取样品、制备试件、进行试验，并考虑经济性等问题后确定。

碎石受石料本身的结构与加工设备（颚式或锤式轧石机）的影响较大，应先试轧，检验针片状含量及级配情况。对进场石料也要进行上述项目的检验，以防其他不合格料场的材料入场。

3.砂、石屑及矿粉

砂的质量是确定砂料场的主要条件。进场的砂、石屑、矿粉应满足规定的质量要求。

三、拌和设备的选型及场地布置

1.拌和设备选型

通常，根据工程量和工期选择拌和设备的生产能力。而且，其生产能力应和摊铺能力相匹配，不应低于摊铺能力，最好高于摊铺能力5%左右。高等级公路路面施工，应选用拌和能力较大的设备。生产能力大的设备，其单位产品所消耗的人工、燃料和易损配件等费用较低。以沥青混合料设备为例，根据生产能力与工程需要，目前，可选用80～300t/h的拌和设备。

2.拌和厂的选址与布置

稳定土拌和设备与沥青混合料拌和设备均是一种由若干个能独立工作的装置所组成的综合性设备。因此，拌和设备的各个组成部分的总体布置，都应满足紧凑、相互密切配合又互不干扰各自工作的原则。厂址不宜选在目前和将来的居民区，但是又要满足拌和对供电和给排水的要求。厂址离施工工地要近，还应处于主交通干线或至少有7m宽路面道路的旁边。在选择好厂址后，就要根据其生产能力估算场地面积。场地形状以矩形为佳、场地内的各项设施和布置应协调。一般说来，设备的主体应布置在中央位置，办公楼、宿舍和试验室等居舍应位于厂进口处，并沿路边建造。砂石料堆料场或储料仓设在后边(相对于厂进口方向)。既要便于向搅拌设备供料，又要便于车辆从外面运进和卸料。配电间应安置在较偏僻而又安全的地方。秤量矿料及成品的地磅要设置存车辆的进出口处。此外，在厂的四周和场地内还要留有绿化带和设置花坛的地方。

四、现场准备

1.土基检查

路面施工前，应按照有关路面结构层的施工技术规范的规定，对土基进行严格的检查，如发现软弱、弹簧等现象，必须及时处理。

2.路面施工放样

在路面施工前，根据路面施工和施工放样精度要求，恢复路面中线。还要根据路面各结构层的宽度和厚度分别放样，钉施工指示边桩、标宽度线、钉钢筋架、挂钢丝线等，以指导路面施工。

3.交通管理

对施工范围内的公路两端和必经的交叉路口，要采取有效的措施，进行交通管理维护交通秩序，以确保施工安全。对于交通开放的旧路施工，更应做好交通管理工作。

五、施工机械配套与检查

根据工程量大小、工期要求、施工现场条件、工程质量要求按施工机械应互相匹配的原则，确定合理的机械类型、数量及组合方式，并对选用的各种施工机具应作全面检查。

(1)混合料拌和设备在开始运转前要进行一次全面检查，注意联接的紧固情况，注意检查电气系统，对于机械传动部分，还要检查传动链的张紧度。

(2)洒油车应检查油泵系统、洒油管道、量油表、保温设备等有无故障，并将一定数量沥青装入油罐，在路上先试洒，校核其洒油量。每次喷洒前应保持喷油嘴干净，管道畅通，喷油嘴的角度应一致，并与洒油管呈15°～25°的夹角。

(3)矿料撒铺车应检查其传动和液压调整系统，并应事先进行试撒，以确定撒铺每一种规格矿料时应控制的间隙和行驶速度。

(4)摊铺机应检查其规格和主要机械性能，如振捣板、振动器、熨平板、螺旋摊铺器、离合器、刮板送料器、料斗闸门、厚度调节器、自动找平装置等是否正常。

(5)压路机应检查其规格和主要机械性能(如转向、起动、振动、倒退、停驶等方面的能力)

及滚筒表面的磨损情况。

六、修筑试验段

高速公路和一级公路，或采用新工艺、新技术、新方法或缺乏施工经验的路面在大面积施工前，采用计划使用的机械设备和混合料配合比铺筑试验段。通过试验段修筑，优化拌和、运输、摊铺、碾压等施工机械设备的组合和施工工序；提出验证混合料生产配合比；明确人员的岗位职责。最后提出标准施工方法。

第二章　路面基层(底基层)施工

【内容简介和学习要求】

本章概括性介绍了各种路面基层(底基层)的材料要求、施工程序、注意事项和验收标准;重点介绍了沥青路面基层机械化施工所采用的方法、施工程序和注意事宜。

通过本章学习,学生能够描述各种路面结构层的材料要求、施工程序、注意事项和验收标准,并进行现场施工和质量检验。

第一节　基层的分类与主要技术要求

一、基层的分类

用作基层的材料主要有:

(1)无机结合料稳定类(半刚性类)。有水泥稳定类、石灰稳定类、工业废渣稳定类。

(2)柔性基层。指沥青稳定粒料基层和粒料基层。沥青稳定粒料有沥青稳定碎石、沥青稳定砾石等。粒料类有如泥结碎石、级配碎石等。

(3)刚性基层。有贫水泥混凝土和碾压混凝土。

目前,我国高等级公路的基层使用最多的是水泥稳定碎石、水泥稳定砂砾,其次是二灰碎石、二灰砂砾,其他还有水泥稳定砂掺碎石、水泥稳定砂砾掺碎石,个别也有粉煤灰土加水泥。底基层以石灰土为最多,其次还有水泥稳定土、水泥石灰稳定土、水泥石灰粉煤灰稳定土等。

二、基层的主要技术要求

1.沥青路面的基层要求

沥青类路面通过厚度较薄的柔性面层分布传递荷载于基层,常需铺筑较厚的基层作为承重层。有时当基层厚度较大时,可分为两层铺筑。其基层要求是:

(1)强度和刚度。应有足够的强度和刚度,不产生不容许的残余变形,不产生剪切破坏(粒料基层)和弯拉破坏(结合料稳定基层)。基层的刚度(回弹模量)与面层的刚度相匹配,如面层和基层的刚度差别过大,面层会由于过大的拉应力、产生的拉应变而开裂破坏。宜优先采用结合料稳定基层。

(2)稳定性。有足够的水稳定性和抗冻性(冰冻地区),调查试验表明水分从沥青路面中蒸发出来要比渗透进去困难得多、慢得多。通常要限制不用结合料稳定的材料中小于0.5mm颗粒的含量和塑性指数。

(3)平整度。有足够的平整度,薄的沥青面层的平整度受基层平整度的影响大,特别是沥青表面处治通常只有1.5~3cm厚,几乎不能调整基层表面的不平整,基层的不平整,常反映于面层。

(4)与面层的结合。基层应与面层结合良好。它可以减少面层底面的拉应力和拉应变(一般情况下可减少50%以上,甚至减少到原来的1/4)。它可以使薄沥青面层不发生滑动、推移等破坏。为此,基层表面应稳定、粗糙、干燥、无尘、无松散颗粒。

(5)厚度与宽度。厚度由设计确定,但其最小厚度要大于由施工工艺所要求的最小厚度或当地经验所认定的最小厚度。宽度应大于其上面层的宽度,一般每边至少宽出25cm,以利于面层的碾压和设置路缘石或平石。

2.水泥混凝土路面的基层要求

水泥混凝土路面通过较厚的刚性路面板(面层)极大地扩散荷载,故分布于基层的荷载很小,水泥混凝土面板本身就起到了承重作用。但是水泥混凝土是脆性材料,形变能力较小,抗弯拉强度(抗折强度)远小于抗压强度。因此,要求混凝土板下的基础起连续、均匀支承的弹性地基作用,使混凝土板获得可靠的支承,不脱空,从而充分发挥水泥混凝土的承载作用。通常水泥混凝土路面基层厚度比沥青类路面基层小得多,一般不设底基层。水泥混凝土路面对基层的要求是:

(1)强度和刚度。有一定的强度和刚度。坚实、抗变形能力强,板底连续、均匀支承、不脱空。基层顶面回弹模量视交通量等级不小于80~120MPa,整体性好。

(2)稳定性。有足够水稳定性并耐冲刷。冰冻地区需有足够的抗冻性。

(3)平整度。有足够的平整度,使混凝土路面板的厚度均匀。

(4)厚度与宽度。厚度由设计确定,但其最小厚度不小于15cm。宽度应比混凝土板每边至少宽出25~35cm,以利支设模板和设置路缘石或平石。

第二节 水泥稳定土基层(底基层)的施工

一、材料要求与混合料的配合比

水泥稳定土的材料要求及混合料水泥剂量配制,见表2-2-1、表2-2-2所示。

水泥稳定土的材料要求 表2-2-1

<table>
<tr><td colspan="11">1.对于二级和二级以下的公路</td></tr>
<tr><td rowspan="4">水泥稳定土用作底基层时</td><td colspan="10">可用水泥稳定土的集料的颗粒组成范围</td></tr>
<tr><td colspan="2">筛孔尺寸(mm)</td><td colspan="2">50</td><td colspan="2">5</td><td colspan="2">0.5</td><td>0.075</td><td>0.02</td></tr>
<tr><td colspan="2">通过质量百分率(%)</td><td colspan="2">100</td><td colspan="2">50~100</td><td colspan="2">15~100</td><td>0~50</td><td>0~30</td></tr>
<tr><td colspan="10">水泥稳定土作底基层时,颗粒最大粒径不应超过50mm。土颗粒组成应在上列范围内(指方孔筛,下同。如为圆孔筛,则最大粒径可为所列数值的1.2倍~1.25倍)。实际工作中,宜选用均匀系数大于10,塑性指数小于12的土,塑性指数大于17的土,宜采用石灰稳定土,或水泥和石灰综合稳定土</td></tr>
<tr><td rowspan="4">水泥稳定土用作基层时</td><td colspan="10">适宜用水泥稳定土的集料的颗粒组成范围</td></tr>
<tr><td>筛孔尺寸(mm)</td><td>40</td><td>20</td><td>10</td><td>5</td><td>2</td><td>1</td><td>0.5</td><td>0.25</td><td>0.075</td></tr>
<tr><td>通过质量百分率(%)</td><td>100</td><td>55~100</td><td>40~100</td><td>30~90</td><td>18~68</td><td>10~55</td><td>6~45</td><td>3~36</td><td>0~30</td></tr>
<tr><td colspan="10">水泥稳定土作基层时,土的最大粒径不应超过40mm。其颗粒组成范围如表列。适宜做水泥稳定土基层的材料有:级配碎石、未筛分碎石、砂砾、碎石土、砂砾土、煤矸石和各种粒状矿渣等。碎石包括岩石碎石和矿渣碎石</td></tr>
</table>

续上表

<table>
<tr><td colspan="12">2.对于一级公路和高速公路</td></tr>
<tr><td rowspan="6">水泥稳定土用作底基层和基层时</td><td colspan="11">适宜用水泥稳定土的集料的颗粒组成范围</td></tr>
<tr><td rowspan="2">级配编号</td><td colspan="8">通过下列筛孔(mm)的质量百分率(%)</td><td rowspan="2">液限(%)</td><td rowspan="2">塑性指数</td></tr>
<tr><td>40</td><td>30</td><td>20</td><td>10</td><td>5</td><td>2</td><td>0.5</td><td>0.075</td></tr>
<tr><td>1</td><td>100</td><td>90~100</td><td>75~90</td><td>50~70</td><td>30~55</td><td>15~35</td><td>10~20</td><td>0~7</td><td><25</td><td><6</td></tr>
<tr><td>2</td><td></td><td>100</td><td>90~100</td><td>60~80</td><td>30~50</td><td>15~30</td><td>10~20</td><td>0~7</td><td><25</td><td><6</td></tr>
<tr><td colspan="11">集料中0.5mm以下细土有塑性指数时,小于0.075mm的颗粒含量不应超过5%,细土无塑性指数时,小于0.075mm的颗粒含量不应超过7%</td></tr>
<tr><td></td><td colspan="11">用作底基层时,集料最大粒径不应超过40mm,采用表列1号级配;用作基层时,集料最大粒径不应超过30mm,采用表列2号级配</td></tr>
<tr><td colspan="12">3.其他材料要求</td></tr>
<tr><td>碎(砾)石</td><td colspan="11">水泥稳定土中碎(砾)石抗压碎能力;二级和二级以下公路,集料压碎值不大于35%;一级公路和高速公路,集料压碎值不大于30%</td></tr>
<tr><td>水泥</td><td colspan="11">普通硅酸盐水泥、矿渣硅酸盐水泥和火山灰硅酸盐水泥可用于稳定土,宜选用终凝在6h以上的水泥,标号可采用标号较低(如325号)水泥</td></tr>
<tr><td>石灰</td><td colspan="11">应是消石灰粉或生石灰粉</td></tr>
<tr><td>水</td><td colspan="11">凡人或牲畜的饮用水均可用于水泥稳定土施工。遇有可疑水源时,应进行试验鉴定</td></tr>
</table>

注:二级以下公路底基层集料压碎值可到40%。

水泥稳定土混合料水泥剂量配制 表2-2-2

层 位	用 土 情 况	不同水泥剂量配制范围
用于基层	中粒土和粗粒土	3%,4%,5%,6%,7%
	塑性指数小于12的土	5%,7%,8%.9%,11%
	其他细粒土	8%,10%,12%,14%,16%
用于底基层	中粒土和粗粒土	3%,4%,5%,6%,7%
	塑性指数小于12的土	4%,5%,6%,7%,9%
	其他细粒土	6%,8%,9%,10%,12%

注:①在制备同一种土样,不同水泥剂量的水泥稳定土混合料时,一般情况按表列剂量配制;

②在能估计合适剂量的情况下,可将5个不同剂量缩减到3或4个。

二、水泥稳定土基层(底基层)的施工

在粉碎或原来松散的土中掺入足够数量的水泥和水,经拌和得到的混合料经摊铺压实及养生后,当其抗压强度和耐久性符合规定要求时称为水泥稳定土。

在稳定各种土时,常根据设计强度和耐久性等要求,以及地方材料的供应情况,同时用水泥和石灰、水泥和粉煤灰稳定某种土得到的混合料,简称综合稳定土。

在实际应用中,也可以用水泥或水泥粉煤灰等稳定各种粒状矿渣。

水泥稳定土可适应于各种交通类别的道路基层和底基层,但水泥土不应用作高等级沥青路面的基层,只能作底基层。

水泥稳定土的施工方法主要有两种:一种方法是路拌法(或就地拌和法),此法是先将要稳定的土摊铺在下承层上,整型后在上摊铺水泥,然后用稳定土拌和机进行均匀拌和,再用平地机进行整平,压路机压实。另一种方法是中心站拌和法或称集中厂拌法,即集中在某一场地,用固定式拌和机拌和水泥混合料,用自卸汽车将拌成的混合料运送到铺筑工地,然后进行摊铺和压实。一级公路和高速公路要求采用集中厂拌法,其他等级公路视情况选择。

水泥稳定粒料宜在春末和气温较高季节组织施工。施工的日最底气温宜在5℃以上,并应在第一次重冰冻(-3~5℃)到来之前半个月到一个月完成。

1.路拌法施工

铺筑水泥稳定土基层或底基层时,较早和广泛使用的方法是路拌法。此法主要用于高速、一级公路的底基层和其他公路的基层。因为该方法使用的机械比较简单,一般情况下应采用专用的稳定土拌和机进行拌和,但在低等级公路施工中,也可采用简单的非专用稳定土拌和机(农用机械,如铧犁、圆盘耙、旋耕机等)进行拌和。

路拌法施工时,必须严密组织,采用流水作业法施工,尽可能缩短从加水到碾压终了的延迟时间,此时间不应超过3~4h,并应短于水泥的终凝时间。

采用路拌法铺筑水泥稳定土,需要一系列机械配合。实践证明,用路拌法施工时,不管使用什么拌和机,都需要设专人跟在拌和机后面经常检查(用铁锹挖翻)是否拌和到底。可靠的办法是用多铧犁(四铧或五铧犁)跟在拌和机后面从底面部将素土翻起一道,再用专用拌和机拌和一遍。

水泥稳定土路拌法施工的工艺流程见图2-2-1。其施工步骤如下。

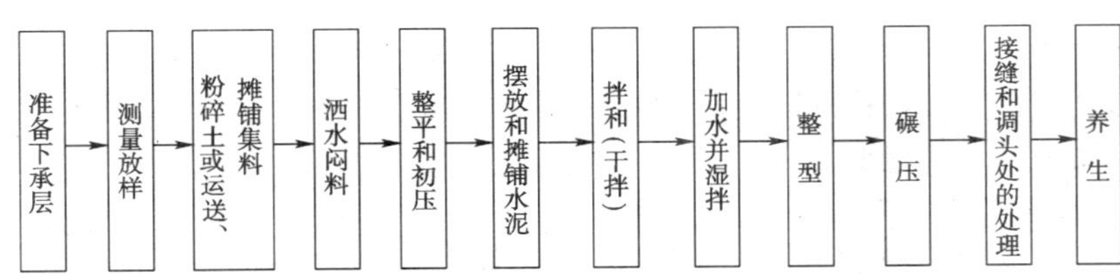

图2-2-1 路拌法施工工艺流程

1)准备下承层

在已做好的路基上进行全面检查验收,主要应进行高程、宽度、平整度、横坡度、压实度和弯沉值检查,检测值如不满足要求应处理至合格。另外还必须用12~15t三轮压路机或等效的碾压机械进行3~4遍碾压检查,看是否有弹簧现象,有无起皮、松散情况,如有应处理至合格。当检查完全符合要求后,再进行下道工序。

2)测量放样

(1)在验收合格后,施工摊铺前,首先恢复中桩。直线段每15~20m设一桩、平曲线段每10~15m设一桩,并在两侧路肩边缘外设指示桩。

(2)进行水平测量。每200~300m增设一临时水准点,在两侧指示桩上用明显标记标出水泥稳定土层边缘的设计高。水泥稳定砂砾的松铺系数为1.30~1.35,水泥土的松铺系数为1.53~1.58。

(3)测量放样后就可清扫下承层,并在上料前洒水润湿使下承层潮湿而无积水。

3)备料

(1)备料分两种情况,一种是将原土路上层翻松或将原中级路面(泥结碎石、级配砾石路面等)翻挖后,添加水泥;另一种是在料场备料。

(2)在配合比设计前,就应事先在沿线所有料场选取技术经济都比较合理的料场,并取有代表性的土样进行原材料试验及水泥混合料的物理、力学和配合比试验。根据试验结果,选定材料,优选施工设计配合比。

(3)根据配合比设计计算材料用量。

①根据各路段水泥稳定土层的宽度、厚度及预定的干密度,计算各路段需要的干燥集料数量。

②根据料场集料的含水量和所用运料车辆的吨位,计算每车料的堆放距离。

③根据水泥稳定土层的厚度和预定的干密度及水泥剂量,计算每单位平方米水泥稳定土需用的水泥用量,并计算每袋(通常质量为50kg)水泥的摊铺面积。

④根据水泥稳定土层的宽度,确定摆放水泥的行数,计算每行水泥的间距。

⑤根据每包水泥的摊铺面积和每行水泥的间距,计算每袋水泥的纵向间距。

(4)集料运输将采集合格的集料,用自卸翻斗车卸载至准备好的铺筑段指定位置。

4)摊铺集料

(1)应事先通过试验确定集料的松铺系数(或压实系数,它是混合料的松铺干密度与压实干密度的比值)。

(2)摊铺集料应在摊铺水泥的前一天进行。摊料长度以日进度的需要为度,够次日一天内完成加水泥、拌和、碾压成型即可。

(3) 检验松铺材料层的厚度。视其是否符合预计要求。松铺厚度 = 压实厚度 × 松铺系数。必要时,应进行减料或补料工作。

5)洒水闷料

(1)如已整平的集料(含粉碎的老路面)含水量过小,在集料车上洒水闷料。洒水要均匀。防止出现局部水分过多的现象。

(2)细料土洒水后经一夜充分闷料;中粒土和粗粒土,可视其中稀土含量的多少,可缩短闷料时间。如为水泥和石灰综合稳定土,应先将石灰和土拌和后一起进行闷料。

6)整平和初压

对人工摊铺的集料层整平后,用6~8t两轮压路机碾压1~2遍,使其表面齐整。

7)摆放和摊铺水泥

(1)按计算的每袋水泥的纵横间距,用石灰或水泥在集料层上作安放每袋水泥的标记。

(2)打开水泥袋,将水泥倒在集料层上,并用刮板将水泥均匀摊布。还应注意使每袋水泥的摊铺面积相等。

8)干拌

(1)当水泥撒布完成后,立即使用稳定土拌和机进行拌和。拌和遍数通常在2遍以上;拌和深度达到稳定层底。

(2)采用简易拌和机拌和时,应先用平地机或铧犁(四铧犁或五铧犁)将铺好水泥的集料翻拌2遍,使水泥分布到集料中。但不应翻犁到底,以防止水泥落到底部。第1遍由路中心开始,将混合料向中间翻,机械应慢速前进。第2遍应是相反,从两边开始,将混合料向外侧翻。

用旋转耕作机拌和2遍后,用铧犁或平地机将底部料翻起,翻犁2遍。随时检查调整翻犁的深度,使稳定土层全部翻透。最后,再用旋转耕作机拌和2遍,用铧犁或平地机再翻犁2遍。

9)加水并湿拌

(1)当水泥全部拌入土中后，应根据测量的混合料含水量进行定量补水拌和，补水量应使混合料的含水量略高于最佳含水量1%～2%。洒水距离应长些，水车起洒处和另一端调头处都应超出拌和段2m以上。洒水后，应再次进行拌和，使水分在混合料中分布均匀。拌和机械应紧跟在洒水车后面进行拌和。

(2)混合料拌和均匀后应色泽一致，没有灰条、灰团和花面 没有粗细颗粒“窝”，且水分合适和均匀。

10)整型

(1)混合料拌和均匀后，立即用平地机初步整平和整型。在直线段，平地机由两侧向路中心进行刮平；在平曲线段，平地机由内侧向外侧进行刮平。

(2)用拖拉机、平地机或轮胎压路机立即在初平的路段上快速碾压一遍，以暴露潜在的不平整。再用平地机进行整型，再碾压一遍。

11)碾压

(1)整型后立即进行碾压，并根据路宽、压路机的轮宽和轮距的不同，制定碾压方案，以求各部分碾压到的次数尽量相同(通常路面的两侧应多压2～3遍)。

(2)整型后，当混合料的含水量等于或略大于最佳含水量时，立即用12t以上三轮压路机、重型轮胎压路机或振动压路机在路基全宽内进行碾压。直线段，由两侧路肩向路中心碾压；平曲线段，由内侧路肩向外侧路肩进行碾压。碾压时，应重叠1/2轮宽；后轮必须超过两段的接缝处，后轮压完路面全宽时，即为1遍。应在规定的时间内碾压到要求的密实度。同时没有明显的轮迹。一般需碾压6～8遍，压路机的碾压速度，头两遍的碾压速度以采用1.5～1.7km/h为宜，以后用2.0～2.5 km/h的碾压速度。

(3)碾压过程中，水泥稳定土的表面应始终保持潮湿，如表层水蒸发得快，应及时补洒少量的水。

(4)在碾压结束之前，用平地机再终平一次，使其纵向顺适，路拱和超高符合设计要求。终压应仔细进行，必须将局部高出部分刮除并扫到路外；对于局部低洼之处，不再进行找补，留待铺筑沥青面层时处理。

12)接缝和调头处的处理

(1)同日施工的两工作段的衔接处，搭接拌和。第一段拌和后，留5～8m不进行碾压。第二段施工时，前段留下未压部分，要再加部分水泥重新拌和，并与第二段一起碾压。

(2)每天最后一段施工缝和洞口处的处理，见图2-2-2。

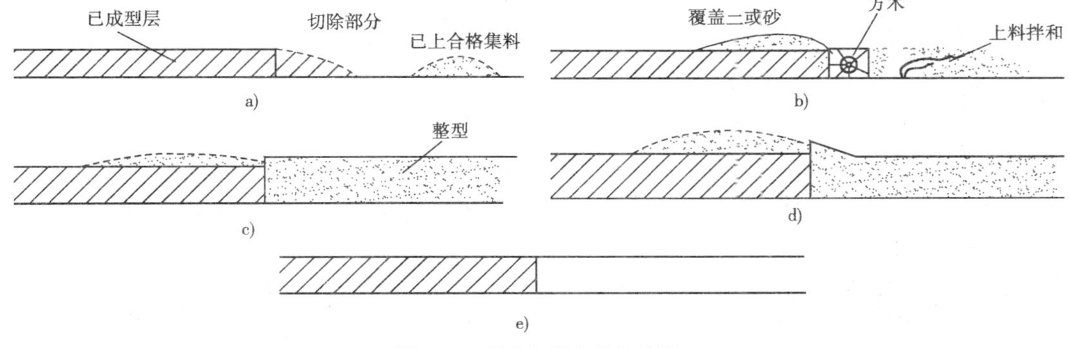

图2-2-2 接头与调头处的处理

a)将已完成的不符合要求的部分切除；b)清除切除料，用与结构层等厚等宽的方木紧靠结构层，并在方木和已完成段上覆盖土或砂等物；c)进行下个施工段的正常作业；d)压实成型；e)清除覆盖物，乱除接头处高出的部分

①在已完成的水泥稳定土层末端用直尺检查平整度,在压实度和平整度都符合要求的部分与不符合要求部分的分界处拉线垂直于中线,并沿该线垂直切至底面。

②用与结构层等厚等宽的方木,放在切除后断面处并紧靠做好的水泥稳定土层,以便保护该层不被破坏。

③为保护已做好的水泥稳定土层,在其表面覆盖10cm厚的的土或砂等物,长度满足机械调头要求为宜。

④经过上述处理后,就可上料进行正常施工作业。

⑤当拌和、平整完成达到要求后,将方木取出,并用拌和好的混合料回填方木处;按要求的松铺厚度进行填筑整型,一般应比已铺筑层高5cm左右,待压实后刮除。

(3)纵缝的处理。水泥稳定土层的施工应该避免纵向接缝,在必须分两幅施工时,纵缝必须垂直相接,不应斜接。纵缝应按下述方法处理:

①在前一幅施工时,在靠中央一侧用方木或钢模板做支撑,方木或钢模板的高度与稳定土层的压实厚度相同。

②混合料拌和结束后,靠近支撑木(或板)的水泥稳定混合料,应人工进行补充拌和,然后整型和碾压。

③在铺筑另一幅时,或在养生结束后,拆除支撑木(或板)。

④第一幅混合料拌和结束后,靠近第二幅的部分,应人工进行补充拌和,然后进行整型和碾压。

13)养生

水泥稳定土经压实成型后,必须保水养生7d,应使表面潮湿,防止水分蒸发,保证水泥充分硬化,且在铺筑前应始终保持下层表面湿润。

每一层碾压完成并经压实度检查合格后,应立即养生,养生宜采用厚度为7~10cm的湿砂进行,砂铺匀后及时洒水,并在整个养生期间使砂保持潮湿状态,也可采用塑料薄膜,润湿的粗麻袋,稻草或其他合适的材料覆盖,防止其中水分蒸发,使稳定粒料层表面层保持湿润,以保持水泥充分产生水化作用。

2.中心站集中拌和(厂拌)施工要点

对于高等级公路,特别是高速公路底基层的第二层及基层都是采用厂拌法施工,采用集中厂拌法施工,延迟时间不应超过2h。以保证拌和质量和消除“素土”夹层的危险。厂拌法的工艺流程见图2-2-3。

1)施工机具

(1)翻斗车、汽车或其他运输车辆,平地机、推土机或人工摊铺工具。

(2)洒水车:洒水或利用就近水源洒水。

(3)压路机:轮胎压路机、钢光轮压路机、振动压路机。

(4)其他夯实机具:适宜小范围处理路床翻浆等。

(5)集中拌和设备:采用强制式、双转轴桨叶式(卧式叶片)等厂拌设备集中拌和。

2)混合料配合比设计

配合比室内设计和施工配合比调试。

3)下承层的验收检查及测量放样

下承层的验收检查同路拌法。测量放样中水准测量与路拌法施工同。

(1)在铺筑段两侧培作土模路肩,土模宽度比设计宽度宽10~20cm,土模高度与水稳层松铺同高，土模必须拉线垂直切除，其密实度在80%左右，培设路肩后应在每隔一定距离(5~10m)交错留泄水沟或做盲沟。

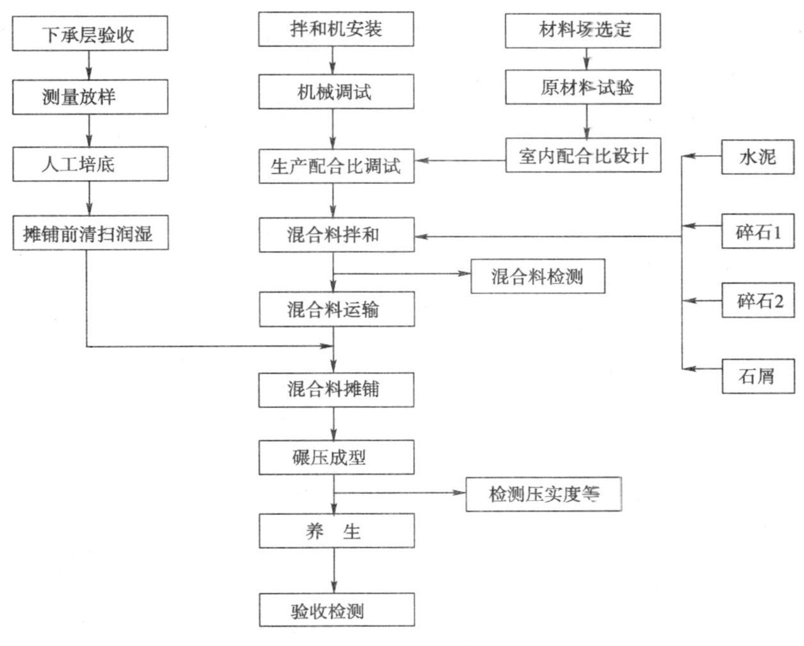

图2-2-3 厂拌法的工艺流程

(2)设置钢丝基准线。选用2~3mm的钢丝作为基准线。每段基准线长度300m左右为宜(曲线上不超过100m为宜)，在钢丝两端必须用紧线器同时张拉，张力1kN以上，以钢丝不产生挠度为准。固定钢丝基准线的钢钎采用刚度大的光圆钢筋加工，并配固定架，固定架采用丝扣以便拆除和调整高程。

(3)固定钢丝基准线的钢钎采用刚度大的$\phi16\sim\phi18$光圆钢筋加工，并配固定架，固定架采用丝扣，以便拆除和调整高程。

4)拌和

(1)拌和前调试厂拌设备，使混合料的颗粒组成和含水量达到规定要求。如有变化应及时调试设备和调整添加水量。

(2)混合料摊铺碾压的含水量不小于最佳值；配料要准确，拌和要均匀。

5)运输

将拌和好的混合料从拌和机直接卸入自卸汽车，尽快送到铺筑现场。车上的混合料应覆盖，以减少水分损失。

6)摊铺

(1)采用沥青混凝土、专用的稳定粒料摊铺机摊铺混合料。

(2)拌和机与摊铺机的生产能力应互相协调。如拌和机的生产能力较低，在用摊铺机或摊铺箱摊铺混合料时，应采用最低速度摊铺，减少摊铺机停机待料的情况。

(3)下承层是稳定细粒土，应先将下承层顶面拉毛，再摊铺混合料。

(4)在摊铺机后面应设专人消除粗细集料离析现象，特别是局部粗集料窝应该铲除，并用新拌混合料填补。

(5)松铺系数的确定与调整。使用不同的摊铺机、不同的混合料、不同的夯重振动频率就会产生不同的松铺系数,一般常用的ABG佛格勒摊铺机,其松铺系数在1.15~1.35之间,施工时使用的松铺系数应在铺筑试验路时实测计算确定。在摊铺前,应按松铺系数调整好摊铺机。

(6)最好选用两台摊铺机一前一后,错列前进,同时摊铺。摊铺均匀布料后应立即碾压,当摊铺机允许的摊铺宽度较大时,也可采用单台摊铺一次摊铺成型,但要注意摊铺过程中避免混合料的离析。

(7)用摊铺机或平地机摊铺混合料后的整形和碾压均与路拌法相同。

7)横向接缝处理方法

(1)用摊铺机摊铺混合料时,中间不宜中断。如因故中断时间超过2h,应设置横向接缝,摊铺机应驶离混合料末端。

(2)人工将末端混合料弄整齐,紧靠混合料放两根方木。方木的高度应与混合料的压实厚度相同;整平紧靠方木的混合料。

(3)方木的另一侧用砂砾或碎石回填约3m长,其高度应高出方木几厘米,并将混合料碾压密实。

(4)在重新开始摊铺混合料之前,将砂砾或碎石和方木除去,并将下承层顶面清扫干净。

(5)摊铺机返回到已压实层的末端,更新开始摊铺混合料。

(6)如摊铺中断后,未按上述方法处理横向接缝,而中断时间超过2~3h,则应将摊铺机附近及其下面未经压实的混合料铲除,并将已碾压密实且高程和平整度符合要求的末端挖成一横向(与路中心线垂直)垂直向下的断面,然后再摊铺新的混合料。

8)纵向接缝处理方法

在不能避免纵向接缝的情况下,纵缝必须垂直相接,严禁斜接,并按下述方法处理:

(1)在前一幅摊铺时,在靠后一幅的一侧用方木或钢模板做支撑,方木或钢模板的高度应与稳定土层的压实厚度相向。

(2)养生结束后,在摊铺另一幅之前,拆除支撑木(或板)。应避免纵向接缝。如摊铺机的摊铺宽度不够、必须分两幅摊铺时,宜采用两台摊铺机一前一后相隔约5~8m同步向前摊铺混合料,并一起进行碾压。

9)养生及交通管制

水泥稳定土在养生期间应采取保湿措施,保持水泥稳定土碾压时的含水量,不让其变干。水泥稳定土的含水量减少。很容易产生干缩裂缝。采用洒水法养生时,应该注意勿使水泥土表层过湿。养生期一般为7d左右。

在养生期间未采用覆盖措施的水泥稳定层上,除洒水车外,应封闭交通。在采用覆盖措施(如覆盖砂养生或喷洒沥青膜养生)的水泥稳定土层上,不能封闭交通时,应限制车速不得超过30km/h。

养生期结束后,应根据面层厚度结构情况,尽快铺筑其上的结构层。如果其上直接为沥青面层,应立即铺沥青面层,以保护水泥稳定土基层,防止产生收缩裂缝(对于较厚的沥青面层)。或先铺一封层,通车一段时间,让水泥稳定土基层充分开裂后再铺筑沥青面层(对于较薄的沥青面层),以减少反射裂缝。

第三节　石灰稳定土基层(底基层)的施工

一、材料要求与混合料的配合比

石灰稳定土的材料要求及混合料石灰剂量,见表2-2-3、表2-2-4所示。

石灰稳定土的材料要求　　表2-2-3

材料(项目)名称	材料要求
土	塑性指数15~20的黏性土以及含有一定数量黏性土的中粒土和粗粒土(如天然砂砾土,旧级配砾石和泥结碎石路面等)均适宜于石灰稳定。用石灰稳定不含黏性土或无塑性指数的级配砂砾、级配碎石和未筛分碎石时,应添加15%左右黏性土。塑性指数偏大的黏性土,要加强粉碎,粉碎石土块的最大尺寸不应大于15mm
石灰	石灰稳定土的石灰质量要求按国家规定的石灰技术指标Ⅱ级以上的生石灰或消石灰指标。等外石灰、贝壳石灰、珊瑚石灰等,通过试验,只要石灰土混合料强度符合标准即可使用。对于高速公路和一级公路,宜采用磨细生石灰粉
其他材料	适宜做石灰稳定土基层的材料有:级配碎石、未筛分碎石、砂砾、碎石土、砂砾土、煤矸石和各种粒状渣等。碎石包括岩石碎石和矿渣碎石。石灰土集料混合料中集料的含量应在80%以上,并宜有良好的级配
石灰稳定土颗粒最大粒径	用作底基层时,颗粒的最大粒径不应超过50mm;用作基层时,颗粒的最大粒径不应超过40mm
碎(砾)石抗压碎能力	石灰稳定土中碎石或砾石的抗压碎能力应符合:一般公路的底基层,集料压碎值不大于40%;高速、一般公路的底基层、二级以下公路的基层,集料压碎值不大于35%;二级公路的基层,集料压碎值不大于30%
土的硫酸盐含量	硫酸盐含量超过0.8%的土和有机质含量超过10%的土,不宜用石灰稳定

石灰稳定土混合料石灰剂量　　表2-2-4

层　位	土料情况	不同石灰剂量配制
用于基层	砂砾土和碎石土	3%,4%,5%,6%,7%
	塑性指数小于12的黏性土	10%,12%,13%,14%,16%
	塑性指数大于12的黏性土	5%,7%,9%,11%,13%
用于底基层	塑性指数小于12的黏性土	8%,10%,11%,12%,14%
	塑性指数大于12的黏性土	5%,7%,8%,9%,11%

注:制备同一种土样、不同石灰剂量的石灰土混合料,一般情况下可按表列剂量配制。

二、石灰稳定土的施工

在粉碎的或原来松散的土(包括各种粗粒土、中粒土和细粒土)中,掺入足够数量的石灰和水,经拌和得到的混合料经摊铺压实及养生后,当其抗压强度或耐久性符合规定要求时,称为石灰稳定土。

石灰稳定土,根据材料和材料级配又分为石灰土、石灰碎石土、综合稳定土等。

石灰剂量是石灰质量占全部土颗粒的干质量的百分率,即

$$石灰剂量 = 石灰质量/干土质量$$

石灰稳定类材料适用于各级公路路面的底基层,可用作二级和二级以下公路的基层,但石

灰土不应用作高等级公路的基层。

1.路拌法施工

石灰稳定土的施工与水泥稳定土的施工方法基本相同。

石灰稳定土路拌法施工的工艺流程见图 2-2-4。施工程序如下:

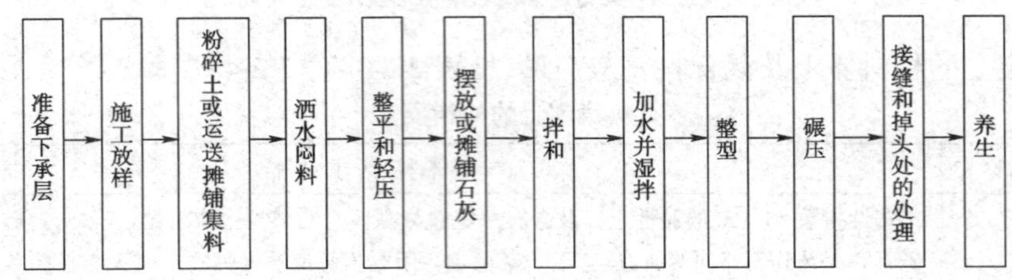

图 2-2-4　石灰稳定土路拌法施工的工艺流程

1)准备下承层

(1)石灰稳定土的下承层表面应平整、坚实、符合要求的路拱,没有任何松散材料和软弱地点。下承层的平整度和压实度应符合有关规定。

(2)当石灰稳定土用做基层时,要准备底基层;当石灰稳定土用做老路面的加强层时,要准备老路面;当石灰稳定土用做底基层时,要准备土基。

①对土基不论路堤或路堑,必须用 12 ~ 15t 三轮压路机或等效的碾压机械进行碾压检验(压 3 ~ 4 遍)。在碾压过程中,如发现土过干、表层松散,应适当洒水;如土过湿,发生"弹簧"现象,应采用挖开晾晒、换土、掺石灰或粒料等措施进行处理。

②对新完成的底基层或土基,必须按规定或规范要求进行验收。凡验收不合格的路段,必须采取措施,使其达到规定的要求后,方能在上铺筑石灰稳定土层。

③应逐个断面检查下承层高程是否符合设计要求。下承层高程的误差应符合有关规定的要求。

(3)在槽式断面的路段,两侧路肩上每隔一定距离(如 5 ~ 10m)应交错开挖泄水沟(或做盲沟)。

2)施工放样

(1)在底基层或老路面或土基上恢复中线,直线段每 15 ~ 20m 设一桩,平曲线段每 10 ~ 15m 设一桩,并在两侧路肩边缘外设指示桩。

(2)进行水平测量,在两侧指示桩上用明显标记标出石灰稳定土基层边缘的设计高程。

3)备料

(1)视具体情况,可利用老路面或土基上部材料或料场的集料。

(2)采集集料前,应先将树木、草皮和杂土清除干净。集料中的超规格尺寸颗粒应设法粉碎或予以筛除,使其颗粒满足最大粒径要求。

(3)对于塑性指数小于 15 的黏性土,机械拌和时,可视土质和机械性能确定是否需要过筛。人工拌和时,应筛除 15m 以上的土块。

(4)石灰宜选在公路两侧宽敞而临近水源且地势较高的场地集中堆放。预计堆放时间较长时,应用土、塑料布或其他材料覆盖封存。生石灰应在使用前 7 ~ 10d 充分消解。每吨生石灰消解需要用水量一般约为 500 ~ 800kg。消解后的石灰应保持一定的湿度,以免过于飞扬污染环境,但也不能过湿成团而造成使用困难。消石灰原则上应过孔径 10mm 的筛,并尽快使用。

(5)计算材料用量。根据各路段石灰稳定土层的宽度、厚度及预定的干密度,计算各路段需要的干燥材料用量。在计算材料用量时,有两种情况:一种情况与水泥稳定土施工时的材料用量计算相同;另一种情况是使用在现场消解的熟石灰,在计算每平方米面积石灰稳定土需用的石灰用量后,计算现场运石灰车每车石灰的摊铺面积,并计算每车石灰的卸放位置,即纵向和横向间距。

(6)在堆料前应先洒水,使其表面湿润,但不应过分潮湿而造成泥泞。还应注意集料在下承层上的堆置时间不应过长。运送集料只宜比摊铺集料工序提前 1 ~ 2d。

4)摊铺集料

应事先通过试验确定集料的松铺系数(或压实系数,这是混合料的松铺干密度与压实干密度的比值)。集料用量应力求准确,否则,将影响石灰剂量和混合料的强度及稳定性。集料应尽可能摊铺均匀,集料不应有粗细颗粒离析现象。摊料长度以日进度的需要量为度,够次日加灰、拌和、碾压成型即可。人工摊铺混合料时,其松铺系数可参考表 2-2-5 的值。

石灰稳定土混合料的松铺系数参考表 表 2-2-5

材料名称	松铺系数	备注
石灰土	1.53 ~ 1.58	现场人工摊铺土和石灰,机械拌和人工整平
	1.65 ~ 1.70	路外集中拌和,运到现场人工摊铺
石灰土砂砾	1.52 ~ 1.56	路外集中拌和,运到现场人工摊铺

5)洒水闷料

如过干,应事先洒水闷料,使土的含水量接近最佳值。细粒土宜闷料一夜,中粒土和粗粒土,视细土含量多少,可缩短闷料时间。

6)整型轻压

将石灰在已摊铺均匀的土层或集料层上摊铺均匀是用路拌法施工时的重要一环。如果石灰摊铺不均匀,不管用多好的路拌机械都不可能使石灰在混合料中(从面上到沿深度)分布均匀。只有土层或集料层的表面平整并具有一定的密实度,在用人工摊铺石灰时,才能将石灰在面上摊铺均匀,因此,将土或集料摊铺均匀后,必须进行整型,使其表面具有规定的路拱,并用两轮压路机碾压 1 ~ 2 遍,使土或集料层表面平整、较密实。

7)运送和摊铺石灰

按事先计算得到的每车或每袋石灰的纵横距,用石灰在土层或集料层上做卸置石灰的标记。同时划出摊铺石灰的边线。用刮板将石灰均匀摊开,石灰摊铺后,表面应没有空白位置。然后,量测石灰的松铺厚度,根据石灰的含水量的松密度,校核石灰用量是否合适。

8)拌和与整型

拌和的方法和要求与水泥稳定土相同。整型的方法和要求与水泥稳定土施工的整型相同。

石灰稳定土层表面的低洼处,严禁用薄层石灰土混合料找补。因为薄层找补极易在使用过程中脱皮压碎,导致表层破坏。因此,石灰稳定土摊铺和整平时,要严格掌握纵向坡度和路拱。摊铺时,一般要按"宁高勿低"的原则,最后整平(终平)时,一般要按"宁刮勿补"的原则处理。

9)碾压

整型后,经检查高程、横坡、平整度、含水量、含灰量均符合要求后,可进行碾压。

在人工摊铺和整型的情况下，由于稳定土层很松，需要先用拖拉机、6～8t两轮压路机或轮胎压路机碾压1～2遍。再用重型轮胎压路机、振动压路机或12t以上的三轮压路机进行碾压。

在机械摊铺和整型的情况下，用12t以上的三轮压路机、重型轮胎压路机或振动压路机在路基全宽内进行碾压。碾压一直进行到要求的密实度为止；同时表面无明显痕迹，初始速度宜采用1.5～1.7km/h为宜，以后用2.0～2.5km/h。路面的两侧，应多压2～3遍。

10）养生及交通管理

与水泥稳定土施工的方法类同。

2.厂拌法施工

石灰稳定土可以在中心站用多种机械进行集中拌和。厂拌法施工通常是指在固定的场地采用带有自动计量装置的专用稳定土拌和机（站）进行拌和，用摊铺机进行摊铺后，再碾压成型，是目前国内高速公路及高等级公路广泛采用的一种机械化程度较高的施工方法。

厂拌法工艺流程图见图2-2-5。

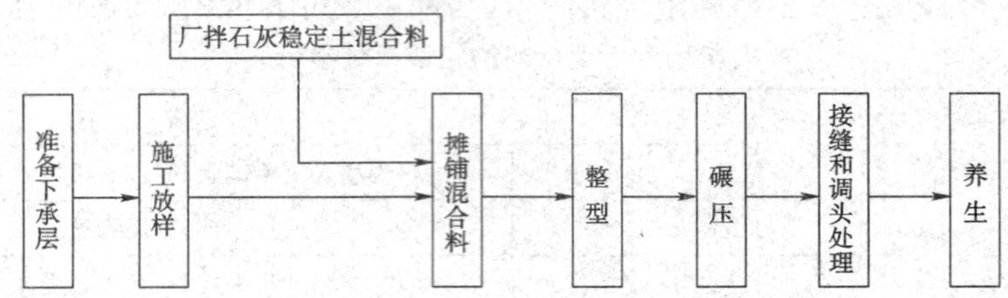

图2-2-5　石灰稳定土厂拌法工艺流程图

石灰稳定土可以在中心站用多种机械，例如强制式拌和机、双转轴桨叶式拌和机等，进行集中也可以用路拌机械或人工在场地上进行分批集料拌和。

准备下承层、施工放样、摊铺混合料、整型、碾压、接缝、调头处理和养生等同路拌法。

第四节　石灰、粉煤灰砂砾基层（底基层）的施工

一、材料要求与混合料的配合比

石灰工业废渣稳定土的材料要求及混合料的组成，见表2-2-6、表2-2-7所示。

石灰工业废渣稳定土的材料要求　表2-2-6

材料（项目）名称		材料要求
石灰		质量应符合石灰技术规定的Ⅱ级消石灰或Ⅱ级生石灰技术指标。有效钙含量20%以上的等外石灰、贝壳石灰、珊瑚石灰、电石渣等的应用，应经试验；其混合料强度符合强度标准亦可采用
粉煤灰		粉煤灰中SiO_2、Al_2O_3和Fe_2O_3总含量应大于70%，粉煤灰的烧失量不应超过20%；粉煤灰的比面积宜大于2500cm²/k。干、湿粉煤灰均可应用，湿者含水量不宜超过35%
煤渣		煤渣松干密度在700～1100 kg/m³之间，煤渣的最大粒径不应大于30 mm，颗粒组成宜有一定级配，且不宜含杂质
土	细粒土	宜采用逆性指数12～20的黏性土（亚黏土）、土中土块的最大尺寸不应大于15mm；有机质含量超过10%的土不宜选用
	中粒土和粗粒土	用作二灰混合料的集料应少含或不含有塑性指数的土

<table>
<tr><th>材料(项目)名称</th><th colspan="10">材 料 要 求</th></tr>
<tr><td>用于二级及二级以下公路的二灰稳定土</td><td colspan="10">二灰集料混合料用作底基层时,集料的最大粒径不应超过 50mm;二灰级配混合料用作基层时,集料的最大粒径不应超过 40mm;集料质量宜占 80%以上,并具有下列要求的级配</td></tr>
<tr><td rowspan="2">用于高速公路和一级公路的二灰级配集料</td><td colspan="10">二灰级配集料除直接铺筑在土基上的二灰底基层的下层外,二灰稳定集料用作底基层时,集料的最大粒径不应超过 40 mm,其颗粒组成应符合下列级配编号 1 所列范围</td></tr>
<tr><td colspan="10">二灰稳定级配集料用作基层时,混合料中集料的质量应占 80% ~ 85%,集料的最大粒径不应超过 40 mm,其颗粒组成应符合下列级配编号 2 所列范围,小于 0.075 mm 颗粒含量宜接近 0</td></tr>
<tr><td rowspan="5">二灰级配集料的级配组成</td><td colspan="10">二灰级配集料混合料中集料的颗粒组成范围</td></tr>
<tr><td rowspan="2">级配编号</td><td colspan="9">通过右列筛孔(mm)的质量百分率(%)</td></tr>
<tr><td>40</td><td>30</td><td>20</td><td>10</td><td>5</td><td>2</td><td>1</td><td>0.5</td><td>0.075</td></tr>
<tr><td>1</td><td>100</td><td>90 ~ 100</td><td>60 ~ 85</td><td>50 ~ 70</td><td>40 ~ 60</td><td>27 ~ 47</td><td>20 ~ 40</td><td>10 ~ 30</td><td>0 ~ 15</td></tr>
<tr><td>2</td><td></td><td>100</td><td>90 ~ 100</td><td>55 ~ 80</td><td>40 ~ 65</td><td>28 ~ 50</td><td>20 ~ 40</td><td>10 ~ 20</td><td>0 ~ 10</td></tr>
<tr><td rowspan="2">碎石或砾石的抗压碎能力,其压碎值</td><td colspan="10">对于二级和二级以下的公路,不大于 35%</td></tr>
<tr><td colspan="10">对于一级公路和高速公路,不大于 30%</td></tr>
</table>

注:对于二级以下公路的底基层,集料压碎值可以到 40%。

石灰工业废渣稳定土混合料的组成 表 2-2-7

采 用 材 料	用 于 层 位	材料配合比例
石灰粉煤灰	基层或底基层	石灰:粉煤灰 = 1:2 ~ 1:9
石灰粉煤灰土	基层或底基层	石灰:粉煤灰 = 1:2 ~ 1:4(对于粉土以 1:2 为宜) 石英粉煤灰:细粒土 = 30:70 ~ 90:10
石灰粉煤灰集料	基层	石灰:粉煤灰 = 1:2 ~ 1:4 石灰粉煤灰:级配集料(中粒土粗粒土) = 20:80 ~ 15:85
石灰煤渣	基层或底基层	石灰:煤渣 = 20:80 ~ 15:85
石灰煤渣土	基层或底基层	石灰:煤渣 = 1:1 ~ 1:4,石灰煤渣:组粒土 = 1:1 ~ 1:4,混合料中石灰不应少于 10%,或由试验选取强度较高的配合比
石灰煤渣集料	基层或底基层	石灰:煤渣:粒料 = (7 ~ 9):(26 ~ 33):(67 ~ 58)

注:为提高石灰工业废渣的早期强度,可外加 1% ~ 2%的水泥。

二、石灰、粉煤灰、砂砾基层(底基层)的施工

工业废渣包括粉煤灰、炉渣、煤渣、高炉矿渣(镁渣)、钢渣(已经过崩解达到稳定)、镁渣、煤矸石和其他粉状废渣。用一定比例的石灰与这些废渣中的一种或两种经加水拌和、压实和养生后,得到的一种强度和耐久性都有很大提高并符合规范规定的二,称为石灰工业废渣稳定土(简称石灰工业废渣)。

根据材料与配比的不同又分为石灰粉煤灰类、二灰土、二灰碎(砾)石等。

石灰工业废渣稳定土适用于各级公路的基层和底基层,但二灰土不应用作高级沥青路面的基层,而只用作底基层。

在高速公路和一级公路上水泥混凝土面板下,二灰土也不应用作基层。

1.石灰、粉煤灰、砂砾混合料基层施工工艺流程

石灰、粉煤灰砂砾混合料基层施工工艺流程图见图 2-2-6。

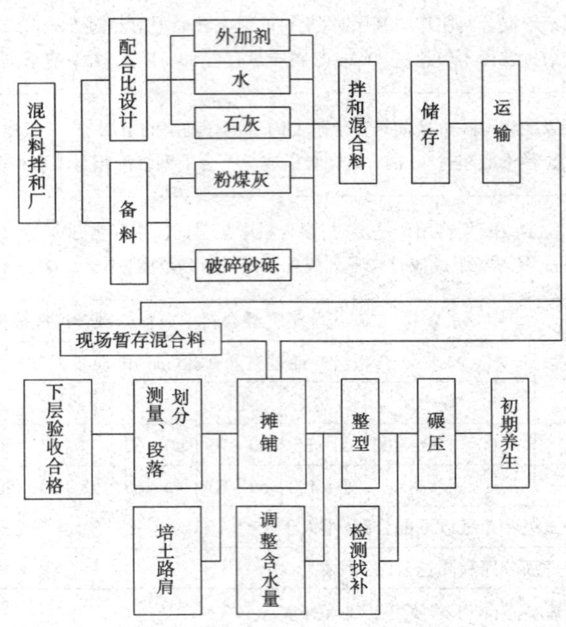

图 2-2-6　石灰、粉煤灰砂砾混合料基层施工工艺流程图

2.石灰、粉煤灰、砂砾混合料路面基层(底基层)施工要点

1)二灰稳定类的特性

由于二灰稳定类具有以下优点而被广泛采用。

(1)二灰稳定类具有较高的强度,它虽然早期强度偏低,但后期强度比较高,如在夏季一个月就能达到 1.7～2.0MPa,两个月能达到 3MPa,以后还会慢慢增长。

(2)二灰稳定类成型后经过一段时间的养护,强度逐渐增高,最后形成一个板体,有较好扩散应力的作用。

(3)二灰稳定类在形成过程中,内部进行物理-化学反应,形成致密整体,具有良好的水稳定性和抗冻性。

(4)二灰稳定类具有废物利用,有利环保的优点。特别在粉煤灰废料多的地区,如果当地土的塑性指数过小或过大,光靠石灰稳定达不到要求的强度,或是难以压实成型,这时最适宜采用二灰稳定类。

2)二灰稳定类的施工方法

二灰稳定类施工最突出的特点是容易施工,不需要严格控制从加水拌和到完成压实的时间。另外可使用传统的施工设备施工,二灰土施工可根据工程情况,可以用路拌设备进行路拌法施工;也可以采用厂拌法拌和,摊铺机摊铺施工;或者是厂拌法拌和,平地机摊铺施工。

3)二灰稳定类施工质量控制重点

二灰稳定类施工与石灰稳定类基本相同。但在下面几个方面需作为重点控制。

(1)原材料控制

严格控制原材料的质量,不使用不合要求的材料。

从二灰土的材料组成上看,土在二灰土中所占的比例最大,它是起骨架作用的。有关试验

资料表明，在同样组成比例的二灰土中，由于土的塑性指数的变化，特别是塑性指数在 10～20 之间变化，其二灰土的强度的变化尤为明显。塑性指数高的土，强度亦高，但是土的塑性指数越高，越难粉碎，不易施工，塑性指数在 20 以上的土更是难于施工。所以，有条件的话，尽量挑选塑性指数在 13～18 之间的土较为理想，不但好施工，而且各项技术指标易达到设计要求。在实际施工中，应结合当地土质情况，多做试验，多比较，同时考虑工程成本进行优选。

粉煤灰由于产地的不同，其材料性质差别较大。由于它在二灰土中石灰的激发下，有慢性固结作用，使后期强度有较多的增长。因此，应选用较细的，比表面积大的，烧失量小的粉煤灰。

石灰只要能满足 III 级以上即可。

(2)配比设计控制

应采用正交试验的方法进行配比设计。一个好的配比设计只是完成设计还不行，应在施工中不折不扣的加以实现，使拌和出来的混合料能把各种材料的组成误差控制在规定的范围内。这同样是一项关键工作，施工中应特别重视。

(3)施工工艺流程控制

①备料。粉煤灰的准备，如采用湿排的粉煤灰在使用前几天运到现场，以便滤水，干拌的粉煤灰应在装运前适当加水运送或用封闭车辆运输，以免扬灰，堆放时必须使粉煤灰含有足够的水分(含水量 15%～20%)，以防飞扬，特别是干燥多风季节，更应使料堆表面保持湿润或加覆盖。

②摊铺。运输和摊铺可按工艺流程图进行；也可先摊铺集料再运输摊铺预拌的二灰混合料。第一种材料摊铺均匀后，宜先用两轮压路机碾压 1～2 遍，然后再运输并摊铺第二种材料；同样在第二种材料层上也应先用两轮压路机碾压 1～2 遍，然后再运送并摊铺第三种材料。

③拌和。当配合比组成设计确定后，首要控制的过程就是拌和料拌和的控制，拌和料均匀一致是保证二灰土质量的前提，无论采用路拌或是厂拌，这都是必须严格控制的过程。

就路拌而言，还应注意：

根据施工配套设备能力由试验确定各种材料松铺系数；布土、布灰(石灰、粉煤灰)要均匀，厚薄一致，特别是粉煤灰石灰应码成标准断面、控制剂量，人工均匀撒布，并严格监控；松铺系数参考值如表 2-2-8 所示。

二灰稳定类松铺系数 表 2-2-8

材料名称		松铺系数	材料名称		松铺系数
人工整型	二灰土	1.5～1.7	人工整型	石灰煤渣土	1.6～1.8
	二灰集料	1.3～1.5		石灰煤渣集料	1.4

路拌法的工艺流程图见图 2-2-7。

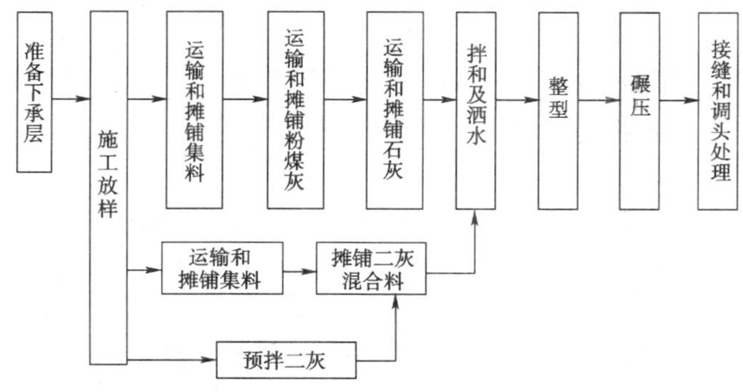

图 2-2-7 二灰稳定类路拌法的工艺流程图

厂拌法摊铺机摊铺施工采用摊铺机走钢丝控制高程、横坡；如采用平地机摊铺施工时，宜采用推土机分料初平，并排压进行初平整型，然后用平地机精平，控制方法同路拌施工。

第五节　嵌挤类路面结构层的施工

一、填隙碎石

水结碎石与干压碎石统称为填隙碎石，也就是说用单一尺寸的粗碎石做主骨料，形成嵌锁作用，用石屑填满石间的孔隙，增加密实度和稳定性，这种结构称填隙碎石。填隙碎石可适用于各等级公路的底基层和二级以下公路的基层。

1.材料要求

填隙碎石用作基层时，碎石的最大粒径不应超过60mm；用作底基层时，碎石的最大粒径不应超过80mm(均指圆孔筛)。粗碎石可以用具有一定强度的各种岩石或漂石轧制，也可以用稳定的矿渣轧制。材料中的扁平、细长和软弱颗粒不应超过15%。粗碎石的颗粒组成应符合表2-2-9的规定。

填隙碎石中粗碎石的颗粒组成　　表2-2-9

编号	标准尺寸(mm)	通过下列筛孔(mm)的质量百分率(%)							
		80	60	50	40	30	25	20	10
1	40~80	100	25~60		0~15		0~5		
2	30~60		100		25~50	0~15		0~5	
3	25~50			100	35~70		0~15		0~5

轧制碎石时所得的5mm以下的细筛余料(即石屑)是最好的填隙料，填隙料宜具有表2-2-10的颗粒组成。

填隙料的颗粒组成　　表2-2-10

筛孔尺寸(mm)	10	5	2.0	0.5	0.75	塑性指数
通过百分率(%)	100	80~100	60~80	30~50	0~10	小于6

用作基层的粗碎石的集料压碎值不大于26%；用作底基层的粗碎石的集料压碎值不大于30%。

2.施工程序

1)准备下承层

填隙碎石结构层下面是底基层、垫层或土基时，都要求严整坚实，无松散或软弱地点，平整度、压实度、路拱横坡度、控制高程都要符合规范规定的要求。

2)施工放样

在下承层上恢复中线。直线段每15~20m设一桩，平曲线段每10~15m设一桩，并在两侧路肩外设指示桩。同时要进行水平测量。在两侧指示桩上标出基层边缘的设计高程。

3)备料

根据结构层的宽度、厚度及松铺系数(1.20~1.30)计算粗碎石的用量，填隙料的用量约为粗碎石质量的30%~40%。

4)运输与摊铺粗碎石

将料用车辆运到下承层上(注意堆放距离),然后用平地机或其他适合的机具将粗碎石均匀地摊铺在预定的宽度上,并检验松铺厚度。

5)撒铺填隙料和碾压

(1)干法施工(干压碎石)

①初压。用8t两轮压路机碾压3~4遍,使粗碎石稳定就立。在直线段上,碾压从两侧路肩开始,逐渐错轮向路中心进行;在有超高路段上,碾压以内侧路肩逐渐错轮向外侧路肩进行。错轮时,每次重叠1/3轮宽。在第一遍碾压后,应再次找平。初压终了时,表面应平整,并具有要求的路拱和纵坡。

②撒铺填隙料。用石屑撒布机或类似的设备将干填隙料均匀地撒铺在已压稳的粗碎石层上,松厚约2.5~3.0cm。

③碾压。用振动压路机慢速碾压。将全部填隙料振入粗碎石间的孔隙中。如没有振动压路机,可用重型振动板。

④再次撒布填隙料。用石屑撒布机或类似的设备将干填隙料再次撒铺在粗碎石层上,松厚约2.0~2.5cm。用人工或机械扫匀。

⑤再次碾压。用振动压路机碾压,碾压过程中,对局部填隙料不足之处,人工进行找补,将局部多余的填料扫除,使填隙料不应在粗碎石表面局部地自成一层。表层必须能见粗碎石。

⑥设计厚度超过一层铺筑厚度,需在其上再铺一层时,应扫除一部分填隙料,然后在其上摊铺第二层粗碎石及填隙料。

⑦填隙碎石表面孔隙全部填满后,用12~15t三轮压路机再碾压1~2遍。在碾压过程中,不应有任何蠕动现象。

(2)湿法施工(水结碎石)

①开始的工序与干法施工相同。

②粗碎石层表面孔隙全部填满后,应立即用洒水车洒水,直到饱和为止。

③用12~15t三轮压路机跟在洒水车后面进行碾压。在碾压过程中,将湿填隙料继续扫入所出现的孔隙中。洒水和碾压应一直进行到细集料和水形成粉浆为止。

④干燥碾压完成的路段要留待一段时间,让水分蒸发。结构层变干后,表面多余的细料,应扫除干净。

填隙碎石施工完毕后,表面粗碎石间的孔隙既要填满填隙料又不能覆盖粗集料而自成一层,表面应看得见粗碎石。碾压后基层的固体体积率应不小于85%,底基层的固体体积率应不小于83%。填隙碎石基层未洒透层沥青或未铺封层时,禁止开放交通。

二、泥结碎石

采用单一尺寸的碎石和一定比例的塑性指数较高的黏性土,经过碾压密实后形成的结构层。泥结碎石结构由于施工简便和造价较低,仍在我国现有低等级公路中占有相当大的比重。

1.材料要求

1)石料

可采用轧制碎石或天然碎石。轧制碎石的材料可以是各种类型的较坚硬的岩石、圆石或矿渣。碎石的扁平细长颗粒不宜超过20%,并不得有其他杂物。碎石形状应尽量采用接近立方体,并具有棱角的为宜。泥结碎石适用的材料规格如表2-2-11。

泥结碎石材料规格 表 2-2-11

编号	通过下列筛孔(mm)的质量百分率(%)						层　位
	75	50	40	20	10		
1	100		0~15	0~5			下层或基层
2		100		0~15	0~5		
3			100	0~15	0~5		上层或面层
4				85~100		0~5	
5					85~100	0~5	嵌缝

2)黏土

泥结碎石路面中的黏土主要起粘结和填充空隙的作用。塑性指数较高的土,粘结力强而渗透性弱。其缺点是胀缩性大。反之,塑性指数低的土,则粘结力弱而渗透性强,水分容易渗入。因此,对土的塑性指数一般在 18~27 之间为宜。黏土内不得含腐殖质或其他杂质,黏土用量不宜超过石料干重的 20%。

2.施工方法与程序

泥结碎石路面的施工方法,常用灌浆法和拌和法两种,其中灌浆法修筑的效果较好。灌浆法施工,一般可按下列工序进行。

1)准备工作

包括放样、布置料堆,整理路槽和拌制泥浆。泥浆按水土体积比 0.8:1~1:1 进行拌制,过稀或不均匀,都将直接影响到结构层的强度和稳定性。

2)摊铺石料

将事先准备好的石料按松铺厚度一次铺足。松铺系数为 1.2~1.3。

3)初步碾压

初碾的目的是使碎石颗粒经初碾压紧,但仍保留有一定数量的空隙,以便泥浆能灌进去。因此,以选用三轮压路机或振动压路机碾压为宜。碾压至碎石无松动情况为佳。

4)灌浆

在初压稳定的碎石层上,灌注预先调制好的泥浆。泥浆要浇得均匀,数量要足够灌满碎石间的孔隙。泥浆的表面与碎石齐平,但碎石的棱角仍应露出泥浆之上,必要时,可用竹扫帚将泥浆扫匀。灌浆时务必使得泥浆灌到碎石层的底部,灌浆后 1~2h,当泥浆下注,孔隙中空气溢出后,在未干的碎石层表面撒嵌缝料。以填塞碎石表面的空隙,嵌缝料要撒得均匀。

5)碾压

灌浆后,待表面已干而内部泥浆尚处于半湿状态时,再用三轮压路机或振动压路机继续碾压,并随时注意将嵌缝料扫匀,直至碾压到无明显轮迹及在碾轮下材料完全稳定为止。在碾压过程中,每碾压 1~2 遍后,即撒铺薄层石屑并扫匀,再进行碾压,以便碎石缝隙内的泥浆流到表面与所撒石屑粘结成整体。

拌和法施工与灌浆法施工不同之处,是土不必制成泥浆,而是将土直接铺撒在摊铺平整的碎石层上,用平地机、多铧犁或多齿耙均匀拌和,然后用三轮压路机或振动压路机进行碾压,碾压方法同灌浆法。在碾压过程中,需要时应补充洒水,碾压 4~6 遍后,撒铺嵌缝料,然后继续碾压,直至无明显轮迹及在碾轮下材料完全稳定为止。

泥灰结碎石路面结构层施工程序与泥结碎石相同。

第六节　级配类路面结构层的施工

一、材料要求与配合比设计

在修筑级配路面结构层之前，必须对材料的级配组成进行调查。如料场的材料(包括天然砂砾或碎石)能完全符合规定的级配要求，而且塑性指数也在9(6)以下，则这种材料可直接使用。如材料不能完全符合规定的级配标准，则应针对其不足之处分别采用掺配、筛除或加土破碎等方法，使其达到规定标准。因此，需要进行混合料的配合比设计。

级配碎石、级配砾石用料的一般要求，分别见表2-2-12、表2-2-13所示。

级配碎石用料的一般要求　　　表2-2-12

项　目	内容要求
碎石最大粒径	在二级和二级以下公路上，将级配碎石用作基层时，其最大粒径应控制在40mm以内；在高速公路和一级公路上，将级配碎石用作基层以及半刚性路面的中间层时，其最大粒径宜控制在30mm以下
混合料拌和	必须拌和均匀，没有粗细颗粒离析的现象
压实度	基层和中间层为98%，底基层96%，均应在最佳含水量时进行碾压，按重型击实试验确定

级配碎石或级配碎砾石基层的颗粒组成和塑性指数——级配碎石混合料的颗粒组成范围

编号	通过右侧筛孔(mm)的质量百分率(%)								液限(%)	塑性指数
	40	30	20	10	5	2	0.5	0.075		
1	100	90~100	75~90	50~70	30~55	15~35	10~20	4~10**	小于28	小于6或9*
2		100	85~100	60~80	30~50	15~30	10~20	2~8**	小于28	小于6或9*

* 潮湿多雨地区的基层采用塑性指数不大于6，其他地区的基层采用塑性指数不大于9；

** 对于无塑性的混合料，小于0.075mm的颗粒含量应接近高限，使压实后的基层透水性小。

未筛分碎石用作底基层时的颗粒组成和塑性指数——未筛分碎石底基层级配范围

编号	通过右侧筛孔(mm)的质量百分率(%)									液限(%)	塑性指数
	50	40	30	20	10	5	2	0.5	0.075		
1	100	85~100	65~35	42~67	20~40	10~27	8~20	5~18	0~15	小于28	小于6或9*
2		100	80~100	56~87	30~60	18~46	10~33	5~20	0~15	小于28	小于6或9*

* 在潮湿多雨地区，塑性指数不大于6，其他地区塑性指数不大于9。

级配碎石或级配碎砾石所用石料压碎值要求

适用层位	压碎值
一级、高速公路的基层	不大于26%
一级、高速公路的底基层，二级公路基层	不大于30%
二级公路底基层，二级以下公路的基层	不大于35%
二级以下公路的底基层	不大于40%

注：级配碎石用作中间层时，应符合表内2号级配的要求。

级配砾石用料的一般要求 表 2-2-13

项 目	内容要求
级配砾石的压实度	用于基层的要求压实度为98%；用于底基层的要求压实度为96%；均按重型击实试验法确定
砾石最大粒径	级配砾石用作基层时，砾石的最大粒径不应超过40mm；用作底基层时，砾石的最大粒径不应超过50mm
砾石颗粒形状要求	砾石颗粒中细长及扁平颗粒含量不应超过20%，形状不合格的颗粒含量超过20%时，应掺入部分符合规格的石料
级配砾石用作基层的颗粒组成和塑性指数	见下表

级配砾石基层的集料级配范围

编号	通过下列筛孔(mm)的质量百分率(%)				
	50	40	30	20	10
1	100	90 ~ 100		65 ~ 85	45 ~ 70
2		100	90 ~ 100	75 ~ 90	50 ~ 70
3			100	85 ~ 100	60 ~ 80

编号	通过下列筛孔(mm)的质量百分率(%)				液限(%)	塑性指数
	5	2	0.5	0.075		
1	30 ~ 55	15 ~ 35	10 ~ 20	4 ~ 10**	小于28	小于6或9*
2	30 ~ 55	15 ~ 35	10 ~ 20	4 ~ 10**	小于28	小于6或9*
3	30 ~ 50	15 ~ 30	10 ~ 20	2 ~ 8**	小于28	小于6或9*

*潮湿多雨地区的基层采用塑性指数不大于6，其他地区的基层采用塑性指数不大于9；

**对于无塑性的混合料，小于0.075mm的颗粒含量应接近高限。

用于底基层的砂砾土的级配组成：

砂砾底基层的集料级配范围

通过下列筛孔(mm)的质量百分率(%)						液限(%)	塑性指数
50	40	10	5	0.5	0.075		
100	80 ~ 100	10 ~ 100	25 ~ 85	8 ~ 45	0 ~ 15	小于28	小于9

项 目	内容要求
浸水4d的承载比值	当底基层集料在最佳含水量下制作，集料的干密度与工地规定的干密度相同时，浸水1d的承载比值应不小于40%(轻交通道路)~60%(中等交通道路)
级配砾石基层石料的集料压碎值	一级公路、高速公路的底基层和二级公路的基层 不大于30% 二级公路的底基层和二级以下公路的基层 不大于35% 二级以下公路的底基层 不大于40%

二、施工程序与方法

级配砾(碎)石路面结构层一般采用拌和法施工。

1.准备工作

准备工作包括整修路槽和清底放样。下承层(土基或垫层)的压实度、高程、路拱横坡、平整度、弯沉值等指标均应满足规范规定值。

2.备料

按一定路段长度(20～50m)所需的石、砂及黏土数量进行备料。石料可直接卸在路槽内,砂及黏土堆在路肩上。堆料时,应考虑便于后续工序(如拌和及运料等)工作。

3.铺料

石料是级配砾(碎)石结构的主要材料,为了保证混合料拌和均匀,宜先摊铺大石料,然后摊铺小石料,最后细料(砂或石屑)。

4.拌和与整型

混合料拌和均匀是修好级配路面的重要一环。拌和可采用平地机或拖拉机牵引多铧犁进行。犁拌和作业长度,根据压路机的工作能力和气温高低,每段宜为100～150m。用平地机拌和时,每个作业段长度宜300～500m。拌和时边拌边洒水,使混合料的湿度均匀,避免大小颗粒分离。混合料拌和均匀后,即可将混合料整平并整理成规定的路拱横坡度。

5.碾压

混合料整型后,应在接近最佳含水量情况下立即碾压,以免水分蒸发,可采用12t以上三轮压路机、振动压路机或轮胎压路机进行碾压。碾压时,后轮应重叠1/2轮宽,并必须超过两段的接缝处。后轮压过路面全宽时,即为1遍,碾压一直进行到要求的密实度为止。在碾压过程中要经常检查含水量与压实度。

6.铺封层

碾压结束后,路表常会呈现骨料外露而周围缺少细料的麻面现象,在干燥地区作面层时,路表容易出现松散。为了防止产生这种缺陷应加铺封面,其方法是在面层上浇洒黏土浆一层,用扫帚扫匀后,随即覆盖粗砂或石屑。用轻型压路机碾压3～4遍,即可开放交通。

近年来,为了改善级配砾(碎)石结构的水稳性,也为了适应高等级公路基层的要求,出现了只采用碎石和石屑两种规格的材料按一定比例混合而成的级配碎石基层。它的施工方法是将各种材料按其粒径由大到小分三层摊铺,其配合比按摊铺虚厚控制。石屑摊铺完后,用洒水车均匀洒水,洒水量按比最佳含水量约大1%进行控制,然后用拌和机拌和。拌和后,用平地机整型,用压路机碾压。

级配碎石结构层施工时要注意:集料级配要满足要求,配料必须准确,特别是细料的塑性指数必须符合规定。掌握好虚铺厚度,路拱横坡符合规定。拌和均匀,避免粗细颗粒离析。当采用12t以上三轮压路机时,每层压实厚度以不超过15～18cm为宜,当采用重型振动压路机或轮胎压路机时,每层压实厚度可为20～23cm。

天然砂砾和级配砂砾的施工方法与程序与级配砾(碎)石相同,此处不再赘述。

第七节　其他类路面基层的施工

一、沥青稳定碎石基层

沥青稳定碎石基层按其使用特性可分为密实式、半开式及开式三类。我国传统意义上的沥青碎石属于半开式,由于其粗集料相对较多,热稳定性好。但其设计空隙率一般在10%以上,实践表明空隙率在8%～14%之间,水分容易进入结构层却无法顺畅排出,在动水压力作用下易产生水损害等病害。目前,国际上普遍采用的沥青稳定碎石类材料主要分为两类,即密级配沥青稳定碎石混合料和开级配沥青稳定碎石混合料。沥青稳定碎石可用于承受重交通水泥混凝土路面的基层。

开级配沥青稳定碎石混合料不同于我国以往空隙率大于10%的AM型沥青碎石，属于骨架空隙结构。其公称最大粒径通常大于19mm，设计空隙率大于15%，用作路面的排水基层，可使水分顺畅地排出，不会滞留在路面结构中造成水损害。此外，开级配沥青碎石基层有较强的柔性和变形能力，可以有效减少路面中的应力集中现象，减少或延缓反射裂缝的发生。

开级配沥青稳定碎石作为排水基层,使用性能良好。其空隙率较大,为达到一定的强度,集料与沥青应具有良好的粘附性,故应选石灰岩碎石,且颗粒形状接近正方体,有棱角,并有合适的级配。沥青稳定碎石排水基层的沥青用量通常为2%~2.5%,其20℃的抗压摸量值为490~750MPa。

排水基层材料必须具有足够的渗透性，以使其在规定的设计时间内排除渗进基层的水；排水基层应采用水泥或沥青结合料稳定开级配碎石等修筑高渗透性的基层；排水基层设计采用开级配的集料组成，加大水泥用量，以达到更高的渗透性、强度和稳定性，形成多孔混凝土基层。

密级配沥青稳定碎石基层混合料的公称最大粒径一般大于26.5mm,设计空隙率为3%~6%,也称为大粒径沥青混合料。密级配沥青稳定碎石配合比设计包括目标配合比设计、生产配合比设计及生产配合比验证阶段,通过配合比设计确定混合料的材料品种及配比、矿料级配、最佳沥青用量。混合料配合比确定之后,须验证其性能是否满足预期要求。

密级配沥青稳定碎石常用的配合比设计方法有马歇尔法、旋转压实法及振动成型法等。

密级配沥青稳定碎石属于热拌沥青混合料,其施工工序有施工准备、混合料拌制、运输、摊铺、压实及成型、接缝处理等。具体工艺见有关内容。

二、刚性基层

刚性基层主要指贫混凝土基层和碾压混凝土基层。

与水泥稳定碎石、二灰碎石等半刚性基层材料相比,贫混凝土基层具有更高的强度、刚度和其他良好性能。由于贫混凝土水泥用量变动范围较大,以及水泥强度等级选用的不同,其强度和模量可有较大调整。较高强度和刚度的基层可以为面层提供更为均匀而坚实的支承;可以增加路面结构的整体刚度,从而减少混凝土面层板边和角隅处的挠度,保障接缝的传荷能力及耐久性;还可以减少基层在荷载反复作用下的塑性变形,从而减少面层板底的脱空。而且,贫混凝土具有良好的抗疲劳性能。

同时,贫混凝土具有优良的抗冲刷、抗裂及抗冻等路用性能。

贫混凝土基层的应用范围较广,它可以用作高等级公路路面的基层,也可以视为路面的下面层。随着行车轴载的增大,轴次的增多,贫混凝土愈来愈多地用于承受重载交通的道路。

由于强度较高的贫混凝土基层会产生收缩裂缝,导致混凝土面层出现反射裂缝,因此,贫混凝土基层的强度不宜过高。根据路面应力分析,贫混凝土基层的厚度的适宜范围为120~200mm。

第八节　半刚性路面基层、底基层机械化施工

施工机械化在我国高等级公路特别是高速公路施工中已变为现实,公路施工正在由劳动力密集型产业向技术密集型产业过渡,这是我国公路建设事业发展的一个重要里程碑。

一、半刚性路面基层、底基层的施工工艺

在公路建设中，半刚性基层、底基层稳定土混合料的施工广泛采用两种方法，即路拌法和厂拌法，选用哪种方法，应根据公路设计施工技术规范要求及施工单位所拥有的机械设备来决定。例如高速公路和一级公路，规范规定：除直接铺筑在土基上的底基层下层可用稳定土拌和机进行路拌施工外，其上各层必须采用集中厂拌法拌和、摊铺机摊铺作业，更不允许用人工拌和施工。

下面以厂拌法为例，阐述半刚性路面基层的施工及其施工工艺。

1.施工工艺流程

半刚性路面基层施工的工艺流程可简述为：①准备下承层→②施工放样→③厂拌稳定土混合料→④运输到施工现场→⑤摊铺→⑥碾压→⑦接缝和调头处理→⑧养生。

2.主要施工机械及对机械的技术要求

按上述施工工艺流程，所用主要施工机械有：装载机或皮带集料输送机、稳定混合料拌和机、自卸汽车、摊铺机或平地机、振动压路机及轮胎压路机、洒水车。

1)稳定土混合料拌和机

在集中厂拌法施工中，稳定土混合料拌和机是关键设备之一。国内施工应用的稳定混合料拌和机有两种形式：强制连续式稳定混合料拌和机和自由跌落式稳定土拌和机。高等级公路路面基层施工必须使用强制连续式拌和机。图2-2-8所示，即为一种常用的强制连续式稳定材料拌和机。

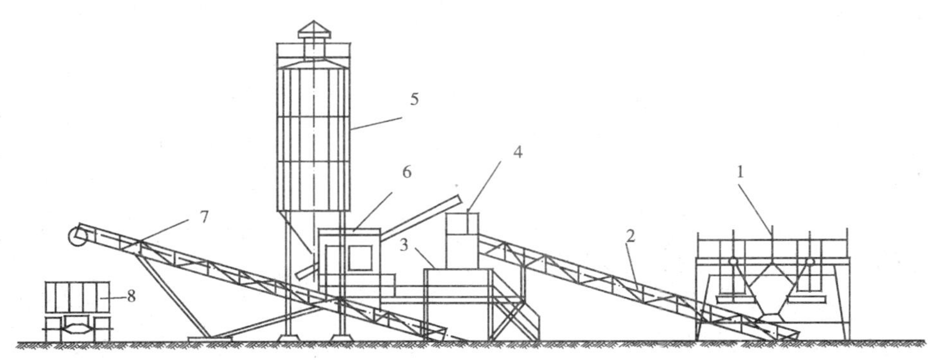

图2-2-8　强制连续式稳定材料拌和机

1-料仓；2-集料输送带；3-搅拌机；4-粉料称量计量装置；5-粉料罐；6-控制室　7-成品料输送带；8-自卸汽车

对强制连续式稳定材料拌和机的一般要求是：保证搅拌材料均匀混合及单位时间内的产量；应具有保证集料最大粒径和级配符合要求的装置；能准确地按设计要求，自动控制(按质量或体积比例)添加剂剂量及加水量，并能随时进行准确的调整。

2)摊铺机

在修建高等级公路的路基时，应使用专用的稳定混合料摊铺机进行摊铺，也可以使用沥青混凝土摊铺机进行摊铺。但某些进口的沥青摊铺机由于综合性能及设计方面的原因，在摊铺稳定混合料时易造成材料离析；在宽幅度摊铺时熨平板两端部摊铺材料的均匀密实度较差，影响整体平整度。

对摊铺机的要求是：

(1)在任何设定的摊铺厚度和摊铺速度下，摊铺机的供料系统应能满足摊铺作业对混合料

数量的需要。

(2)摊铺机的链板输送机和螺旋布料器应具有各自独立驱动的无级调速系统,能按比例自动调节混合料的速度、流量,保证均匀平整地进行摊铺。

(3)螺旋布料器能满足各种不同材料、不同厚度的摊铺要求。

(4)具有自动调平和保持铺层厚度均匀的功能。

(5)采用全液压驱动,具有保证直线行驶的左右两边驱动、自动功率分配及速度平衡装置。

(6)具有自动弯道摊铺作业功能。

(7)具有可调振幅和频率的振捣夯实梁及熨平板振动器。

3)自动平地机

优良的平地机同样可以进行混合料的摊铺,但要达到设计高程则需进行多次的刮平、修正,且使用平地机容易造成粗细集料离析,甚至把粗集料刮推至路面边缘而造成流失。因此,和摊铺机相比,在保证铺层厚度、设计高程、节约混合料和时间方面,平地机都处于劣势。目前,我国使用的一些进口平地机具有动力换挡装置,速度快,操作灵活简便,使操作者能集中精力于平整作业,因而较有利于保证工程的施工质量。

4)压实设备

压实机械是道路工程的重要施工设备。选用性能优良的振动压路机、普通压路机和轮胎压路机对保证工程质量是极为重要的。如何根据工程需要选择压路机,应从分析压路机的性能参数方面着手。

(1)机重和静线压力。如果压路机的静重增加而其他参数(频率、振幅)不变,那么施加于被压实材料上的静态和动态压力,差不多与静重成正比;同样,振动压路机的作用深度与振动轮的质量成正比,所以静线压力是振动压路机的重要参数(图 2-2-9)。

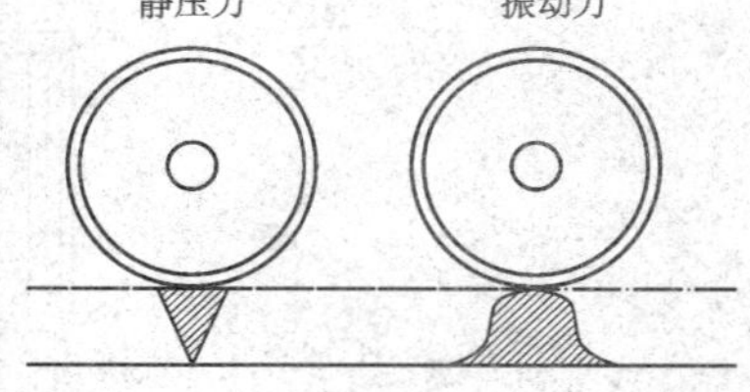

图 2-2-9 静压力与振动力作用示意图

线压力是压路机作用在一根轴上的轴荷载与轮宽的一个系数,是衡量压实性能的一个重要指标。

静线压力(N/cm) = 轴荷载(N)/轮宽(cm)

线压力是个垂直力,它产生使材料重新分布的剪切力,线压力越大,表明其压实势能越高。

轴荷载与轮宽、轮径间的关系可用下式表示:

$$N = 轴荷载/(轮宽 \times 轮径)$$

系数 N 是压路机推动其滚轮前材料运动趋势的指数,研究证明,N 值不大于 0.25N/cm,使用 N 系数设计的压路机,能减少压路机滚轮前材料的隆起和裂缝的产生,就是通常所说的减少材料推移的问题。

(2)压实速度。压路机的速度对于土壤压实效果有显著的影响。振动压路机的最佳碾压速度一般在 3 ~ 6km/h 之间,在此速度下每小时立方米的生产率最佳。在大型工程中,最佳碾压速度应通过压实试验来确定。

要求压路机具有无级变速装置,能根据作业的需要无级地调节压路机的行驶速度。

(3)振幅和频率。振幅是振动轮上下移动的量,移动的量大,作用力就大,而振动频率则是振动轮每分钟上下移动的次数。振幅和频率对压实效果关系很大,通常振动频率在 25 ~ 50Hz 之间压实效果最大。如果在整个频率范围内把振幅增大,将会获得压实效果和影响深度的显著提高,但高强度振动会造成密实度降低,甚至破坏已压实的结构层。

(4)振动轮的宽度与直径。振动轮的直径与静线压力有关.静线压力高,振动轮直径也必须大,不过振动轮直径与静线压力的关系,对于压实混合料要比压实土壤要求更严格一些。

同静力压实一样,振动压实与轮径、轮宽有关(见表2-2-14)。

振动压实与轮径、轮宽的关系 表2-2-14

振动轮		压实深度	表面平整度	振动轮		压实深度	表面平整度
宽度	宽轮	浅	平整	直径	大直径	浅	平整
	窄轮	深	差		小直径	深	差

(5)振动轮的数量。双轮振动优于单轮振动。其优点是:能达到高密实度,而且所需的压实遍数少;生产率高,压实土壤时,单轮只有双轮的80%,压实沥青时,单轮只有双轮的50%;能有效地压实较冷的沥青混合料。

(6)振动质量。振动质量是压路机振动和振动机构在振动中的质量运动。它表示:振动质量大,影响深度大,可压实更厚的铺层;能使被压实的材料易于达到要求的密实度,特别是难以碾压的材料;在其他相同条件下,用大质量的压路机碾压,只需较少的压实次数即可达到压实度要求。

(7)振动轮的驱动方式——主动或被动。动轮是主动轮相对振动轮是被动轮而言,对碾压层发生推移材料的倾向小,即主动的振动轮能减少面层的推移现象,低速时被动的振动轮对土壤的推移大,有产生表面裂纹的危险倾向。

(8)振动换向同步装置。提高碾压质量,要求压路机振动轮的旋转振动方向与行驶方向相同,在前进、倒退作业换向的同时振动轮的振动方向同时变换,以防止推移被压材料和产生裂缝现象。

(9)机架和振动轮的重力比。机架和振动轮的重力比对压实效果有一定的影响。机架重一些是有利的,振动轮可借助机架的重力压向土壤,从而可以获得更有规则的振动,但是机架重力有一个上限,超过这个限度机架重力对振动会发生很大的阻尼作用。

二、机械组合与配套

用稳定混合料修建道路的底基层与基层,必须采取科学的组织与管理,针对不同的稳定混合料,按照施工工艺及规范要求,制定出相应的组织管理措施,尤其是搞好施工机械能力的配套协调,这是保证工程质量的重要手段。施工组织方案应建立在流水作业的基础上,各工序要紧密衔接,特别要尽量缩短从拌和、摊铺到碾压成型所需的时间。对于某些稳定混合料,从拌和到碾压完毕规定有一定时间的限制,其目的是保证稳定混合料有一个良好的初凝期。

建设高等级公路,要求使用技术先进的施工机械,尤其是先进的路面机械,并实现施工作业的高度机械化,其目的在于:完全达到高等级公路设计和施工规范的要求;保证和提高工程质量;提高施工速度缩短工期;节约原材料。

1.稳定混合料机械化施工的组合方式

在高等级公路施工中广泛采用两种机械组合方式:

(1)A型机械组合:拌和设备+自卸汽车+推土机+平地机+压路机。

(2)B型机械组合:拌和设备+自卸汽车+摊铺机+压路机。

2.两种路面机械化施工组合方式评价

B型机械组合的优势:

(1)用摊铺机一次摊铺成型,能按规范要求保证各结构层的厚度和高程。

(2)保持混合料级配均匀,无离析现象,铺层厚度均匀、平整。

(3)能保证在限定的时间内完成从加水拌和至碾压成型的全部工艺程序。

(4)能保持最佳含水量,这是保证工程质量及碾压密实度的最重要条件。

(5)节约材料,防止混合料流失。

(6)摊铺作业速度较快,摊铺碾压衔接较紧,雨季也能很好地施工。

(7)从表面看成本高,机械磨损严重,但如将节约的混合料和因速度快而完成的工作量等考虑在内,进行综合比较后就会发现,使用摊铺机的B型机械组合的经济效益是高的。

A型组合的缺陷:

(1)工序较复杂,推土机、平地机需往返多次进行推刮和平整作业,易造成表面层颗粒料被刮起或造成混合料离析,在一定程度上影响稳定混合料的级配。

(2)用推土机、平地机进行摊铺,作业时间长,如果摊铺的是水泥稳定混合料,可能会对水泥的初凝期有影响。

(3)多次推刮作业,难以保持混合料的最佳含水量,从而影响压实度指标。

(4)铺层厚度和均匀性难以保证,设计高程也难于控制。

(5)整平、修刮作业中,大粒料多被刀片刮起并积于接缝处或是丢弃都将造成混合料损失。

当然,使用技术先进、性能优良的平地机,当机手技术熟练时,可在一定程度上弥补这种组合的缺陷。

通过上述比较分析可以看出,用稳定混合料修建高等级公路的基层和底基层应采用摊铺机进行摊铺作业,而一般公路则可采用平地机进行摊铺。

三、机械化施工应注意的几个问题

1.机械设备生产能力协调配套问题

这里包括两个方面的含意:其一为机械本身生产能力的配套,以形成真正的机械化施工工艺流程,充分发挥各种机械的效能;其二为施工组织调度,配套组织合理、科学,工序间衔接有序,以充分体现机械运行间的协调性,例如稳定材料拌和设备与摊铺能力的协调配套问题,一般摊铺机的摊铺能力都大,因此保证供料以使摊铺机连续作业就成为首要因素。应尽量防止和减少摊铺机走走停停间断作业的现象发生,以免影响工程质量;再依据拌和机和摊铺机的生产能力,按运距配备自卸车,按摊铺厚度、材料种类、工作量配备压实机械和其他辅助机械,以保证整个施工能连续、高效、协调地进行。

2.控制和保持最佳含水量问题

在稳定混合料中,无论是水泥土,还是石灰土或二灰土等,都要求在规定时间内完成整个作业过程,其主要原因是为了保证这些材料的初凝期,而水分又是其重要条件。要实现此目的,其一是拌和设备能按规范要求加入定量的拌和用水,并保持混合料与水的均匀混合,使各种材料颗粒间含有合适的水分;其二是减少运输过程中水分的丢失,尤其是气候炎热时应采取防止水分丢失的措施,如缩短运输周期、覆盖防晒苫布,或采取增加1%~2%含水量的预防措施;其三是尽快摊铺、尽快碾压,减少水分丢失,一旦水分丢失要适量洒水,这也是保证混合料质量的重要因素之一。

3.摊铺机的作业速度问题

摊铺机摊铺作业的关键是保持其连续不间断的作业。为此,进行摊铺作业前应有足够的混合料运到施工现场,一旦开始摊铺,就要求连续不断地进行。如果出现其他原因影响供料,造成供料不足,现场指挥调度人员应及时了解原因并采取果断措施,适当调整作业速度,以维持不间断的作业。一般情况下宜稳定在一个合适的速度下,连续不断地进行下去,时快时慢会影响摊铺质量，若因供料停机时间长，则应按摊铺作业结束来处理工作面。

4.压实作业中的问题

压实是保证工程质量的重要手段之一。选用配套压路机应考虑下列因素：

(1)工作量。指每小时需要碾压的材料总吨位量，压路机的工作量取决于摊铺机的摊铺能力。

(2)铺层厚度和振幅振频的选用。根据各种混合料的铺层厚度选择压路机的质量等级，以及振动压路机的振幅和振频。例如铺层厚度在10cm以上时，建议采用振幅1.0mm以下质量在10t左右的大中型振动压路机。铺层厚度在20cm时，建议采用1.0mm以下质量20t左右的大型压路机，否则难以达到较好的压实效果。

(3)公路等级。修建高等级公路和二级以下的公路所选用的压路机，因密实度要求不同而应有所区别。

(4)材料种类。碾压稳定混合料与碾压沥青混合料选用压实机械是有区别的。对沥青混合料就不宜采用轮胎驱动的压路机，而应该选用钢轮驱动的压路机、轮胎式压路机，由于它的特殊胎面和前后轮胎数量布置不同而常常被用作后处理终压机械。

(5)施工现场条件对工作量不大的狭窄地区作业，要选用机动性好的压路机。

(6)防止混合料被推移的问题。与沥青混合料相比，稳定混合材料是比较松散的，即使在最佳含水量的情况下，材料颗粒间缺少粘结力，若用轮胎驱动的振动压路机进行碾压，因振动轮是被动的，在轮胎的推动下铺层混合料易产生被推移的问题.这一点往往不被重视或被疏忽而严重影响铺层的密实度。如果含水量不当或受气温的影响，有时铺层表面会发生始终无法压实的情况而呈松散状，碾压的次数越多效果越糟，在这种情况下最好是洒水后稳压一下，再继续铺下一层，效果会好一些。无论是稳定混合料或沥青混合料，在压实过程中都会出现材料被推移的问题，所以驱动轮的位置是很重要的，最佳方案是选用全轮驱动的钢轮压路机。

第九节　半刚性路面基层施工注意事宜及灰用量

一、半刚性基层施工注意事宜

1.施工季节

无机结合料稳定类结构层宜在春末或夏季组织施工，施工期的最低气温应在5℃以上，并保证在冻前有一定的成型期，即第一次重冰冻(－3～－5℃)到来之前半月至一个月(水泥类)及一个月至一个半月(石灰与二灰类)完成。若不能完成则应覆盖土层以防止冻融破坏。

在雨季施工水泥稳定类结构层时，应特别注意气候变化，勿使水泥混合料遭雨淋。并采取措施排除表面水，勿使运到路上的集料过分潮湿。

2.水泥稳定类材料施工作业长度的确定

确定水泥稳定类混合料的作业长度，应综合考虑水泥的终凝时间，因此，施工时必须采用流水作业法，各工序必须紧密衔接，尽量缩短从拌和到完成碾压之间的延迟时间。一般情况下，每一流水作业段长度以200m为宜。

3.路拌法施工中土与粉煤灰用量的控制

在二灰稳定类基层施工中，石灰剂量可以检测，土与粉煤灰的比例只能在施工中加以控制。若控制不好，不仅影响强度，还会使压实度检测失去意义。实际上，土与粉煤灰不同于砂砾和碎石，后者在装卸或摊铺过程体积变化不大，而土和粉煤灰经装卸、运输和摊铺等，都能使密度发生变化。室内测量的松干密度总量偏小。如用其松干密度计算虚铺厚度将使工地用量偏多。此外,工地的运土工具复杂,难以用堆土距离控制。因此,可用稳压厚度控制配比的方法,即固定稳压的压路机及遍数,实测稳压后土及粉煤灰的干密度。反过来,通过抽检稳压厚度来控制土与粉煤灰的比例。

4.接茬处理

半刚性基层施工中,两工作段的衔接处应搭接拌和,即前一段拌和后,留 5~8m,不进行碾压。后一段施工时,将前段留下的未压部分,一起再进行拌和。对于水泥稳定类基层,在第二段施工时,前段留下未压部分,要再加部分水泥,重新拌和。对于每天最后一段末端缝的处理,要经过特殊措施(如放置方木或垂直切缝等)来进行。

拌和机及其他机械不宜在已成型的稳定层上调头,若必须在其上调头时,应采用保护措施。一般可在准备用于调头的约 8~10m 长的稳定类基层上,先覆盖一张厚塑料布(或油毡纸),然后在其上盖约 10cm 厚的一层土、砂或砂砾。

5.压实度的检测与强度控制

压实度的检测,一般是在半刚性基层碾压结束时,采用灌砂法进行。压实度检测合格后,方可收工。强度检测一般是在拌和好后、摊铺前进行现场取样,制作试件,按规范要求进行标准养生、试验,其数值应达到规范规定的要求。

二、关于铺土、铺灰的计算

在稳定土路拌法施工备料时,往往需要把设计配合比中的材料质量比换算成体积比。然后将各种材料用自卸汽车或人工堆放于路槽中,并形成一定规则的形状,然后用皮尺或测绳去量测。下面就以石灰土为例来推导其计算公式。

1.消石灰与土由质量比换算成体积比的计算公式

$$\text{石灰体积}:\text{土体积}=\frac{P_2}{\rho_2}:\frac{P_1}{\rho_1}=1:\frac{P_1\times\rho_2}{\rho_1\times P_2}=1:\frac{\rho_2}{\rho_1\times P_2} \tag{2-2-1}$$

式中:P_2、P_1——分别为消石灰及土的质量百分比($P_1=100\%$);

ρ_2——消石灰的天然松方干密度(kg/m^3);

$$\rho_2=\frac{\text{天然松方湿密度}}{1+w_2}(w_2\text{ 为消石灰的含水量})$$

ρ_1——土的天然松方干密度(kg/m^3);

$$\rho_1=\frac{\text{天然松方湿密度}}{1+w_1}(w_1\text{ 为土的含水量})$$

2.土的松铺厚度(石灰亦同理)

$$h_1=\frac{\rho_0\times\dfrac{P_1}{P_1+P_2}\times h_0}{\rho_1} \tag{2-2-2}$$

式中:h_1——土的松铺厚度(cm);

ρ_0——石灰土的最大干密度(kg/m^3);

h_0——石灰土压实(设计)厚度(cm)。

3.每延米铺张层的消石灰天然松方体积用量(土亦同理)

$$V_2 = \frac{b_0 \times h_0 \times \rho_0 \times \dfrac{P_2}{P_1 + P_2}}{\rho_2} \tag{2-2-3}$$

式中：V_2——每延米铺张层的消石灰天然松方体积用量(m^3)；

b_0——铺张层设计宽度(cm)；

h_0——铺张层设计(压实)厚度(cm)。

［例 2-2-1］ 设剂量为 11% 的石灰土结构层，结构层宽度为 6m，压实厚度为 15cm。经试验：石灰土最大干密度为 1680kg/m^3，消石灰天然松方湿密度为 495kg/m^3，土的天然松方湿密度为 1092kg/m^3。实测消石灰含水量 28%，土的含水量 4%。

解：(1)消石灰与土的体积比

$$\frac{\dfrac{11}{495}}{1.28} : \frac{\dfrac{100}{1092}}{1.04} = 1:3.35$$

(2)土的松铺厚度

$$h_1 = \frac{1680 \times 100/(100+11) \times 15}{1092/1.04} = 21.6\text{cm}$$

(3)每延米消石灰用量

$$V_2 = \frac{6 \times 0.15 \times 1680 \times 11/(100+11)}{495/1.28} = 0.39\text{m}^3$$

第十节 基层施工质量控制与检查验收

一、施工质量控制

确保基层的施工质量符合设计文件和技术规范要求是基层施工的首要任务，施工过程中应采取有效措施控制施工质量，如建立健全工地现场试验、质量检查与工序间的交接验收制度。各工序完成后应进行相应指标的检查验收，上一道工序完成且质量符合要求方可进入下一道工序的施工。施工质量控制的内容包括原材料与混合料质量技术指标的试验、铺筑试验路、质量控制与外形管理三大部分。

1.原材料与混合料质量技术指标试验

基层施工前及施工过程中原材料出现变化时，应对所采用的原材料进行规定项目的质量技术指标试验，以试验结果作为判定材料是否适用于基层的主要依据。原材料技术指标试验项目及试验方法参见前述有关的内容。

2.铺筑试验路

为了有一个标准的施工方法作指导，在正式施工前应铺筑一定长度的试验路，以便考查混合料的配合比是否适宜，确定混合料的松铺系数、标准施工方法及作业段的长度等，并根据铺筑试验路的实际过程优化基层的施工组织设计及施工机械的组合。

3.质量控制与外形管理

基层施工质量控制是在施工过程中对混合料的含水量、集料级配、结合料剂量、混合料抗压强度、拌和均匀性、压实度、表面回弹弯沉值等项目进行检查。表 2-2-15 列出了其中一些主要项目的检测频度及质量标准。外形管理包括基层的宽度、厚度、路拱横坡、平整度等，施工时应按规定的频度和质量标准进行检查。

质量控制的项目、频度和质量标准 表 2-2-15

<table>
<tr><th>工程类别</th><th colspan="2">项 目</th><th>频 度</th><th>质量标准</th><th>达不到要求时的参考处理措施</th><th>备 注</th></tr>
<tr><td rowspan="7">无结合料基层或底基层</td><td colspan="2">含水量</td><td>据观察，异常时随时试验</td><td>最佳含水量－1%～＋2%</td><td>含水量多、晾晒过干时补充洒水</td><td>开始碾压时及碾压过程中进行</td></tr>
<tr><td colspan="2">级 配</td><td>据观察异常时随时试验</td><td>在规定范围内</td><td>调查原材料，按需要修正现场配合比</td><td>在料场和施工现场进行。含土集料应用湿筛分法</td></tr>
<tr><td colspan="2">均匀性</td><td>随时观察</td><td>无粗细集料离析现象</td><td>局部填加所缺集料，补充拌和或换填新料</td><td>在摊铺、拌和和整平过程中进行</td></tr>
<tr><td colspan="2">压实度</td><td>每一作业段或不大于 2000m^2 检查 6 次以上</td><td>96%以上填隙碎石以固体体积率表示不小于 83%</td><td>继续碾压，局部含水量过大或材料不良地点，挖除并换填好料</td><td>以灌砂法为准。每个点受压路机的作用次数力求相等</td></tr>
<tr><td colspan="2">塑性指数</td><td>每 1000m^2 一次，异常时随时试验</td><td>小于规定值</td><td>塑性指数高时，掺加砂或石屑，或用石灰、水泥处治</td><td>在料场和施工现场进行。塑限用标准搓条法试验</td></tr>
<tr><td colspan="2">承载比</td><td>每 3000m^2 一次，据观察异常时随时增加试验</td><td>不小于规定值</td><td>废除，换合格的材料，或采取其他措施</td><td>在料场和施工现场进行，取样进行室内试验</td></tr>
<tr><td colspan="2">弯沉值检验</td><td>每一评定段(不超过 1km)每车道 40～50 个测点</td><td>95%或 97.7%概率的上波动界限不大于计算的容许值</td><td>继续碾压，局部处理</td><td>碾压完成后检验</td></tr>
<tr><td rowspan="8">水泥或石灰稳定土及石灰水泥综合稳定土</td><td colspan="2">级 配</td><td>每 2000m^{2}1 次</td><td>在规定范围内</td><td>调查原材料，按需要修正现场比</td><td>指稳定中粒土和粗粒土，在现场摊铺整平过程中取样</td></tr>
<tr><td colspan="2">集料压碎值</td><td>据观察，异常时随时试验</td><td>不超过规定值</td><td>废除，换合格的材料</td><td>在料场和施工现场行</td></tr>
<tr><td colspan="2">水泥或(石灰)剂量</td><td>每 2000m^{2}1 次至少 6 个样品</td><td>-1.0%</td><td>查明原因，进行调整</td><td>在摊铺、拌和、整平过程中进行</td></tr>
<tr><td rowspan="2">含水量</td><td>水泥稳定土</td><td rowspan="2">据观察，异常时随时试验</td><td>最佳含水量＋1%～＋2%</td><td rowspan="2">含水量多时，进行晾晒；过干时补充洒水</td><td rowspan="2">拌和过程中，开始碾压时及碾压过程中检验。注意水泥稳定土规定的延迟时间</td></tr>
<tr><td>石灰稳定土</td><td>最佳含水量±1%</td></tr>
<tr><td colspan="2">拌和均匀性</td><td>随时观查</td><td>无灰条灰团，色泽均匀，无离析现象</td><td>充分拌和，处理粗集料窝和粗集料带</td><td></td></tr>
<tr><td rowspan="2">压实度</td><td>稳定细粒土</td><td rowspan="2">每一作业段或不超过－2000m^2 检查 6 次以上</td><td>一般公路 93%以上，一级公路和高速公路 95%以上</td><td rowspan="2">继续碾压，局部含水量过大或材料不良地点，挖除并换填好的混合料</td><td rowspan="2">以灌砂法为准，使每个点受压路机的作用次数力求相等</td></tr>
<tr><td>稳定中粒土和稳定粗粒土</td><td>一般公路底基层 95%、基层 97%，高速公路和一级公路底基层 96%、基层 98%</td></tr>
</table>

续上表

工程类别	项目	频度	质量标准	达不到要求时的参考处理措施	备注
水泥或石灰稳定土及石灰水泥综合稳定土	抗压强度	稳定细粒土每 2000m²6 个试件；稳定中粒和粗粒土，每 2000m² 分别为 9 和 13 个试件	符合规定要求	调查原材料，按需要增加结合料剂量，改善材料颗粒组成或采用其他措施（如提高压实度等）	整平过程中随机取样一处一个样品，不应混和，制件时不再拌和，试件密实度与现场达到的密实度相同
水泥或石灰稳定土及石灰水泥综合稳定土	延迟时间	每个作业段 1 次	不超过规定	适当处理，改进施工方法	仅指水泥稳定和综合稳定土，记录从加水拌和到碾压结束的时间
石灰工业废渣	配合比	每 2000m²1 次	石灰 ±1%以内		按用量控制
石灰工业废渣	级配	每 2000m²1 次	在规定范围内		整平过程中取样，指级配集料
石灰工业废渣	含水量	据观察，异常时随时试验	最佳含水量 ±1%（二灰土为 ±2%）	含水量多时，进行晾晒，过干时摊开洒水	拌和过程中，开始碾压时及碾压过程中检验
石灰工业废渣	拌和均匀性	随时观察	无灰条灰团，色泽均匀，无离析现象	充分拌和，处理粗集料窝和粗集料带	
石灰工业废渣	压实度 二灰土	每一作业段或不超过 2000m² 检查 6 次以上	一般公路 93%以上，一级公路和高速公路 95%以上	继续碾压，局部含水量过大或材料不良地点，挖除并换填好的混合料	以灌砂法为准。每个点受压路机的作用次数力求相等
石灰工业废渣	压实度 其他含粒料的石灰工业废渣	每一作业段或不超过 2000m² 检查 6 次以上	一般公路底基层 95%、基层 97%，高速公路和一级公路底基层 96%，基层 98%	继续碾压，局部含水量过大或材料不良地点，挖除并换填好的混合料	以灌砂法为准。每个点受压路机的作用次数力求相等
石灰工业废渣	抗压强度	稳定细粒土每天两组，每组 6 个试件；稳定中粒土和粗粒土，每天分别为 9 和 13 个试件	符合规定要求	调查原材料，按需要增加石灰的用量，调整配合比，提高压实度或采取其他措施	试件密实度与现场达到的密实度相同

二、检查验收

基层施工完毕应进行竣工检查验收，内容包括竣工基层的外形、施工质量和材料质量三个方面。检查验收过程中的试验、检验应做到原始记录齐全、数据真实可靠，为质量评定提供客观、准确的依据。检查验收应随机抽样进行，不能带有任何倾向性，通常以 1km 长的路段为一个评定单位。表 2-2-16 ~ 表 2-2-21 列出了相应路面基层类型的竣工外形检查的实测项目质量标准。

填隙碎石(矿渣)基层和底基层实测项目　　表 2-2-16

项次	检查项目		规定值或允许偏差				检查方法和频率	权值
			基层		底基层			
			高速公路、一级公路	其他公路	高速公路、一级公路	其他公路		
1△	固体体积率(%)	代表值	—	85	85	83	灌砂法:每 200m 每车道 2 处	3
		极值	—	82	82	80		
2	弯沉值(0.01mm)		符合设计要求		符合设计要求		按附录检查 1 处	2
3	平整度(mm)		—	12	12	15	3m 直尺:每 200m 测 2 处×10 尺	2
4	纵断高程(mm)		—	+5,-15	+5,-15	+5,-20	水准仪:每 200m 测 4 个断面	1
5	宽度(mm)		符合设计要求		符合设计要求		尺量:每 200m 测 4 处	1
6	厚度(mm)	代表值	—	-10	-10	-12	按附录 H 检查:每 200m 每车道 1 点	2
		极值	—	-20	-25	-30		
7	横坡(%)		—	±0.5	±0.3	±0.5	水准仪:每 200m 测 4 个断面	1

注:表中附录请查《公路工程质量检验评定标准》(JTG F80/1—2004)。

级配碎(砾)石基层和底基层实测项目　　表 2-2-17

项次	检查项目		规定值或允许偏差				检查方法和频率	权值
			基层		底基层			
			高速公路、一级公路	其他公路	高速公路、一级公路	其他公路		
1△	压实度(%)	代表值	98	98	96	96	按附录 B 检查:每 200m 每车道 2 处	3
		极值	94	94	92	92		
2	弯沉值(0.01mm)		符合设计要求		符合设计要求		按附录 I 检查 1 处	3
3	平整度(mm)		8	12	12	15	3m 直尺:每 200m 测 2 处×10 尺	2
4	纵断高程(mm)		+5,-10	+5,-15	+5,-15	+5,-20	水准仪:每 200m 测 4 个断面	1
5	宽度(mm)		符合设计要求		符合设计要求		尺量:每 200m 测 4 处	1
6	厚度(mm)	代表值	-8	-10	-10	-12	按附录 H 检查:每 200m 每车道 1 点	2
		极值	-15	-20	-25	-30		
7	横坡(%)		±0.3	±0.5	±0.3	±0.5	水准仪:每 200m 测 4 个断面	1

注:表中附录请查《公路工程质量检验评定标准》(JTG F80/1—2004)。

水泥稳定粒料基层和底基层实测项目　　表 2-2-18

项次	检查项目		规定值或允许偏差				检查方法和频率	权值
			基层		底基层			
			高速公路、一级公路	其他公路	高速公路、一级公路	其他公路		
1△	压实度(%)	代表值	98	97	96	95	按附录 B 检查:每 200m 每车道 2 处	3
		极值	94	93	92	91		
2	平整度(mm)		8	12	12	15	3m 直尺:每 200m 测 2 处×10 尺	2
3	纵断高程(mm)		+5,-10	+5,-15	+5,-15	+5,-20	水准仪:每 200m 测 4 个断面	1
4	宽度(mm)		符合设计要求		符合设计要求		尺量:每 200m 测 4 处	1

续上表

项次	检查项目		规定值或允许偏差				检查方法和频率	权值
			基层		底基层			
			高速公路、一级公路	其他公路	高速公路、一级公路	其他公路		
5	厚度(mm)	代表值	-8	-10	-10	-12	按附录H检查：每200m每车道1点	3
		极值	-15	-20	-25	-30		
6	横坡(%)		±0.3	±0.5	±0.3	±0.5	水准仪：每200m测4个断面	1
7△	强度(MPa)		符合设计要求		符合设计要求		按附录G检查	3

注：表中附录请查《公路工程质量检验评定标准》(JTG F80/1—2004)。

石灰土、二灰土(石灰、粉煤粉土)基层和底基层实测项目 表 2-2-19

项次	检查项目		规定值或允许偏差				检查方法和频率	权值
			基层		底基层			
			高速公路、一级公路	其他公路	高速公路、一级公路	其他公路		
1△	压实度(%)	代表值	—	95	95	93	按附录B检查：每200m每车道2处	3
		极值	—	91	91	89		
2	平整度(mm)		—	12	12	15	3m直尺：每200m测2处×10尺	2
3	纵断高程(mm)		—	+5，-15	+5，-15	+5，-20	水准仪：每200m测4个断面	1
4	宽度(mm)		符合设计要求		符合设计要求		尺量：每200m测4处	1
5	厚度(mm)	代表值	—	-10	-10	-12	按附录H检查：每200m每车道1点	2
		极值	—	-20	-25	-30		
6	横坡(%)		—	±0.5	±0.3	±0.5	水准仪：每200m测4个断面	1
7△	强度(MPa)		符合设计要求		符合设计要求		按附录G检查	3

注：表中附录请查《公路工程质量检验评定标准》(JTG F80/1—2004)。

石灰稳定粒料基层和底基层实测项目 表 2-2-20

项次	检查项目		规定值或允许偏差				检查方法和频率	权值
			基层		底基层			
			高速公路、一级公路	其他公路	高速公路、一级公路	其他公路		
1△	压实度(%)	代表值	—	97	96	95	按附录B检查：每200m每车道2处	3
		极值	—	93	92	91		
2	平整度(mm)		—	12	12	15	3m直尺：每200m测2处×10尺	2
3	纵断高程(mm)		—	+5，-15	+5，-15	+5，-20	水准仪：每200m测4个断面	1
4	宽度(mm)		符合设计要求		符合设计要求		尺量：每200m测4处	1
5	厚度(mm)	代表值	—	-10	-10	-12	按附录H检查：每200m每车道1点	2
		极值	—	-20	-25	-30		
6	横坡(%)		—	±0.5	±0.3	±0.5	水准仪：每200m测4个断面	1
7△	强度(MPa)		符合设计要求		符合设计要求		按附录G检查	3

注：表中附录请查《公路工程质量检验评定标准》(JTG F80/1—2004)。

石灰、粉煤灰稳定粒料基层和底基层实测项目　　表 2-2-21

<table>
<tr><th rowspan="3">项次</th><th rowspan="3" colspan="2">检查项目</th><th colspan="4">规定值或允许偏差</th><th rowspan="3">检查方法和频率</th><th rowspan="3">权值</th></tr>
<tr><th colspan="2">基层</th><th colspan="2">底基层</th></tr>
<tr><th>高速公路、一级公路</th><th>其他公路</th><th>高速公路、一级公路</th><th>其他公路</th></tr>
<tr><td rowspan="2">1△</td><td rowspan="2">压实度（%）</td><td>代表值</td><td>98</td><td>97</td><td>96</td><td>95</td><td rowspan="2">按附录 B 检查：每 200m 每车道 2 处</td><td rowspan="2">3</td></tr>
<tr><td>极值</td><td>94</td><td>93</td><td>92</td><td>91</td></tr>
<tr><td>2</td><td colspan="2">平整度(mm)</td><td>8</td><td>12</td><td>12</td><td>15</td><td>3m 直尺：每 200m 测 2 处×10 尺</td><td>2</td></tr>
<tr><td>3</td><td colspan="2">纵断高程(mm)</td><td>+5，-10</td><td>+5，-15</td><td>+5，-15</td><td>+5，-20</td><td>水准仪：每 200m 测 4 个断面</td><td>1</td></tr>
<tr><td>4</td><td colspan="2">宽度(mm)</td><td colspan="2">符合设计要求</td><td colspan="2">符合设计要求</td><td>尺量：每 200m 测 4 处</td><td>1</td></tr>
<tr><td rowspan="2">5</td><td rowspan="2">厚度(mm)</td><td>代表值</td><td>-8</td><td>-10</td><td>-10</td><td>-12</td><td rowspan="2">按附录 H 检查：每 200m 每车道 1 点</td><td rowspan="2">2</td></tr>
<tr><td>极值</td><td>-15</td><td>-20</td><td>-25</td><td>-30</td></tr>
<tr><td>6</td><td colspan="2">横坡(%)</td><td>±0.3</td><td>±0.5</td><td>±0.3</td><td>±0.5</td><td>水准仪：每 200m 测 4 个断面</td><td>1</td></tr>
<tr><td>7△</td><td colspan="2">强度(MPa)</td><td colspan="2">符合设计要求</td><td colspan="2">符合设计要求</td><td>按附录 G 检查</td><td>3</td></tr>
</table>

注：表中附录请查《公路工程质量检验评定标准》(JTG F80/1—2004)。

第三章　沥青路面施工

【内容简介和学习要求】

本章概括性介绍了各种沥青路面的材料质量要求、施工程序、注意事项和验收标准；重点介绍了沥青路面机械化施工所采用方法、施工程序和注意事宜。

通过本章学习，学生能够能描述沥青路面施工的一般程序和各工序的施工内容、方法；采用新的沥青路面施工技术进行各类沥青路面的施工组织和现场施工工作。

第一节　材料质量要求

沥青路面常用作道路的面层。与水泥混凝土路面相比，沥青路面具有表面平整、无接缝、行车舒适、噪声低、施工期短等优点，因此广泛应用于各级公路。沥青与矿料的性质对沥青路面的强度、稳定性及其他路用性能的影响很大，可以说，高质量的原材料是铺筑高质量沥青路面的根本保证，因此，沥青路面使用的各种材料，必须符合规定的质量要求。

一、沥　　青

路用沥青材料包括道路石油沥青、乳化沥青、液体石油沥青、煤沥青、改性沥青、改性乳化沥青等。沥青种类及沥青标号的选择应根据路面类型、交通量、矿料性质、气候条件、施工方法及材料来源等条件选用。

1.道路石油沥青质量要求

道路石油沥青适用于各级、各类沥青路面。各个沥青等级的适用范围应符合表2-3-1的规定。道路石油沥青的质量应符合表2-3-2规定的技术要求。

道路石油沥青的适用范围　　　　表2-3-1

沥青等级	适用范围
A级沥青	各个等级的公路，适用于任何场合和层次
B级沥青	高速公路、一级公路沥青面层及以下的层次，二级及二级以下公路的各个层次；用做改性沥青、乳化沥青、改性乳化沥青、稀释沥青的基质沥青
C级沥青	三级及三级以下公路的各个层次

沥青路面可采用的沥青标号，宜按照公路等级、气候条件、交通条件、路面类型及在路面结构中的层位及受力特点、施工方法等，结合当地的使用经验，经技术比较后确定。

对高速公路、一级公路，夏季温度高、高温持续时间长、重载交通、山区及丘陵区上坡路段、服务区、停车场等行车速度慢的路段，尤其是汽车荷载剪应力大的层次，宜采用稠度大、60℃黏度大的沥青，也可提高高温气候分区的温度水平选用沥青等级；对冬季寒冷的地区或交通量小的公路、旅游公路宜选用稠度小、低温延度大的沥青；对温度日温差、年温差大的地区宜注意选用针入度指数大的沥青。当高温要求与低温要求发生矛盾时应优先考虑满足高温性能的要求。当缺乏所需标号的沥青时，可采用不同标号掺配的调和沥青，其掺配比例由试验决定，掺配后的沥青质量应符合表2-3-2的要求。

表 2-3-2

道路石油沥青技术要求

指标	单位	等级	沥青标号																	试验方法①
			160号④	130号④	110号			90号					70号③					50号③	30号④	
针入度(25℃,5s,100g)	0.1mm		140~200	120~140	100~120			80~100					60~80					40~60	20~40	T 0604
适用的气候分区⑥			注④	注④	2-1	2-2	2-3	1-1	1-2	1-3	2-2	2-3	1-3	1-4	2-2	2-3	2-4	1-4	注④	
针入度指数 PI②		A	-1.5~+1.0																	T 0604
		B	-1.8~+1.0																	
软化点(R&B)不小于	℃	A	38	40	43			45			44		46		45			49	55	T 0606
		B	36	39	42			43			42		44		43			46	53	
		C	35	37	41			42					43					45	50	
60℃动力黏度②不小于	Pa·s	A	—	60	120			160			140		180		160			200	260	T 0620
10℃延度不小于	cm	A	50	50	40			45	30	20	30	20	20	15	25	20	15	15	10	T 0605
		B	30	30	30			30	20	15	20	15	15	10	20	15	10	10	8	
15℃延度不小于	cm	A、B	100															80	50	
		C	80	80	60			50					40					30	20	
蜡含量(蒸馏法)不大于	%	A	2.2																	T 0605
		B	3.0																	
		C	4.5																	

续上表

指标	单位	等级	沥青标号							试验方法[①]
			160 号[④]	130 号[④]	110 号	90 号	70 号[③]	50 号[③]	30 号[④]	
闪点不小于	℃		230			245	260			T 0611
溶解度不小于	%		99.5							T 0607
密度(15℃)	g/cm^3		实测记录							T 0603
TFOT (或 RTFOT)后[⑤]										T 0610 或 T 0609
质量变化不大于	%		±0.8							
残留针入度比(25℃)不小于	%	A	48	54	55	57	61	63	65	T 0604
		B	45	50	52	54	58	60	62	
		C	40	45	48	50	54	58	60	
残留延度(19℃)不小于	cm	A	12	12	10	8	6	4	—	T 0605
		B	10	10	8	6	4	2		
残留延度(15℃)不小于	cm	C	40	35	30	20	15	10	—	T 0605

注:①试验方法按照现行《公路工程沥青及沥青混合料试验规程》(JTJ 052—2000)规定的方法执行。用于仲裁试验求取 PI 的 5 个温度的针入度关系的相关系数不得小于 0.997;

②经建设单位同意,表中 PI 值、60℃动力黏度、10℃延度可作为选择性指标,也可作为施工质量检验指标;

③70 号沥青可根据需要要求供应商提供针入度范围为 60~70 或 70~80 的沥青,50 号沥青可要求提供针入度范围为 40~50 或 50~60 的沥青;

④30 号沥青仅适用于沥青稳定基层。130 号和 160 号沥青除寒冷地区可直接在中低级公路上直接应用外,通常用作乳化沥青、稀释沥青、改性沥青的基质沥青;

⑤老化试验以 TFOT 为准,也可以 RTFOT 代替。

沥青必须按品种、标号分开存放。除长期不使用的沥青可放在自然温度下存储外，沥青在储罐中的储存温度不宜低于 130℃，并不得高于 170℃，避免因温度过低而引起沥青供给困难、温度过高而使沥青老化。桶装沥青应直立堆放，加盖苫布。沥青在存放、储运及使用过程中应做好防水工作，避免雨水或加热管内的蒸汽进入沥青罐(池)中。

2.乳化石油沥青

乳化石油沥青适用于沥青表处路面、沥青贯入式路面、冷拌沥青混合料路面，修补裂缝，喷洒透层、粘层与封层等。乳化沥青的品种及适用范围宜符合表 2-3-3 的规定。乳化沥青的质量应符合表 2-3-4 的规定。在高温条件下宜采用黏度较大的乳化沥青，寒冷条件下宜使用黏度较小的乳化沥青。

乳化沥青品种及适用范围 表 2-3-3

分　类	品种及代号	适 用 范 围
阳离子乳化沥青	PC-1	表处、贯入式路面及下封层
	PC-2	透层油及基层养生
	PC-3	粘层油
	BC-1	稀浆封层或冷拌沥青混合料
阴离子乳化沥青	PA-1	表处、贯入式路面及下封层
	PA-2	透层油及基层养生
	PA-3	粘层油
	BA-1	稀浆封层或冷拌沥青混合料
非离子乳化沥青	PN-2	透层油
	BN-1	与水泥稳定集料同时使用(基层路拌或再生)

道路用乳化沥青技术要求 表 2-3-4

试验项目		单位	品种及代号										试验方法
			阳离子				阴离子				非离子		
			喷洒			拌和	喷洒			拌和	喷洒	拌和	
			PC-1	PC-2	PC-3	BC-1	PA-1	PA-2	PA-3	BA-1	PN-2	BN-1	
破乳速度			快裂	慢裂	快裂或中裂	慢裂或中裂	快裂	慢裂	快裂或中裂	慢裂或中裂	慢裂	慢裂	T 0658
粒子电荷			阳离子				阴离子				非离子		T 0653
筛上残留物(1.18mm 筛)，不大于		%	0.1				0.1				0.1		T 0652
黏度	恩格拉黏度计 E_{25}		2～10	1～6	1～6	2～30	2～10	1～6	1～6	2～30	1～6	2～30	T 0622
	道路标准黏度计 $C_{25.3}$	s	10～25	8～20	8～20	10～60	10～25	8～20	8～20	10～60	8～20	10～60	T 0621
蒸发残留物	残留分含量，不小于	%	50	50	50	55	50	50	50	55	50	55	T 0651
	溶解度，不小于	%	97.5				97.5				97.5		T 0607
	针入度(25℃)	0.1 mm	50～200	50～300	45～150		50～200	50～300	45～150		50～300	60～300	T 0604
	延度(15℃)，不小于	cm	40				40				40		T 0605
与粗集料的粘附性，裹附面积，不小于			2/3			—	2/3			—	均匀	—	T 0654

续上表

试验项目	单位	品种及代号										试验方法
		阳离子				阴离子				非离子		
		喷洒			拌和	喷洒			拌和	喷洒	拌和	
		PC-1	PC-2	PC-3	BC-1	PA-1	PA-2	PA-3	BA-1	PN-2	BN-1	
与粗、细粒式集料拌和试验		—			均匀				均匀	—		T 0659
水泥拌和试验的筛上剩余,不大于	%	—				—				—	3	T 0657
常温储存稳定性: 1d,不大于 5d,不大于	%	 1 5				 1 5				 1 5		T 0655

注:①P 为喷洒型,B 为拌和型,C、A、N 分别表示阳离子、阴离子、非离子乳化沥青;

②黏度可选用恩格拉黏度计或沥青标准黏度计之一测定;

③表中的破乳速度与集料的黏性、拌和试验的要求、所使用的石料品种有关,质量检验时应采用工程上实际的石料进行试验,仅进行乳化沥青产品质量评定时可不要求此三项指标;

④储存稳定性根据施工实际情况选用试验时间,通常采用 5d,乳液生产后能在当天使用时也可用 1d 的稳定性;

⑤当乳化沥青需要在低温冰冻条件下储存或使用时,尚需按 T 0656 进行 -5℃低温稳定性试验,要求没有粗颗粒、不结块;

⑥如果乳化沥青是将高浓度产品运到现场经稀释后使用时,表中的蒸发残留物等各项指标指稀释前乳化沥青的要求。

乳化沥青使用时不需要加热,对减轻污染、保护环境很有利,常用于沥青路面的养护与维修。阳离子乳化沥青适用各种集料和施工温度较低的环境。阴离子乳化沥青适用于碱性、干燥的石料,可与水泥、石灰或粉煤灰共同使用。乳脂沥青的破乳速度、黏度宜根据用途与施工方法选择。用胶体磨或匀油机制备乳化沥青时,乳化剂用量(按有效含量计)宜为沥青质量的 0.3%~0.8%。制备温度通过试验确定,一般情况下,乳化剂水溶液的温度为 40~70℃,石油沥青加热至 120~160℃。制成后的乳化沥青应及时使用。乳化沥青宜存放在立式罐中,并保持适当搅拌;存放期以不离析、不冻结、不破乳为度。若存放时间较长,使用前应抽样检查,质量不合格的不得使用。

3.液体石油沥青

道路液体石油沥青是指用汽油、煤油、柴油等溶剂将石油沥青稀释而成的沥青产品,也称轻质沥青或稀释沥青。液体石油沥青适用于透层、粘层及拌制冷拌沥青混合料,也可用于常温沥青混合料路面及沥青路面养护与维修。根据使用目的与场所,合理选用快凝、中凝、慢凝的液体石油沥青,其质量应符合表 2-3-5 的要求。

道路用液体石油沥青技术要求 表 2-3-5

试验项目		单位	快凝		中凝						慢凝						试验方法
			AL(R)-1	AL(R)-2	AL(M)-1	AL(M)-2	AL(M)-3	AL(M)-4	AL(M)-5	AL(M)-6	AL(S)-1	AL(S)-2	AL(S)-3	AL(S)-4	AL(S)-5	AL(S)-6	
黏度	$C_{25,5}$	s	<20	—	<20	—	—	—	—	—	<20	—	—	—	—	—	T 0621
	$C_{60,5}$	s	—	5~15	—	5~15	16~25	26~40	41~100	101~200	—	1~15	16~25	26~40	41~100	101~200	

续上表

试验项目		单位	快凝		中凝						慢凝						试验方法
			AL(R)-1	AL(R)-2	AL(M)-1	AL(M)-2	AL(M)-3	AL(M)-4	AL(M)-5	AL(M)-6	AL(S)-1	AL(S)-2	AL(S)-3	AL(S)-4	AL(S)-5	AL(S)-6	
蒸馏体积	225℃前	%	>20	>15	<10	<7	<3	<2	0	0	—	—	—	—	—	—	T 0932
	315℃前	%	>35	>30	<35	<25	<17	<14	<8	<5	—	—	—	—	—	—	
	360℃前	%	>45	>35	<50	<35	<30	<25	<20	<15	<40	<35	<25	<20	<15	<5	
蒸馏后残留物	针入度(25℃)	0.1mm	60~200	60~200	100~300	100~300	100~300	100~300	100~300	100~300	—	—	—	—	—	—	T 0604
	延度(25℃)	cm	>60	>60	>60	>60	>60	>60	>60	>60	—	—	—	—	—	—	T 0605
	浮漂度(5℃)	S	—	—	—	—	—	—	—	—	<20	<20	<20	<20	<20	<20	T 0631
闪点(TOC法)		℃	>30	>30	>65	>65	>65	>65	>65	>65	>70	>70	>100	>100	>120	>120	T 0633
含水量不大于		%	0.2	0.2	0.2	0.2	0.2	0.2	0.2	0.2	2.0	2.0	2.0	2.0	2.0	2.0	T 0612

石油沥青宜采用针入度较大的石油沥青，使用前按先加热后加稀释剂的顺序，掺配煤沥青或轻柴油，经适当的搅拌、稀释制成。掺配比例根据使用要求由试验确定。

液体石油沥青在制作、储存、使用的全过程必须通风良好，并有专人负责，确保基质沥青的加热温度不超过140℃，液体沥青的储存温度不得高于50℃。

4.煤沥青

道路用煤沥青的标号根据气候条件、施工温度、使用目的选用，其质量应符合表2-3-6的规定。

道路用煤沥青技术要求 表2-3-6

试验项目		T-1	T-2	T-3	T-4	T-5	T-6	T-7	T-8	T-9	试验方法
黏度(s)	$C_{30,5}$	5~25	26~70								T 0621
	$C_{30,10}$			5~25	26~50	51~120	121~200				
	$C_{50,10}$							10~75	76~200		
	$C_{60,10}$									35~65	
蒸馏试验	170℃前，不大于	3	3	3	2	1.5	1.5	1.0	1.0	1.0	T 0641
	270℃前，不大于	20	20	20	15	15	15	10	20	10	
	300℃前不大于	15~35	15~35	30	30	25	25	20	20	15	
300℃蒸馏残留物软化点(环球法)(℃)		30~45	30~45	35~65	35~65	35~65	35~65	40~70	40~70	40~70	T 0606
水分，不大于		1.0	1.0	1.0	1.0	1.0	0.5	0.5	0.5	0.5	T 0612
甲苯不溶物，不大于(%)		20	20	20	20	20	20	20	20	20	T 0646
苯含量(%)		5	5	5	4	4	3.5	3	2	2	T 0645
焦油酸含量，不大于(%)		4	4	3	3	2.5	2.5	1.5	1.5	1.5	T 0642

道路用煤沥青适用于：各种等级公路的各种基层上的透层，宜采用T-1或T-2级，其他等

级不合喷洒要求时可适当稀释使用；三级及三级以下的公路铺筑表面处治或贯入式沥青路面，宜采用 T-5、T-6 或 T-7 级；与道路石油沥青、乳化沥青混合使用，以改善渗透性。

道路用煤沥青严禁用于热拌热铺的沥青混合料，作其他用途时的储存温度宜为 70 ~ 90℃，且不得长期储存。若存放时间较长，使用前应抽样检验，质量不符合要求的不得使用。

5.改性沥青

改性沥青是指掺加橡胶、树脂、高分子聚合物、天然沥青、磨细的橡胶粉，或者其他材料等外加掺剂(改性剂)制成，从而使沥青或沥青混合料的性能得以改善。

改性沥青可单独或复合采用高分子聚合物、天然沥青及其他改性材料制作。各类聚合物改性沥青的质量应符合表 2-3-7 的技术要求，当使用表列以外的聚合物及复合改性沥青时，可通过研究制定相应的技术要求。

聚合物改性沥青技术要求 表 2-3-7

指　标	单位	SBS 类(I)				SBS 类(II)			EVA、PE(III)				试验方法
		I-A	I-B	I-C	I-D	II-A	II-B	II-C	III-A	III-B	III-C	III-D	
针入度 25℃，100g，5s	0.1 mm	> 100	80 ~ 100	60 ~ 80	40 ~ 60	> 100	80 ~ 100	60 ~ 80	> 80	60 ~ 80	40 ~ 60	30 ~ 40	T 0604
针入度指数 PI，不小于		−1.2	−0.8	−0.4	0	−1.0	−0.8	−0.6	−1.0	−0.8	−0.6	−0.4	T 0604
延度 5℃，5cm/min 不小于	cm	50	40	30	20	60	50	40	—				T 0605
软化点 TR&B，不小于	℃	45	50	55	60	45	48	50	48	52	56	60	T 0606
运动黏度 135℃，不大于	Pa·s	3											T 0625 T 0619
闪点，不小于		230				230			230				T 0611
溶解度，不小于	%	99				99			—				T 0607
弹性恢复 25℃，不小于	%	55	60	65	75	—			—				T 0662
黏韧性，不小于	N·m	—				5			—				T 0624
韧性，不小于	N·m	—				2.5			—				T 0624
储存稳定性离析，48h 软化点差，不大于	℃	2.5				—			无改性剂明显析出、凝聚				T 0661
TFOT(或 RTFOT)后残留物													
质量变化，不大于	%	±1.0											T 0610 T 0609
针入度比 25℃，不小于	%	50	55	60	65	50	55	60	50	55	58	60	T 0604
延度 5℃，不小于	cm	30	25	20	15	30	20	10	—				T 0605

注：①表中 135℃运动黏度可采用《公路工程沥青及沥青混合料规程》(JTJ 052—2000)中的“沥青布氏旋转黏度试验方法(布洛克菲尔德黏度计)”进行测定。若在不改变沥青物理力学性质并符合安全条件的温度下易于泵送和拌和，或经证明适当提高泵送和拌和温度时能保证沥青的质量，容易施工，可不要求测定；

②储存稳定性指标适用于工厂生产的成品改性沥青，现场制作的改性沥青对储存稳定性可不作要求，但必须在制作后，保持不间断的搅拌或泵送循环，保证使用前没有明显的离析。

制造改性沥青的基质沥青应与改性剂有良好的配合性，其质量宜符合表 2-3-2 中 A 级或 B 级道路石油沥青的技术要求。供应商在提供改性沥青的质量报告时应提供基质沥青的质量检验报告或沥青样品。用作改性沥青的 SBR 胶乳中的固体物质含量不宜少于 45%，使用中严禁长时间暴晒或遭冰冻。改性沥青的剂量宜在固定式工厂或在现场设厂集中制作，也可在拌和厂现场边制造边使用，改性沥青的加工温度不宜超过180℃。胶乳类改性剂和制成颗粒的改性剂中可直接投入拌和缸中生产改性沥青混合料。

现场制作的改性沥青宜随配随用，需作短时间保存，或运送到附近的工地时，使用前必须搅拌均匀，在不发生离析的状态下使用。改性沥青制作设备必须设有随机采集样品的取样口，采集的试样宜立即在现场灌模。

工厂制作的成品改性沥青到达施工现场后存储在改性沥青罐中，改性沥青罐中必须设置搅拌设备并进行搅拌，使用前，改性沥青必须搅拌均匀。在施工过程中应定期取样检验产品质量，发现离析等不符合要求的改性沥青不得使用。

6.改性乳化沥青

改性乳化沥青宜按表2-3-8选用，质量应符合表2-3-9的技术要求。

改性乳化沥青的品种和适用范围 表2-3-8

<table>
<tr><th colspan="2">品　种</th><th>代　号</th><th>适用范围</th></tr>
<tr><td rowspan="2">改性乳化沥青</td><td>喷洒型改性乳化沥青</td><td>PCR</td><td>粘层、封层、桥面防水粘结层</td></tr>
<tr><td>拌和用乳化沥青</td><td>BCR</td><td>改性稀浆封层和微表处</td></tr>
</table>

改性乳化沥青技术要求 表2-3-9

<table>
<tr><th colspan="2" rowspan="2">试验项目</th><th rowspan="2">单　位</th><th colspan="2">品种及代号</th><th rowspan="2">试验方法</th></tr>
<tr><th>PCR</th><th>BCR</th></tr>
<tr><td colspan="2">破乳速度黏度</td><td></td><td>快裂或中裂</td><td>慢裂</td><td>T 0658</td></tr>
<tr><td colspan="2">粒子电荷</td><td></td><td>阳离子(+)</td><td>阴离子(+)</td><td>T 0653</td></tr>
<tr><td colspan="2">筛上剩余量(1.18mm)，不大于</td><td>%</td><td>0.1</td><td>0.1</td><td>T 0652</td></tr>
<tr><td rowspan="2">黏度</td><td>恩格拉黏度 E_{25}</td><td></td><td>1～10</td><td>3～30</td><td>T 0622</td></tr>
<tr><td>沥青标准黏度 $C_{25,3}$</td><td>s</td><td>8～25</td><td>12～60</td><td>T 0621</td></tr>
<tr><td rowspan="5">蒸发残留物</td><td>含量，不小于</td><td>%</td><td>50</td><td>60</td><td>T 0651</td></tr>
<tr><td>针入度(100g,25℃,5s)</td><td>0.1mm</td><td>40～120</td><td>40～100</td><td>T 0604</td></tr>
<tr><td>软化点，不小于</td><td>℃</td><td>50</td><td>53</td><td>T 0606</td></tr>
<tr><td>延度(5℃)，不小于</td><td>cm</td><td>20</td><td>20</td><td>T 0605</td></tr>
<tr><td>溶解度(三氯乙烯)，不小于</td><td>%</td><td>97.5</td><td>97.5</td><td>T 0607</td></tr>
<tr><td colspan="2">与矿料的粘附性，裹覆面积，不小于</td><td></td><td>2/3</td><td>—</td><td>T 0654</td></tr>
<tr><td rowspan="2">储存稳定性</td><td>1d，不大于</td><td>%</td><td>1</td><td>1</td><td>T 0655</td></tr>
<tr><td>5d，不大于</td><td>%</td><td>5</td><td>5</td><td>T 0655</td></tr>
</table>

注：①破乳速度与集料粘附性、拌和试验、所使用的石料品种有关。工程上施工质量检验时应采用实际的石料试验，仅进行产品质量评定时可不对这些指标提出要求；

②当用于填补车辙时，BCR蒸发残留物的软化点宜提高到不低于55℃；

③储存稳定性根据施工实际选择试验天数，通常采用5d，乳液生产后能在第二天使用完成也可选用1d。个别情况下改性沥青5d的储存稳定性难以满足要求，如果经搅拌后能够达到均匀一致并不影响正常使用，此时要求改性沥青运至工地后存放在附有搅拌装置的储存罐内，并不断地进行搅拌，否则不准使用；

④当改性沥青或特种乳化沥青需要在低温冰冻条件下储存中使用时，尚需按T 0656进行－5℃低温储存稳定性试验，要求没有粗颗粒、不结块。

二、矿　　料

沥青混合料的矿料包括粗集料、细集料及填料。粗、细集料形成沥青混合料的矿质骨架,填料与沥青组成的沥青胶浆填充于骨料间的空隙中并将矿料颗粒粘结在一起,使沥青混合料具有抵抗行车荷载和环境因素作用的能力。

1.粗集料

粗集料形成沥青混合料的主骨架,应洁净、干燥,无风化,无杂质,具有足够的强度和耐磨耗能力,与沥青有良好的粘附性能,颗粒形状以近于立方体为佳。碎石、破碎砾石、筛选砾石、钢渣、矿渣等均可作为沥青混合料的粗集料。筛选砾石仅适用于三级及三级以下公路的沥青表面处治。各种粗集料的最大粒径和规格列于表 2-3-10,质量应符合表 2-3-11 规定的技术要求。

沥青路面粗集料规格　　　　表 2-3-10

规格名称	公称粒径(mm)	通过下列筛孔(mm)的质量百分率(%)												
		106	75	63	53	37.5	31.5	26.5	19.0	13.2	9.5	4.75	2.36	0.6
S1	40 ~ 75	100	90 ~ 100	—	—	0 ~ 15	—	0 ~ 5						
S2	40 ~ 60		100	90 ~ 100	—	0 ~ 15	—	0 ~ 5						
S3	30 ~ 60		100	90 ~ 100	—	—	0 ~ 15	—	0 ~ 5					
S4	25 ~ 50			100	90 ~ 100	—	—	0 ~ 15	—	0 ~ 5				
S5	20 ~ 40				100	90 ~ 100	—	—	0 ~ 15	—	0 ~ 5			
S6	15 ~ 30					100	90 ~ 100	—	—	0 ~ 15	—	0 ~ 5		
S7	10 ~ 30					100	90 ~ 100	—	—	—	0 ~ 15	0 ~ 5		
S8	10 ~ 25						100	90 ~ 100	—	0 ~ 15	—	0 ~ 5		
S9	10 ~ 20							100	90 ~ 100	—	0 ~ 15	0 ~ 5		
S10	10 ~ 15								100	90 ~ 100	0 ~ 15	0 ~ 5		
S11	5 ~ 15								100	90 ~ 100	40 ~ 70	0 ~ 15	0 ~ 5	
S12	5 ~ 10									100	90 ~ 100	0 ~ 15	0 ~ 5	
S13	3 ~ 10									100	90 ~ 100	40 ~ 70	0 ~ 20	0 ~ 5
S14	3 ~ 5										100	90 ~ 100	0 ~ 15	0 ~ 3

高速公路、一级公路沥青路面的表面层(或磨耗层)的粗集料的磨光值应符合表 2-3-12 规定的质量技术要求。除 SMA、OGFC 路面外,允许在硬质粗集料中掺加部分较小粒径的磨光值达不到要求的粗集料,其最大掺加比例由磨光值试验确定。粗集料与沥青的粘附性应符合表 2-3-12 的要求,当使用不符合要求的粗集料时,宜掺加消石灰、水泥或用饱和石灰水处理后使用,必要时在沥青中掺加耐热、耐水、长期性能较好的抗剥落剂,也可以采用改性沥青的措施,使沥青混合料的水稳定性检验达到要求。掺加外加剂的剂量由沥青混合料的水稳定性检验确定。

破碎砾石应采用粒径大于 50mm、含泥量不大于 1%的砾石轧制,破碎砾石的破碎面应符合表 2-3-13 的要求。经破碎且存放期超过 6 个月以上的钢渣可作为粗集料使用。除吸水率允许适当放宽外,各项质量指标应符合表 2-3-11 的要求。钢渣在使用前应进行活性检验,要求钢渣中的游离氧化钙含量不大于 3%,浸水膨胀率不大于 2%。

沥青混合料用粗集料质量技术要求 表 2-3-11

指　　标	单位	高速公路及一级公路		其他等级公路	试验方法
		表面层	其他层次		
石料压碎值,不大于	%	26	28	30	T 0316
洛杉矶磨耗损失,不大于	%	28	30	35	T 0317
表观相对密度,不小于	—	2.60	2.50	2.45	T 0304
吸水率,不大于	%	2.0	3.0	3.0	T 0304
坚固性,不大于	%	12	12	—	T 0314
针片状颗粒含量(混合料),不大于	%	15	18	20	T 0312
其中颗粒大于 9.5mm,不大于	%	12	15	—	
其中颗粒小于 9.5mm,不大于	%	18	20	—	
水洗法 < 0.075mm 颗粒含量,不大于	%	1	1	1	T 0310
软石含量,不大于	%	3	5	5	T 0320

注:①坚固性试验可根据需要进行;

②用于高速公路、一级公路时,多孔玄武岩的视密度可放宽至 2.45t/m^3,吸水率可放宽到 3%,但必须得到建设单位的批准,且不得用于 SMA 路面;

③对 S14 即 3～5 规格的粗集料,针片状颗粒含量可不予要求,小于 0.075mm 含量可放宽 3%。

粗集料与沥青的粘附性、磨光值的技术要求 表 2-3-12

雨量气候区	1(潮湿区)	2(湿润区)	3(半干区)	4(干旱区)	试验方法
年降雨量(mm)	> 1000	1000～500	500～250	< 250	
粗集料的磨光值 PSV,不小于(高速公路、一级公路表面层)	42	40	38	36	T 0321
粗集料与沥青的粘附性,不小于(高速公路、一级公路表面层)	5	4	4	3	T 0616
高速公路、一级公路的其他层次及其他等级公路的各个层次	4	4	3	3	T 0663

粗集料对破碎面的要求 表 2-3-13

路面部位或混合料类型	具有一定数量破碎面颗粒的含量(%)		试 验 方 法
	1 个破碎面	2 个或 2 个以上破碎面	
沥青路面表面层			T 0364
高速公路、一级公路,不小于	100	90	
其他等级公路,不小于	80	60	
沥青路面中下表面层、基层			
高速公路、一级公路,不小于	90	80	
其他等级公路,不小于	70	50	
SMA 混合料,不小于	100	90	
贯入式路面,不小于	80	60	

2.细集料

细集料应洁净、干燥、无风化、无杂质并有一定级配,与沥青有良好的粘附能力,质量符合

表2-3-14规定的技术要求。细集料指粒径小于5mm的天然砂、机制砂、石屑。细集料的洁净程度,天然砂以小于0.075mm含量的百分数表示,石屑和机制砂当量(适用于0~4.75mm)或亚甲蓝值(适用于0~2.36mm或0~0.15mm)表示。天然砂包括河砂、海砂,通常宜采用粗、中砂,其规格应符合表2-3-15的规定。开采天然砂必须取得当地政府主管部门的许可,并符合水利及环境保护的要求。热拌密级配沥青混合料中天然砂的月量通常不宜超过集料总量的20%,SMA和OGFC混合料不宜使用天然砂。石屑是采石场破碎石料时通过4.75mm或2.36mm的筛下部分,其规格应符合表2-3-16的要求。采石场在生产石屑的过程中应具备抽吸设备,高速公路和一级公路的沥青混合料,宜将S14与S16组合使用,S15可在沥青稳定碎石基层或其他等级公路中使用。热拌沥青混合料的细集料宜采用天然砂或机制砂,在缺少天然砂的地区,也可使用石屑,但高速公路和一级公路的沥青混凝土面层及抗滑表层的石屑用量不宜超过天然砂及机制砂的用量,以确保沥青混凝土混合料的施工和易性和压实性。

沥青路面用细集料质量技术要求 表2-3-14

项目	单位	高速公路、一级公路	其他等级公路	试验方法
表观相对密度,不小于	—	2.50	2.45	T 0328
坚固性(>0.3mm部分),不小于	%	12	—	T 0340
含泥量(小于0.075的含量),不大于	%	3	5	T 0333
砂当量,不小于	%	60	50	T 0334
亚甲蓝值,不大于	g/kg	25	—	T 0346
棱角性(流动时间),不小于	s	30	—	T 0345

注:坚固性检验根据需要进行。

沥青路面用天然砂规格 表2-3-15

方孔筛(mm)	通过下列筛孔(方孔筛,mm)的质量百分率(%)		
	粗砂	中砂	细砂
9.5	100	100	100
4.75	90~100	90~100	90~100
2.36	65~95	75~100	85~100
1.18	35~65	50~90	75~100
0.6	15~29	30~59	60~84
0.3	4~20	8~30	15~45
0.15	0~10	0~10	0~10
0.075	0~5	0~5	0~5

沥青路面用石屑规格 表2-3-16

规格	公称粒径(mm)	水洗法通过各筛孔(mm)的质量百分率(%)							
		9.5	4.75	2.36	1.18	0.6	0.3	0.15	0.075
S15	0~5	100	90~100	60~90	40~75	20~55	7~40	2~20	0~10
S16	0~3	—	100	80~100	50~80	25~50	8~45	0~25	0~15

3.填料

通常采用强基性的石灰岩或岩浆岩等憎水性石料经磨细而得到的矿粉作填料。经试验确认为碱性、与沥青粘结良好的粉煤灰可作为填料的一部分,但应具有与矿粉同样的质量。由于填料的粒径很小，比表面积很大，使混合料中的结构沥青增加，从而提高沥青混合料的粘结力，因此填料是构成沥青混合料强度的重要组成部分。矿粉应干燥、洁净、无团粒，其质量应符合表 2-3-17 的技术要求。

沥青路面用矿粉质量技术要求 表 2-3-17

项　目		高速公路、一级公路	其他等级公路	试验方法
表观密度，不小于（t/m^3）		2.50	2.45	T 0352
含水量，不大于（%）		1	1	T 0103 烘干法
粒度范围	<0.6mm（%）	100	100	T 0351
	<0.15mm（%）	90～100	90～100	
	<0.075mm（%）	75～100	70～100	
外观		无团粒结块		—
亲水系数		<1		T 0353
塑性指数		<4		T 0354
加热安定性		实测记录		T 0355

粉煤灰作为填料使用时，用量不得超过填料总量的 50%，粉煤灰的烧失量应小于 12%，与矿粉混合后的塑性指数小于 4%，其余质量要求与矿粉相同。高速公路、一级公路的沥青面层不宜采用粉煤灰作填料。

4. 纤维稳定剂

稳定剂目前普遍使用于 SMA 混合料，在一般沥青混合料中也可以使用，常用的有木质素纤维、矿物纤维等。纤维应在 250℃的干拌温度下不变质、不发脆。使用纤维必须符合环保的要求，不危害身体健康。纤维必须在混合料拌和过程中能充分分散均匀。

第二节　热拌沥青混合料路面施工

一、混合料的选用

1. 沥青混合料分类

通常将未经摊铺、碾压的沥青混凝土或沥青碎石的拌和物称为沥青混合料。根据混合料中集料的最大粒径值，将热拌沥青混合料按表 2-3-18 分为特粗式、粗粒式、中粒式、细粒式及砂

热拌沥青混合料种类 表 2-3-18

混合料类型	密级配			开级配		半开级配	公称最大粒径（mm）	最大粒径（mm）
	连续级配		间断级配	间断级配				
	沥青混凝土	沥青稳定碎石	沥青马蹄酯碎石	排水式沥青磨耗层	排水式沥青碎石基层	沥青碎石		
特粗式	—	ATB-40	—	—	ATPB-40	—	37.5	53.0
粗粒式	—	ATB-30	—	—	ATPB-30	—	31.5	37.5
	AC-25	ATB-25	—	—	ATPB-25	—	26.5	31.5
中粒式	AC-20	—	SMA-20	—	—	AM-20	19.0	26.5
	AC-16	—	SMA-16	OGFC-16	—	AM-16	16.0	19.0

续上表

混合料类型	密级配			开级配		半开级配	公称最大粒径（mm）	最大粒径（mm）
	连续级配		间断级配	间断级配		沥青碎石		
	沥青混凝土	沥青稳定碎石	沥青马蹄酯碎石	排水式沥青磨耗层	排水式沥青碎石基层			
细粒式	AC-13	—	SMA-13	OGFC-13	—	AM-13	13.2	16.0
	AC-10	—	SMA-10	OGFC-10	—	AM-10	9.5	13.2
砂粒式	AC-5	—	—	—	—	AM-5	4.75	9.5
设计空隙率（%）	3~5	3~6	3~4	>18	>18	6~12	—	—

注：①设计空隙率可按配合比设计要求适当调整；

②表中各符号的意义：AC——密级配沥青混凝土混合料；ATB——密级配沥青稳定碎石混合料；SMA——沥青玛蹄脂碎石混合料；OGFC——大孔隙开级配排水式沥青磨耗层；ATPB——铺筑在沥青层底部的排水式沥青稳定碎石混合料；AM——半开级配沥青稳定碎石混合料。

粒式等类型。沥青路面的集料最大粒径一般是从上至下逐渐增大，并与压实厚度相匹配。对热拌沥青热铺密级配沥青混合料，沥青层一层的压实度不宜小于集料公称最大粒径的2.5~3.0倍，对SMA和OGFC等嵌挤型混合料不宜小于公称最大粒径的2~2.5倍，以减少离析，便于压实，因此，中粒式及细粒式适用于上层，粗粒式、特粗式只能用于中下层。

根据强度形成机理的不同，沥青混合料分为嵌挤型和密实型两类。

根据矿料级配类型的不同，沥青混合料可分为密级配型、开级配型和半开级配型。

除上述沥青混凝土混合料外，尚有其他特殊类型的沥青混合料。如用沥青、矿粉及纤维稳定剂组成的沥青玛蹄酯与具有间断级配的矿质集料混合后形成沥青玛蹄酯碎石混合料（简称SMA），具有抗滑、耐磨、抗疲劳、低噪声、抗高温车辙、低温开裂少等优点。

2.热拌沥青混合料的选用

沥青混凝土是一种优良的路用材料，主要用于高速公路和一级公路的面层。热拌沥青碎石适用于高速公路和一级公路路面的过渡层或整平层以及其他等级公路的面层。选择沥青混合料类型应在综合考虑公路所在地区的自然条件、公路等级、沥青层位、路面性能要求、施工条件及工程投资等因素的基础上，可参考表2-3-19选用。

沥青路面各层适用的沥青混合料类型　　表2-3-19

结构层次	高速公路和一级公路		其他等级公路	
	三层式沥青混凝土面层	双层式沥青混凝土面层	沥青混凝土面层	沥青碎石面层
上面层	AC-13　AC-16　AC-20	AC-13　AC-16	AC-13　AC-16	AM-13
中面层	AC-20　AC-25	—	—	—
下面层	AC-25　AC-30	AC-20　AC-25　AC-30	AC-20　AC-25　AC-30　AM-25　AM-30	AM-16　AM-30

二、混合料配合比设计

铺筑高质量的沥青路面，除使用质量符合要求的沥青和矿料外，必须进行混合料配合比设计，以确定沥青混合料的最佳组成。沥青混合料必须在对同类公路配合比设计和使用情况调查研究的基础上，充分借鉴成功的经验，选用符合要求的材料，进行配合比设计。通常按实验室目标配合比设计、生产配合比设计及生产配合比验证三个阶段进行，设计结果作为控制沥青路面施工质量的依据。

1.实验室目标配合比设计

实验室目标配合比设计阶段的任务是确定矿料的最大粒径、级配类型及最佳沥青用量。目标配合比设计程序如图 2-3-1 所示。

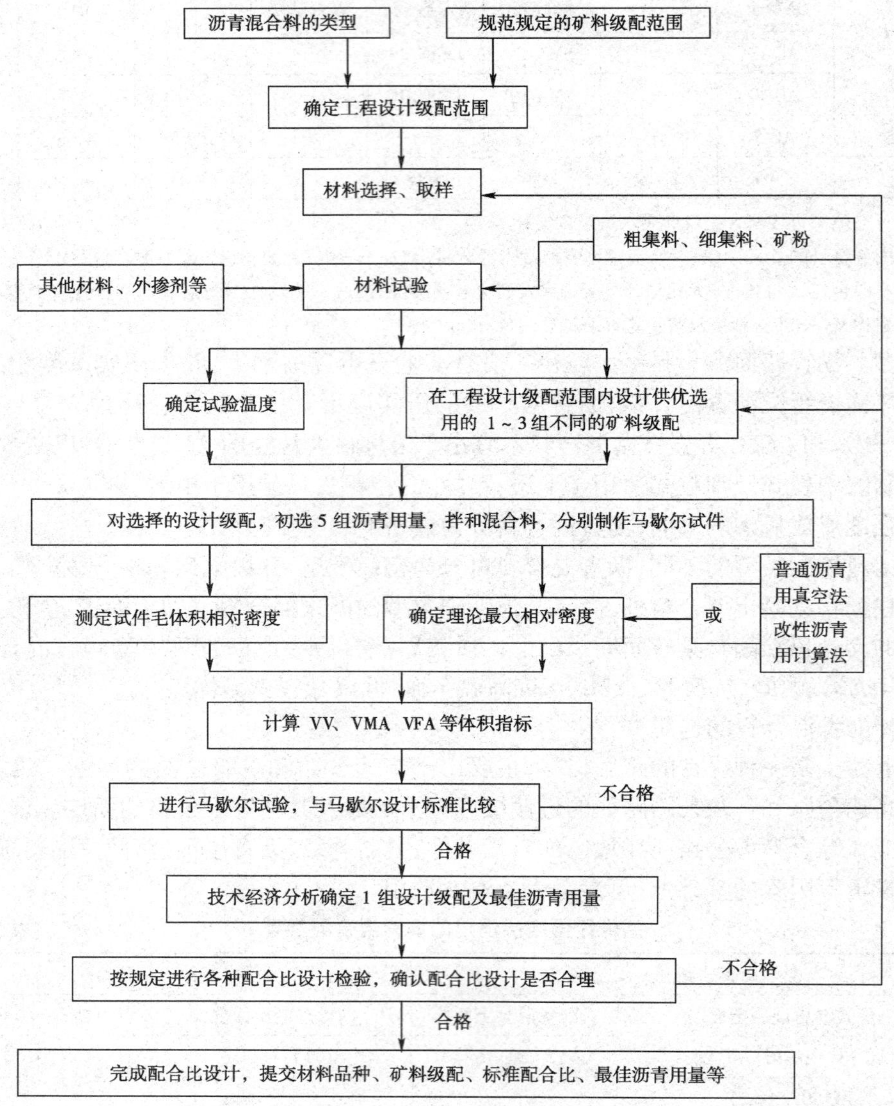

图 2-3-1 密级配沥青混合料目标配合比设计流程图

1)确定矿料最大粒径

矿料最大粒径 D 对沥青混合料的路用性能影响很大。通常取结构层厚度 h 与矿料最大粒径 D 的比值 $h/D \geqslant 2$,此时沥青混合料的施工和易性、压实性较好,易于达到规定的密实度和平整度,从而保证沥青混合料的路用性能符合要求。

2)确定矿料级配

根据所在层位、气候环境、材料来源、施工条件等确定沥青混合料类型后,在保证混合料密实度和稳定性的前提下,根据级配理论和实际需要确定矿料的级配范围。沥青混合料的矿料级配应符合工程设计规定的级配范围。密级配沥青混料宜根据公路等级、气候及交通条件按表 2-3-20 选择采用粗型(C 型)或细型(F 型)混合料,并在表 2-3-21 范围内确定工程设计级配范围。通常情况下工程设计级配范围不宜超过表 2-3-21 的要求,可采用表中规定级配范围的中值。其他类型混合料在确定矿料级配曲线时,混合料宜直接按表 2-3-21 作为工程设计级配范围。对于交通量大、轴载重及抗车辙性能要求高的公路,可取表中所列级配范围的中下限(矿料偏粗);对于交通量小、轴载轻的公路或人行道,可取级配范围的中上限(矿料偏细)。

矿料配合比可采用试算法、图解法、正规方程法等方法确定。

粗型和细型密级配沥青混凝土的关键性筛孔通过率　　表 2-3-20

混合料类型	公称最大粒径(mm)	用以分类的关键性筛孔(mm)	粗型密级配		细型密级配	
			名称	关键性筛孔通过率(%)	名称	关键性筛孔通过率(%)
AC-25	26.5	4.75	AC-25C	<40	AC-25F	>40
AC-20	19	4.75	AC-20C	<45	AC-20F	>45
AC-16	16	2.36	AC-16C	<38	AC-16F	>38
AC-13	13.2	2.36	AC-13C	<40	AC-13F	>40
AC-10	9.5	2.36	AC-10C	<45	AC-10F	>45

3)确定最佳沥青用量

沥青混合料的最佳沥青用量通过马歇尔试验确定。矿料最大粒径及级配确定后,根据表 2-3-21 所列沥青用量范围及以往工程经验,初步估计恰当的沥青用量,并以该估计值为中值,以 0.5%为步长上下变化沥青用量,取 5 个不同的沥青用量制备马歇尔试验的试件。按规定的试验温度和试验方法进行马歇尔试验,测定混合料的稳定度、流值、密度,并计算压实后混合料的剩余空隙率、饱和度及矿料间隙率。马歇尔试验的各项指标应符合表 2-3-22 或表 2-3-23 或表 2-3-24 或表 2-3-25 所列技术标准要求。在沥青用量与密度、稳定度、流值、剩余空隙率及饱和度的关系曲线图中求取相应的马歇尔试验各项指标。当各项指标均符合表 2-3-21 所列技术要求时,综合确定最佳沥青用量。当不符合表 2-3-22 或表 2-3-23 或表 2-3-24 或表 2-3-25 所列技术要求时,应调整矿料级配,重新进行配合比设计,直至各项指标均符合要求为止。

4)水稳定性和高温稳定性检验

按上述步骤设计的沥青混合料应进行水稳定性检验。进行水稳定性检验时,先用按上述步骤确定的沥青用量制作马歇尔试件,然后进行浸水马歇尔试验或真空饱水后的浸水马歇尔试验。若残留稳定度不符合表 2-3-26 的要求时,应重新进行配合比设计或采取掺加抗剥离剂等措施,直到符合要求为止。

对密级配沥青混合料宜在温度 -10℃、加载速率 50mm/min 的条件下进行弯曲试验,测定破坏强度、破坏应变、破坏劲度模量,并根据应力应变曲线的形状,综合评价沥青混合料的低温抗裂性能。其中沥青混合料的破坏应变宜不小于表 2-3-27 的要求。

对用于高速公路和一级公路上面层和中面层的沥青混合料,还应进行高温稳定性检验,即通过车辙试验机车辙能力进行检验,二级公路参照执行。制作板式试件,在 60℃、轮压 0.7MPa 的条件下进行车辙试验的动稳定度 DS,其数值应满足表 2-3-28 的要求。

表 2-3-21

沥青混合料矿料级配范围

级配类型			通过下列筛孔(mm)的质量百分率(%)															沥青用量(%)
			53	37.5	31.5	26.5	19.0	16.0	13.2	9.5	4.75	2.36	1.18	0.6	0.3	0.15	0.075	
密级配沥青混凝土	粗粒式	AC－25			100	90～100	75～90	65～83	57～76	45～65	24～52	16～42	12～33	8～24	5～17	4～13	3～7	4.0～6.0
	中粒式	AC－20				100	90～100	78～92	62～80	50～72	26～56	16～44	12～33	8～24	5～17	4～13	3～7	
		AC－16					100	90～100	76～92	60～80	34～62	20～48	13～36	9～26	7～18	5～14	4～8	
	细粒式	AC－13						100	90～100	68～85	38～68	24～50	15～38	10～28	7～20	5～15	4～8	
		AC－10							100	90～100	45～75	30～58	20～44	13～32	9～23	6～16	4～8	
	砂粒式	AC－5								100	90～100	55～75	35～55	20～40	12～28	7～18	5～10	
沥青玛蹄酯碎石	中粒式	AC－20				100	90～100	72～92	62～82	40～55	18～30	13～22	12～20	10～16	9～14	8～13	8～12	
		AC－16					100	90～100	62～85	45～65	20～32	15～24	14～22	12～18	10～15	9～14	8～12	
	细粒式	AC－13						100	90～100	50～75	20～34	15～26	14～24	12～20	10～16	9～15	8～12	
		AC－10							100	90～100	28～60	20～32	14～26	12～22	10～18	9～16	8～13	
开级配排水磨耗层	中粒式	OGFC-16					100	90～100	70～90	45～70	12～30	10～22	6～18	4～15	3～12	3～8	2～6	
		OGFC-13						100	90～100	60～80	12～30	10～22	6～18	4～15	3～12	3～8	2～6	
	细粒式	OGFC-10							100	90～100	50～70	10～22	6～18	4～15	3～12	3～8	2～6	
密级配沥青碎石	特粗式	ATB－40	100	90～100	75～92	65～85	49～71	43～63	37～57	30～50	20～40	15～32	10～25	8～18	5～14	3～10	2～6	
		ATB－30		100	90～100	70～90	53～72	44～66	39～60	31～51	20～40	15～32	10～25	8～18	5～14	3～10	2～6	
	粗粒式	ATB－25			100	90～100	60～80	48～68	42～62	32～52	20～40	15～32	10～25	8～18	5～14	3～10	2～6	
半开级配沥青碎石	中粒式	AM－20				100	90～100	60～85	50～75	40～65	15～40	5～22	2～16	0～12	0～10	0～8	0～5	
		AM－16					100	90～100	60～85	45～68	18～42	6～25	3～18	1～14	0～10	0～8	0～5	
	细粒式	AM－13						100	90～100	50～80	20～45	8～28	4～20	2～6	0～10	0～8	0～6	
		AM－10							100	85～100	35～65	10～35	5～22	2～16	0～12	0～9	0～6	
开级配沥青稳定碎石	特粗式	ATPB－40	100	90～100	65～90	55～85	43～75	32～70	20～65	12～50	0～3	0～3	0～3	0～3	0～3	0～3	0～3	
		ATPB－30		100	80～100	70～95	53～85	36～80	26～75	14～60	0～3	0～3	0～3	0～3	0～3	0～3	0～3	
	粗粒式	ATPB－25			100	80～100	60～100	45～90	30～82	16～70	0～3	0～3	0～3	0～3	0～3	0～3	0～3	

密级配沥青混凝土混合料马歇尔试验技术标准

（本表适用于最大粒径≤26.5 的密级配沥青混凝土混合料） 表 2-3-22

试验指标		单位	高速公路、一级公路				其他等级公路	行人道路
			夏炎热区（1-1、1-2、1-3、1-4 区）		夏热区及夏凉区（2-1、2-2、2-3、2-4、3-2 区）			
			中轻交通	重载交通	中轻交通	重载交通		
击实次数（双面）		次	75				50	50
试件尺寸		mm	ϕ101.6mm×63.5mm					
空隙率 VV	深约 90mm 以内	%	3～5	4～6	2～4	3～5	3～6	2～4
	深约 90mm 以下	%	3～6		2～4	3～6	3～6	—
稳定度 MS 不小于		kN	8					
流值 FL		mm	2～4	1.5～4	2～4.5	2～4	2～4.5	2～5
矿料间隙率 VMA（%），不小于	设计空隙率（%）		相应于以下公路最大粒径（mm）的最小 VMA 及 VFA 技术要求（%）					
			26.5	19	16	13.2	9.5	4.75
	2		10	11	11.5	12	13	15
	3		11	12	12.5	13	14	16
	4		12	13	13.5	14	15	17
	5		13	14	14.5	15	16	18
	6		14	15	15.5	16	17	19
沥青饱和度 VFA（%）			55～70	65～75			70～85	

注：①对空隙率大于 5% 的夏炎热区重载交通路段，施工时应至少提高压实度 1 个百分点；

②当设计的空隙率不是整数时，由内插确定要求的 VMA 最小值；

③对改性沥青混合料，马歇尔试验的流值可适当放宽。

沥青稳定碎石混合料马歇尔试验配合比设计技术标准

表 2-3-23

试验指标	单位	密级配基层（ATB）		半开级配面层（AM）	排水式开级配磨耗层（OGFC）	排水式开级配基层（ATPB）
公称最大粒径	mm	26.5mm	等于或大于 31.5mm	等于或小于 26.5mm	等于或小于 26.5mm	所有尺寸
马歇尔试件尺寸	mm	ϕ101.6mm×63.5mm	ϕ152.4mm×95.3mm	ϕ101.6mm×63.5mm	ϕ101.6mm×63.5mm	ϕ152.4mm×95.3mm
击实次数（双面）	次	75	112	50	50	75
空隙率 VV	%	3～6		6～10	不小于 18	不小于 18
稳定度，不小于	kN	7.5	15	3.5	3.5	—
流值	mm	1.5～4	实测	—	—	—
沥青饱和度 VFA	%	55～70		40～70	—	—
密级配基层 ATB 的矿料间隙率 VMA（%），不小于		设计空隙率（%）		ATB-40	ATB-30	ATB-25
		4		11	11.5	12
		5		12	12.5	13
		6		13	13.5	14

注：在干旱地区，可将密级配沥青稳定碎石基层的空隙率适当的放宽到 8%。

SMA 混合料马歇尔试验配合比设计技术要求 表 2-3-24

试验项目	单位	技术要求		试验方法
		不使用改性沥青	使用改性沥青	
马歇尔试件尺寸	mm	ϕ101.6mm×63.5mm		T 0702
马歇尔试件击实次数	—	两面击实 50 次		T 0702
空隙率 VV	%	3~4		T 0705
矿料间隙率 VMA,不小于	%	17.0		T 0705
粗集料骨架间隙率 VCA_{mix},不小于	—	VCA_{DRC}		T 0705
沥青饱和度 VFA	%	75~85		T 0705
稳定度,不小于	kN	5.5	6.0	T 0709
流值	mm	2~5	—	T 0709
谢伦堡沥青析漏试验的结合料损失	%	不大于 0.2	不大于 0.1	T 0732
肯塔堡飞散试验的混合料损失或浸水飞散试验	%	不大于 20	不大于 15	T 0733

注:①对集料坚硬不易击碎,通行重载交通的路段,也可将击实次数增加为双面 75 次;

②对高温稳定性要求较高的重交通路段或炎热地区,设计空隙率允许放宽到 4.5%,VMA 允许放宽到 16.5%(SMA-16)或 16%(SMA-19),VFA 允许放宽到 70%;

③试验粗集料骨架间隙率 VCA 的关键性筛孔,对 SMA-19、SMA-16 是指 4.75mm,对 SMA-13、SMA-10 是指 2.36mm;

④稳定度难以达到要求时,容许放宽到 5.0kN(非改性)或 5.5kN(改性),但动稳定增长度检验必须合格。

OGFC 混合料技术要求 表 2-3-25

试验项目	单位	技术要求	试验方法
马歇尔试件尺寸	mm	ϕ101.6mm×63.5mm	T 0702
马歇尔试件击实次数	—	两面击实 50 次	T 0702
空隙率	%	18~25	T 0705
马歇尔稳定度,不小于	kN	3.5	T 0709
析漏损失	%	<0.3	T 0732
肯塔堡飞散损失	%	<20	T 0733

沥青水稳定性混合料检验技术要求 表 2-3-26

气候条件与技术条件		相应于下列气候分区的技术要求(%)				试验方法
年降雨量(mm)及气候分区		>1000	500~1000	250~500	<250	
		潮湿区	湿润区	半干区	干旱区	
浸水马歇尔试验残留稳定度(%),不小于						
普通沥青混合料		80		75		T 0709
改性沥青混合料		85		80		
SMA 混合料	普通沥青	75				
	改性沥青	80				
冻融劈裂试验的残留强度比(%),不小于						
普通沥青混合料		75		70		T 0729
改性沥青混合料		80		75		
SMA 混合料	普通沥青	75				
	改性沥青	80				

沥青混合料低温弯曲试验破坏应变(με)技术要求 表 2-3-27

气候条件与技术指标	相应于下列气候分区所要求的破坏应变(με)									试验方法
年极端最低气温(℃)及气候分区	< -37.0		-21.5 ~ -37.0			-9.0 ~ -21.5		< -9.0		
	1.潮湿区		2.湿润区			3.半干区		4.干旱区		
	1-1	2-1	1-2	2-2	3-2	1-3	2-3	1-4	2-4	
普通沥青混合料,不小于	2600		2300			2000				
改性沥青混合料,不小于	3000		2800			2500				T 0715

沥青混合料车辙试验稳定度技术要求 表 2-3-28

气候条件与技术指标		相应于下列气候分区年要求的动稳定度(次/mm)									试验方法
七月平均最高温度(℃)及气候分区		>30				20~30			<20		
		夏炎热区				夏热区			夏凉区		
		1-1	1-2	1-3	1-4	2-1	2-2	2-3	2-4	3-2	
普通沥青混合料,不小于		800		1000		600	800			600	
改性沥青混合料,不小于		2400		2800		2000	2400			1800	
SMA混合料	非改性,不小于	1500									T 0719
	改性,不小于	3000									
OGFC混合料		1500(一般交通路段)、3000(重交通量路段)									

注:①如果其他月份的平均气温高于七月时,可使用该月平均最高气温;

②在特殊情况下,如钢桥面铺装、重载车特别多或纵坡较大的长距离上坡路段、厂矿专用道路,可酌情提高动稳定度的要求;

③对因气候寒冷确需使用针入度很大的沥青(如大于100),动稳定度难以达到要求,或因采用石灰岩等不很坚硬的石料,改性沥青混合料的动稳定度难以达到要求等特殊情况可酌情降低要求;

④为满足炎热地区及重载车要求,在配合比设计时采取减少最佳沥青用量的技术措施时,可适当提高试验温度或增加试验荷载进行试验,同时增加试件的碾压型密度和方式压实度要求;

⑤车辙试验不得采用二次加热的混合料,试验必须检验其密实是否符合试验规程的要求;

⑥如需要对公称最大粒径等于和大于26.5mm的混合料进行车辙试验,可适当增加试件的厚度,但不宜作为评定合格与否的依据。

2.生产配合比设计阶段

用间歇式拌和机拌和沥青混合料时,将两次筛分后进入各热料仓的矿料取样筛分,计算矿料的配合比比例,并用目标配合比设计阶段确定的最佳沥青用量±0.5%进行马歇尔试验;根据试验结果决定各热料仓的材料比例,并调整最佳沥青用量,供拌和机控制室使用,同时反复调整冷料仓比例以达到供料均衡。用连续式拌和机拌和时,目标配合比设计就是生产配合比设计。

3.生产配合比验证阶段

生产配合比验证阶段是拌和机按生产配合比及最佳沥青用量±0.3%进行试拌,并铺筑试验路段。通常用拌和机拌和的沥青混合料样品和沥青路面钻芯做马歇尔试验。若各项马歇尔试验指标均符合规范要求,则以此时的沥青混合料配合比为标准配合比,作为控制拌和质量的依据和施工质量检查的标准。

三、施　　工

热拌沥青混合料路面采用厂拌法施工,集料和沥青均在拌和机内进行加热与拌和,并在热的状态下摊铺碾压成型。施工按下列顺序进行。

1.施工前的准备

施工前的准备工作主要包括原材料的质量检查、施工机械的选型和配套、拌和厂选址与备料、下承层准备、试验路铺筑等工作。

1)原材料质量检查

沥青、矿料的质量应符合前述有关的技术要求。

2)施工机械的选型和配套

确定合理的机械类型、数量及组合方式,使沥青路面的施工连续、均衡,质量高,效益好。检修各种施工机械,保证正常运行。

3)拌和厂选址与备料

拌和厂设置应符合环保、消防安全等规定,设置在空旷、干燥、运输条件良好的地方。应配备实验室及足够的试验仪器和设备,并有可靠的电力供应。各种材料分类别、分品种、分标号按规范要求分别堆放,不得混杂。为施工提供充足的料源。

4)试验路铺筑

试验路的长度根据试验目的确定,通常在 100 ~ 200m。热拌沥青混合料路面的试验路铺筑分试拌、试铺及总结三个部分:

(1)通过试拌确定拌和机的上料速度、拌和数量、拌和时间及拌和温度等;验证沥青混合料目标生产配合比,提出生产用的矿料配合比及沥青用量。

(2)通过试铺确定透层沥青的标号和用量、喷洒方式、喷洒温度,确定热拌沥青混合料的摊铺温度、摊铺速度、摊铺宽度、自动找平方式等操作工艺,确定碾压顺序、碾压温度、碾压速度及遍数等压实工艺,确定松铺系数和接缝处理方法等;建立用钻孔法及核子密度仪法测定密实度的对比关系,确定粗粒式沥青混凝土或沥青碎石路面的压实密度,为大面积路面施工提供标准方法和质量检查标准。

(3)确定施工产量及作业段长度,制订施工进度计划,全面检查材料质量及施工质量,落实施工组织及管理体系、人员、通讯联络方式及指挥方式等。试验路铺筑结束后,施工单位应就各项试验内容提出试验总结报告,取得主管部门的批准后方可用以指导大面积沥青路面的施工。

5)沥青路面铺筑温度控制

石油沥青加工及沥青混合料施工温度应根据沥青标号及黏度、气候条件、铺装层的厚度确定。普通石油沥青结合料的施工宜通过在 135℃及 175℃条件下测定的黏度-温度曲线按表 2-3-29的规定确定。缺乏黏温曲线数据时,可参照表 2-3-30 的范围选择,并根据实际情况确定使用高值或低值。当表中温度不符合实际情况时,容许作适当的调整。

确定沥青混合料拌和及压实温度的适宜温度 表 2-3-29

黏 度	适宜于拌和的沥青结合料黏度	适宜于压实的沥青结合料黏度	测定方法
表观黏度	0.17Pa·s ± 0.02Pa·s	0.28Pa·s ± 0.03Pa·s	T 0625
运动黏度	$170mm^2/s \pm 20mm^2/s$	$280mm^2/s \pm 30mm^2/s$	T 0619
赛波特黏度	85s ± 10s	140s ± 15s	T 0623

聚合物改性沥青混合料的施工温度根据实践经验并参考表 2-3-31 选择。通常宜较普通沥青混合料的施工温度提高 10 ~ 20℃。对采用冷态胶直接喷入法制作的改性沥青混合料,集料烘干温度应进一步提高。

热拌沥青混合料的施工温度(℃) 表 2-3-30

施工工序		石油沥青的标号			
		50号	70号	90号	110号
沥青加热温度		160～170	150～165	150～160	145～155
矿料加热温度	间歇式拌和机	集料加热温度比沥青温度高10～30			
	连续式拌和机	矿料加热温度比沥青温度高5～10			
沥青混合料出料温度		150～170	145～165	140～160	135～155
混合料储料仓储存温度		储料过程中温度降低不超过10			
混合料废弃温度,高于		200	195	190	185
运输到现场温度,不低于		150	145	140	135
混合料摊铺温度,不低于	正常施工	140	135	130	125
	低温施工	160	150	140	135
开始碾压的混合料内部温度,不低于	正常施工	135	130	125	120
	低温施工	150	145	135	130
碾压终了的表面温度,不低于	钢轮压路机	80	70	65	60
	轮胎压路机	85	80	75	70
	振动压路机	75	70	60	55
开放交通的路表温度,不高于		50	50	50	45

注:①沥青混合料的施工温度采用具有金属探测针的插入式数显温度计测量。表面温度可采用表面接触式温度计测定。当采用红外线温度计测量表面温度时,应进行标定;

②表中未列入的130号、160号及3号沥青的施工温度由试验确定。

聚合物改性沥青混合料的正常施工温度范围(℃) 表 2-3-31

工序	聚合物改性沥青品种		
	SBS	SBR胶乳类	EVA、PE类
沥青加热	160～165		
改性沥青现场制作温度	165～170	—	165～170
成品改性沥青加热温度,不高于	175	—	175
集料加热温度	190～220	200～210	185～195
改性沥青SMA混合料出厂温度	170～185	160～180	165～180
混合料最高温度(废弃温度)	195		
混合料储存温度	拌和出料后降低不超过10		
摊铺温度	160		
初压开始温度,不低于	150		
碾压终了的表面温度,不低于	90		
开放交通时的表面温度,不高于	50		

注:①沥青混合料的施工温度采用具有金属探测针的插入式数显温度计测量。表面温度可采用表面接触式温度计测定。当采用红外线温度计测量表面温度时,应进行标定;

②当采用表列以外的聚合物或天然沥青改性沥青时,施工温度由试验确定。

SMA混合料的施工温度应视纤维品种和数量、矿粉用量的不同,在改性沥青混合料的基础上作适当的提高。

2.沥青混合料拌和

热拌沥青混合料必须在沥青拌和厂(场、站)采用专用拌和机拌和。

1)拌和设备与拌和流程

拌和沥青混合料时,先将矿料粗配、烘干、加热、筛分、精确计量,然后加入矿粉和热沥青,最后强制拌和成沥青混合料。若拌和设备在拌和过程中骨料烘干与加热为连续进行,而加入矿粉和沥青后的拌和为间歇(周期)式进行,则这种拌和设备为间歇式拌和机。若矿料烘干、加热与沥青混合料拌和均为连续进行,则为连续式拌和机。强制间歇式沥青混凝土拌和机拌和工艺流程如图 2-3-2 所示。

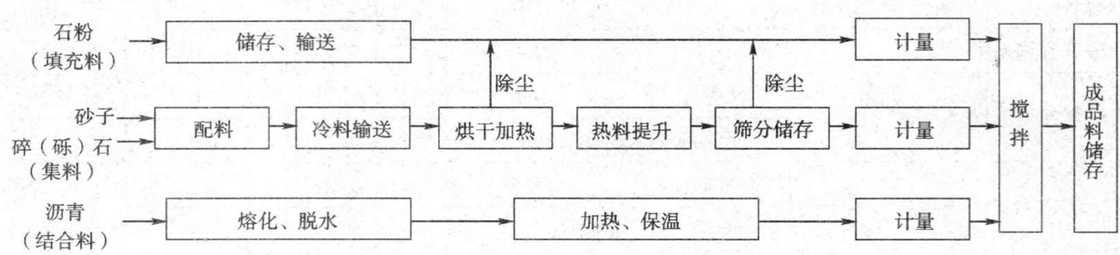

图 2-3-2 强制间歇式沥青混凝土拌和机拌和工艺流程图

间歇式拌和机拌和质量较好,而连续式拌和机拌和速度较高。当路面材料多来源、多处供应或质量不稳定时,不得用连续式拌和机拌和。高速公路和一级公路的沥青混凝土宜采用间歇式拌和机拌和。自动控制、自动记录的间歇式拌和机在拌和过程中应逐盘打印沥青及各种矿料的用量和拌和温度。

2)拌和要求

拌和时应根据生产配合比进行配料,严格控制各种材料的用量和拌和温度,确保沥青混合料的拌和质量。沥青与矿料的加热温度应符合规定的要求,超过规定加热温度的沥青混合料已部分老化,应禁止使用。沥青混合料的拌和时间以混合料拌和均匀、所有矿料颗粒全部被均匀裹覆沥青为度,一般应通过试拌确定。间歇式拌和机每锅拌和时间宜为 30 ~ 50s(其中干拌时间不得少于 5s);连续式拌和机的拌和时间由上料速度和温度动态调节。

拌和的沥青混合料应色泽均匀一致、无花白料、无结团成块或严重粗细料离析现象,不符合要求的混合料应废弃并对拌和工艺进行调整。拌和的沥青混合料不立即使用时,可存入成品储料仓,存放时间以混合料温度符合摊铺要求为准。

3)拌和质量检查

检查内容包括拌和温度的测试和抽样进行马歇尔试验并做好检查记录。控制拌和温度是确保沥青混合料拌和质量的关键,通常在混合料装车时用温度计或红外测温仪测试。抽取拌和的沥青混合料进行马歇尔试验,测试稳定度、流值、空隙率。用沥青抽提试验确定沥青用量,并检查抽提后矿料的级配组成,以各项测试数据作为判定拌和质量的依据。

3.沥青混合料运输

热拌沥青混合料宜采用吨位较大的自卸汽车运输,汽车车厢应清扫干净并在内壁涂一薄层油水混合液。从拌和机向运料车上放料时应每放一料斗混合料挪动一下车位,以减小集料离析现象。运料车应用篷布覆盖以保温、防雨、防污染,夏季运输时间短于 0.5h 时可不覆盖。混合料运料车的运输能力应比拌和机拌和或摊铺机摊铺能力略有富余。施工过程中,摊铺机前方应有运料车在等候卸料。运料车在摊铺机前 10 ~ 30cm 处停住,不得撞击摊铺机;卸料时运料车挂空挡，靠摊铺机推动前进，以利于摊铺平整。运到摊铺现场的沥青混合料应符合表2-3-30或表2-3-31规定的摊铺温度要求。已结成团块、遭雨淋湿的混合料不得使用。

4.沥青混合料摊铺

将混合料摊铺在下承层上是热拌沥青混合料路面施工的关键工序之一，内容包括摊铺前的准备工作、摊铺机各种参数的选择与调整、摊铺作业等工作。沥青混合料摊铺机操作示意如图2-3-3所示。

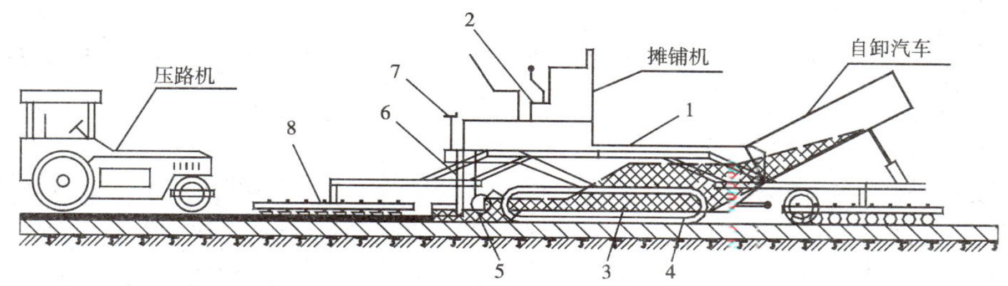

图2-3-3 沥青混合料摊铺机操作示意图

1-料斗；2-驾驶台；3-送料器；4-履带；5-螺旋摊铺器；6-振捣器；7-厚度调节螺杆；8-摊平板

1)摊铺前的准备工作

摊铺前的准备工作包括下承层准备、施工测量及摊铺机检查等。

摊铺沥青混合料前应按要求在下承层上浇洒透层、粘层或铺筑下封层。热拌沥青混合料面层下的基层应具有设计规定的强度和适宜的刚度，有良好的水温稳定性，干缩和温缩变形应较小，表面平整、密实，高程及路拱横坡符合设计要求且与沥青面层结合良好。沥青面层施工前应对其下承层作必要的检测，若下承层受到损坏或出现软弹、松散或表面浮尘时，应进行维修。下承层表面受到泥土污染时应清理干净。

摊铺沥青混合料前应提前进行高程及平面控制等施工测量工作。高程测量的目的是确定下承层表面高程与设计高程相差的确切数值，以便挂线时纠正为设计值以保证施工层的厚度；为便于控制摊铺宽度和方向，应进行平面测量。

在每工作日的开工准备阶段，应对摊铺机的刮板输送器、闸门、螺旋布料器、振动梁、熨平板、厚度调节器等工作装置和调节机构进行检查，在确认各种装置及机构处于正常工作状态后才能开始施工，若存在缺陷和故障时应及时排除。

2)调整、确定摊铺机的参数

摊铺前应先调整摊铺机的机构参数和运行参数。其中，机构参数包括熨平板的宽度、摊铺厚度、熨平板的拱度、初始工作迎角等。

摊铺机的摊铺带宽度应尽可能达到摊铺机的最大摊铺宽度，这样可减少摊铺次数和纵向接缝，提高摊铺质量和摊铺效益。确定摊铺宽度时，最小摊铺宽度不应小于摊铺机的标准摊铺宽度，并使上下摊铺层的纵向接缝错位30cm以上。摊铺厚度是用两块5~10cm宽的长方木为基准来确定，方木长度与熨平板纵向尺寸相当，厚度为摊铺厚度。定位时将熨平板抬起，方木置于熨平板两端的下面，然后放下熨平板，此时熨平板自由落在方木上，转动厚度调节螺杆，使之处于微量间隙的中值。摊铺机熨平板的拱度和初始工作迎角根据各机型的操作方法调节，通常要经过试铺来确定。

摊铺机的运行参数为摊铺机作业速度，合理确定作业速度是提高摊铺机生产效率和摊铺质量的有效途径。若摊铺速度过快，将造成摊铺层松散、混合料供应困难，停机待料时，会在摊铺层表面形成台阶,影响混合料平整度和压实性;若摊铺时慢、时快、时开、时停,会降低混合料平整度和密实度。因此,应在综合考虑沥青混合料拌和设备的生产能力、车辆运输能力及其他施工条件的基础上,以稳定的供料能力保证摊铺机以某一速度连续作业。

3)摊铺作业

首先是对熨平板加热,以免摊铺层被熨平板上粘附的粒料拉裂而形成沟槽和裂纹,同时对摊铺层起到熨烫的作用,使其表面平整无痕。加热温度应适当,过高的加热温度将导致熨平板变形和加速磨耗,还会使混合料表面泛出沥青胶浆或形成拉沟。

摊铺沥青路面时,所用摊铺机应尽量采用具有自动或半自动调整摊铺厚度及自动找平的装置,有容量足够的受料斗和足够的功率推动运料车,有可加热的振动熨平板,摊铺宽度可调节。摊铺时可采用单机作业或两台以上摊铺机呈梯形联合作业。梯形作业应注意相邻两幅摊铺带适当重叠,相邻两台摊铺机相距10~30m,以免形成冷接缝。摊铺机在开始受料前应在料斗内涂刷防止粘结的柴油,避免沥青混合料冷却后粘附在料斗上。摊铺机必须缓慢、均匀、连续不间断地进行摊铺,摊铺过程中不得随便变换速度或中途停顿。摊铺机螺旋布料器应不停顿地转动,两侧应保证有不低于布料器高度2/3的混合料,并保证在摊铺的宽度范围内不出现离析。

摊铺机自动找平时,表面层宜采用控制厚度的雪撬式进行摊铺,中、下面层宜采用一侧钢丝绳引导的方式控制高程。经摊铺机初步压实的摊铺层平整度、横坡等应符合设计要求。沥青混合料的松铺系数根据混合料类型、施工机械等通过试铺试压或根据以往经验确定,也可参照表2-3-32选用。在沥青混合料摊铺过程中,局部边缘缺料、表面明显不平整、局部混合料明显离析及摊铺机后有明显拖痕时可用人工局部找补或更换混合料,但不应反复修整。

沥青混合料松铺系数 表2-3-32

种　类	机械摊铺	人工摊铺
沥青混凝土混合料	1.15~1.36	1.25~1.50
沥青碎石混合料	1.15~1.3	1.20~1.45

控制沥青混合料的摊铺温度是确保摊铺质量的关键之一,摊铺时应根据沥青品种、标号、稠度、气温、摊铺厚度等按表2-3-30或表2-3-31选用。高速公路和一级公路的施工气温低于10℃、其他等级公路施工气温低于5℃时,不宜摊铺热拌沥青混合料。必须摊铺时,应提高沥青混合料拌和温度,并符合表2-3-30或表2-3-31规定的低温摊铺要求。运料车必须覆盖以保温,尽可能采用高密度摊铺机摊铺并在熨平板加热摊铺后紧接着碾压,缩短碾压长度。

5.沥青混合料的压实

压实是提高沥青混合料的密实度,从而提高沥青路面的强度、高温抗车辙能力及抗疲劳特性等路用性能,是形成高质量沥青混凝土路面的又一关键工序。碾压工作包括碾压机械的选型与组合,碾压温度、碾压速度的控制,碾压遍数、碾压方式及压实质量检查等。

1)碾压机械的选型与组合

沥青路面压实机械分静载光轮压路机、轮胎压路机和振动压路机。静载光轮压路机分双轮式和三轮式,常用的有6~8t双轮钢筒压路机、8~12t或12~15t三轮钢筒压路机等。静载光轮压路机的工作质量较小,常用于预压、消除碾压轮迹。轮胎压路机安装的光面橡胶碾压轮具有改变压力的性能,工作质量5~25t,主要用于接缝和坡道的预压、消除裂纹、压实薄沥青层。振动压路机多为自行式,前面为钢质振动轮,后面有两个橡胶驱动轮,工作质量随振动频率和振幅的增大而增大,可作为主要的压实机械。

为了达到最佳压实效果,通常采用静载光轮压路机与轮胎压路机或静载光轮压路机与振动压路机组合的方式进行碾压。

2)碾压作业

沥青混合料路面的压实分初压、复压、终压三个阶段进行。初压的目的是整平、稳定混合料,为复压创造条件。初压是压实沥青混合料的基础,一般采用轻型钢筒压路机或关闭振动装置的振动压路机碾压两遍,其线压力不宜小于 35N/cm。应在沥青混合料摊铺后温度较高时进行初压,压实温度应根据沥青稠度、压路机类型、气温、摊铺层厚度、混合料类型经试铺试压确定,并符合表 2-3-30 或表 2-3-31 规定的碾压温度要求。碾压时必须将驱动轮朝向摊铺机,以免使温度较高的摊铺层产生推移和裂缝。压路机应从路面两侧向中间碾压,相邻碾压轮迹重叠 1/3 ~ 1/2 轮宽,最后碾压中心部分,压完全幅为一遍。初压后应检查平整度、路拱,并对出现缺陷的部位作适当修整。

复压的目的是使混合料密实、稳定、成型,是使混合料的密实度达到要求的关键。初压后紧接着进行复压,一般采用重型压路机,碾压温度符合表 2-3-30 的规定,碾压遍数经试压确定,并不少于 4 ~ 6 遍,达到要求的压实度为止。用于复压的轮胎式压路机的压实质量应不小于 15t,用于碾压较厚的沥青混合料时,总质量应不小于 22t,轮胎充气压力不小于 0.5MPa,相邻轮带重叠 1/3 ~ 1/2 的轮宽。当采用三轮钢筒压路机时,总质量不应低于 15t。当采用振动压路机时,应根据混合料种类、温度和厚度选择振动压路机的类型,振动频率取 35 ~ 50Hz,振幅取 0.3 ~ 0.8mm,碾压层较厚时选用较大的振幅和频率,碾压时相邻轮带重叠 20cm 宽。

终压的目的是消除碾压轮产生的轮迹,最后形成平整的路面。终压应紧接在复压后用6 ~ 8t 的振动压路机(关闭振动装置)进行,碾压不少于两遍,直至无轮迹为止。终压温度应符合表 2-3-30 的要求。

碾压过程中有沥青混合料粘附于碾压轮时,可间歇向碾压轮洒少量水。压路机不得在新摊铺的混合料上转向、掉头,左右移动位置或紧急制动。对压路机无法压实的桥面、挡土墙等构造物接头处、拐弯死角、加宽部分等局部路面,应采用振动夯板夯实。雨水井、检查井等设施的边缘应用人工夯锤、热烙铁补充压实。压路机的碾压路线及碾压方向不应突然改变以防止混合料产生推移,压路机起动、停止必须缓慢进行。压实后的沥青路面在冷却前,任何机械不得在其上停放或行驶,并防止矿料、油料等杂物的污染。沥青路面冷却后方可开放交通。

6.接缝处理

施工过程中应尽可能避免出现接缝,不可避免时做成垂直接缝,并通过碾压尽量消除接缝痕迹,提高接缝处沥青路面的传荷能力。对接缝进行处理时,压实的顺序为先压横缝,后压纵缝。横向接缝可用小型压路机横向碾压,碾压时使压路机轮宽的 10 ~ 20cm 置于新铺的沥青混合料上,然后边碾压边移动,直至整个碾压轮进入新铺混合料层上。对于热料与冷料相接的纵缝,压路机可置于热沥青混合料上振动压实,将热混合料挤压入相邻的冷结合边内,从而产生较高的密实度;也可以在碾压开始时,将碾压轮宽的 10 ~ 20cm 置于热料层上,压路机其余部分置于冷却层上进行碾压,效果也较好。对于热料层相邻的纵缝,应先压实距接缝约 20cm 以外的地方,最后压实中间剩下的一条窄混合料层,这样可获得良好的结合。

高速公路和一级公路的表面层横向接缝应采用垂直的平接缝,以下各层可采用自然碾压的斜接缝,沥青层较厚时也可作阶梯形接缝(图 2-3-4)。其他等级公路的各层均可采用斜接缝。

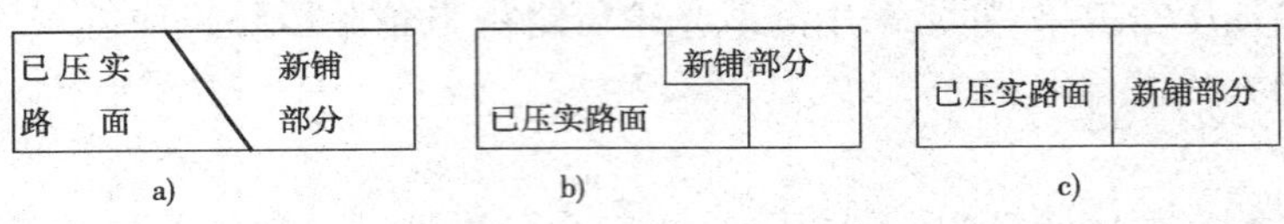

a)　　b)　　c)

图 2-3-4　横向接缝的几种形式

a)斜接缝;b)阶梯形接缝;c)平接缝

四、提高压实质量的关键技术与压实质量的检测

(1)碾压温度的控制。混合料的温度较高时,可用较少的碾压遍数,获得较高的密实度和较好的压实效果;而温度较低时,碾压工作变得比较困难,且易产生很难消除的轮迹,造成路面不平整。因此在实际工作中,摊铺完毕应及时进行碾压。碾压温度应控制在合适的范围,以混合料支承路面而不产生推移为佳。

(2)合理恒定的碾压速度。压实速度过低,会使摊铺与压实工序间断,影响压实效果;压实速度过快,则会产生推移、横向裂纹等。压路机碾压速度可参考表 2-3-33。

压路机碾压速度(km/h)　　表 2-3-33

压路机类型	初　压		复　压		终　压	
	适宜	最大	适宜	最大	适宜	最大
钢筒式压路机	2～3	4	3～5	6	3～6	6
轮胎压路机	2～3	4	3～5	6	4～6	8
振动压路机	2～3 (静压或振压)	3 (静压或振压)	3～4.5 (振动)	5 (振动)	3～6 (静压)	6 (静压)

(3)沥青混合料施工的现场质量检测及纠正很重要,一旦成型,很难补救。因此施工中,随时检测,随时纠正,保证施工质量。

(4)压实度和厚度的检测。一般可通过钻芯取样的办法来检测。一般是在第二天,用取芯机进行钻孔取样,量取试样的厚度。将试件芯样拿回试验室进行压实度检测,以确定沥青路面的压实度否符合规范的要求,并作为计量支付的质量保证依据。

五、沥青玛蹄酯碎石混合料路面施工

1.原材料与配合比

沥青玛蹄酯碎石混合料(简称 SMA)应采用针入度较小、黏度较大的沥青,最好采用性能良好的聚合物改性沥青,沥青的用量不小于6.2%。集料应采用磨光值在42以上且坚硬、耐磨的石料,集料颗粒以近于立方体为佳,质量技术指标符合表 2-3-11 的要求。集料必须具有间断级配,最大粒径宜为13mm或16mm,通过4.75mm筛孔的颗粒宜在30%以下。矿粉的用量较大,一般宜为8%～13%。由于沥青玛蹄酯碎石混合料的沥青用量较大,需要加入比表面积很大的纤维稳定剂,以减少或消除混合料在拌和、运输和摊铺过程中沥青流淌的现象。通常有机质的木质素纤维用量为混合料总质量的0.3%,如果用矿质纤维代替有机纤维,则用量为0.4%。

2.拌和、摊铺及碾压

应采用拌和质量良好的间歇式拌和机拌和沥青玛蹄酯碎石混合料,以确保拌和均匀、施工和易性好。拌和时将装入可溶塑料袋的松散状纤维放进料斗里或直接加到桨叶式拌和机里。

为了确保纤维均匀分散于混合料中，沥青玛蹄脂碎石混合料的拌和时间往往长于普通沥青混合料拌和时间，适宜的拌和时间应根据拌和机的型号和性能、纤维的数量和类型通过试拌确定。当使用聚合物改性沥青时，必须先将该沥青拌和均匀，再按上述方法进行拌和。由于沥青玛蹄脂碎石混合料沥青用量多、集料为间断级配，长时间存放后混合料会出现粗细颗粒离析、沥青流淌等现象，因此，新拌和的混合料应尽快摊铺成型，不能长时间存放在储料仓内。

运输沥青玛蹄脂碎石混合料时，汽车的车厢内底应涂脱模剂，以免混合料粘附。混合料运到摊铺现场后，采用常规方法摊铺。摊铺整平后，用静载光轮压路机或关闭振动装置的振动压路机碾压，直到达到规定的密实度要求为止。由于沥青玛蹄脂碎石混合料的沥青用量较大，碾压时沥青会大量粘附在橡胶轮胎上，因此，不能用轮胎式压路机碾压。

第三节　沥青路面机械化施工

一、沥青路面机械化施工注意事项

施工技术及要求、施工程序、施工工艺等诸方面因素，前面已有所述。下面仅就沥青面层的摊铺作业应特别注意的事项和问题作一下介绍。

1.摊铺作业中大宽度单机作业和二、三台机梯形施工法的分析

摊铺机的摊铺作业，目前国内有两种作业方法，一种是用最大宽度为 12 ~ 12.5m 的摊铺机，全幅一次摊铺成型。这种施工法的优点是减少了纵向接缝，提高了路面的平整度，没有纵缝痕迹，使外观平整，行车平稳、舒适，且摊铺机只用一台，降低了施工成本，经济上也是可取的，但要求沥青混合料的生产量必须满足摊铺量的要求，搅拌设备要有大容量的热料储存仓，还要有充足的运输车辆。应该说，只要各个环节的能力匹配、协调，这种施工法是完全可行的；但若生产能力不匹配，造成摊铺间断进行，导致横向接缝增多，影响路面的平整度。另一种作业方法是，使用 2 ~ 3 台摊铺机并联、梯形作业，如果能妥善地处理好摊铺中的接缝问题，应该说这也是一种适合施工企业装备能力的施工法。实际上，在保证质量、速度、效益的前提下采用什么手段，选取哪种方式，应根据具体情况而定。

2.关键环节的质量控制

(1)矿料要干净，无垃圾、尘土等杂物，堆放要严格，防止不同粒径的料混杂，料场地面应经过压实处理。

(2)按工程设计要求，保证混合料的出料温度，拌和不要超时，成品混合料的温度过高或过低都是不利的。

(3)成品混合料在运输途中应采取必要的保温措施，如加盖苫布等，应尽量缩短运距，减少运输时间，以避免料温降低过多。

(4)按照沥青混合料的供给情况调整好摊铺机的摊铺速度，以保持连续、稳定的摊铺作业。

(5)按铺层料温控制压实过程，及时检测压实后的平整度和密实度，如发现问题应趁热及时采取补救措施。

(6)正确指挥自卸汽车给摊铺机卸料，防止碰撞摊铺机，以免影响摊铺质量。

(7)喷洒在压路机钢轮上的碱性水是为防止钢轮上粘附沥青而采用的，喷水量应控制好，水量过多会使沥青混合料急速冷却，增加碾压的困难，并易使铺层产生裂纹。

(8)碾压速度在规范中已有明确规定。若使用振动压路机，其振幅和振频的选定很重要。

一般压路机有高低两个振幅和振频 30Hz、50Hz。对碾压沥青混凝土,最佳振幅在 0.4~0.8mm 之间,振动频率应高于 25Hz,高频碾压的压实效果好,路面不会产生波纹和搓板,这一技术特性,特别适宜对改性沥青面层的碾压,它完全满足了改性沥青面层需要快速压实的要求。对于碾压不同厚度的沥青混合料铺层,使用多振幅振频压路机可有更好、更多的选择,能完全保证压实质量的要求。

(9)摊铺和碾压是保证沥青路面平整度和密实度的两个重要环节。首先是要摊铺均匀、平整,但其后的压实也很重要。因为即使是摊铺得非常好,但如果碾压不当也会影响路面的平整度,碾压不决定于碾压遍数,而取决于压实效果。

(10)关于自动找平装置。目前,采用纵向找平基准方式的有钢丝基准线,浮动移动式均衡梁、拖杠、滑靴等。在铺设沥青结构层的沥青基层时,为给面层的平整度创造良好的基础,首选自动找平方式是钢丝绳基准。在摊铺表面层时,第一次(或第一台)也应采用钢丝绳基准,后面的摊铺可以采用浮动移动式均衡梁、拖杠或滑靴。图 2-3-5 为 16.77m 浮动移动式均衡梁简图。

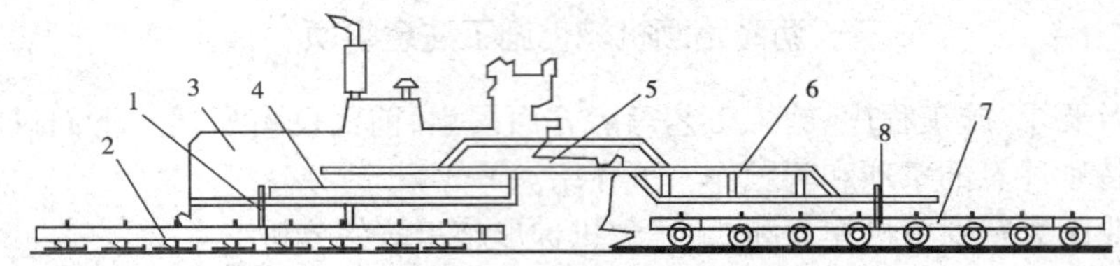

图 2-3-5　16.77m 浮动移动式均衡梁

1-前梁中心线;2-前连接梁纵坡基准;3-前连接梁;4-传感器;5-牵引点;6-后连接梁;7-后梁铺层基准;8-后梁中心线

二、机械化施工的组织与管理

为确保机械化施工和高效率,应做好机械化施工的组织与管理工作。

1.施工现场指挥

现场总指挥全面负责路面的施工及施工单位间的协调工作,并设置施工现场如下:

(1)施工前准备工作组。负责沿线纵横断面现场测量,清扫冲洗路面,清除污物,灌补裂缝,污染严重地段需重新喷洒乳液。

(2)摊铺作业组。按照准备组测定的纵横断面控制高程,挂基准线、放桩、定高程,校测摊铺后高程,摊铺机前清扫处理接缝,指挥运料车,协调各摊铺机的行驶速度。

(3)碾压组。其主要工作为指定专人测量铺设后的面层温度,插温度标志小旗,指挥压路机进行初压、复压和终压。

(4)质量保证组。负责每天摊铺时的横缝处理,派专人用 3m 直尺检查碾压后的平整度,指挥压路机处理横缝,测量平整度及用核子密度仪检测密实度。

(5)机械抢修、安全、运输保障组。负责机械抢修,燃料供应,沥青混合料运输。

(6)后勤保障组。负责施工人员一切后勤工作。

(7)沥青混凝土路缘石铺筑组。负责路缘石铺筑工作。

(8)沥青材料组。负责沥青主台的监磅、现场收料、结束拌料到收料总数的统计。

2.机械配套组合(石安高速 H 标施工配套示例)

(1)拌和设备:玛里尼 175t/h 沥青拌和设备 1 台。

(2)摊铺机:ABG423 型(全幅)沥青摊铺机 1 台,佛格勒 1800 沥青摊铺机 1 台。

(3)压路机：CC42 振动压路机 2 台，CP30 胶轮压路机 2 台，CC501 振动压路机 2 台，CC21 型压路机 1 台。

(4)运料车：18t 运料车 20 辆。

其他如洒水车 3 辆，沥青洒布车 2 辆，油罐车 1 辆，ZL-50 型装载机 1 台，切边机 1 台，沥青混凝土路缘铺筑机 1 台，手推式小型压路机 1 辆，手推车 3 辆，火烙铁 2 把等。

3.沥青混合料的生产供应

由沥青混合料拌和站按要求生产沥青混合料，由总指挥部统一调度、协调供应。

4.作业保证

按公路总指挥部(或项目经理部)的计划铺筑进度，实施路面铺筑。运输车辆按指定的拌和站生产量及保障现场摊铺设备连续作业的需要，配备运输车辆。

5.现场通讯

施工现场应配备一定的通信设备，并将有关人员的联络电话及呼机号等编辑成通讯录，分发有关人员，以便于联系。

第四节　其他沥青路面施工

一、乳化沥青碎石混合料路面

乳化沥青碎石混合料适用于三级及三级以下公路的路面、二级公路的罩面以及各级公路的整平层。用于铺筑面层时一般采用双层式，即下层采用粗粒式乳化沥青混合料，上层采用中粒式或细粒式乳化沥青混合料。少雨干燥地区或半刚性基层上可采用单层式乳化沥青碎石混合料路面。在多雨潮湿地区必须做乳化沥青碎石混合料的上封层或下封层。乳化沥青的品种、规格、标号应根据混合料用途、气候条件、矿料类别等按表 2-3-3 选用。

1.混合料组成设计

乳化沥青碎石混合料矿料级配可按表 2-3-15 选用。乳液用量根据交通量、气候、石料类别、沥青标号、施工机械等条件及当地经验确定，也可按热拌沥青混合料的沥青用量折算，实际的沥青用量较同规格热拌沥青混合料的沥青用量减少 15%～20%。

2.施工

1)混合料拌和

乳化沥青碎石混合料宜采用水泥混凝土拌和机拌和，无此条件时，可采用现场人工拌和。当采用阳离子乳化沥青时，矿料在拌和前需先用水湿润，使其含水量达 5%，气温较高时可多加水，低温潮湿时少加水。矿料与乳液应充分拌和均匀，适宜的拌和时间应根据集料级配情况、乳液裂解速度、拌和机性能、气候条件等通过试拌确定。机械拌和时间不宜超过 30s，人工拌和时间不宜超过 60s。若在上述时间内不能拌和均匀，则应考虑使用性能更好的拌和机。拌和的混合料应具有良好的施工和易性，以免在摊铺时出现离析。

2)摊铺

乳化沥青碎石混合料拌和完毕，宜采用沥青混合料摊铺机摊铺。若采用人工摊铺，则应防止混合料离析。机械摊铺的松铺系数为 1.15～1.20，人工摊铺时松铺系数为 1.20～1.45。

拌和、运输和摊铺应在乳液破乳前结束，摊铺前已破乳的混合料不得使用。

3)碾压

混合料摊铺完毕，厚度、平整度、路拱横坡等符合设计和规范要求，即可进行碾压。通常先采用6t左右的轻型压路机匀速初压1～2遍，使混合料初步稳定，然后用轮胎压路机或轻型钢筒式压路机碾压1～2遍。当乳化沥青开始破乳，混合料由褐色转变为黑色时用12～15t轮胎压路机或10～12t钢筒式压路机复压2～3遍，待晾晒一段时间水分蒸发后，再补充复压至密实。压实过程中出现推移现象时，应立即停止碾压，待稳定后再碾压。碾压时若出现松散或开裂，应立即挖除并换新料，整平后继续碾压。

压实成型后，待水分蒸发完即可加铺上封层。施工结束后应做好早期养护工作，封闭交通2～6h以上。开放交通后控制车速不超过20km/h。

二、沥青表面处治路面

1.适用条件

沥青表面处治路面是用拌和法或层铺法施工的路面薄层，厚度不大于3cm，主要用于改善行车条件，适用于二级以下公路、高速公路和一级公路的施工便道的面层，也可作为旧沥青路面的罩面和防滑磨耗层。采用拌和法施工时可热拌热铺，也可冷拌冷铺。热拌热铺施工时可按热拌沥青混合料路面的施工方法进行，冷拌冷铺时可按乳化沥青碎石混合料路面的施工方法进行。采用层铺法施工时，分为单层式、双层式及三层式三种。

2.材料规格和用量

沥青表面处治面层可采用道路石油沥青、煤沥青或乳化沥青作结合料。沥青用量根据气温、沥青标号、基层等情况按表2-3-34确定。在寒冷地区、施工气温较低、沥青针入度较小、基层空隙较大时，沥青用量宜采用高限；在旧沥青路面、清扫干净的碎（砾）石路面、水泥混凝土路面、块石路面上铺沥青表面处治层时，第一层沥青用量可增加10%～20%，不再洒透层油。

沥青表面处治材料规格和用量（方孔筛） 表2-3-34

沥青种类	类型	厚度(mm)	集料($m^3/1000m^2$)						沥青或乳液用量(kg/m^2)			
			第一层		第二层		第三层		第一次	第二次	第三次	合计用量
			粒径规格	用量	粒径规格	用量	粒径规格	用量				
石油沥青	单层	1.0	S12	7～9					1.0～1.2			1.0～1.2
		1.5	S10	12～14					1.4～1.6			1.4～1.6
	双层	1.5	S10	12～14	S12	7～8			1.4～1.6	1.0～1.2		2.4～2.8
		2.0	S9	16～18	S12	7～8			1.6～1.8	1.0～1.2		2.6～3.0
		2.5	58	18～20	S12	7～8			1.8～2.0	1.0～1.2		2.8～3.2
	三层	2.5	S8	18～20	S10	12～14	S12	7～8	1.6～1.8	1.2～1.4	1.0～1.2	3.8～4.4
		3.0	S6	20～22	S10	12～14	S12	7～8	1.8～2.0	1.2～1.4	1.0～1.2	4.0～4.6
乳化沥青	单层	0.5	S14	7～9					0.9～1.0			0.9～1.0
	双层	1.0	S12	9～11	S14	4～6	S12	4～6	1.8～2.0	1.0～1.2		2.8～3.2
	三层	3.0	56	20～22	S10	9～11	S14	3.5～4.5	2.0～2.2	1.8～2.0	1.0～1.2	4.8～5.4

注：①煤沥青表面处治的沥青用量可较石油沥青用量增加15%～20%；

②表中乳化沥青的乳液用量适用于乳液中沥青用量约为60%的情况；

③在高寒地区及干旱、风沙大的地区，可超出高限，再增加5%～10%。

沥青表面处治路面所用集料的最大粒径与处治层厚度相等，其规格和用量按表2-3-34确定。当采用乳化沥青时，为减少乳液流失，可在主层集料中掺加20%以上的细粒料。沥青表面处治层施工后，应在路侧另备小碎石、石屑或粗砂作为初期养护的材料。

3.施工方法

层铺法施工前应做好路用材料的准备及质量检验工作，调试沥青洒布车、集料撒布车及压路机等机械，使其处于正常工作状态。沥青表面处治层的下承层上应浇洒透层、粘层或铺筑封层。三层式沥青表面处治层的施工可按下列工序进行：

(1)浇洒第一层沥青。根据气温条件、沥青标号严格控制沥青洒布温度。通常条件下石油沥青的洒布温度为130～170℃，煤沥青浇洒温度宜为80～120℃，乳化沥青和液体石油沥青在常温下浇洒。浇洒应均匀，若出现空白或缺边，应立即用人工补洒，沥青过分积聚时应予刮除。沥青浇洒长度应与集料洒布机相配合。

(2)撒布第一层集料。浇洒第一层沥青后立即撒布第一层集料，并及时扫匀，尽量达到全面覆盖，不露出沥青，局部缺料时应补撒。集料厚度应均匀一致，颗粒不重叠。使用乳化沥青时，集料撒布必须在乳液破乳前完成。

(3)碾压。撒布第一段集料(不必每段全部铺完)后立即用6～8t钢筒双轮压路机碾压，相邻轮迹重叠30cm，碾压时先碾压路面两侧，后碾压中间部分。

经过上述三道工序的施工即完成一层沥青表面处治。第二层、第三层沥青表面处治层的施工方法和要求与第一层相同，第三层碾压完毕即可开放交通。但乳化沥青表面处治应待水分蒸发并基本成型后方可开放交通。在开放交通的初期，宜采取交通管制措施使路面整体成型。

三、稀浆封层和微表处

1.稀浆封层

所谓封层即为封闭表面空隙、防止水分浸入面层或基层而铺筑的沥青混合料薄层。铺筑在面层表面的称为上封层，铺筑在面层下面的称为下封层。在下列情况下，应在沥青面层上铺筑上封层：沥青面层空隙较大，渗水严重；有裂缝或已修补的旧沥青路面；需要铺抗滑磨耗层或保护层的旧沥青路面。在下列情况下应在沥青面层下铺筑下封层：位于多雨地区且沥青面层空隙较大、渗水严重的路面；基层铺筑后不能及时铺沥青面层而又需开放交通的路面。

可采用拌和法或层铺法施工的单层式沥青表面处治层作封层，二级及二级以下公路的沥青路面可采用乳化沥青稀浆作封层。层铺法铺筑沥青表面处治上封层的材料用量和要求可根据表2-3-34确定，沥青用量取表中规定范围的中低限。铺筑下封层的矿料规格可采用表2-3-10中的S14、S13或S12等，通常矿料用量为(5～8)$m^3/1000m^2$，沥青用量可采用表2-3-34中规定范围的中高限。

稀浆封层是用适当级配的石屑或砂与填料(水泥、石灰、粉煤灰、石粉等)、乳化沥青、外加剂和水按一定比例拌和成流态的乳化沥青稀浆，然后用稀浆封层摊铺机均匀地摊铺在需设置封层的结构层上，厚度为3～6mm。通常采用慢裂或中裂拌和型乳化沥青，矿料的类型及级配根据处治目的、公路等级、铺筑层厚度、集料尺寸按表2-3-35确定。乳化沥青稀浆混合料用拌和机拌和，拌和时严格控制集料、填料、水、乳液配合比，加水量根据施工和易性要求由稠度试验确定，要求的稠度为2～3cm。混合料的湿轮磨耗试验磨耗损失不大于800g/m^2，负荷轮碾压试验(LWT)的砂吸收量不大于450g/m^2。其技术要求详见表2-3-36的规定。

2.微表处

微表处主要用于高速公路及一级公路的预防性养护以及填补轻度车辙，也适用于新建公路的抗磨耗层。稀浆封层一般用于二级及二级以下的预防性养护也适用于新建公路的下封层。

稀浆封层和微表处必须使用专用的摊铺机进行摊铺。单层微表处适用于旧路面车辙深度不大于 15mm 的情况，超过 15mm 的必须分两层铺筑，或先用 V 形车辙摊铺箱摊铺；深度大于 40mm 时不适宜微表处处理。

微表处必须采用改性乳化沥青，稀浆封层可采用普通乳化沥青或改性乳化沥青，其品种和质量应分别符合表 2-3-3、表 2-3-4、表 2-3-9 的要求。

微表处和稀浆封层应选择坚硬、粗糙、耐磨、洁净的集料，各项性能应符合表 2-3-11 和表 2-3-13的要求。其中微表处用通过 4.75mm 筛的合成矿料的砂当量不得低于 65%，稀浆封层通过 4.75mm 筛的合成矿料的砂当量不得低于 50%。当用于抗滑表层时，还应符合表 2-3-12 中有关磨光值的要求。细集料宜采用碱性石料生产的机制砂或洁净的石屑。对集料中的超粒径颗粒必须筛除。矿料级配见表 2-3-35，混合料的技术要求见表 2-3-36 的规定。

稀浆封层和微表处的矿料级配　　表 2-3-35

筛孔尺寸(mm)	筛孔(mm)		级配类型		
	MS-2 型	MS-3 型	ES-1 型	ES-2 型	ES-3 型
9.5	100	100		100	100
4.75	95 ~ 100	70 ~ 90	100	95 ~ 100	70 ~ 90
2.36	65 ~ 90	45 ~ 70	90 ~ 100	65 ~ 90	45 ~ 70
1.18	45 ~ 70	28 ~ 50	60 ~ 90	45 ~ 70	28 ~ 50
0.6	30 ~ 50	19 ~ 34	40 ~ 65	30 ~ 50	19 ~ 34
0.3	18 ~ 30	12 ~ 25	25 ~ 42	18 ~ 30	12 ~ 25
0.15	10 ~ 21	7 ~ 18	15 ~ 30	10 ~ 21	7 ~ 18
0.075	5 ~ 15	5 ~ 15	10 ~ 20	5 ~ 15	5 ~ 15
一层的适宜厚度(mm)	4 ~ 7	8 ~ 10	2.5 ~ 3	4 ~ 7	8 ~ 10

稀浆封层和微表处混合料技术要求　　表 2-3-36

项　目	单位	微表处	稀浆封层	试验方法
可拌和时间	s	> 120		手工拌和
稠度	cm	—	2 ~ 3	T 0751
黏聚力试验 30min(初凝时间) 60min(开放交通时间)	 N·m N·m	 ≥1.2 ≥2.0	(仅适用于快开放交通的稀浆封层) ≥1.2 ≥2.0	T 0754
负荷轮碾压试验(LWT) 粘附砂量 轮迹宽度变化率	 g/m² %	 < 450 < 5	(仅适用于重交通道路表层时) < 450 —	T 0755
湿轮磨耗试验的磨耗值(WTAT) 浸水 1h 浸水 6d	 g/m² g/m²	 < 540 < 800	 < 800 —	T 0752

注：负荷轮碾压试验(LWT)的宽度变化率适用于需要修补车辙的情况。

稀浆封层和微表处施工前，并没有彻底清除原路面的泥土、杂物，修补坑槽、凹陷，较宽的裂缝宜清理灌缝。在水泥混凝土路面上铺筑微表处时宜洒布粘层油，过于光滑的表面需拉毛处理。

稀浆封层和微表处的最低施工温度不得低于10℃，严禁在雨天施工，摊铺后尚未成型的混合料遇雨时应予以铲除。

稀浆封层和微表处两幅纵缝搭接的宽度不宜超过80mm，横向接缝宜做成对接缝。分两层摊铺时，第一层摊铺后至少应开放交通24h后方可进行第二次摊铺。

稀浆封层和微表处铺筑后的表面不得有严重的超粒径拖拉划痕，横向接缝和纵向接缝处不得出现余料堆积或缺料现象，用3m直尺测量接缝处的不平整度不得大于6mm。对微表处不得有横向波浪和深度超过6mm的纵向条纹，经养生和初期交通碾压稳定的稀浆封层和微表处，在行车作用下应不飞散且完全密水。

四、沥青贯入式路面

1.适用条件

沥青贯入式路面是在初步压实的碎石(砾石)层上，分层浇洒沥青、撒布嵌缝料后经压实而成的路面。沥青贯入式路面适用于二级及二级以下公路的面层，还可用作热拌沥青混凝土路面的基层，厚度一般为4~8cm，但用乳化沥青时，厚度不宜超过5cm。沥青贯入式路面上部加铺热拌沥青混合料面层时，总厚度宜为6~10cm，其中拌和层厚度为2~4cm。沥青贯入式路面宜在较干燥或气温较高时施工，在雨季前或日照气温低于15℃到来前半个月结束，通过开放交通靠行车碾压来进一步成型。

2.材料规格和用量

沥青贯入式路面可选用黏稠石油沥青、煤沥青或乳化沥青作结合料。沥青的品种、标号分别按表2-3-1~表2-3-8所列选用。沥青贯入式路面的材料规格和用量可按表2-3-37确定。当采用破碎砾石时应注意满足表2-3-13的要求。表面加铺拌和型沥青混合料时的材料规格和用量按表2-3-38确定。

沥青贯入式路面集料应选用表面粗糙、棱角丰富、形态好、嵌挤性好的坚硬石料，主层集料中粒径大于级配范围中值的颗粒含量不得少于50%。细粒料含量偏多时，嵌缝料宜用低限。主层集料最大粒径宜与沥青贯入层的厚度相同。当采用乳化沥青时，主层集料最大粒径可为厚度的0.8~0.85倍。

3.施工方法

沥青贯入式路面应铺筑在已清扫干净并浇洒透层或粘层沥青的基层上进行：

(1)撒布主层集料的一般工序。撒布主层集料时应控制松铺厚度，避免颗粒分布不均。应尽可能采用碎石摊铺机摊铺主层集料，无此条件时用人工撒布。撒布完毕的主层集料上应禁止车辆通行。

(2)碾压主层集料。主层集料撒布后用6~8t的钢筒压路机进行初压，碾压速度为2km/h。碾压自边缘逐渐向路中心进行，相邻碾压轮迹重叠30cm。在初压过程中应及时检验路拱和横坡度，不符合设计要求时，应进行调整，然后继续碾压至集料无明显推移为止。随后用10~12t压路机进行碾压，相邻轮迹重叠1/2轮宽，碾压4~6遍，直至主层集料嵌挤稳定，无明显轮迹为止。

(3)浇洒第一层沥青。主层集料碾压完毕后立即用沥青洒布车浇洒沥青，浇洒方法与沥青

沥青贯入式面层材料规格和用量(方孔筛)

(用量单位:集料为 $m^3/1000m^2$,沥青及沥青乳液为 kg/m^2)

表 2-3-37

沥青品种	石油沥青										乳化沥青			
厚度(cm)	4		5		6		7		9		4		5	
规格和用量	规格	用量	规格	用量	规格	用量	规格	用量	规格	用量	规格	用量	规格	用量
封层料	S14	3~5	S14	3~5	S13	4~6	S13	4~6	S14	4~6	S14	4~6	S14	4~6
第五遍沥青														0.8~1.0
第四遍嵌缝料													S14	5~6
第四遍沥青												0.8~1.0		1.2~1.4
第三遍嵌缝料											S14	5~6	S12	7~9
第三遍沥青		1.0~1.2		1.0~1.2		1.0~1.2		0.8~1.0		1.0~1.2		1.4~1.6		1.5~1.7
第二遍嵌缝料	S12	6~7	S11	10~12	S11	10~12	S10	11~13	S10	11~13	S12	7~8	S10	9~11
第二遍沥青		1.6~1.8	0.8~1.0	1.8~2.0		2.0~2.2		2.4~2.6		2.6~2.8		1.6~1.8		1.6~1.8
第一遍嵌缝料	S10	12~14	S8	16~18	S8	16~18	S6	18~20	S6	20~22	S9	12~14	S8	10~12
第一遍沥青		1.8~2.1		2.4~2.6		2.8~3.0		3.3~3.5		4.0~4.2	S5	2.2~2.4		2.6~2.8
主层石料	S5	45~50	S4	55~60	S3	66~76	S3	80~90	S1	95~100		40~45	S4	50~55
总沥青用量	4.4~5.1		5.2~5.8		5.8~6.4		6.7~7.3		7.6~8.2		6.0~6.8		7.4~8.5	

上拌下贯式路面的材料规格和用量(方孔筛)

(用量单位:集料为 $m^3/1000m^2$,沥青及沥青乳液为 kg/m^2)

表 2-3-38

沥青品种	石油沥青								乳化沥青			
厚度(cm)	4		5		6		7		5		6	
规格和用量	规格	用量	规格	用量	规格	用量	规格	用量	规格	用量	规格	用量
第四遍嵌缝料											S14	4~6
第四遍沥青												1.3~1.5
第三遍嵌缝料									S14	4~6	S12	8~10
第三遍沥青										1.4~1.6		1.4~1.6
第二遍嵌缝料	S12	5~6	S12(S11)	7~9	S12(S11)	7~9	S10(S11)	8~10	S12	9~10	S9	8~12
第二遍沥青		1.4~1.6		1.6~1.8		1.6~1.8		1.7~1.9		1.8~2.0		1.5~1.7
第一遍嵌缝料	S10(S9)	12~14	S8	16~18	S8(S7)	16~18	S6(S8)	18~20	S8	15~17	S6	24~26
第一遍沥青		2.0~2.3		2.6~2.8		3.2~3.4		4.0~4.2		2.5~2.7		2.4~2.6
主层石料	S5	45~50	S4	55~60	S3(S2)	66~76	S2(S3)	80~90	S4	50~55	S3	50~55
总沥青用量	3.4~3.9		4.2~4.6		4.8~5.2		5.7~6.1		5.9~6.2		6.7~7.2	

表面处治层施工相同。浇洒时沥青的温度应根据沥青标号及施工环境气温确定。当采用乳化沥青时，为避免乳液下渗过多，可在主层集料碾压稳定后，先撒一部分嵌缝料，再洒主层乳化沥青。

(4)撒布第一层嵌缝料。主层沥青浇洒后，立即均匀撒布嵌缝料，必须在乳液破乳前撒布完成。

(5)碾压层嵌缝料并扫匀、找补。当采用乳化沥青时，嵌缝料扫匀后立即用8~12t钢筒压路机进行碾压，将较细的嵌缝料压入主层集料空隙中，以提高沥青贯入式路面的强度和其他路用性能。碾压时，轮迹重叠1/2左右，碾压4~6遍，直至稳定为止。碾压过程中应随扫随压，使嵌缝料均匀嵌入。若气温较高造成较大推移时，应停止碾压，待气温稍低后再继续碾压。

(6)浇洒第二层沥青、撒布第二层嵌缝料，碾压，再浇洒第三层沥青。方法和要求与前述一样。

(7)撒布封层料。封层料的撒布方法及要求与嵌缝料撒布相同。

(8)终压。用6~8t压路机碾压2~4遍后，开放交通并进行交通管制，使路面全宽受到行车的均匀碾压。

当沥青贯入式路面上加铺拌和型沥青混合料时，不撒布封层料，沥青贯入式路面施工后立即铺筑沥青混合料，使上下层联为整体。沥青贯入式路面使用乳化沥青时，应待乳化沥青破乳、水分蒸发且成型稳定后才可以铺筑沥青混合料。当表面加铺拌和层的沥青贯入式路面不能连续施工而又要在短期内开放交通时，第二层嵌缝料应增加(2~3)m^3/1000m^2用量。在铺筑沥青混合料前，先清除沥青贯入式路面表面杂物、尘土等补充碾压，且浇洒粘层沥青。

五、透层、粘层

1.透层

透层是为了使路面沥青层与非沥青材料层结合良好而在非沥青材料层上浇洒乳化沥青、煤沥青或液体石油沥青后形成的透入基层表面的薄沥青层。在级配碎(砾)石及半刚性基层上铺筑沥青混合料面层时必须浇洒透层沥青。透层沥青宜采用慢裂洒布型乳化沥青，也可使用中、慢裂液体石油沥青或煤沥青。表面致密、平整的半刚性基层上宜采用较稀的透层沥青，粒料类基层宜采用较稠的透层沥青。根据基层类型，透层沥青的规格和用量可按表2-3-39确定。

沥青路面透层及粘层材料的规格与用量 表2-3-39

用途		液体石油沥青		乳化沥青		煤沥青	
		规格	用量(L/m^2)	规格	用量(L/m^2)	规格	用量(L/m^2)
透层	半刚性基层	AL(M)-1或2	0.6~1.5	PC-2	1.1~1.6	T-1	0.7~1.0
		AL(S)-1或2		PA-2		T-2	
	无机结合粒料基层	AL(M)-1、2或3	1.0~2.3	PC-2	1.0~2.0	T-1	1.0~1.5
		AL(S)-1、2或3		PA-2		T-2	
粘层	新建沥青层或旧沥青路面	AL(R)-3~AL(R)-6	0.3~0.5	PC-3	0.3~0.6	—	—
		AL(M)-3~AL(M)-6		PA-3			
	水泥混凝土	AL(M)-3~AL(M)-6	0.2~0.4	PC-3	0.3~0.5	—	—
		AL(S)-3~AL(S)-6		PA-3			

透层沥青应紧接在基层施工结束、表面稍干后浇洒。当基层完工后时间较长时，应对表面进行清扫；若表面过于干燥时，应在基层表面适当洒水并待稍干后浇洒透层沥青，高速公路和一级公路的透层沥青宜采用沥青洒布车喷洒，其他等级公路可采用手工沥青洒布机喷洒。

浇洒透层沥青应符合以下要求：浇洒的透层沥青应渗入基层一定深度，但又不致流淌而在表面形成油膜；气温低于 10℃及大风、降雨时不得浇洒透层沥青；浇洒后，禁止车辆、行人通过；未渗入基层的多余透层沥青应刮除，有遗漏的部位应补洒。

在半刚性基层上浇洒透层沥青后，立即以(2～3)m^3/1000m^2 的用量将石屑或粗砂撒布在基层上，然后用 6～8t 钢筒压路机稳压一遍。当需要通行车辆时，应控制车速。透层沥青洒布后应尽早铺筑沥青面层；用乳化沥青做透层时，应待其充分渗透、水分蒸发后方可铺筑沥青面层，此段时间不宜少于 24h。

2.粘层

粘层是为加强沥青层之间、沥青层与水泥混凝土面板之间的粘结而洒布的薄沥青层。将热拌沥青混合料铺筑在被污染的沥青层表面、旧沥青路面及水泥混凝土路面上时应浇洒粘层，与新铺沥青路面接触的路缘石、雨水井、检查井等设施的侧面应浇洒粘层沥青。粘层宜采用快裂洒布型乳化沥青，也可采用快、中凝液体石油沥青或煤沥青。根据被粘结层的结构层类型，通过试洒确定粘层沥青用量，并符合表 2-3-39 规定的技术要求。粘层沥青宜采用洒布车喷洒并符合以下要求：洒布应均匀，浇洒过量时应予刮除；气温低于 10℃或路面潮湿时不得浇洒；浇洒后严禁除沥青混合料运输车以外的其他车辆通行；粘层沥青浇洒后应紧接着铺筑沥青层，但乳化沥青应待其破乳、水分蒸发后再铺沥青层。路面附属结构侧面可用人工涂刷。

第五节　沥青路面施工质量的控制与验收

沥青路面的施工质量必须达到设计和规范的要求。施工过程中应进行全面质量管理，建立健全且行之有效的质量保证体系。实行严格的目标管理、工序管理及岗位质量责任制度，对各施工阶段的工程质量进行检查、控制、评定，从制度上确保沥青路面的施工质量。施工单位在施工过程中应随时对施工质量进行自检。监理应按规定要求自主地进行试验，并对承包商的试验结果进行认定，如实评定质量，计算合格率。当发现有质量低劣等异常情况时，应立即追加检查。施工过程中无论是否已经返工补救，所有数据均必须如实记录，不得丢弃。

沥青路面施工质量控制与验收的内容包括各类材料的质量检验、施工过程的质量管理与控制、竣工验收阶段的工程质量检查、施工总结、沥青路面压实度和强度的检测。

1.各类材料质量检验

沥青路面施工前应按规定对原材料的质量进行检验。在施工过程中逐班抽样检查时，对于沥青材料可根据实际情况只做针入度、软化点、延度的试验；检测粗集料的抗压强度、磨耗率、磨光值、压碎值、级配等指标和细集料的级配组成、含水量、含土量等指标；对于矿粉，应检验其相对密度和含水量并进行筛析。材料的质量以同一料源、同一次购入并运至生产现场为一“批”进行检查。沥青混合料生产过程中，必须按表 2-3-40 规定的检查项目与频度，对各种原材料进行抽样检查试验，其质量应符合规范和技术要求。

2.施工过程中的质量管理与控制

在沥青路面施工过程中，施工单位应随时对施工质量进行抽检，工序间实行交接验收，前一工序质量符合要求方可进入下一工序的施工。施工过程中工程质量检查的内容、频度及质量标准应符合表2-3-41～表2-3-44的要求。

施工过程中材料质量检查的项目和频度　　表2-3-40

材料	检查项目	检查频度		试验堆积规定的平等试验次数或一次试验的试验样
		高速公路、一级公路	其他等级公路	
粗集料	外观(石料品种、含泥量等)	随时	随时	—
	针片状颗粒含量	随时	随时	2～3
	颗粒组成(筛分)	随时	必要时	2
	压碎值	必要时	必要时	2
	磨光值	必要时	必要时	4
	洛杉矶磨耗值	必要时	必要时	2
	含水量	必要时	必要时	2
细集料	颗粒组成(筛分)	随时	必要时	2
	砂当量	必要时	必要时	2
	含水量	必要时	必要时	2
	松方单位重	必要时	必要时	2
矿粉	外观	随时	随时	—
	<0.075mm含量	必要时	必要时	2
	含水量	必要时	必要时	2
石油沥青	针入度	每2～3d 1次	每周1次	3
	软化点	每2～3d 1次	每周1次	2
	延度	每2～3d 1次	每周1次	3
	含蜡量	必要时	必要时	2～3
改性沥青	针入度	每天1次	每天1次	3
	软化点	每天1次	每天1次	2
	离析试验(对成品改性沥青)	每周1次	每周1次	2
	低温延度	必要时	必要时	3
	弹性恢复	必要时	必要时	3
	显微镜观察(对现场改性沥青)	随时	随时	—
乳化沥青	蒸发残留物含量	每2～3d 1次	每周1次	2
	蒸发残留物针入度	每2～3d 1次	每周1次	2
改性乳化沥青	蒸发残留物含量	每2～3d 1次	每周1次	2
	蒸发残留物针入度	每2～3d 1次	每周1次	3
	蒸发残留物软化点	每2～3d 1次	每周1次	2
	蒸发残留物延度	必要时	必要时	3

注:①表列内容是材料进场时已按"批"进行了全面检查的基础上,日常施工过程中质量检查的项目与要求;

②"随时"是指需要经常检查的项目,其检查频度可根据材料来源及质量波动情况由业主及监理确定;"必要时"是指施工各方任何部门对其质量发生怀疑,提出需要检查时,或是根据需要商定的检查频度。

热拌沥青混合料的频度和质量要求 表 2-3-41

项目		检查频度及单点检验评价方法	质量要求中允许偏差		试验方法
			高速公路、一级公路	其他等级公路	
混合料外观		随时	观察集料粗细、均匀性、离析、油石比、色泽、冒烟、有无花白料、油团等各种现象		目测
拌和温度	沥青、集料的加热温度	逐盘检测评定	符合《公路沥青路面施工技术规范》(JTG F40—2004)规定		传感器自动检测显示并打印
	混合料出厂温度	逐车检测评定	符合《公路沥青路面施工技术规范》(JTG F40—2004)规定		传感器自动检测显示并打印,出厂时逐车按 T 0981 人工检测
		逐盘测量记录,每天取平均值评定	符合《公路沥青路面施工技术规范》(JTG F40—2004)规定		传感器自动检测显示并打印
矿料级配(筛分)	0.075mm	逐盘在线检测	±2%(2%)	—	计算机采集数据计算
	≤2.36mm		±4%(4%)	—	
	≥4.75mm		±6%(5%)	—	
	0.075mm	逐盘检查,每天汇总 1 次取平均值评定	±1%	—	规范中附录 G 总量检验
	≤2.36mm		±2%	—	
	≥4.75mm		±2%	—	
	0.075mm	每台拌和机每天 1～2 次,以 2 个试样的平均值评定	±2%(2%)	±2%	T 0725 抽提筛分与标准级配比较的差
	≤2.36mm		±5%(3%)	±6%	
	≥4.75mm		±6%(4%)	±7%	
沥青用量(油石比)		逐盘在线检测	±0.3%	—	计算机采集数据计算
		逐盘检查,每天汇总 1 次取平均值评定	±0.1%	—	规范中附录 F 总量检验
		每台拌和机每天 1～2 次,以 2 个试样的平均值评定	±0.3%	±0.4%	抽提 T 0722、T 0721
马歇尔试验:空隙率、稳定度、流值		每台拌和机每天 1～2 次,以 4～6 个试样的平均值评定	符合《公路沥青路面施工技术规范》(JTG F40—2004)规定		T 0702、T 0709、施工规范附录 B、附录 C
浸水马歇尔试验		必要时(试件数同马歇尔试验)	符合《公路沥青路面施工技术规范》(JTG F40—2004)规定		T 0702、T 0709
车辙试验		必要时(以 3 个试件的平均值评定)	符合《公路沥青路面施工技术规范》(JTG F40—2004)规定		T 0719

注:①单点检验是指试验结果以一组试验的报告值为一个测点的评价依据,一组试验(马歇尔试验、车辙试验)有多少个试样时,报告值的取用按《公路工程沥青与沥青混合料试验规程》(JTJ 052—2000)的规定执行;

②对高速公路和一级公路,矿料级配和油石比必须在进行总量检验和抽提筛分的双重标准控制,互相校核,表中括号内的数字是对 SMA 的要求。油石比抽提试验应事先进行空白试验标定,提高测试数据的准确度。

公路热拌沥青混合料路面施工过程中工程质量的控制标准 表 2-3-42

项目		检查频度及单点检验评价方法	质量要求中允许偏差		试验方法
			高速公路、一级公路	其他等级公路	
外观		随时	观察集料粗细、均匀性、离析、油石比、色泽、冒烟、有无花白料、油团等各种现象		目测
接缝		随时	紧密平整、顺直、无跳车		目测
		逐条检测评定	3mm	5mm	T 0931
施工温度	摊铺温度	逐车检测评定	符合《公路沥青路面施工技术规范》(JTG F40—2004)规定		T 0931
	碾压温度	随时	符合《公路沥青路面施工技术规范》(JTG F40—2004)规定		T 0981
厚度	每一层	随时,厚度 50mm 以下 厚度 50mm 以上	设计值的 5% 设计值的 8%	设计值的 8% 设计值的 10%	施工时插入法量测松铺厚度及压实厚度
	每一层	1 个台班区段的平均值 厚度 50mm 以下 厚度 50mm 以上	 -3mm -5mm	 — —	规范附录 G 总量检验
	总厚度	每 2000m² 一点单点评定	设计值的 -5%	设计值的 -8%	T 0912
	上面层	每 2000m² 一点单点评定	设计值的 -10%	设计值的 -10%	
压实度		每 2000m² 检查 1 组逐个试件评定并计算平均值	实验室标准密度的 97%(98%) 最大理论密度的 93%(94%) 试验段密度的 99%(99%)		T 0924、T 0922 规范附录 E
平整度(最大间隙)	上面层	随时,接缝处单杆评定	3mm	5mm	T 0931
	中下面层	随时,接缝处单杆评定	5mm	7mm	
平整度(标准差)	上面层	连续测定	1.2mm	2.5mm	T 0932
	中面层	连续测定	1.5mm	2.8mm	
	下面层	连续测定	1.8mm	3.0mm	
	基层	连续测定	2.4mm	3.5mm	
宽度	有侧石	检测每个断面	±20mm	±20mm	T 0911
	无侧石	检测每个断面	不小于设计宽度	不小于设计宽度	
纵断面高程		检测每个断面	±10mm	±15mm	T 0911
横坡度		检测每个断面	±0.3%	±0.5%	T 0911
沥青层层面上的渗水系数,不大于		每 1km 不少于 5 点,每点 3 处取平均值	300mL/min(普通密级配沥青混合料) 200mL/min(SMA 混合料)		T 0971

注:①表中厚度检测频度指高速公路和一级公路的钻坑频度,其他等级公路可酌情减少状况,且通常采用压实度钻孔试件测定。上面层的允许误差不适用于磨耗层;

②压实度检测、钻孔试件的数量按规定执行,括号中的数值是对 SMA 路面的要求,对马歇尔成型试件采用 50 次或者 35 次击实的混合料,压实度应适当提高要求。进行核子仪等无破损检测时,每 13 个测点的平均数作为一个测点进行评定是否符合要求。实验室密度是指与配合比设计相同方法成型的试件密度。以最大理论密度作为标准密度时,对普通沥青混合料通过真空法实测确定,对改性沥青和 SMA 的混合料,由每天的矿料级配和油石比计算得到;

③渗水系数适用于公称最大粒径等于或小于 19mm 的沥青混合料,应在铺筑成型后未遭行车污染的情况下测定,且仅适用于要求密水的密级配沥青混合料、SMA 混合料。不适用于 OGFC 混合料,表中渗水系数以平均值评定,计算的合格率不得小于 90%;

④3m 直尺主要用于接缝检测,对正常生产路段,采用连续平整度仪测定。

公路沥青表面处治及贯入式路面施工过程中工程质量的控制标准 表 2-3-43

路面类型	项目	检查频度及单点检验评价方法	质量要求或允许偏差	试验方法
沥青表面处治	外观	随时	集料嵌挤密实,沥青撒布均匀,无花白料,接头无油包	目测
	集料及沥青用量	每日1次逐日评定	±10%	每日施工长度的实际用量与计划用量比较 T 0982
	沥青洒布温度	每车1次评定	符合规范要求	温度计测量
	厚度(路中及路侧各1点)	不少于每 2000m² 一点,逐点评定	-5mm	T 0912
	平整度(最大间隙)	随时,以连续10尺的平均值评定	10mm	T 0931
	宽度	检测每个断面逐个评定	±10mm	T 0911
	横坡度	检测每个断面逐个评定	±0.5%	T 0911
沥青贯入式路面	外观	随时	集料嵌挤密实,沥青撒布均匀,无花白料,接头无油包	目测
	集料及沥青用量	每日1次总量评定	±10%	每日施工长度的实际用量与计划用量比较 T 0982
	沥青洒布温度	每车1次逐点评定	符合规范要求	温度计测量
	厚度	每 2000m² 一点,逐点评定	-5mm 或设计厚度的 -8%	T 0912
	平整度(最大间隙)	随时,以连续10尺的平均值评定	8mm	T 0931
	宽度	检测每个断面逐个评定	±30mm	T 0911
	横坡度	检测每个断面逐个评定	±0.5%	T 0911

公路稀浆封层、微表处施工过程中工程质量的控制标准 表 2-3-44

项目		检查频度及单点检验评价方法	质量要求或允许偏差	试验方法
外观		随时	表面平整,均匀一致,无拖痕,无显著离析,接缝顺畅	目测
油石比		每日1次总量评定	±0.3	每日实际沥青用量和总集料数量,总量检验
厚度		每公里5个断面	±10%	钢尺测量,每幅中间及两侧各1点
矿料级配	0.075mm	每日1次取2个试样筛分的平均值	±2%	T 025
	0.15mm		±3%	
	0.3mm		±4%	
	0.6mm、1.18mm、2.36mm、4.75mm、9.5mm		±5%	
湿轮磨耗试验		每周1次	符合设计要求	从工程取样 T 0752 进行

3.竣工验收阶段的工程质量检查

沥青路面施工完毕,施工单位应将全线以 1 ~ 3km 为一个评定单位,以表 2-3-45 或表2-3-46 中规定的检查内容、频度及标准选点进行检测。根据检测得到的数据,计算平均值、标准差及偏差系数,向主管部门提供全线检测结果及施工报告,申请交工验收。施工质量监理单位在检查工程质量时,应随机抽取检查段,总长度不少于施工里程的 30%,且不少于 3 个检查段。路面弯沉测定应在基层的设计龄期或第二年的不利季节进行。

公路热拌沥青混合料路面交工检查与验收质量标准 表 2-3-45

检查项目		检查频度(每一幅车行道)	质量要求或允许偏差		试验方法
			高速公路及一级公路	其他等级公路	
外观		随时	表面平整密实,不得有明显轮迹、裂缝、推挤、油汀、油包等缺陷,且无明显离析		目测
面层总厚度	代表值	每 1km5 点	设计值的 - 5%	设计值的 - 8%	T 0912
	极值	每 1km5 点	设计值的 - 10%	设计值的 - 15%	T 0912
上面层厚度	代表值	每 1km5 点	设计值的 - 10%	—	T 0912
	极值	每 1km5 点	设计值的 - 20%	—	T 0912
压实度	代表值	每 1km5 点	实验室标准密度的 96%(98%) 最大理论密度的 92%(94%) 试验段密度的 98%(99%)		T 0924
	极值(最小值)	每 1km5 点	比代表值放宽 1%(每公里)或 2%(全部)		T 0924
路表平整度	标准差 σ	全线连续	1.2mm	2.5mm	T 0932
	IRI	全线连续	2.0m/km	4.2m/km	T 0933
	最大间隙	每 1km10 处,各连续 10 尺	—	5mm	T 0931
路表渗透系数,不大于		每 1km 不少于 5 点,每点 3 处取平均值评定	300mL/min(普通沥青路面) 200mL/min(SMA 路面)	—	T 0971
宽度	有侧石	每 1km20 个断面	± 20mm	± 30mm	T 0911
	无侧石	每 1km20 个断面	不小于设计宽度	不小于设计宽度	T 0911
纵断面高程		每 1km20 个断面	± 15mm	± 20mm	T 0911
中线偏位		每 1km20 个断面	± 20mm	± 30mm	T0911
横坡度		每 1km20 个断面	± 0.3%	± 0.5%	T 0911
弯沉	回弹弯沉	全线每 20m 1 点	符合设计对交工验收的要求	符合设计对交工验收的要求	T 0951
	总弯沉	全线每 5m 1 点	符合设计对交工验收的要求	—	T 0952
构造深度		每 1km 5 点	符合设计对交工验收的要求	—	T 0961/62/63
摩擦系数摆值		每 1km 5 点	符合设计对交工验收的要求	—	T 0964
横向力系数		全线连续	符合设计对交工验收的要求	—	T 0965

公路沥青表面处治及贯入式路面交工检查与验收质量标准 表 2-3-46

路面类型	检查项目		检查频度(每一幅车行道)	质量要求或允许偏差	试验方法
沥青表面处治	外观		随时	密实,不松散	目测
	厚度	代表值	每 200m 每车道 1 点	-5mm	T 0912
		极值	每 200m 每车道 1 点	-10mm	T 0912
	路表平整度	标准差 σ	全线每车道连续	4.5mm	T 0932
		IRI	全线每车道连续	7.5m/km	T 0933
		最大间隙	每 1km10 处,各连续 10 尺	10mm	T 0931
	宽度	有侧石	每 1km20 个断面	±3cm	T 0911
		无侧石	每 1km20 个断面	不小于设计宽度	T 0911
	纵断面高程		每 1km20 个断面	±20mm	T 0911
	横坡度		每 1km20 个断面	±0.5%	T 0911
	沥青用量		每 1km1 点	±0.5%	T 0722
	矿料用量		每 1km5 点	±5%	T 0722
沥青贯入式路面	外观		随时	密实,不松散	目测
	厚度	代表值	每 200m 每车道 1 点	T 0912	T 0912
		极值	每 200m 每车道 1 点	T 0912	T 0912
	路表平整度	标准差 σ	全线连续	T 0932	T 0932
		IRI	全线连续	T 0933	T 0933
		最大间隙	每 1km10 处,各连续 10 尺	T 0931	T 0931
	宽度	有侧石	每 1km20 个断面	T 0911	T 0911
		无侧石	每 1km20 个断面	T 0911	T 0911
	纵断面高程		每 1km20 个断面	±20mm	T 0911
	横坡度		每 1km20 个断面	±0.5%	T 0911
	沥青用量		每 1km1 点	±0.5%	T 0722
	矿料用量		每 1km1 点	±5%	T 0722

竣工检查的检验数据应真实、准确,能客观地反映沥青路面的施工质量,为准确评价路面施工质量提供可靠的依据。

4.施工总结

根据现行规范,路面施工结束,施工单位应写施工总结,以便于提高工程施工质量。

5.沥青路面压实度和强度的检测

第六节　沥青与沥青混合料基地

为保证沥青路面施工所需的沥青与沥青混合料的供应,需要设置沥青与制备沥青混合料的基地。沥青混合料制备基地有固定性拌制工厂和临时性拌制基地两种。固定性拌制工厂大多设置在经常需要供应沥青混合料的地方,例如在大、中城市多配备固定式的全套拌制装置,集中拌制沥青混合料。此类工厂使用年限应在十年以上，产品供应范围大。临时性拌制基地通常是沿施工路线上设置，并随施工进度而迁移。公路路面施工多采用此类临时性基地，产品供应范围较小。

固定性工厂和临时性基地位置的选择，首先应考虑沥青混合料供应距离不宜太长，以减少混合料的运输量，并能使沥青混合料迅速运达工地现场，保证混合料的温度不致过低。同时还要考虑交通方便，使砂、石、沥青等原材料能及时运达基地，基地宜靠近河流、铁路或公路，以利运输。由于沥青材料在加热时会挥发出大量有毒气体，燃烧生成大量煤灰，矿料粉尘易于飞散，基地附近环境易受污染。因此，拌制基地应力求远离居民区，并应设在当地主要风向的下风方向。

固定性沥青与沥青混合料拌制工厂的组成包括：

(1)由沥青储罐、沥青熔化加热锅、管道、泵站等设备组成的沥青车间。

(2)轧制矿料与筛分车间。

(3)矿粉磨碎车间。

(4)沥青混合料拌和车间。

(5)仓库与运输设备。

(6)动力系统。

(7)原材料及产品质量控制实验室。

(8)维修车间。

(9)办公用房及生活设施。

此外，还应有运入原材料和运出沥青混合料的专用运输线。

一、沥青基地

1.沥青储池

储存沥青材料的储池形式很多，按工程规模的大小与使用期限的长短，可分为临时式和固定式两类。

就地开挖土坑或地面上填筑土埂修建的临时式储池，容量一般为200～300t，储池的形状视地形和材料而定。为防止地下水的影响，除要求池底高出地下水位0.5m并在储池四周设置排水沟外，储池底部和四壁需用水泥砂浆抹面，并涂上防水剂。固定式储池多采用埋置式，即在地面以下用钢筋混凝土或砖、石修筑圆形储池，其容量在300t以上。

2.沥青材料的预热设备

为使沥青储池内凝固的沥青材料能加热到流动状态，储池内应设有预热的设备。预热的方法有蒸汽、电力和火池预热等。桶装沥青也应进行预热。

3.沥青材料熬制和掺配

沥青材料在使用前尚需加热脱水并熬制到备用温度。熬制沥青一般包括：脱水、加热、保温储存等步骤。加温时一定要控制好温度，以免温度过高而引起沥青老化。各种沥青材料的加热温度一般按表2-3-47进行控制。

沥青材料加热温度(℃) 表2-3-47

沥青种类与标号		脱水温度	备用温度	沥青种类与标号		脱水温度	备用温度
石油沥青	油-180、200	<110	140～160	煤沥青	煤-3、4、5	—	90～120
	油-60、100、140	—	170～200		煤-6、7	—	110～140

两种不同标号的沥青掺配，可在熬油过程中同时进行。掺配时，先将高标号的沥青通过流槽流入沥青锅，然后逐渐掺入低标号的沥青，边掺边搅拌，直至搅拌均匀为止。此外，也可在沥青洒布车内进行掺配，即将两种不同标号的沥青按掺配比例装入洒布车油槽后，由车上的油泵搅拌混合。

二、沥青混合料拌制基地

沥青混合料拌制包括：材料初配、矿质骨料烘干加热、材料分选，掺配混合、拌和、混合料储运等工序。

沥青混合料拌制基地的平面布置，要根据生产需要合理安排各车间及辅助设施的相互位置，以便最大限度地发挥设备的利用率，减少内部运输，降低成本，提高经济效益和保证生产安全。

首先定出各个车间和各辅助设施的基本尺寸和相互的间距，计算料堆的堆置面积。再以拌和车间为主，拟定出对外运输路线；选定矿料、沥青的堆料场址以及各车间的位置；拟定生活管理设施；组织场内运输。

三、沥青路面施工的安全防护

修筑沥青路面时要在高温条件下操作，经常与刺激皮肤的沥青材料接触，特别是与有毒性的煤沥青接触，对人的健康有影响。沥青材料为易燃材料，在加热和熬制过程中如果不注意安全防护，易于发生事故。因此，在整个施工过程中必须重视安全生产。

1.预防人身中毒

施工人员应进行体格检查，凡患皮肤病、眼病、喉病、面部或手部有破伤，以及对沥青有过敏感染者，均不应参加沥青的加工操作。参加操作的人员必须穿着工作服和工作靴、戴手套、扩目镜和口罩。脸部及外露皮肤应涂防护油膏(防护油膏可用等量的淀粉或滑石粉、氧化锌、甘油和水，再加3%的水杨酸苯脂制成)。与沥青直接接触的人员连续操作一段时间后要稍作休息，每天工作完毕后应及时洗涤。若被热沥青烫伤，应立即将粘在皮肤上的沥青用松节油擦洗干净，再用高锰酸钾溶液或硼酸水洗伤处，并请医务人员治疗。

2.沥青加热时的安全防护

沥青加热处应准备消防器材和防火用砂、湿麻袋、湿草包等。现场桶装沥青加热，要同时将桶上盖打开。盖孔应向上，让气体从盖孔放出，以防爆炸。

桶内有水时，应先将水倒出再加热。预热时，如发现沥青由桶上砂眼处喷气漏出，即用铁铲铲湿泥涂封。

用沥青锅熬制沥青时，沥青锅应远离建筑物，其上需搭建防雨棚。熬制前沥青应先进行脱水。脱水时要降低加热温度并经常搅动，以免沥青溢锅而引起火灾。放入沥青锅的沥青材料不要超出锅深的三分之二，禁止在烈火的空锅上加入沥青，不得一边加火一边掺和沥青。

3.现场施工操作的防护

施工现场必须设置标志，派专人指挥行车，注意交通安全。施工前应检查机具设备是否完好。洒布沥青时在喷头10m以内不得有人，不准逆风操作。并严禁喷头向上。洒布沥青中途，若遇喷头堵塞或其他故障，应立即停止泵油，并关闭喷油闸门后再进行修理。

第四章　水泥混凝土路面施工

【内容简介和学习要求】

本章概括性介绍了水泥混凝土路面的施工方法、材料要求、施工程序、注意事项和验收标准；重点介绍了一般水泥混凝土路面的施工程序和机械化施工所采用新方法、施工程序和注意事宜。

通过本章学习，学生能正确描述水泥混凝土路面施工的一般程序和各工序的施工组织方法，能进行水泥混凝土路面的现场施工组织和操作，并进行质量检测。

第一节　施工前的准备工作

一、混凝土材料要求

混凝土混合料由水泥、粗集料、细集料、水和外加剂组成。

1.水泥

水泥混凝土路面应采用强度高、干缩性小、耐久性好和抗冻性好的水泥。一般可采用硅酸盐水泥、普通硅酸盐水泥和道路硅酸盐水泥。中等和轻交通的路面，也可采用矿渣硅酸盐水泥。对特重交通的路面水泥的标号，不宜低于525，对其他交通等级的路面水泥的标号，不宜低于425；同时，水泥的技术指标应符合现行的国家标准。各交通等级路面水泥抗折强度、抗压强度应符合表2-4-1的规定。

各交通等级路面水泥各龄期抗折强度、抗压强度　　表2-4-1

交通等级	特重交通		重交通		中、轻交通	
龄期(d)	3	28	3	28	3	28
抗压强度(MPa)，≥	25.5	57.5	22.0	52.5	16.0	42.5
抗折强度(MPa)，≥	4.5	7.5	4.0	7.0	3.5	6.5

2.粗集料与细集料

在混凝土中粗集料指碎石或砾石，细集料指砂或石屑。无论是粗集料还是细集料均应质地坚硬、耐久、洁净，符合规定的级配，技术指标应满足施工规范中表2-4-2～表2-4-4的规定。

水泥混凝土路面用碎石、碎卵石和卵石技术指标　　表2-4-2

项目	技术要求		
	Ⅰ级	Ⅱ级	Ⅲ级
碎石压碎指标(%)	<10	<15	<20
卵石压碎指标(%)	<12	<14	<16
坚固性(按质量损失计%)	<5	<8	<12
针片状颗粒含量(按质量计%)	<5	<15	<20
含泥量(按质量计%)	<0.5	<1.0	<1.5
泥块含量(按质量计%)	<0	<0.2	<0.5

续上表

项　　目	技术要求		
	Ⅰ级	Ⅱ级	Ⅲ级
有机物含量(比色法)	合格	合格	合格
硫化物及硫酸盐(按 SO_3 质量计%)	<0.5	<1.0	<1.0
岩石抗压强度	火成岩不应小于 100MPa;变质岩不应小于 80 MPa;水成岩小于 60MPa		
表观密度	>2500kg/m^3		
松散堆积密度	<1350kg/m^3		
空隙率	<47%		
碱集料反应	经碱集料反应试验后,试件无裂缝、酥裂、胶体外溢等现象,在规定试验龄期的膨胀率应小于 0.10%		

注:①混凝土强度等级大于 C60 宜用Ⅰ级;强度等级 C30~C60 及有抗冻、抗渗或其他要求的混凝土宜用Ⅱ级;强度等级小于 C30 宜用Ⅲ级;

②高速公路、一级公路、二级公路及有抗(盐)冻要求的三、四级公路混凝土路面使用的粗集料级别应不低于Ⅱ级,无抗(盐)冻要求的三、四级公路混凝土路面、碾压混凝土及贫混凝土基层可使用Ⅲ级粗集料。

为了使路面混凝土形成嵌锁型的骨架密实结构,提高路面使用品质及耐久性,应严格控制粗集料的级配。粗集料的级配范围应符合表 2-4-3 要求。

水泥混凝土路用粗集料级配范围　　表 2-4-3

级配范围		方孔筛尺寸(mm)							
		2.36	4.75	9.50	16.0	19.0	26.5	31.5	37.5
		累计筛余(以质量计)(%)							
合成级配	4.75~16	95~100	85~100	40~60	0~10				
	4.75~19	95~100	85~95	60~75	30~45	0~5	0		
	4.75~26.5	95~100	90~95	70~90	50~70	25~40	0~5	0	
	4.75~31.5	95~100	90~100	75~90	60~75	40~60	20~35	0~5	0
粒级	4.75~9.5	95~100	80~100	0~15	0				
	9.5~16		95~100	80~100	0~15	0			
	9.5~19		95~100	85~100	40~60	0~15			
	16~26.5			95~100	55~75	25~40	0~10	0	
	16~31.5			95~100	85~100	55~70	25~40	0~10	0

水泥混凝土路面用细集料技术指标　　表 2-4-4

项　　目	技术要求		
	Ⅰ级	Ⅱ级	Ⅲ级
机制砂单粒级最大压碎指标(%)	<20	<25	<30
氯化物(氯离子质量计%)	<0.01	<0.02	<0.06
坚固性(按质量损失计%)	<6	<8	<10
云母(按质量计%)	<1.0	<2.0	<2.0
天然砂、机制砂含泥量(按质量计%)	<1.0	<2.0	<3.0
天然砂、机制砂泥块含量(按质量计%)	0	<1.0	<2.0
机制砂 MB 值<1.4 或合格石粉含量(按质量计%)	<3.0	<5.0	<7.0

续上表

项　　目	技术要求		
	Ⅰ级	Ⅱ级	Ⅲ级
机制砂 MB 值≥1.4 或不合格石粉含量(按质量计%)	<1.0	<3.0	<5.0
有机物含量(比色法)	合格	合格	合格
硫化物及硫酸盐(按 SO_3 质量计%)	<0.5	<0.5	<0.5
轻物质(按质量计%)	<1.0	<1.0	<1.0
机制砂母岩抗压强度	火成岩不应小于 100MPa;变质岩不应小于 80 MPa;水成岩小于 60MPa		
表观密度	>2500kg/m³		
松散堆积密度	<1350kg/m³		
空隙率	<47%		
碱集料反应	经碱集料反应试验后,由砂配制的试件无裂缝、酥裂、胶体外溢等现象,在规定试验龄期的膨胀率应小于 0.10%		

注:高速公路、一级公路、二级公路及有抗(盐)冻要求的三、四级公路混凝土路面使用的砂级别应不低于Ⅱ级,无抗(盐)冻要求的三、四级公路混凝土路面、碾压混凝土及贫混凝土基层可使用Ⅲ级砂。特重、重交通混凝土路面宜使用河砂,砂的硅质含量不应低于 25%。

为了使路面混凝土形成嵌锁型的骨架密实结构,提高路面使用品质及耐久性,应严格控制砂的级配。砂的级配范围应符合规范要求。

3.水

一般饮用水均可用于水泥混凝土路面施工和养护;对非饮用水,应检验其硫酸盐含量和 pH 值,符合要求(水的 pH 值大于 4,硫酸盐的 SO_4^{2-} 含量以计算不超过 2700mg/L,各种盐的总含量不超过 5000mg/L)时也可以采用。

4.外加剂

为了改善混凝土的技术性质,可以在混凝土的制备过程中加入一定数量的外加剂。常用的外加剂有流变剂,调凝剂和改变混凝土含气量的外加剂等。外加剂的质量应符合现行的国家标准。

二、配合比设计

普通混凝土路面的配合比设计在兼顾经济性的同时应满足弯拉强度、工作性和耐久性这三项技术要求。

混合料配合比设计应根据工程的设计要求、当地材料品质、施工方法、操作水平及工地环境等方面,通过选择、计算和试验来确定水泥、水、砂、碎石(砾石)、外加剂几种材料相互之间比例关系。在确定混合料中水、水泥、细集料、粗集料四种基本成分的用量时,关键是选择好水灰比、用水量和砂率这三个参数。

混凝土配合比的试配、调整和确定的具体步骤为:

1.初步配合比的计算

(1)按设计要求强度等级计算混凝土的配制强度。

(2)按配制强度计算相应的水灰比,并校核是否满足最大水灰比规定。

(3)选定砂率。

(4)选定混凝土单位用水量。

(5)计算单位水泥用量,并校核是否满足最小水泥用量规定。

(6)计算粗集料和细集料的用量。

(7)最后得出混凝土的初步配合比。

2.试拌调整,提出基准配合比

先按初步配合比进行混凝土拌和物的试拌,检查拌和物的和易性。不能满足所选坍落度的要求时,应在保持水灰比不变的条件下相应调整单位用水量或砂率,反复试验,直到符合要求为止。由此提出供混凝土强度试验用的基准配合比。

3.强度测定,确定试验配合比

按基准配合比拌制试件,测定其实际密度,并进行强度检验。通过上述步骤得到和易性和强度均满足要求的配合比后,还应按混凝土的实测密度再进行必要的校正,而后得到校正后的混凝土设计配合比。

4.施工配合比

室内配合比确定后,实际路面铺筑前,还应进行大型搅拌楼配合比试验检验,检验通过后,其配合比方可用于摊铺。另根据施工的具体情况,还应对施工配合比进行微调与控制。其内容包括微调外加剂掺量和微调加水量。

三、施工前的准备工作

混凝土路面施工前的准备工作包括材料的准备及质量检验、混合料配合比检验与调整、基层的检验与整修、施工放样及机械准备等。

根据路面施工进度计划,施工前应分批准备好所需的各种材料,并在使用前进行核对、调整,各种材料应符合规定的质量要求。新出厂的水泥应至少存放一周后方可使用。路面在浇筑前必须对混凝土拌和物的工作性进行检验并做好必要的调整。

混凝土路面施工前应对其板下的基层进行强度、密实度及几何尺寸等方面的质量检验。基层质量检查项目及其标准应符合基层施工技术规范要求。基层宽度应比混凝土路面板宽30~35cm或与路基同宽。施工放样也是水泥混凝土路面施工前的一项重要工作。首先要根据图纸恢复中线和路面边线,在中心线上每隔10~20m设一桩,并设置相应的边桩,以利于施工控制。为便于施工高程控制,应每隔100~200m设置临时水准点。

施工前还必须做好各种机械的检修工作,以便施工时能正常运转,同进还要考虑水泥混凝土路面的施工机械的配套。

第二节　施工操作程序和方法

水泥混凝土路面采用机械化施工具有生产效率高,施工质量容易得到保证等优点,是我国水泥混凝土路面施工的发展方向。现阶段由于机械设备投资等因素的影响,只是在少数比较重要的公路上得到应用,小型配套机具施工仍然是一般公路普遍采用的施工方法。小型配套机具施工需使用拌和机、运输车辆、振捣器、振动梁、抹面机具及锯缝机等,这些机具应性能稳定可靠、操作简便、易于维修并能满足施工要求。其一般工序为:施工准备→模板安装→传力杆安设→混凝土拌和与运输→摊铺与振捣→接缝施工+表面整修→养护与填缝。

一、安装模板

在安设模板和钢筋前，须根据设计图纸放样定出路面中心线和路面边缘线，并检查基层顶面高程和路拱横坡度。高程和横坡的偏差超出容许值时，应整修基层。

模板宜采用钢制的，长度为3m，接头处应有牢固拼装配件，装拆应简易。模板高度应与混凝土面板厚度相同。模板两侧用铁钎打入基层固定。模板的顶面应与混凝土面板顶面设计高程一致，模板底面应与基层顶面紧贴，局部低洼处(空隙)要事先用水泥砂浆铺平并充分捣实。无钢模时，也可采用木模板，但厚度宜在5cm以上。

模板安装完毕后，宜再检查一次模板相接处的高差和模板内侧是否有错位和不平整等情况，高差大于3mm或有错位和不平整的模板应重新安装。如果正确，则在模板内侧面均匀涂刷一薄层油(如废机油等)，以利脱模。

二、接缝与安设传力杆

接缝是混凝土路面的薄弱环节，接缝施工质量不高，会引起面板的各种损坏，并影响行车的舒适性。因此，应特别认真地做好接缝的施工。

1.纵缝

用小型机具施工时，按一个车道的宽度(3.75~4.5m)一次施工。纵缝采用三种方式设置：第一种是在模板上设孔，立模后在浇筑混凝土之前将拉杆穿在孔内，这种方式的缺点是拆模较费事。第二种是把拉杆弯成直角形，立模后用铁丝将其一半绑在模板上，另一半浇在混凝土内，拆模后将外露在已浇筑混凝土侧面上的拉杆弯直。第三种方式是采用带螺栓的拉杆，一半拉杆用支架固定在基层上，拆模后另一半带螺栓接头的拉杆同埋在已浇筑混凝土内的半根拉杆相接，参见图2-4-1。

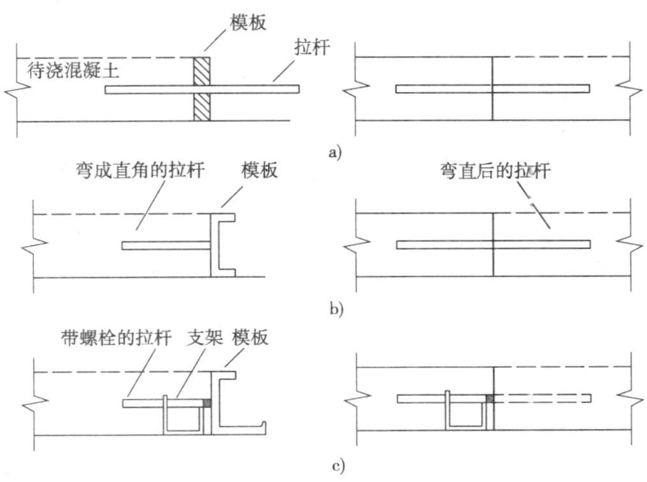

图2-4-1 纵缝施工

a)模板穿孔；b)拉杆弯成直角；c)带螺栓拉杆

2.横向缩缝

横向缩缝可采用混凝土结硬后用切缝机切割或在新鲜混凝土上以压入的方式修筑。切缝可以得到质量比压缝好的缩缝，应尽量采用这种方式。施工时必须严格控制切缝时间，否则易产生早期裂缝。

1)切缝

混凝土结硬后,要在尽早的时间内用金刚石或碳化硅锯片切缝。切缝时间要特别注意掌握好,切得过早,由于混凝土的强度不足,会引起粗集料从砂浆中脱落,而不能切出整齐的缝。切得过迟,则混凝土由于温度下降和水分减少而产生的收缩,因板很硬而受阻,导致收缩应力超出其抗拉强度而在非预定位置出现早期裂缝。合适的切缝时间应控制在混凝土获得足够的强度,而收缩应力并未超出其强度的范围内时。它随混凝土的组成和性质(集料类型、水泥类型和用量、水灰比等)、施工时的气候条件(温度及其变化、风等)等因素而变化。试验表明:适宜的切缝时间是施工温度与施工后时间之乘积为200~300温度小时。施工技术人员须依据经验并进行试切试验后决定。大致的切缝时间如表2-4-5所列。

经验切缝时间 表2-4-5

昼夜平均温度(℃)	常规施工方法(h)	真空脱水作业(h)	昼夜平均温度(℃)	常规施工方法(h)	真空脱水作业(h)
5	45~50	40~45	20	18~21	12~15
10	30~45	25~30	25	15~18	8~11
15	22~26	18~32	30	13~15	5~7

2)压缝

为防止出现早期裂缝,可每隔3~4条切缝做一条压缝。用振动刀在新鲜混凝土的预定位置上压缝,至规定深度时,提出压缝刀。用原浆修平缝槽,放入嵌条,再次修平缝槽,待混凝土初凝前泌水后,取出嵌条,用抹缝瓦刀抹修缝槽。

3.横向胀缝

胀缝应与路中心线垂直,缝壁必须垂直,缝隙宽度必须一致,缝中不得连浆。缝隙下部设胀缝板,上部灌胀缝填缝料。传力杆应固定位置,准确定向。

胀缝可在一天浇筑混凝土终了时设置或在当天施工中间设置。

一天施工终了时设置胀缝,可采用图2-4-2a)所示的形式。传力杆长度的一半穿过端部挡板,固定于外侧定位模板中。混凝土浇筑前应先检查传力杆位置。浇筑时,应先摊铺下层混凝土,用插入式振捣器振实,并校正传力杆位置。再浇筑上层混凝土。浇筑邻板时应拆除顶头木模,并设置下部胀缝板、木制嵌条和传力杆套管。

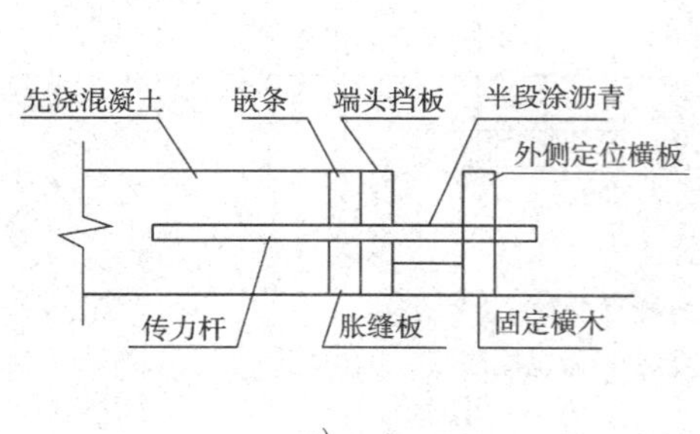

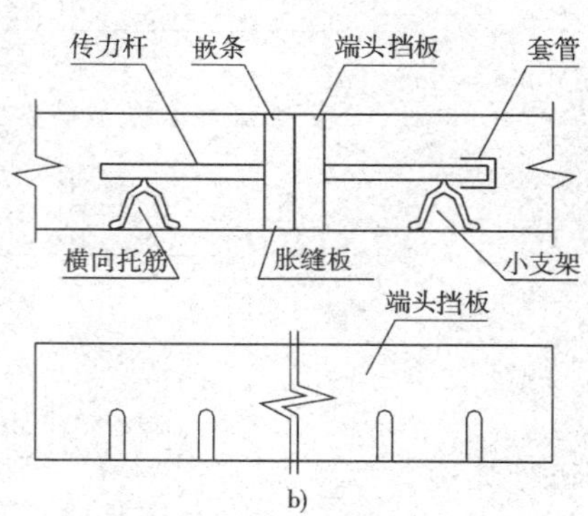

图2-4-2 胀缝施工

a)顶头木模固定;b)钢筋支架固定

一天施工过程中设置胀缝，则可采用图 2-4-2b）中所示的形式，传力杆长度的一半穿过胀缝板和端头板，并应用钢筋支架固定就位。浇筑时应先检查传力杆位置，再在胀缝两侧摊铺混凝土至板面。振捣密实后，抽出端头板。空隙部分用混凝土填补，并用插入式振捣器振实。

4.施工缝

施工缝宜设于胀缝或缩缝处，多车道施工缝应避免设在同一横断面上。施工缝如设于缩缝处，板中应增设传力杆，传力杆必须与缝壁垂直，其一半锚固于混凝土中，另一半应先涂沥青，并作套管，允许滑动。

三、混凝土的拌和与运输

1.混凝土拌和

水泥混凝土拌和机械按结构形式可分为自落式和强制式两大类。其主要技术指标比较列于表 2-4-6。

强制式、自落式拌和机的主要技术指标比较表　　表 2-4-6

类别		单位功率（kW/m^3）	单位金属耗量（t/m^3）	最佳拌和时间（s）	卸料时间（s）	备注
自落式		8.5～11	0.1～4.0	90～180	50～80	不能拌干硬性混凝土
强制式	立轴	33～75	2.4～5.6	60～180	30～60	可拌干硬性混凝土
	双卧轴	23～26	3.6～5.2	30～90	18～30	适合拌干性混凝土

自落式的原理是将混合料提到一定高度后自由落下而达到拌和的目的。它具有能耗小，机械制作精度要求不高，价格较便宜，但它适用于塑性和半塑性混凝土。对坍落度小的混凝土，难以拌和均匀，甚至粒料粘附在叶片上，不能正常拌和，出料也困难。所以自落式拌和机不能用以拌制干硬性混凝土。

强制式混凝土拌和机系在固定不动的密闭的搅拌筒内装有多组搅拌叶片，通过搅拌叶片高速旋转，对筒内材料进行强制搅拌。此种搅拌方式适用于干硬性及细粒料混凝土，且搅拌时间短、效率高、操纵系统灵巧、卸料干净。强制式混凝土拌和机又从构造上分为立轴和双卧轴式两种，其中双卧轴式能耗低、拌和时间短，其效益均好于立轴式。因而，在选择机型时优先选用双卧轴强制式混凝土拌和机。

为了按规定的配合比拌制混凝土，必须对各组成材料进行准确地计量。计量的容许误差，水和水泥为 1%，集料为 3%，外掺剂为 2%。过去采用的体积计量法难以达到准确计量的要求，致使混凝土的质量得不到有效的控制，因而，这种方法应停止使用，而采用磅秤计量的方法。在有条件时，尽量采用电子秤等自动计量设备。

一般国产强制式拌和机，拌制坍落度为 1～5cm 的混凝土，其最佳拌和时间为：立轴强制式拌和机，90～100s；双卧轴强制式混凝土拌和机，60～90s。最短的拌和时间不低于最佳拌和时间的低限，最长拌和时间不超过最短拌和时间的 3 倍。

2.混凝土的运输

混凝土在运输中要防止污染和离析。从拌和到开始浇筑的时间，应尽可能短些，因而，混凝土运输的最长时间，应以初凝时间和留有足够摊铺操作时间为限。在不能满足此要求时，应使用缓凝剂。运输设备可参考表 2-4-7 选用。

混凝土运输设备　　表 2-4-7

类　型	容积范围 (m^3)	运输距离 (m)	通道宽度 (m)	类　型	容积范围 (m^3)	运输距离 (m)	通道宽度 (m)
单、双轮手推车	0.10～0.16	30～50	1.6～1.8	自卸车	2.4	500～2000	3.5～4.0
机动翻斗车	0.40～1.20	100～500	2.0～3.0	搅拌车	8.9～11.8	500～2000	2.5～3.5

四、混凝土的摊铺与振捣

1.摊铺

摊铺混凝土前,应先检查模板的位置和高度以及基层的高程和压实度等是否符合要求,钢筋安设是否准确和牢固。

混凝土混合料由运输车辆直接卸在基层上。卸料时,混合料尽可能卸成几个小堆,如发现有离析现象,应用铁锹进行二次拌和。混凝土板厚度不大于 24cm 时,可一次摊铺。大于 24cm 时,宜分两次摊铺,下层厚度宜为总厚度的 3/5。摊铺的松铺厚度,应考虑振实的影响而预留一定的高度。具体数值,根据试验确定。用铁锹摊铺时,应用“扣锹”方法,严禁抛掷和搂耙,以防止离析。在模板附近摊铺时,用铁锹插捣几下,使灰浆捣出,以免发生蜂窝。

2.振捣

摊铺好的混凝土混合料,应迅速用平板振捣器和插入式振捣器均匀振捣。平板振捣器的有效作用深度一般为 18～25cm。不采用真空脱水工艺施工时,宜采用 2.2kW 的平板振捣器;采用真空脱水工艺施工时,可采用功率较小的平板振捣器。插入式振捣器宜选用频率 6000 次/min以上的。

振捣时应先用插入式振捣器在模板边缘角隅处或全面顺序插振一次,每一位置不宜少于 20s。插入式振捣器移动间距不宜大于其作用半径的 1.5 倍,其至模板的距离不应大于其作用半径的 0.5 倍,并应避免碰撞模板和钢筋。然后,再用平板振捣器全面振捣。振捣时应重叠 10～20cm。每一位置振捣时,当水灰比小于 0.45 时,不宜少于 30s;水灰比大于 0.45 时,不宜少于 15s,以不冒气泡并泛出水泥浆为准。混凝土在全面振捣后,用振动梁进一步拖拉振实并初步整平。振动梁是将附着式振动器安装在焊接成的钢或其他金属梁上,由振动器激振,使梁振动而使混凝土受振密实并振动找平。振动梁往返拖拉 2～3 次,使表面泛浆,并赶出气泡。振动梁移动的速度要缓慢而均匀,前进速度以每分钟 1.2～1.5m 为宜。对有不平之处,应及时以人工挖填补平。补平时应用较细的混合料,但严禁用纯砂浆填补。振动梁行进时,不允许中途停留。牵引绳不宜过短,以减少振动梁底部的倾斜,振动梁底面要保持平直,当弯曲超过 2mm 时应调直或更换,下班或不用时,要清洗干净,放在平整处(必要时将振捣梁朝下搁放,以使自行校正平直度),不得暴晒或雨淋。最后用平直的滚杠进一步滚揉表面,使表面进一步提浆并调匀。

滚杠的构造一般是用挺直的无缝钢管,在钢管两端加焊端头板,板内镶配轴承,管端焊有两个弯头式的推拉定位销,伸出的牵引轴上穿有推拉杆。这种结构既可滚拉又可平推提浆赶浆,使表面均匀地保持 5～6mm 左右的砂浆层,以利密封和作面。

如发现混凝土表面与模板有较大的高差,应重新挖填找平,重新振滚平整。最后挂线检查平整度,发现不符合之处应进一步处理刮平。

五、表面整修和拆模

1.表面整修

当采用真空脱水工艺时，脱水后可用振捣梁复振一次，并用滚杠拉一次，以确保板面平整度。不采用真空脱水工艺时，应用大木抹子多次抹面至表面无泌水为止，收水抹面的各遍间隔时间见参考表2-4-8。

收水抹面间隔时间　　表2-4-8

水泥品种	施工温度(℃)	间隔时间(min)	水泥品种	施工温度(℃)	间隔时间(min)
普通水泥	0	35～45	矿渣水泥	0	55～70
	10	30～35		10	40～55
	20	15～25		20	25～40
	30	10～16		30	15～25

抹面结束后，即可用尼龙丝刷或拉槽器在混凝土面板表面横向拉槽或压纹。

2.拆模

模板在浇筑混凝土60h以后拆除，但当车辆不直接在混凝土面板上行驶，气温又不低于10℃时，可缩短到20h后拆模；温度低于10℃时，可缩短到36h后拆模。拆模时不应损坏混凝土面板和模板。

第三节　混凝土路面的养生与填缝

一、常用的养生方法和要求

混凝土表面修整完毕后，应进行养生，使混凝土面板在开放交通前具备足够的强度和质量。养生期间，须防止混凝土的水分蒸发和风干，以免产生收缩裂缝；须采取措施减小温度变化，以免混凝土板产生过大的温度应力；须管制交通，以防止人畜和车辆等损坏混凝土面板的表面。一般常用的养生方法有下列两种：

1.湿治养生

混凝土抹面2h后，当表面已有相当的硬度，用手指轻压不出现痕迹时，即开始养生。一般采用湿草袋或草垫，或者20～30mm厚的湿沙覆盖于表面。每天均匀洒水数次，使表面经常保持潮湿状态。在温差大的地区，板浇筑后3d内，应采取保温措施，防止板产生收缩裂缝。在养生期间禁止车辆通行。

2.塑料薄膜养生

当表面不见浮水，用手指压无痕迹时，即均匀喷洒塑料溶液(由轻油剂、过氯乙烯树脂和苯二甲酸二丁脂三者，按88%:9%:3%的质量比配制而成)，形成不透水的薄膜粘附于表面，从而阻止混凝土中水分的蒸发，保证混凝土的水化作用。

近年来，国内也有用塑料布覆盖以代替喷洒塑料溶液的养生方法，效果良好，养生时间按混凝土抗弯拉强度达到3.5MPa以上的要求经试验确定。通常，使用普通硅酸盐水泥时约为14d，使用早强水泥时约为7d，使用中热硅酸盐水泥时约为21d。

二、填缝材料

填缝材料分为接缝板及灌缝料两种。灌缝料又分为加热施工式及常温施工式两种。施工中接缝板及灌缝料的技术性质应符合《公路水泥混凝土路面施工技术规范》(JTG F30—2003)的有关要求。

混凝土面板养护期满后应及时填封接缝。填缝前缝内必须清扫干净,并防止砂石掉入。灌注填缝料必须在缝槽干燥状态下进行。填缝料应与混凝土缝壁粘附紧密,不渗水。其灌注深度以3~4cm为宜,下部可填入多孔柔性材料。填缝料的灌注高度,夏天应与板面平,冬天宜稍低于板面。当加热热灌式填缝料时,应不断搅拌至规定温度。气温较低时,应用喷灯加热缝壁。个别脱开处,应用喷灯烧烤,使其粘结紧密。

第四节　真空吸水工艺

真空吸水是利用真空设备,借助大气与真空的压力差,使混凝土表面受到挤压作用,而将混凝土内多余的水分和空气排出,从而得到密实的混凝土。

采用真空作业时,混凝土混合料的水灰比可以比常规的增大5%~10%。因而易于混凝土的摊铺和振捣,减轻劳动强度。真空脱水作业完毕后,混凝土即可具有一定的初期结构强度(约0.2MPa)。这将有利于立即进行抹面,防止收缩裂缝出现。

一、真空吸水设备

1.真空泵

真空泵的选择,应满足下列要求:

(1)真空参数设计合理,真空度和抽速都能满足生产的要求。宜选用低真空大抽吸的新型真空泵,泵的最大真空度宜≤90%,最大抽速宜>25L/s。

(2)机组工作时,真空度稳定,动力消耗小,电动机功率不超过4kW。

(3)具有良好的冷却循环和密封装置。

(4)配有脱水量自动计量仪表。

(5)移动灵活,维修简便,使用寿命长。

推荐采用新型低真空大抽吸泵(ZJT-70)。

2.真空吸垫

适用于混凝土路面真空吸水工艺的真空吸垫有尼龙网格吸垫、V82型气垫薄膜吸垫及V88无滤布吸垫等柔性吸垫。

尼龙网格吸垫真空腔分布不及V82型和V88型吸垫合理,脱水效果较差。V82型吸垫真空腔分布均匀,脱水效果比尼龙网格效果好,但这种吸垫需用过滤布,增加了施工难度,滤布折叠起来,容易影响表面平整度,而且每天对滤布都要冲洗干净。

V88型吸垫真空腔均匀,作业面积大,使用简便灵活,每次作业只要一次铺放,没有尼龙布的铺放、卷起及冲洗工序,省工省时,改善了劳动条件;按门幅宽50cm拼接,四周无需专用密封边固定吸垫尺寸,能满足不同作业面尺寸的施工需要,还加快了脱水进度及均匀度,改善了混凝土表面平整度,减少了抹平时间。

推荐采用V88型新型吸垫,既可省尼龙布,又能吸水均匀。其次,可采用V82型吸垫,它无需塑料网片，仅需要尼龙垫布，吸水尚均匀。

二、真空脱水工艺

真空脱水工艺主要工序如下：

1.检查泵垫

脱水前，打开真空泵机组水箱盖，向真空室和集水室注入清水使水面与箱内管口相平或略高一些，调节搭扣松紧，盖严箱盖，用3~4mm厚橡胶板堵住进水口，检查泵的空载真空度应大于86.7~93.9kPa。检查联结软管、吸垫表面、粘缝及管接头。如发现有损坏、漏气、阻塞时，要迅速补修或更换。

检查粘结剂和修补用品以及常用的修理工具是否齐全。

2.铺设吸垫

采用V82或塑料网格吸垫时，应先铺放尼龙布。要求布面拉平，少折皱；过长时可折叠放置，尼龙布比板面应略小8~10cm。如采用尼龙网格吸垫时，应铺设网片，周边与尼龙布对齐，每网片间应搭接2~3cm，最后铺上部吸罩，并接通水桶。

如有密封边，应用小刷沿周边轻轻扫压一遍，开泵脱水的同时，再拉压一遍，以保证密封效果。

3.开泵吸水

开泵吸水，一般控制真空表1min内逐步升高到53.3~66.7kPa，如果在规定时间内达不到规定的真空度要求时，应查找漏气原因。如果使用密封边时，一般可略浇些水将密封边湿润，再轻轻压一下，如不见效，要采取修补和更换等措施。

当吸水达到规定时间要求或已吸出规定水量后，应把吸垫四周略微掀起1~2cm，继续抽吸10~15s，以脱尽作业表面及管路中余水。

卷起吸垫，移至下一块作业面上再继续进行真空脱水。

4.复平

为了弥补真空吸水可能造成板中板边高差，吸水后应用滚杠或振动梁再振一次。这样不仅可以保证表面平整，还可以进一步增强面板强度和均匀性。

5.真空吸水的注意事项

(1)作业时不准随意在吸垫上行走，即使检查、补漏也不准穿硬底带钉的鞋子，最好穿胶鞋或球鞋操作。

(2)吸垫存放或搬移时，应避免与带尖角的硬物接触。

(3)卷起或铺放吸垫时，应用手拿担挑，以避免吸垫折断。

(4)每班施工完毕，应将吸垫洗干净，并冲净真空泵箱内沉积物，排净存水。

(5)每班做好板块编号及吸水记录，并换算成脱水率。

第五节　滑模式摊铺机施工

一、施工工艺

滑模式摊铺机施工混凝土路面不需要轨模，摊铺机支承在四个液压缸上，两侧设置有随机移动的固定滑模，摊铺厚度通过摊铺机上下移动来调整。滑模式摊铺机一次通过即可完成摊铺、振捣、整平等多道工序，摊铺作业过程如图2-4-3所示，施工程序框图如图2-4-4所示。铺筑混凝土时，首先由螺旋式布料器将堆积在基层上的混凝土拌和物横向铺开，刮平器进行初步刮平，然后振捣器进行捣实，随后刮平板进行振捣后的整平，形成密实而平整的表面，再使用搓动式振捣板对拌和物进行振实和整平，最后用光面带进行光面。整面作业与轨模式摊铺机施工基本相同，但滑模摊铺机的整面装置均由电子液压系统控制，精度较高。

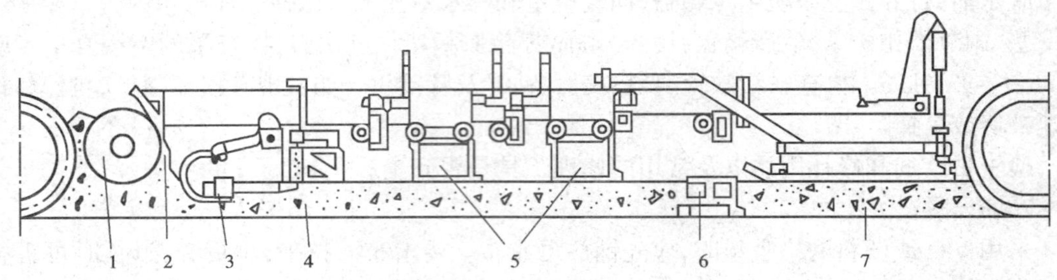

图2-4-3 滑模式摊铺机摊铺工艺过程图

1-螺旋摊铺器；2-刮平器；3-振捣器；4-刮平板；5-振动振平板；6-光面带；7-混凝土面层

滑模式摊铺机比轨模式摊铺机更高度集成化，整机性能好，操纵方便，生产效率高，但对原材料、混凝土拌和物的要求更严格，设备费用较高。

二、施工过程

1.准备工作

滑模式摊铺机施工水泥混凝土路面的准备工作包括以下内容：

(1)基层质量检查与验收。对基层的检验项目及质量验收标准与轨模式摊铺机施工相同。一般情况下滑模式摊铺机施工的长度不少于4km。基层应留有供摊铺机施工行走的位置，因此，基层应比混凝土面层宽出50cm～80cm。

(2)测量放样，悬挂基准绳。滑模式摊铺机的摊铺高度和厚度可实现自动控制。摊铺机一侧有导向传感器，另一侧有高程传感器。导向传感器接触导向绳，导向绳的位置沿路面的前进方向安装。高程传感器接触高程导向绳，导向绳的空间位置根据路线高程的相对位置来安装。测量时沿线应每200m增设一水准点，并在控制测量精度、平差后使用。摊铺机摊铺的方向和高程准确与否，取决于导向绳的准确程度，因此，导向绳经准确定位后固定在打入基层的钢钎上。

(3)混凝土配合比与外加剂。滑模式摊铺机对混凝土拌和物的品质要求十分严格，骨料的最大集料粒径应小于30～40mm，拌和物摊铺时的坍落度应控制在4～6cm。为了增加混凝土拌和物的施工和易性，以达到所需要的坍落度，常需要使用外加剂。所掺外加剂品种、数量应先通过试验确定。

(4)根据路面设计宽度，调整滑动模板摊铺宽度，置放纵缝拉杆。

2.施工过程

滑模式摊铺机摊铺混凝土拌和物时，用自卸汽车将拌和物运抵现场并卸在摊铺机料箱内；螺旋布料器前拌和物的高度保持在螺旋布料器高度的1/2～2/3，过低会造成拌和物供应不足，过高则摊铺机会因阻力过大而造成机身上翘。滑模式摊铺机工作速度一般为0.8～1.0 m/mim。混凝土强度初步形成后，用刻纹机或拉毛机制作表面纹理。混凝土路面的养护、锯缝、

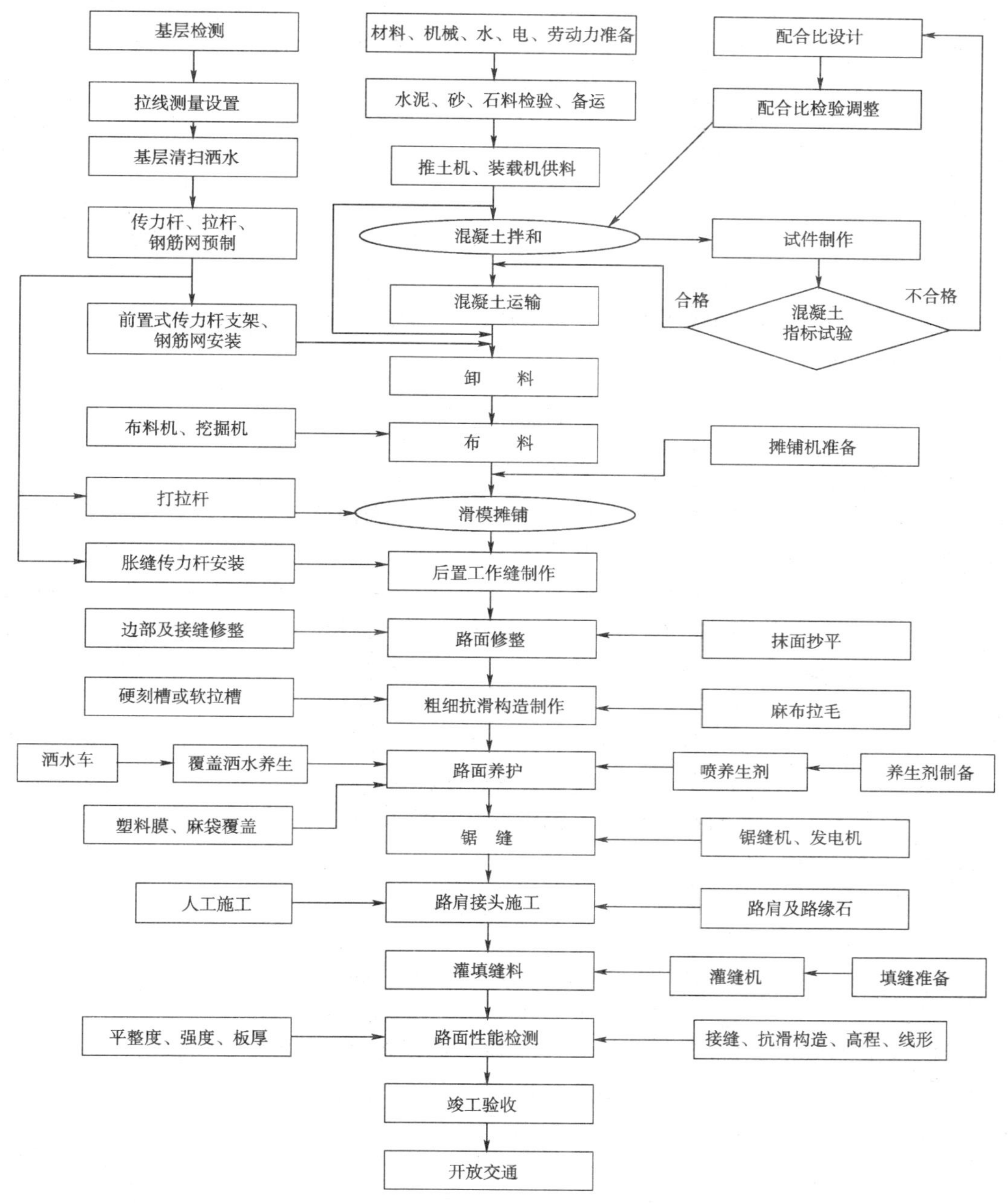

图 2-4-4　水泥混凝土路面滑模施工流程框图

灌缝等施工方法与轨模式摊铺机施工相同。

滑模式摊铺机摊铺混凝土路面板时，可能会出现板边塌陷、麻面、气泡等问题，应及时采取措施进行处理。塌陷的主要形式为边缘塌落、松散无边或倒边。造成塌边的主要原因是模板边缘调整角度不正确，摊铺速度过慢。边缘塌落会影响路面的平整度，横坡达不到设计要求；双幅施工时，会造成路面排水不畅。因此，应根据混凝土拌和物的坍落度调整出一定的预抛高，使混凝土塌落变形后恰好符合设计要求。造成倒边和松散无边的主要原因是骨料针片状或圆状颗粒含量较多而造成拌和物成型性差、离析严重。此外，混凝土配合比不当、摊铺机的布料器将混凝土稀浆分到两侧也会导致倒边。为防止各种原因造成的倒边,应采用拌和质量好的拌和机;施工过程中出现骨料集中时,应将骨料分散、除去或进行二次布料。麻面主要是由于混凝土拌和物坍落值过低造成的,混合料拌和不均匀也是原因之一。因此,应严格控制混凝土拌和物的坍落度,使用计量准确且拌和效果好的拌和机,同时对混凝土的配合比作适当调整。

第六节　特殊季节施工

水泥混凝土路面施工质量受环境因素影响较大,对高、低温季节及雨季施工应考虑其特殊性,确保工程质量。

一、高温季节施工

施工现场(拌和铺筑场地)的气温≥30℃时,即属于高温施工。高温会促进水化作用,增加水分的蒸发量,容易使混凝土板表面出现裂缝。因而,在高温季节施工应尽可能降低混凝土的浇筑温度,缩短从开始浇筑到表面修整完毕的操作时间,并保证对混凝土进行充分的养生,施工时应提出高温施工的工艺设计,包括降温措施、保持混凝土工作性和基本性质的措施等。

当整个施工环境气温>35℃,且没有专门的施工工艺措施时,不应进行水泥混凝土路面施工。无论什么情况和条件,混凝土拌和物的温度不能超过35℃。在高温季节施工时,应定时测量混凝土拌和物的温度。

在我国的地理纬度和气候条件下,绝大部分地区夏天是可以铺筑水泥混凝土路面的,但应根据工程的条件采取降温和其他措施。如材料方面可采取降低砂石料和水的温度或掺加缓凝剂等措施;铺筑方面,可通过洒水降低模板与基层温度、缩短运输时间以及摊铺后尽快覆盖表面等措施。

二、低温季节施工

水泥混凝土路面施工操作和养生的环境温度≤5℃,或昼夜最低气温有可能低到-2℃时,应视为低温施工。

低温操作和养生时,混凝土会因水化速度降低而使强度增长缓慢,同时也会因结冰而遭受冻害。因此,在低温季节施工时,必须提出低温施工的工艺设计,包括低温操作和养生的各项措施。

1.提高混凝土拌和温度

气温在0℃以下时,水及集料必须加温。一般规定不允许对水泥加热,对水加热温度不能超过60℃。砂石料应采用间接加热法,如保暖储仓、热空气加热、在矿料堆内埋设蒸汽管等。不允许用炒烧等方法直接加热,也不允许直接用蒸汽喷洒石料,砂石料加热不能超过40℃。

2.路面保温措施

混凝土铺筑后,通常采用蓄热法保温养生。即选用合适的保温材料覆盖路面,使已加热材料拌成的混凝土热量和水泥水化的水化热量蓄保起来,以减少路面热量的失散,使之在适宜温度条件下硬化而达到要求的强度。这种方法只对原材料加热而路面混凝土本身不加热,施工简便,易于控制,附加费用低,是简单而经济的冬季施工养护手段。

保温层的设计应就地取材,在能满足保温要求的同时要注意经济性。常用麦秸、谷草、油毡纸、锯末、石灰等作保温材料，覆盖于路面混凝土上。保温层至少10cm厚，具体视气温而定。

3.其他应注意的问题

设计混凝土配合比时，注意不宜用过大的水灰比，一般不宜超过0.6。搅拌时应延长搅拌时间，较常温施工增加50%左右。混凝土摊铺时，不宜把工作面铺大、拉长，应集中力量全幅尽快推进，加速完成摊铺工艺。建立定时测定温度制度；在拌和站测检砂石料、水和水泥入拌前温度、混凝土拌和物出料时温度不能低于10℃，每台班不少于4次；测定混凝土摊铺时温度，即测定运达工地卸料后的混凝土温度和摊铺振实后的温度，每台班不少于6次；测定混凝土养生阶段温度，在浇筑完后头两天每隔6h测1次，其后每昼夜至少3次，其中1次应在凌晨四点测定。测温孔位置应设在路面板边缘，路面纵向每50cm设一对测孔，深度10~15cm，温度计在测孔内应停留3min以上。全部测孔应按路面桩号编号，绘制测孔布置图并绘出每一测孔的温度时间曲线。

摊铺后的路面混凝土，要求在72h内养生温度应保持在持在10℃以上，接下来7d内养生温度保持5℃以上。

三、雨季施工

雨季来临之前，应掌握年、月、旬的降雨趋势的中期预报，尤其是近期预报的降雨时间和雨量，以便安排施工。拟订雨季施工方案和建立施工组织，了解和掌握施工路段的汇水面积和历年水情，调查施工区段内桥涵和人工排水构造物系统是否畅通，防止雨水和洪水影响铺筑场地。

在拌和场地，对拌和设备搭雨棚遮雨。砂石料场因含水量变化较大，需经常测定，以调整拌和时的用水量。雨季空气潮湿，水泥要防止淋雨和受潮。混凝土在运输途中应加以遮盖，严禁淋雨并要防止雨水流入运输车箱中，在铺筑现场，禁止在下雨施工。如铺筑前现场有水，应及时排除基层积水。在混凝土达到终凝之前，应覆盖塑料膜，不允许雨水直接浇在已抹平的路面上。需在雨下操作时，现场应配备工作雨棚，雨棚应轻便易于移动，大小高矮应按操作方便设计。

第七节　其他水泥混凝土路面施工

除普通水泥混凝土路面外，碾压混凝土、钢纤维混凝土、连续配筋混凝土，也可用于路面结构，这些特殊的混凝土路面具有一系列良好的路用性能，其施工方法与普通混凝土路面有较大差异。

一、碾压混凝土路面施工

碾压混凝土路面是指水泥和用水量较普通混凝土显著减少的水泥混凝土拌和物经摊铺、碾压后成型的路面。这种路面具有节约水泥、施工进度快、开放交通早等特点，与普通混凝土相比可节约投资20%~30%。但由于碾压混凝土路面施工时表面平整度不易达到要求，在车辆高速行驶下抗滑性能下降较快，因此将碾压混凝土直接用在高速公路和一级公路的面层还比较少见。用碾压混凝土作下面层，用普通混凝土或沥青混凝土作上面层的路面则具有良好的路用性能。尤其是碾压混凝土与沥青混凝土组成的复合式路面结构（RCC+AC），刚柔并济，具有抗滑、耐磨、平整、整体强度高、低造价、行车舒适等优点。

碾压混凝土的基本组成材料与普通混凝土相同,有时掺入粉煤灰等工业废料,形成强度和稳定性俱佳的密实骨架结构,降低路面造价。碾压混凝土中粗集料应采用连续级配并符合表2-4-9的要求,石料强度等级不低于Ⅲ级。针片状颗粒含量对碾压混凝土强度和使用性能均有较大影响,含量应控制在10%以内。应严格控制细集料的含泥量,砂的细度模数为2.3~2.85。

碾压混凝土集料标准级配范围 表2-4-9

类　型	通过下列筛孔(mm)的质量百分率(%)						
	40	20	10	5	0.6	0.15	0.074
粗集料(40mm)	90~100	55~60	35~50	25~40	10~20	5~10	3~7
细集料(20mm)	—	90~100	50~65	30~45	10~20	5~10	3~7

碾压混凝土路面的主要施工设备为强制式拌和机、高密实度摊铺机、8~12t振动压路机、8~20t轮胎压路机等。施工工序为:混凝土拌和物的拌和与运输→摊铺机摊铺→碾压→养护→接缝施工。由于碾压混凝土拌和物是单位用水量较少的干硬性混合料,为提高拌和质量和施工效率,应采用强制式拌和机拌和。拌和物运到摊铺现场应立即摊铺整型,由于摊铺作业对碾压混凝土路面质量影响很大,摊铺应均匀、连续地进行,并在拌和物初凝前完成。摊铺完毕即开始碾压,碾压分初压、复压和终压三个阶段。初压用7~10t振动压路机不开振碾压两遍左右,使混凝土表面稳定。随后压路机开振充分碾压,直至达到规定的密实度要求,此阶段为复压。用8~20t的轮胎压路机或振动压路机不开振进行修整碾压,称为终压,目的是为了消除碾压轮迹和表面出现的拉裂,使表面密实。

二、钢纤维混凝土路面

钢纤维混凝土是在混凝土拌和过程中加入适量的短钢纤维,从而提高混凝土的抗折强度和抗压强度。钢纤维混凝土路面的抗裂性、耐磨性和抗疲劳性优于普通混凝土路面。钢纤维混凝土对原材料的质量要求与普通混凝土基本一致,通常选用连续级配的集料,粗集料最大粒径不宜大于20mm。钢纤维应互不熔结和缠绕,截面尺寸不符合设计要求的钢纤维应不超过总质量的5%,颗粒状、粉末状的钢屑应低于总质量的0.05%,表面无油污、锈蚀和其他杂质,宜采用熔抽型或剪切型钢纤维,其规格应符合表2-4-10的规定。

钢 纤 维 规 格 表2-4-10

钢纤维类型	厚度(mm)	宽度(mm)	长度(mm)	长径比	极限抗拉强度(MPa)
熔抽型	0.2~0.3	1.0~1.5	25~45	40~60	≥600
剪切型	0.3~0.5	0.4~0.6	22~35	55~84	≥600

钢纤维混凝土的配合比要求与普通混凝土基本一致。钢纤维的体积率宜为1.0%~1.2%,拌和物的稠度为6~12s,水灰比为0.5左右,单位用水量为185~195kg,砂率采用45%~48%。

钢纤维混凝土路面的施工方法与普通混凝土路面基本相同,但钢纤维混凝土应采用强制式拌和机拌和。投料的顺序与拌和时间为:有钢纤维分散设备时,以砂→水泥→碎石→水泥→砂的顺序投料,拌和时,先干拌60s,然后加水湿拌,同时开动分散机,将钢纤维投入拌和筒内,再拌和60~120s;无钢纤维分散设备时,以水泥→1/2砂→碎石→1/2砂→纤维的顺序投料,先干拌 120～180s，后加水湿拌 60～120s。对于板厚大于 10cm 的钢纤维混凝土路面，除按普通混凝土的方法进行振捣外，必须先用插入式振捣器纵向斜插入，慢慢提起，逐排捣实，并用 2.2kW 的平板振捣器振捣，然后进行其他工序作业。

三、钢筋混凝土和连续配筋混凝土路面

钢筋混凝土路面是在普通水泥混凝土路面板内设置纵、横向钢筋或钢筋网，提高混凝土路面的整体强度，防止路面板产生的裂缝不断张开。这种路面适用于面板平面尺寸较大、形状不规则、土质不均匀、路基可能产生不均匀沉降或板下埋有地下设施的路段。连续配筋混凝土路面则是沿路面板纵向配置连续的钢筋网的混凝土路面，除与其他路面交接处、邻近构造物处设置胀缝以及因施工需要设置施工缝外，不再设置任何横向接缝。钢筋混凝土路面和连续配筋混凝土路面具有传荷能力和抗变形能力强、使用寿命长等特点，适用于高速公路和一级公路的面层及桥头引道等需要使用的场合。

上述两种混凝土路面所用原材料的技术要求和混合料配合比与普通混凝土路面一致，施工方法与要求也基本相同。不同之处在于钢筋混凝土路面施工时，先在钢筋设计位置的底部摊铺一层混凝土拌和物，大致整平后布置钢筋，然后再摊铺钢筋之上的混凝土拌和物。设置双层钢筋时，对于板厚不大于 25cm 的路面，上下两层钢筋应先用架立筋绑扎成骨架并安放到设计位置上，然后浇筑混凝土，钢筋安放到位后不得在上面踩踏；对于厚度大于 25cm 的面板，上下两层钢筋应根据设计位置分层安放，分层浇筑混凝土。连续配筋混凝土路面的纵向钢筋应采用闪光对焊或电弧焊焊接，焊头形式、焊接工艺和质量应符合有关规定。钢筋的接头应错开布置，不集中于某一横断面处。横向钢筋宜置于纵向钢筋之下，纵横向钢筋互相垂直。可用与混凝土路面板同标号的预制块布置钢筋。连续配筋混凝土路面与其他路面、桥梁、涵洞等构造物的连接处，应根据实际情况选用矩形地梁、混凝土灌注桩、宽翼缘工字梁接缝、连续设置胀缝等方式进行处理。

第八节　质量控制与验收

工程质量应以施工图设计文件要求为标准。为了保证混凝土路面的施工质量，要求在施工过程中对每一道工序进行严格的检查与控制。对已完成的路面要求进行外观检查，并测量其几何尺寸，根据施工图设计文件要求进行核对。此外还要查阅施工记录，其中包括原材料试验和试件强度资料、配合比、隐蔽构造物（各种钢筋的位置）等，作为工程质量鉴定的依据。

质量控制与验收中的检测内容包括以下几个方面：

1.原材料质量检验

混凝土用的水泥、砂、碎石、水、外加剂、填缝材料和钢筋等原材料按规定进行检查和试验，并做好记录。

2.混凝土强度检验

混凝土强度检验应以 28d 龄期的抗弯拉强度为标准。一般采用梁式试件测定抗弯拉强度。混凝土抗弯拉强度检验，应符合下列规定。

(1)应使用正在摊铺的混凝土拌和物作试件，试件的养生条件与现场混凝土板养生条件相同。

(2)每天或每铺筑 200m^3 混凝土，应同时制作二组试件，龄期应分别为 7d 和 28d；每铺筑

1000～2000m^3 混凝土，应增做一组试件，用于检查后期强度，龄期不应小于 90d。

(3)当水泥混凝土的 7d 强度普遍达不到 28d 强度的 60%(矿渣水泥混凝土为 50%)时，应检查分析原因，并对混凝土的配合比作适当修正。

(4)浇筑完成的混凝土面板，应检验实际强度，可在现场钻取圆柱试件，进行圆柱劈裂强度试验，以圆柱劈裂强度推算小梁抗弯拉强度。

3.外观检查与竣工验收标准

外观检查包括混凝土是否有蜂窝、麻面、裂缝、脱皮、石子外露和缺边掉角等现象，以及是否残留有麻袋、草帘等印痕，路面应平整不积水，纵横接缝应顺直不弯，填缝料应饱满整齐，不得污染路面。

混凝土面板质量验收的允许误差应符合表 2-4-11 的规定。填缝料和接缝板的施工质量，应不低于表 2-4-12、表 2-4-13 的规定。

水泥混凝土面板质量验收允许误差 表 2-4-11

验收标准		质量标准和允许误差	检验要求		检验方法
			范围	点数	
抗弯拉强度		不小于规定强度	每天或每 200m^3(400m^3) 每 1000～2000m^3	2 组增 1 组	小梁抗弯拉实验；现场钻圆柱体试件校核
纵缝顺直度		15(10)mm	100m 缝长	1	拉 20m 线量取最大值
横缝顺直度			20 条缩缝	2 条	沿板宽拉线量取最大值
板边垂直度		±5mm，胀缝板边垂直度无误差	100m	2	沿板边垂直拉线量取最大值
平整面	路面宽＜9m	5mm	50m	1	用 3m 直尺连量三次，取最大三点平均值或用平整度仪检测(高速公路≤2.5mm)
	路面宽 9～15m	5mm	50m	2	
	路面宽＞15m	5mm	50m	3	
	高速公路	3mm			
相邻板高差		±3(2)mm	每条胀缝	2	用尺量
			20 条胀缝抽 2 条	2	
纵坡高差		±10(5)mm	20m	1	用水准仪测量
横坡	路面宽＜9m	±0.25%	100m	3	用水准仪测量
	路面宽 9～15m	±0.25%	100m	5	用水准仪测量
	路面宽＞15m	±0.25%	100m	7	用水准仪测量
	高速公路	±0.15%			用水准仪测量
板厚度		±10(5)mm	100m	2	用尺量或现场钻孔
板宽度		±20mm	100m	2	用尺量
板长度		±20(10)mm	100m	2	用尺量、两个缩缝间板长
板面纹理	拉毛压槽深度	1～2mm	100m	2 块	用尺量
	纹理深度	≥0.6mm	100m	2 块	砂铺法

注：括号内数值为高速公路的允许误差。

填缝施工质量与验收标准 表 2-4-12

检 查 项 目	质量及允许偏差	检 查 方 法
高度	± 1mm	用钢尺丈量
平整度	30cm 直尺 ± 1mm	用钢尺丈量
粘结度	与混凝土粘结良好,没完全粘结部分不超过 1%	用眼睛观察、手剥离和钢尺丈量
外观	不起泡、不析油,手感软硬均匀一致,用手剥离与混凝土粘结良好	

接缝板制作与施工质量验收标准 表 2-4-13

检 查 项 目	允 许 偏 差	检 查 方 法
厚度	± 5%	用钢尺丈量
平面尺寸	± 2mm	用钢尺丈量
平整度	不大于 1mm	用 1m 直尺和钢尺量
垂直度	90° ± 0.5°	用框架水下尺量
外观检查	无裂纹,无硬边缺角,无麻面	

第五章　路面工程质量检测与评定方法

【内容简介和学习要求】

本章概括介绍了路面平整度的检测与评定，弯沉值的测定与评价，路面抗滑性能的测定；重点介绍了常用的几种测定方法：3m直尺测定路面平整度、连续平整度仪测定路面平整度；贝克曼梁法、落锤式弯沉仪测定路面弯沉；手工铺砂法和摆式仪测定路面抗滑值；摩擦系数测定车测定路面横向力系数。

通过本章学习，学生能采用3m直尺、连续平整度仪测定平整度，并能进行平整度的评价；能采用贝克曼梁法、落锤式弯沉仪测定路面弯沉值，并能进行计算和简单评价；采用手工铺砂法和摆式仪测定路面抗滑值，并进行路面抗滑性能的简单评价；能运用摩擦系数测定车测定路面横向力系数。

第一节　路面平整度的测定与评价

平整度是路基或路面各结构层检查验收时的一个重要指标，用以评定路面的施工质量及使用质量。路面平整度直接影响行车的舒适性和行车速度，并对路面的使用寿命也很有影响。根据《公路工程质量检验评定标准》(JTG F80—2004)的规定，对路基路面的平整度要求，如表2-5-1所示。

路基路面平整度检测与评定表　　表2-5-1

<table>
<tr><th rowspan="2">序号</th><th rowspan="2" colspan="2">路基或路面结构形式</th><th colspan="2">规定值或允许偏差</th><th rowspan="2">检查方法和频率</th></tr>
<tr><th>高速公路、一级公路</th><th>其他公路</th></tr>
<tr><td>1</td><td colspan="2">土方路基</td><td>15</td><td>20</td><td rowspan="2">3 m直尺，每200 m测4处×3尺</td></tr>
<tr><td>2</td><td colspan="2">石方路基</td><td>20</td><td>30</td></tr>
<tr><td rowspan="3">3</td><td rowspan="3">水泥混凝土面层</td><td>σ</td><td>1.5</td><td>2.5</td><td rowspan="2">平整度仪：全线每车道连续检测；每100 m计算σ、IRI</td></tr>
<tr><td>IRI(m/km)</td><td>2.5</td><td>4.2</td></tr>
<tr><td>最大间隙h(mm)</td><td></td><td>5</td><td>3 m直尺，半幅车道带
每200 m测2处×10尺</td></tr>
<tr><td rowspan="3">4</td><td rowspan="3">沥青混凝土和沥青碎(砾)石面层</td><td>σ</td><td>1.2</td><td>2.5</td><td rowspan="2">平整度仪：全线每车道连续检测；每100 m计算IRI或σ</td></tr>
<tr><td>IRI(m/km)</td><td>2.0</td><td>4.2</td></tr>
<tr><td>最大间隙h(mm)</td><td></td><td>5</td><td>3 m直尺，半幅车道带
每200 m测2处×10尺</td></tr>
<tr><td rowspan="3">5</td><td rowspan="3">沥青贯入式面层</td><td>σ</td><td></td><td>3.5</td><td rowspan="2">平整度仪：全线每车道连续检测；每100 m计算IRI或σ</td></tr>
<tr><td>IRI(m/km)</td><td></td><td>5.8</td></tr>
<tr><td>最大间隙h(mm)</td><td></td><td>8</td><td>3 m直尺，半幅车道带
每200 m测2处×10尺</td></tr>
<tr><td rowspan="3">6</td><td rowspan="3">沥青表面处治面层</td><td>σ</td><td></td><td>4.5</td><td rowspan="2">平整度仪：全线每车道连续检测；每100 m计算IRI或σ</td></tr>
<tr><td>IRI(m/km)</td><td></td><td>7.5</td></tr>
<tr><td>最大间隙h(mm)</td><td></td><td>10</td><td>3 m直尺，半幅车道带
每200 m测2处×10尺</td></tr>
</table>

续上表

序号	路基或路面结构形式	规定值或允许偏差		检查方法和频率
		高速公路、一级公路	其他公路	
7	水泥土基层		12	3 m 直尺，每 200 m 测 2 处 × 10 尺
8	水泥土底基层	12	15	
9	水泥稳定粒料基层	8	12	
10	水泥稳定粒料底基层	12	15	
11	石灰土基层		12	
12	石灰土底基层	12	15	
13	石灰稳定粒料基层		12	
14	石灰稳定粒料底基层	12	15	
15	石灰、粉煤灰土基层	8	12	
16	石灰、粉煤灰土底基层	12	15	
17	级配碎(砾)石基层	8	12	
18	级配碎(砾)石底基层	12	15	
19	填隙碎石(矿渣)基层		12	
20	填隙碎石(矿渣)底基层	12	15	

一、3m 直尺测定平整度

采用 3m 直尺直接平放于路基或路面的表面，测定距离路表面的最大间隙(以 mm 计)，以表示路基或路面的平整度。本方法适用于测定压实成型的路面各层表面的平整度，以评定路面的施工质量及使用质量，也可用于路基表面成型后的施工平整度检测。

1.仪具与材料

(1)3m 直尺:硬木或铝合金钢制，底面平直，长 3m。

(2)楔形塞尺:木或金属制的三角形塞尺，有手柄。塞尺的长度与高度比不小于 10mm，宽度不大于 15mm，边部有高度标记，刻度精度不小于 0.2mm，也可使用其他类型的量尺。

(3)其他:皮尺或钢尺、粉笔等。

2.准备工作

(1)按有关规定选择测试路段。

(2)在测试路段路面上选择测试地点:当为施工过程中质量检测需要时，测试地点根据需要确定，可以单杆检测;当为路基路面工程质量检查验收或进行路况评定需要时，应连续测量 10 尺(或按有关规定量测)。除特殊需要者外，应以行车道一侧车轮轮迹(距车道线 80 ~ 100cm)作为连续测定的标准位置。对旧路已形成车辙的路面，应取车辙中间位置为测定位置，用粉笔在路面上作好标记。

(3)清扫路面测定位置处的污物。

3.测试步骤

(1)在施工过程中检测时，按根据需要确定的方向，将 3m 直尺摆在测试地点的路面上。

(2)目测 3m 直尺底面与路面之间的间隙情况，确定间隙为最大的位置。

(3)用有高度标线的塞尺塞进间隙处，量记其最大间隙的高度(mm)，准确至0.2mm。

施工结束后检测时，按现行《公路工程质量检验评定标准》(JTG F80—2004)的规定，每1处连续检测10尺，按上述(1)～(3)的步骤测记10个最大的间隙。

4.计算

单杆检测路面的平整度计算，以3m直尺与路面的最大间隙为测定结果。连续测定10尺时，判断每个测定值是否合格，根据要求计算合格百分率，并计算10个最大间隙的平均值。

5.报告

单杆检测的结果应随时记录测试位置及检测结果。连续测定10尺时，应报告平均值、不合格尺数(点数)及合格率。

二、连续式平整度仪测定平整度

采用连续式平整度仪测量路面的不平整度的标准差(σ)，以表示路面的平整度，以mm计。适用于测定路面的平整度，但不适用于在已有较多坑槽、破损严重的路面上测定。

1.仪具与材料

(1)连续式平整度仪：其构造如图2-5-1所示。除特殊情况外，连续式平整度仪的标准长度为3m，其质量应符合仪器标准的要求。中间为一个3m长的机架，机架可缩短或折叠，前后各有4个行走轮，前后两组轮的轴间距离为3m。机架中间有一个能起落的测定轮。机架上装有蓄电池电源及可拆卸的检测箱，检测箱可采用显示、记录、打印或绘图等方式输出测试结果。测定轮上装有位移传感器、距离传感器等检测器。自动采集位移数据时，测定间距为10cm，每一计算区间的长度为100m输出一次结果。当为人工检测、无自动采集数据及计算功能时，应能记录测试曲线。机架头装有一牵引钩及手拉柄，可用人力或汽车牵引。

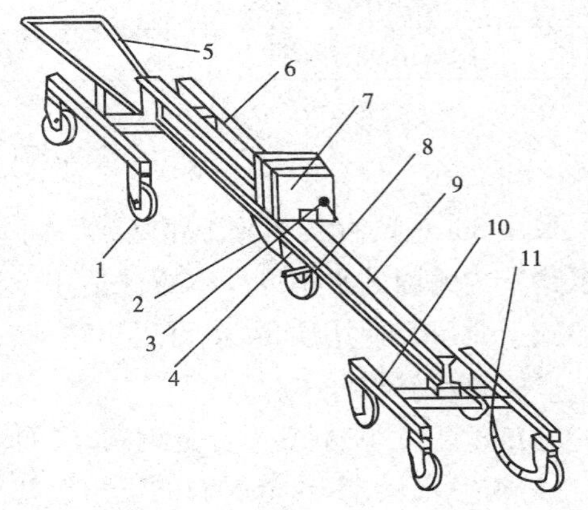

图2-5-1　连续式平整度仪的构造示意图

1-脚轮；2-拉簧；3-离合器；4-测量架；5-牵引架；6-前架；7-记录计；8-测定轮；9-纵梁；10-后架；11-软轴

(2)牵引车：小面包车或其他小型牵引汽车。

(3)皮尺或测绳。

2.试验步骤

(1)按有关要求选择测试路段。

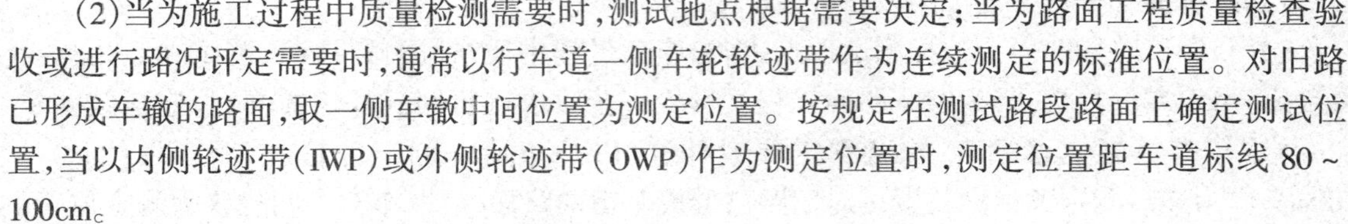

(2)当为施工过程中质量检测需要时，测试地点根据需要决定；当为路面工程质量检查验收或进行路况评定需要时，通常以行车道一侧车轮轮迹带作为连续测定的标准位置。对旧路已形成车辙的路面，取一侧车辙中间位置为测定位置。按规定在测试路段路面上确定测试位置，当以内侧轮迹带(IWP)或外侧轮迹带(OWP)作为测定位置时，测定位置距车道标线80～100cm。

(3)清扫路面测定位置处的杂物。

(4)检查仪器检测箱各部分是否完好、灵敏，并将各连接线接妥，安装记录设备。

(5)将连续式平整度测定仪置于测试路段路面起点上。

(6)在牵引汽车的后部，将平整度测定仪的挂钩挂上后，放下测定轮，起动检测器及记录仪，随即起动汽车，沿道路纵向行驶，横向位置保持稳定，并检查平整度检测仪表上测定数字显示、打印、记录的情况。如遇检测设备中某项仪表发生故障,即须停止检测,排除故障后再行检测。牵引平整度仪的速度应保持匀速,速度宜为5km/h,最大不得超过12km/h。

在测试路段较短时,亦可用人力拖拉平整度仪测定路面的平整度,但拖拉时应保持匀速前进。

3.计算

连续式平整度测定仪测定后,可按每10cm间距采集的位移值自动计算每100m计算区间的平整度标准差(mm),还可记录测试长度(m)、曲线振幅大于某一定值(如3mm、5mm、8mm、10mm等)的次数、曲线振幅的单向(凸起或凹下)累计值及以3m机架为基准的中点路面偏差曲线图,计算并打印。当为人工计算时,在记录曲线上任意设一基准线,每隔一定距离(宜为1.5m)读取曲线偏离基准线的偏离位移值 d_i。

每一计算区间的路面平整度以该区间测定结果的标准差(均方差)表示,按式(2-5-1)计算:

$$\sigma_i = \{[\sum d_i^2 - (\sum d_i)^2/N]/(N-1)\}^{1/2} \tag{2-5-1}$$

式中:σ_i——各计算区间的平整度计算值(mm);

d_i——以100m为一个计算区间,每隔一定距离(自动采集间距为10cm,人工采集间距为1.5m)采集的路面凹凸偏差位移值(mm);

N——计算区间用于计算标准差的测试数据个数。

4.报告

应列表报告每一个评定路段内各测定区间的平整度标准差,各评定路段平整度的平均值、标准差、变异系数以及不合格区间数。

第二节 路面弯沉值的测定与评价

弯沉值对于路基路面交工验收以及路面结构设计计算都是一个很重要的指标。它表明路面结构层及路基的整体承载力大小,是路面结构层设计计算的重要依据,也是验收路基或路面是否达到设计标准的最重要指标之一。测定方法主要有静态的贝克曼梁测定法和动态的落锤式弯沉仪测定法。

一、贝克曼梁测定路基路面回弹弯沉

本方法适用于测定各类路基路面的回弹弯沉,用以评定其整体承载能力,可供路面结构设计使用。

沥青路面的弯沉以路表温度20℃时为准,在其他温度测试时,对厚度大于5cm的沥青路面,弯沉值应予温度修正。

1.仪具与材料

(1)标准车:双轴、后轴双侧4轮的载货汽车,其标准轴荷载、轮胎尺寸、轮胎间隙及轮胎气压等主要参数应符合表2-5-2的要求。测试车可根据需要按公路等级选择,高速公路、一级公路及二级公路应采用后轴10t的BZZ—100标准车;其他等级公路可采用后轴6t的BZZ—60标准车。

(2)路面弯沉仪:由贝克曼梁、百分表及表架组成。贝克曼梁由合金铝制成,上有水准气泡,其前臂(接触路面)与后臂(装百分表)长度比为2:1。弯沉仪长度有两种:一种长3.6m,前

测定弯沉用的标准车参数表 表 2-5-2

标准轴载等级	BZZ—100	BZZ—60
后轴标准轴载 P(kN)	100 ± 1	60 ± 1
一侧双轮荷载(kN)	50 ± 0.5	30 ± 0.5
轮胎充气压力(MPa)	0.70 ± 0.05	0.50 ± 0.05
单轮传压面当量圆直径(cm)	21.30 ± 0.5	19.50 ± 0.5
轮隙宽度	应满足能自由插入弯沉仪的测试要求	

后臂分别为 2.4m 和 1.2m;另一种加长的弯沉仪长 5.4m,前后臂分别为 3.6m 和 1.8m。当在半刚性基层沥青路面或水泥混凝土路面上测定时,宜采用百分表测量,也可用自动记录装置进行测量。

(3)接触式路表温度计:端部为平头,分度不大于 1℃。

(4)其他:皮尺、口哨、白油漆或粉笔、指挥旗等。

2.准备工作

(1)检查并保持测定用标准车的车况及制动性能良好,轮胎内胎符合规定充气压力。

(2)向汽车车槽中装载(铁块或集料),并用地泵称量后轴总质量,符合要求的轴重规定,汽车行驶及测定过程中,轴重不得变化。

(3)测定轮胎接地面积:在平整光滑的硬质路面上用千斤顶将汽车后轴顶起,在轮胎下方铺一张新的复写纸,轻轻落下千斤顶,即在方格纸上印上轮胎印痕,用求积仪或数方格的方法测算轮胎接地面积,准确至 0.1 cm^2。

(4)检查弯沉仪百分表测量灵敏情况。

(5)当在沥青路面上测定时,用路表温度计测定试验时气温及路表温度(一天中气温不断变化,应随时测定),并通过气象台了解前 5d 的平均气温(日最高气温与最低气温的平均值)。记录沥青路面修建或改建时材料、结构、厚度、施工及养护等情况。

3.测试步骤

(1)在测试路段布置测点,其距离随测试需要而定。测点应在路面行车车道的轮迹带上,并用白油漆或粉笔划上标记。

(2)将试验车后轮轮隙对准测点后约 3 ~ 5cm 处的位置上。

(3)将弯沉仪插入汽车后轮之间的缝隙处,与汽车方向一致,梁臂不得碰到轮胎,弯沉仪测头置于测点上(轮隙中心前方 3 ~ 5cm 处),并安装百分表于弯沉仪的测定杆上,百分表调零,用手指轻轻叩打弯沉仪,检查百分表是否稳定回零。

(4)测定者吹哨发令指挥汽车缓缓前进,百分表随路面变形的增加而持续向前转动。当表针转动到最大值时,迅速读取初读数 L_1。汽车仍在继续前进,表针反向回转,待汽车驶出弯沉影响半径(约 3 m 以上)后,吹口哨或挥动指挥红旗,汽车停止。待表针回转稳定后,再次读取终读数 L_2。汽车前进的速度宜为 5km/h 左右。

弯沉仪可以是单侧测定,也可以用两台弯沉仪同时测定左右轮弯沉值,按两个独立的测点计。

(5)弯沉值计算:

$$L_T = (L_1 - L_2) \times 2$$

式中:L_T——在路面温度 T 时的回弹弯沉值(0.01 mm);

L_1——车轮中心临近弯沉仪侧头时百分表的最大读数(0.01 mm);

L_2——汽车驶出弯沉影响半径后百分表的最终读数(0.01 mm)。

4.弯沉仪的支点变形修正

当采用长度为3.6m的弯沉仪对半刚性基层沥青路面、水泥混凝土路面等进行弯沉测定时，有可能引起弯沉仪支座处变形，因此，测定时应检验支点有无变形。此时应用另一台检验用的弯沉仪安装在测定用弯沉仪的后方，其测点架于测定用弯沉仪的支点旁。当汽车开出时，同时测定两台弯沉仪的弯沉读数，如检验用弯沉仪百分表有读数，即应该记录并进行支点变形修正。当在同一结构层上测定时，可在不同位置测定5次，求取平均值，以后每次测定时以此作为修正值。支点变形修正的原理，如图2-5-2所示。

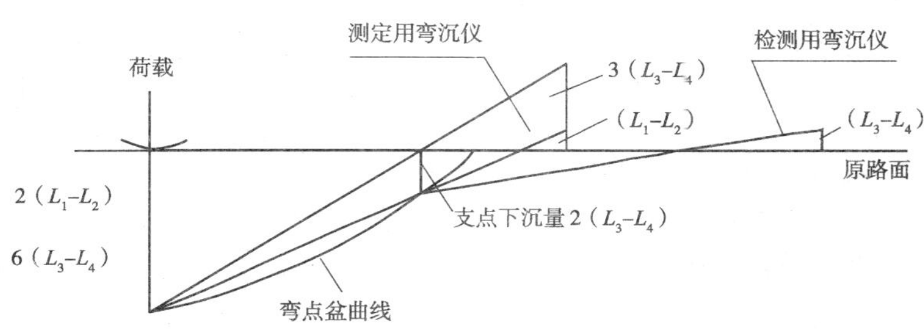

图2-5-2 弯沉仪支点变形修正的原理

$$L_T = (L_1 - L_2) \times 2 + (L_3 - L_4) \times 6 \tag{2-5-2}$$

式中：L_3——车轮中心临近弯沉仪测头时，检验用弯沉仪百分表最大读数(0.01 mm)；

L_4——汽车驶出弯沉影响半径后，检验用弯沉仪百分表的最终读数(0.01 mm)。

5.温度修正

沥青面层厚度大于5 mm的沥青路面，回弹弯沉值应进行温度修正，温度修正及回弹弯沉的计算宜按下列步骤进行。

(1)测定时的沥青层平均温度按式(2-5-3)计算：

$$T = (T_{25} + T_m + T_e)/3 \tag{2-5-3}$$

式中：T——测定时沥青层平均温度(℃)；

T_{25}——路表下25 mm处的温度(℃)，可根据T_0从图2-5-3查得；

T_m——沥青层中间深度的温度(℃)，可根据T_0从图2-5-3查得；

T_e——沥青层底面处的温度(℃)，可根据T_0从图2-5-3查得。

图中T_0为测定时路表温度与测定前5d日平均气温的平均值之和(℃)。日平均气温为日最高气温与最低气温的平均值。

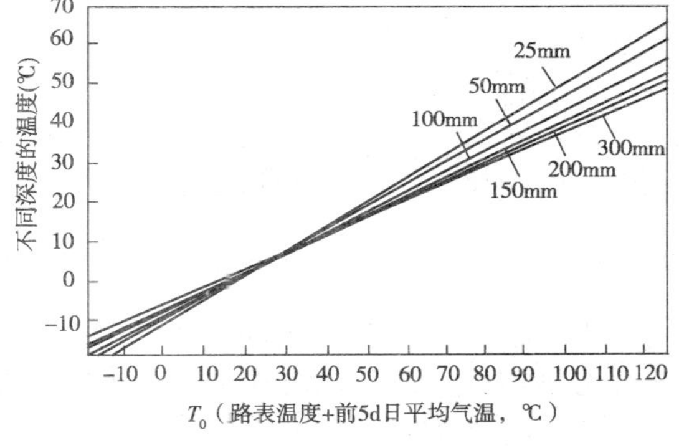

图2-5-3 沥青层平均温度的测定

注：线上的数字为路表下的不同深度

(2)采用不同基层的沥青路面弯沉值的温度修正系数K，根据沥青层平均温度T及沥青层厚度，分别由图2-5-4及图2-5-5求取。

(3)沥青路面回弹弯沉按式(2-5-4)计算：

$$L_{20} = L_T \times K \tag{2-5-4}$$

式中：K——温度修正系数；

L_{20}——换算为20℃的沥青路面回弹弯沉值(0.01 mm)；

L_T——测定时沥青面层平均温度为 T 时的回弹弯沉值(0.01 mm)。

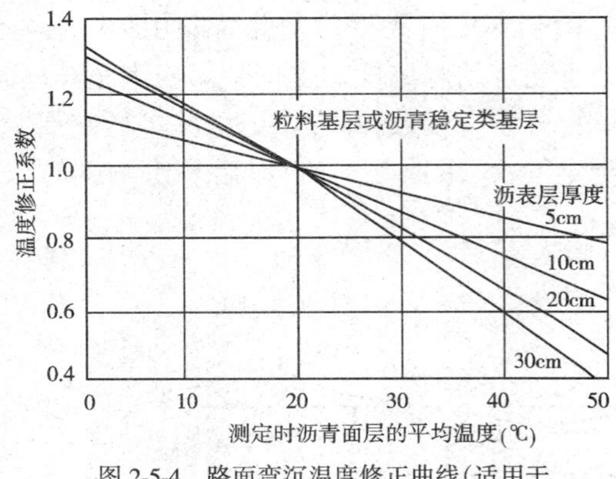

图 2-5-4 路面弯沉温度修正曲线(适用于粒料基层及沥青稳定基层)

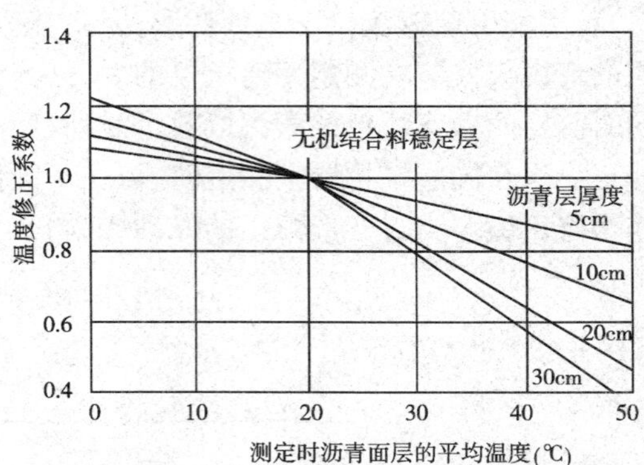

图 2-5-5 路面弯沉温度修正曲线(适用于无机结合料稳定半刚性基层)

6.计算评定路段的代表弯沉

代表弯沉：

$$L_r = \overline{L} + Z_\alpha S \leqslant \text{设计值} \tag{2-5-5}$$

式中：L_r——一个评定路段的代表弯沉值(0.01 mm)；

$\overline{L}$——一个评定路段内经各项修正后的各测点弯沉的平均值(0.01 mm)；

S——一个评定路段内经各项修正后的全部测点弯沉的标准差(0.01 mm)；

Z_α——与保证率有关的系数，采用下列数值：

高速公路、一级公路 $Z_\alpha = 2.0$

二级公路 $Z_\alpha = 1.645$

二级以下公路 $Z_\alpha = 1.5$

计算平均值和标准差时，可将超出 $\overline{L} \pm (2-3)S$ 的弯沉特异值舍弃。对舍弃的弯沉值过大的点，应找出其周围界限，进行局部处理。当沥青层厚度小于5cm时，或路表温度在20±2℃范围内，可不进行温度修正。

7.报告

报告应包括弯沉测定表、支点变形修正值、测试时的路面温度及温度修正值，和每一个评定路段的各测点弯沉的平均值、标准差及代表弯沉。

二、落锤式弯沉仪测定路面弯沉

本方法适用于测定路基或路面表面所产生的动态弯沉及弯沉盆，并可由此反算路基路面各层材料的动态弹性模量，作为设计参数使用。所测结果也可用于评定道路承载能力，调查水泥混凝土路面接缝的传力效果，探查路面板下的空洞等。

1.仪器设备

落锤式弯沉仪，简称FWD，由荷载发生装置、弯沉检测装置、运算控制系统与车辆牵引系统等组成。其结构示意图，如图2-5-6所示。

(1)荷载发生装置：重锤的质量及落高根据使用目的与道路等级选择，荷载由传感器测定，如无特殊需要，重锤的质量为200±10kg，可采用产生50±2.5kN的冲击荷载。承载板宜为十字对称分开成4部分且底部固定有橡胶片的承载板。承载板的直径为300mm。

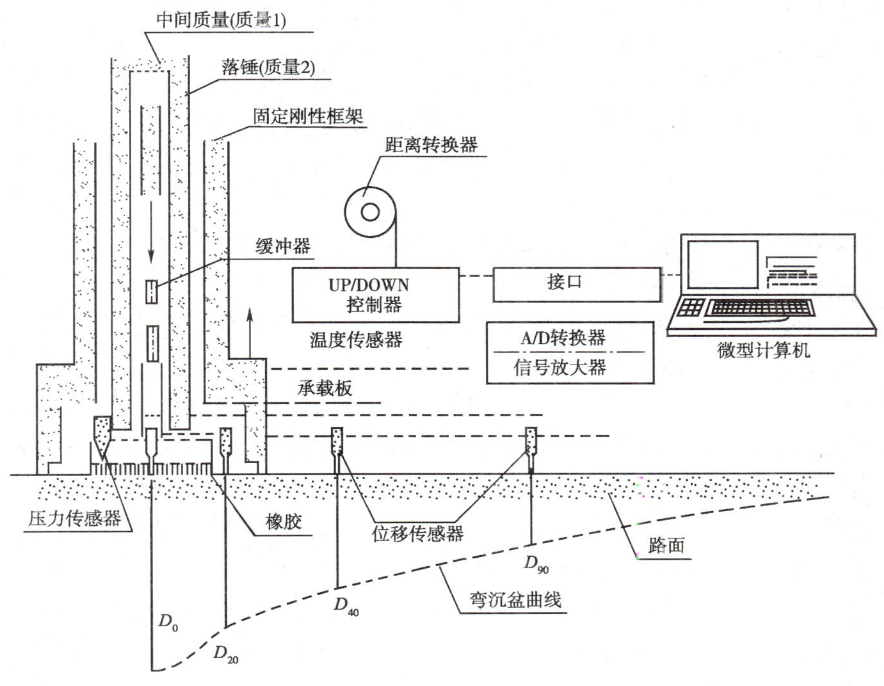

图 2-5-6　落锤式弯沉仪测量系统的结构示意图

(2)弯沉检测装置:由一组高精度位移传感器组成,如图 2-5-7 所示,传感器可为差动变压器式位移计(LVDT)。自中心开始,承载板沿道路纵向设置,隔开一定距离布设一组传感器,传感器总数据可为 5~7 个,根据需要及设备性能决定。

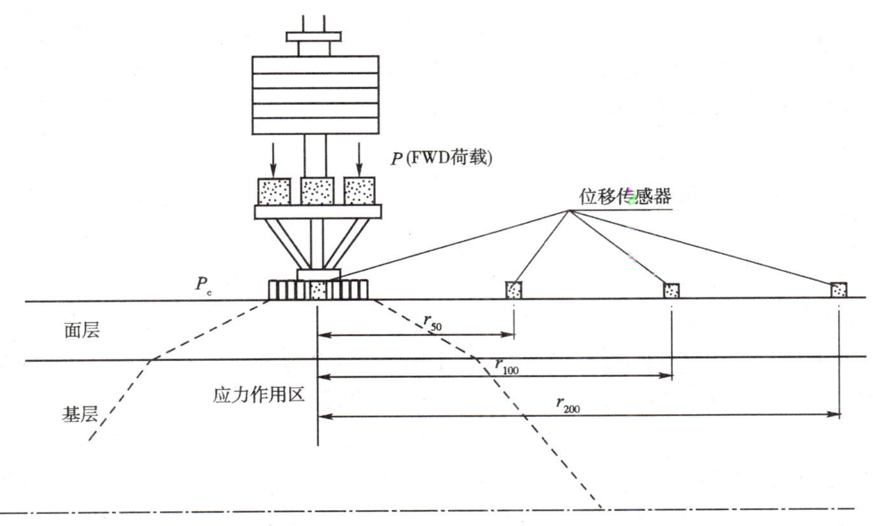

图 2-5-7　落锤式弯沉仪传感器布力作用示意图

(3)运算及控制装置:能在冲击荷载作用的瞬间内,记录冲击荷载及各个传感器所在位置测点的动态变形。

(4)牵引装置:牵引 FWD 并安装运算及控制装置的车辆。

2.准备工作

(1)调整重锤的质量及落高,使重锤的质量及产生的冲击荷载符合要求。

(2)在测试路段的路基或各路面结构层表面布置测点,其位置或距离随测试需要而定。当在路面表面测定时,测点宜布置在行车道的轮迹带上。测试时,还可利用距离传感器定位。

(3)检查 FWD 的车况及使用性能,用手动操作检查,各项指标符合仪器规定要求。

(4)将 FWD 牵引至测定地点,将仪器打开,进入工作状态。牵引 FWD 行驶的速度不宜超过 50km/h。

(5)对位移传感器按仪器使用说明书进行标定,使之达到规定的精度要求。

3.测定方法

(1)承载板中心位置对准测点,承载板自动落下,放下弯沉装置的各个传感器。

(2)起动落锤装置,落锤瞬即自由落下,冲击力作用于承载板上,又立即自动提升至原来位置固定。同时,各个传感器检测结构层表面变形,记录系统将位移信号输入计算机,并得到峰值,即路面弯沉,同时得到弯沉盆。每一测点重复测定应不少于 3 次,除去第一个测定值,取以后几次测定值的平均值作为计算依据。

(3)提起传感器及承载板,牵引车向前移动至下一个测点,重复上述步骤,进行测定。

4.落锤式弯沉仪与贝克曼梁弯沉仪对比试验

选择结构类型完全相同的路段,针对不同地区选择某种路面结构的代表性路段,进行两种测定方法的对比试验,以便将落锤式弯沉仪测定的动弯沉换算成贝克曼梁测定的回弹弯沉值。选择的对比路段长度 300~500m,弯沉值应有一定的变化幅度。

采用与实际使用相同且符合要求的落锤式弯沉仪及贝克曼梁弯沉仪测定车。落锤式弯沉仪的冲击承载,应与贝克曼弯沉仪测定车的后轴一侧双轮荷载相同。

(1)用油漆标记对比路段起点位置。

(2)按布置测点位置,用贝克曼梁定点测定回弹弯沉。测定车开走后,用粉笔以测点为圆心,在周围画一个半径为 15cm 的圆,标明测点位置。

(3)将落锤式弯沉仪的承载板对准圆圈,位置偏差不超过 30mm,进行测定。两种仪器对同一点弯沉测试的时间间隔不应超过 10min。

(4)逐点对应计算两者的相关关系。

通过对比试验得出回归方程式:

$$L_{B} = a + B \times L_{FWD}$$

式中:L_{FWD}、L_{B}——分别为落锤式弯沉仪、贝克曼梁测定的弯沉值。

回归方程式的相关系数应不小于 0.90。

由于不同路面结构的材料、路基状况、温度、水文条件、路面使用状况不同,对比关系也有所不同,为了提高数据的准确性,应分别情况作对比试验。

5.报告

其报告应包括,各测点的最大弯沉及弯沉盆测定数据。每一个评定路段全部测点弯沉的平均值、标准差、变异系数及代表弯沉。如与贝克曼梁弯沉仪进行了对比试验,尚应报告相关关系式、相关系数和换算的回弹弯沉。

第三节 路面粗糙度或摩擦系数试验

随着公路等级的提高,特别是高速公路,行车速度越来越高。为保证行车的安全,对路面抗滑性能的要求也越来越高。根据《公路工程质量检验评定标准》(JTG F80—2004)的规定，对路面的抗滑性能要求，如表 2-5-3 所示。

路面抗滑性能检测与评定表

表 2-5-3

序号	路面结构	实验项目	规定值或允许偏差		检查方法和频率
			高速公路、一级公路	其他公路	
1	水泥混凝土面层	抗滑构造深度(mm)	0.8	0.6	铺砂法，每 200 m 测 1 处
2	沥青混凝土和沥青碎(砾)石面层	摩擦系数	符合设计	—	摆式仪：每 200 m 测一处 横向力系数车：全线连续
		构造深度			铺砂法，每 200 m 测 1 处

对于路面抗滑性能的测定，主要有 2 类不同的方法：

(1)检测路面表面局部的粗糙程度，即凸凹不平的程度，测定方法有手工铺砂法、电动铺砂仪、激光构造深度仪等测定路面构造深度的方法。

(2)模仿汽车制动直接检测路面的摩擦系数，测定方法有摆式法、摩擦系数测定车等方法。

一、手工铺砂法测定路面构造深度

手工铺砂法测定路面构造深度，适用于测定沥青路面及水泥混凝土路面表面构造深度，用以评定路面表面的宏观粗糙度、路面表面的排水性能及抗滑性能。

1.仪具与材料

(1)人工铺砂仪：由圆筒、推平板组成。

①量砂筒：形状尺寸如图 2-5-8 所示，一端是封闭的，容积为 25±0.15mL，可通过称量砂筒中水的质量以确定其容积 V，并调整其高度，使其容积符合规定要求。带一专门的刮尺将筒口量砂刮平。

②推平板：形状尺寸如图 2-5-9 所示。推平板应为木制或铝制，直径 50mm，底面粘一层厚 1.5mm 的橡胶片，上面有一圆柱把手。

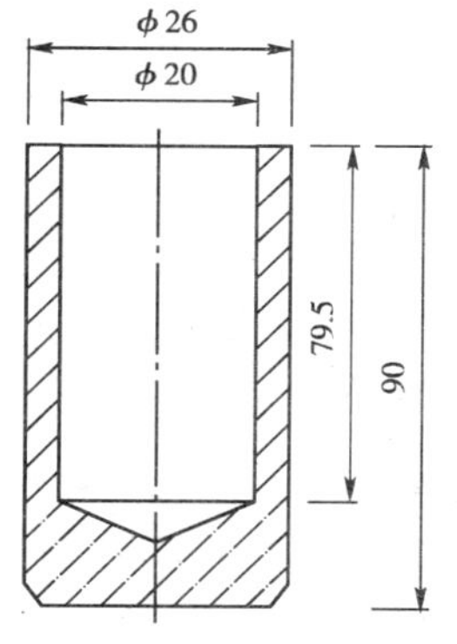

图 2-5-8 量砂筒(尺寸单位：mm)

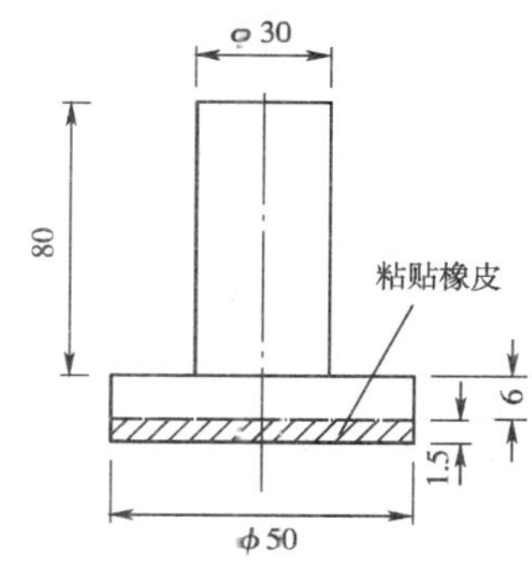

图 2-5-9 推平板(尺寸单位：mm)

③刮平尺：可用 30cm 钢板代替。

(2)量砂：足够数量的干燥洁净的匀质砂，粒径为 0.15~0.3mm。

(3)量尺：钢板尺、钢卷尺，或采用已将直径换算成构造深度作为刻度单位的专用的构造深度尺。

(4)其他：装砂容器（如小铲）、扫帚或毛刷、挡风板等。

2.准备工作

(1)量砂准备：取洁净的细砂晾干、过筛，取0.15～0.3mm的砂，放于适当的容器中备用。量砂只能在路面上使用一次，不宜重复使用，回收砂必须经干燥、过筛处理后方可使用。

(2)对测试路段按随机取样选点的方法，决定测点所在横断面位置。测点应选在行车道的轮迹带上，距路面边缘不应小于1m。

3.试验步骤

(1)用扫帚或毛刷子将测点附近的路面清扫干净，面积不小于30cm×30cm。

(2)用小铲装砂，沿筒壁将圆筒中注满砂，手提圆筒上方，在硬质路表面上轻轻地叩打3次，使砂密实，补足砂面用钢尺一次刮平。要注意不可直接用量砂筒装砂，以免影响砂密度的均匀性。

(3)将砂倒在路面上，用底面粘有橡胶片的推平板，由里向外重复做摊铺运动，销稍用力将砂细心地尽可能地向外摊开，使砂填入凹凸不平的路表面的空隙中，尽可能将砂摊成圆形，并不得在表面上留有浮动余砂。注意摊铺时不可用力过大或向外推挤。

(4)用钢板尺测量所构成圆的两个垂直方向的直径，取其平均值，准确至5mm。

(5)按以上方法，同一处平行测定不少于3次，3个测点均位于轮迹带上，测点间距3～5m。该处的测定位置在试验报告中以中间测点的位置表示。

4.计算

路面表面构造深度测定结果按式(2-5-6)计算：

$$TD = \frac{1000V}{\pi D^2/4} = \frac{31831}{D^2} \tag{2-5-6}$$

式中：TD——路面表面构造深度(mm)；

V——砂的体积($25cm^3$)；

D——推平砂的平均直径(mm)。

每一处均取3次路面构造深度的测定结果的平均值作为试验结果，准确至0.1mm。

5.报告

列表逐点报告路面构造深度的测定值及3次测定的平均值，当平均值小于0.2mm时，试验结果以<0.2mm表示。计算出每一个评定区间路面构造深度的平均值、标准差、变异系数。

二、摆式仪测定路面抗滑值

本方法是用摆式摩擦系数测定仪（摆式仪），测定沥青路面及水泥混凝土路面的抗滑能力。

1.仪具与材料

(1)摆式仪：形式及结构，如图2-5-10所示。摆及摆的连接部分总质量为1500±30g，摆动中心至摆的重心距离为410±5mm，测定时摆在路面上滑动长度为126±1mm，摆上橡胶片端部距摆动中心的距离为508mm，橡胶片对路面的正向静压力为22.2±0.5N。

(2)橡胶片：当用于测定路面抗滑值时的尺寸为6.35mm×25.45mm×76.2mm。当橡胶片使用后，端部在长度方向上磨耗超过1.6mm或边缘在宽方向上磨耗超过3.2mm，或有油类污染时，即应更换新橡胶片。新橡胶片应先在干燥路面上测试10次后再用于正式测试。橡胶片的有效使用期为1年。

(3)标准量尺：长126 mm。

(4)洒水壶。

(5)橡胶刮板。

(6)路面温度计:分度不大于1℃。

(7)其他:皮尺或钢卷尺、扫帚、粉笔等。

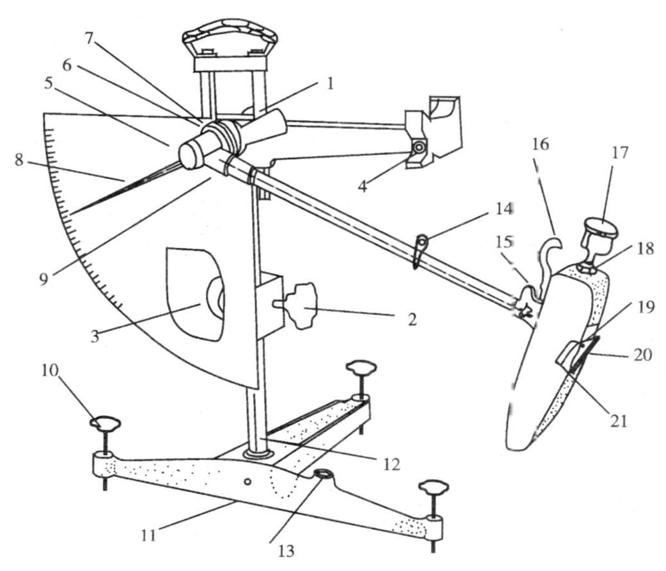

图2-5-10 摆式仪结构图

1、2-紧固把手;3-升降把手;4-释放开关;5-转向节螺盖;6-调节螺母;7-针簧片或毡垫;8-指针;9-连接螺母;10-调平螺母;11-底垫;12-垫块;13-水准气泡;14-卡环;15-定位螺钉;16-举升柄;17-平衡锤;18-并紧螺母;19-滑溜块;20-橡胶片;21-止滑螺钉

2.准备工作

(1)检查摆式仪的调零灵敏情况,并定期进行仪器的标定。当用于路面工程检查验收时,仪器必须重新标定。

(2)对测试路段按随机取样选点的方法,决定测点所在横断面位置。测点应选在行车道的轮迹带上,距路面边缘不应小于1m,并用粉笔作标记。

3.试验步骤

(1)仪器调平。

①将仪器置于路面测点上,并使摆的摆动方向与行车方向一致。

②转动底座上的调平螺栓,使水准气泡居中。

(2)调零。

①放松上、下两个紧固把手,转动升降把手,使摆升高并能自由摆动,然后旋紧紧固把手。

②将摆向右运动,按下安装于悬臂上的释放开关,使摆上的卡环进入开关槽,放开释放开关,摆即处于释放位置,并把指针抬至与摆杆平行处。

③按下释放开关,使摆向左带动指针摆动,当摆达到最高位置后下落时,用左手将摆杆接住,此时指针应指零。若不指零时,可稍旋紧或放松摆的调节螺母,重复本项操作,直至指针指零。调零允许误差为±1BPN。

(3)校核滑动长度。

①用扫帚扫净路面表面,并用橡胶刮板清除摆动范围内路面上的松散粒料。

②让摆自由悬挂，提起摆头上的举升柄，将底座上垫块置于定位螺钉下面，使摆头上的滑溜块升高。放松紧固把手，转动立柱上升降把手，使摆缓缓下降。当滑溜块上的橡胶片刚刚接触路面时，即将紧固把手旋紧，使摆头固定。

③提起举升柄，取下垫块，使摆向右运动。然后，手提举升柄使摆慢慢向左运动，直至橡胶片的边缘刚刚接触路面。在橡胶片的外边摆动方向设置标准量尺，尺的一端正对该点。再用手提起举升柄，使滑溜块向上抬起，并使摆继续运动至左边，使橡胶片返回落下再一次接触路面，橡胶片两次同路面接触点的距离应在 126 mm(即滑动长度)左右。若滑动长度不符合标准时，则升高或降低仪器底正面的调平螺钉来校正，但需调平水准泡，重复此项校核工作直至使滑动块长度符合要求。尔后，将摆和指针置于水平释放位置。校核滑动块长度时，应以橡胶片长边刚刚接触路面为准，不可借力量向前滑动，以免标定的滑动长度过长。

(4)用喷壶的水浇洒试测路面，并用橡胶刮板刮除表面泥浆。

(5)再次洒水，并按下释放开关，使摆在路面滑过，指针即可指示出路面的摆值。但第一次测定，不做记录。当摆杆回落时，用左手接住摆，右手提起举升柄使滑溜块升高，将摆向右运动，并使摆杆和指针重新置于水平释放位置。

(6)重复(5)的操作测定 5 次，并读记每次测定的摆值，即 BPN。5 次数值中最大值和最小值不得大于 3BPN。如差数大于 3BPN 时，应检查产生的原因，并再次重复上述各项操作，至符合规定为止。取 5 次测定的平均值作为每个测点路面的抗滑值(即摆值 F_B)，取整数，以 BPN 表示。

(7)在测点位置上用路表温度计测记潮湿路面的温度，准确至 1℃。

(8)按以上方法，同一处平行测定不少于 3 次，3 个测点均位于轮迹带上，测点间距 3 ~ 5m。该处的测定位置在报告中以中间测点的位置表示。每一处均取 3 次测定结果的平均值作为试验结果，准确至 1BPN。

4.抗滑值的温度修正

当路面温度为 T(℃)时测得的摆值为 F_{BT}，必须按式(2-5-7)换算成标准温度 20℃的摆值 F_{B20}：

$$F_{B20} = F_{BT} + \Delta F \tag{2-5-7}$$

式中：F_{B20}——换算成标准温度 20℃时的摆值(BPN)；

F_{BT}——路面温度 T 时测得的摆值(BPN)；

T——测定的路表潮湿状态下的温度(℃)；

ΔF——温度修正值，按表 2-5-4 采用。

温度修正值 表 2-5-4

温度 T(℃)	0	5	10	15	20	25	30	35	40
温度修正值 ΔF	−6	−4	−3	−1	0	+2	+3	+5	+7

5.报告

在报告中要说明测试日期、测点位置、天气情况、洒水后潮湿路面的温度，并描述路面类型、外观、结构类型等；列表逐点报告路面抗滑值的测定值 F_{BT}、经温度修正后的 F_{B20}及 3 次测定的平均值；计算每一个评定路段路面抗滑值的平均值、标准差、变异系数。

三、摩擦系数测定车测定路面横向力系数

本方法适用于以标准的摩擦系数测定车测定沥青路面或水泥混凝土路面的横向力系数，

测试结果可作为竣工验收或使用期评定路面抗滑能力的依据。

1. 仪具与材料

(1)摩擦系数测定车:SCRIM 型,主要组成如图 2-5-11 所示。它由车辆底盘、测量机构、供水系统、荷载传感器、仪表及操作记录系统、标定装置等组成。测定车应符合下列要求。

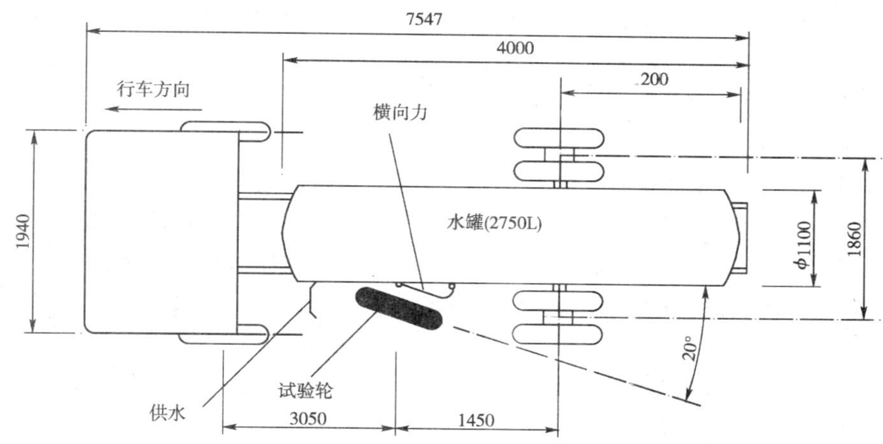

图 2-5-11 横向摩擦系数测定车机构示意图(尺寸单位:mm)

①测量机构:可以在单侧或双侧各安装一套。测试轮与车辆行驶方向成 20°角,作用于测试轮上的静态标准载荷为 2kN。测试轮胎为 3.00 ~ 20 的光面轮胎,其标准气压为 0.35 ± 0.01MPa。当轮胎直径减少达 6mm 时(每个测试轮约测 350 ~ 400km 需要更换),需更换新轮胎。

②测定车辆轮胎气压应符合所使用汽车规定的标准气压范围。

③能控制洒水量,使路面水膜厚度不得小于 1mm。通常测量速度为 50km/h 时,水阀开启量宜为 50%;测量速度为 70km/h 时,宜为 70%。其余类推。

(2)备用轮胎等备件。

2. 准备工作

(1)按照仪器设备技术手册或使用说明书对测定系统进行标定。仪器设备进行标定、检查时,必须在关闭发动机的情况下进行。标定按 SFC 值 10、20、30、…、100 的不同档次进行,满量程为 100 时的示数误差不得超过 ± 2。

(2)检查横向摩擦系数测定车系统的各项参数是否符合上述测量机构的要求,检查外部警告标志是否正常。

(3)储水罐灌水。

(4)将测试轮安装紧固且保持在升起的位置上。

(5)将记录装置处于正常使用状态,安装足够的打印纸。打开记录系统预热不少于 10min。

(6)根据需要确定采用连续测定或断续测定,以及每公里测定的长度。选择并设定“计算区间”,即输出一个测定数据的长度。标准的计算区间为 20m,根据要求也可选择为 5m 或 10m。

(7)根据要求设定为单轮测试或双轮测试。

(8)输入所需的说明性预设数据,如测试日期、路段编号、里程桩号等。

(9)发动车辆驶向测试地段。

3. 测定步骤

(1)在测试路段起点前约 500m 处停住,开机预热不少于 10min。

(2)降下测试轮,打开水阀检查水流情况是否正常及水流是否符合需要,检查仪表各项指数是否正常,然后升起测试轮。

(3)将车辆驶向测试路段,提前100~200m处降下测试轮。测定车的车速可根据公路等级的需要选择。除特殊情况外,标准车速为50km/h,测试过程中必须保持匀速。

(4)进入测试段后,按开始键,开始测试。在显示器上监视测试运行变化情况,检查速度、距离有无反常波动,当需要标明特征(如桥位、路面变化等)时,操作功能键插入到数据流中,整公里里程桩上也应做相应的记录。

3.测试数据处理

测定的摩擦系数数据存储在磁盘或磁带中,摩擦系数测定车SCRIM系统配有专门数据处理程序软件,可计算和打印出每一个计算区间的摩擦系数值、行程距离、行驶速度、统计个数、平均值及标准差,同时还可打印出摩擦系数的变化图。根据要求将摩擦系数在0~100范围内分成若干区间,做出各区间的路段长度占总测试里程百分比的统计表。

4.报告内容

(1)测试路段名称及桩号、公路等级、测试日期、天气情况,路面在潮湿状态下的路表温度,描述路面结构类型及外观等。

(2)测试过程中交叉口、转弯等特殊路段及里程桩号的记录。

(3)数据处理打印结果,包括各测点路面摩擦系数值、行程距离、行驶速度,每一个评定路段路面摩擦系数值统计个数、平均值、标准差、变异系数。

(4)公路沿线摩擦系数的变化图,不同摩擦系数区间的路段长度占总测试里程百分比的统计表。

第三篇

竣工文件

【内容简介和学习要求】

本章着重介绍了竣工文件的编制依据、组成内容及编制单位;竣工文件的收集整理、编号、设计总结、监理总结、施工总结、工程质量的评定;竣工资料的组卷、装订和保存。

通过本章学习,学生能够对工程项目的收尾工作——竣工文件编制有一个全面的认识,能进行竣工文件的整理、装订。

第一节 概 述

竣工文件是公路工程建设项目的重要组成部分,是整个建设工程项目从项目决策、可行性研究、施工图设计、征地拆迁、工程施工、缺陷责任期建设项目后评价的全过程中,形成的具有保存、查考、利用价值的各种文字、图形、图表、声像、计算材料等各种形式和载体的资料。竣工文件是为接管单位管理、养护以及将来改扩建所必需的技术和管理方面留下的重要参考文件依据,也是本系统本行业科技发展的历史资料。同时也是在发现质量问题时,追查责任、分析原因、制定处理措施所必需的文字依据。特别是与国际接轨时相互进行技术交流,更需要有完整系统、真实可靠、保存完好的竣工资料。因此,竣工资料的整理归档保存是一项十分重要的工作。

竣工文件的编制,实行交通建设主管部门监督、指导,建设单位统一领导,参建有关单位分块分层编制、分级审查、分级负责的原则。在编制过程中需要建设指挥部(业主)、设计单位、各监理单位、各施工单位各自分工,协同编写。一般由建设指挥部或总监办(总监理工程师办公室)牵头组织,统一协调,并根据本项目具体特点制定出竣工文件整理归档的一些具体细则要求以及各阶段编制的进度要求。

竣工文件编制的工作量相当大,它包括各种原始资料来往文件信函的收集整理、各单位的工作总结以及各种资料的编排、打印复制、归档编号、装订成册。而且,对于各篇、章、册、分册的纸张类型、字体、字号、格式、目录、封面、编排以及档案盒的规格等都有具体的要求,所以各单位要有主要领导直接负责,设置专门机构,组织专职技术人员按照统一的标准和要求进行编制。竣工文件中绝大部分资料,是来源于整个项目建设的各个阶段的技术资料及往来文件,因此各单位各阶段的工程技术人员应该是编制竣工文件的主要力量。

一、竣工文件的编制依据

(1)交通部交公路发[1995]081号《公路工程竣工验收办法》。

(2)《中华人民共和国档案法》及《中华人民共和国档案法实施办法》。

(3)国家档案局、国家计委国档发[1988]4号《基本建设项目档案资料管理暂行规定》。

(4)国家质量技术监督局《科学技术档案案卷构成的一般要求》(GB/T 11822—89)。

(5)国家档案局国档发[1992]8号《建设项目(工程)档案验收办法》。

(6)交通部交财发[2000]207号《交通基本项目竣工决算报告编制办法》。

(7)国家档案局、国家计委国档发[1997]15号《国家重点建设项目档案管理登记办法》。

二、竣工文件的组成类别及归档单位

竣工文件按照交通部《公路工程竣工验收办法》确定的编制原则,共分为六卷:

第Ⅰ卷 综合卷;

第Ⅱ卷　竣工决算卷；

第Ⅲ卷　竣工图表卷；

第Ⅳ卷　施工资料卷；

第Ⅴ卷　工程管理卷；

第Ⅵ卷　参考资料卷。

第Ⅰ、Ⅱ卷组成甲组文件；第Ⅰ、Ⅱ、Ⅲ、Ⅳ、Ⅴ、Ⅵ卷组成乙组文件。第Ⅰ、Ⅱ卷各编三份；第Ⅲ、Ⅳ、Ⅴ、Ⅵ卷中施工日志、监理日志、音像资料各编制一份，其余各编制二份。

竣工文件各卷在确定的编制份数内，原则上均应采用原件编制一份。对原件确需交通建设主管部门或建设单位另行存档的基本建设程序批准文件等重要文件，可采用复印件。

竣工文件中一份甲组文件归档交通建设主管部门；用原件编制的一份乙组文件（含施工日志，监理日志，音像资料）归档接管单位；其他一份乙组文件（不含施工日志、监理日志、音像资料）归档建设单位。

三、竣工文件的组成内容及编制单位

竣工文件综合性很强，涉及面很广，时间跨度长，编制单位多。主要参加编制的单位有质量监督单位、建设单位（业主）、设计单位、各监理单位、各施工单位。竣工文件的内容主要有：

(1)由质量监督单位负责编制的工程质量监督资料和有关文件、对工程质量的评定报告及资料。

(2)由建设单位负责编制的项目决策阶段的审批文件和报告、征地拆迁的文件及合同协议，招投标文件以及与各施工单位、监理单位的合同协议、工程建设控制文件等。

(3)由各施工单位负责编制的竣工图表、竣工决算、施工质量自检资料、施工原始资料、施工日志、各种试验资料、工程质量评定资料等。

(4)由各监理单位编制的工程质量抽检资料、工程质量评定资料和工程施工过程中对工程进度质量投资的控制文件、监理日志、日记等。

各单位都要写出工作总结。有的内容需要几个单位协同编写，有的内容需要分层次进行编制，有的内容需要相互提供有关资料。具体内容及编制单位如下：

第Ⅰ卷　综合卷

第一篇　工程概要

第一册　建设项目执行情况概要 ……………………………………（建设单位编制）

第二册　基本建设程序文件及其他重要文件 ………………………（建设单位编制）

第三册　建设项目竣工图表 …………………………………………（建设单位编制）

第二篇　竣工验收文件

第一册　竣工验收文件 ………………………………………………（建设单位编制）

第二册　交工验收报告 ………………………………………………（建设单位编制）

第三册　交工验收报告附件一：建设项目工程质量鉴定书……（质量监督单位编制）

第四册　交工验收报告附件二：其他资料…………………………（建设单位编制）

第三篇　工程总结

第一册　建设管理总结 ………………………………………………（建设单位编制）

第二册　监理总结 ………………………………………………………（监理办编制）

第三册　设计总结 ……………………………………………………（设计单位编制）

第四册　质量监督总结 ……………………………………（质量监督单位编制）
第五册　施工总结 ……………………………………………………（施工单位编制）

第四篇　征地拆迁资料

第一册　征地拆迁工作概要 ………………………………………（建设单位编制）
第二册　征地拆迁文件、会议纪要及原始记录…………………（建设单位编制）
第三册　线外工程资料 ……………………………………………（建设单位编制）

第五篇　建设项目合同协议文件

第一册　路基、路面、桥涵、交叉、隧道工程合同协议 …………（建设单位编制）
第二册　沿线设施、临时工程及其他工程合同协议………………（建设单位编制）
第三册　征地拆迁工作及线外工程合同协议 ……………………（建设单位编制）
第四册　设备及工具、器具购置合同、协议 ……………………（建设单位编制）
第五册　设计、监理、质量监督合同协议 …………………………（建设单位编制）
第六册　科学试验、定额编制及其他合同协议……………………（建设单位编制）

第Ⅱ卷　竣工决算卷

竣工决算

竣工决算报告 ………………………………………………………（建设单位编制）

第Ⅲ卷　竣工图表卷

第一篇　综合竣工图表

综合竣工图表 ………………………………………………………（施工单位编制）

第二篇　路基路面工程竣工图表

第一册　路基工程竣工图表 ………………………………………（施工单位编制）
第二册　路面工程竣工图表 ………………………………………（施工单位编制）

第三篇　桥涵工程竣工图表

第一册　特大桥工程竣工图表 ……………………………………（施工单位编制）
第二册　大桥工程竣工图表 ………………………………………（施工单位编制）
第三册　中桥工程竣工图表 ………………………………………（施工单位编制）
第四册　小桥工程竣工图表 ………………………………………（施工单位编制）
第五册　涵洞工程竣工图表 ………………………………………（施工单位编制）

第四篇　交叉工程竣工图表

第一册　互通式立交工程竣工图表 ………………………………（施工单位编制）
第二册　分离式立交工程竣工图表 ………………………………（施工单位编制）
第三册　通道工程竣工图表 ………………………………………（施工单位编制）
第四册　人行天桥工程竣工图表 …………………………………（施工单位编制）

第五篇　隧道工程竣工图表

第一册　隧道主体工程竣工图表 …………………………………（施工单位编制）
第二册　隧道附属设施竣工图表 …………………………………（施工单位编制）

第六篇　安全设施及管理系统竣工图表

第一册　安全设施竣工图表 ………………………………………（施工单位编制）
第二册　通信系统竣工图表 ………………………………………（施工单位编制）
第三册　监控系统竣工图表 ………………………………………（施工单位编制）

第四册　收费系统竣工图表 ……………………………………………（施工单位编制）

第七篇　建筑设施竣工图表

第一册　管理设施竣工图表 ……………………………………………（施工单位编制）

第二册　服务设施竣工图表 ……………………………………………（施工单位编制）

第三册　供电照明设施竣工图表 ………………………………………（施工单位编制）

第四册　供水设施竣工图表 ……………………………………………（施工单位编制）

第八篇　环境保护工程竣工图表

第一册　环境保护美化绿化工程竣工图表 ……………………………（施工单位编制）

第二册　环境保护治理工程竣工图表 …………………………………（施工单位编制）

第Ⅳ卷　施工资料卷

第一篇　施工综合资料

第一册　监理工程师标段交工质量评定资料 ……………………………（监理办编制）

第二册　监理工程师质量抽检试验资料 …………………………………（监理办编制）

第三册　施工单位交工质量评定资料 …………………………………（施工单位编制）

第四册　施工单位合同段工程综合资料 ………………………………（施工单位编制）

第五册　工程音像资料 …………………………………………………（施工单位编制）

第六册　施工日志 ………………………………………………………（施工单位编制）

第二篇　路基路面工程施工资料

第一册　路基工程施工资料 ……………………………………………（施工单位编制）

第二册　路面工程施工资料 ……………………………………………（施工单位编制）

第三篇　桥涵工程施工资料

第一册　特大桥施工资料 ………………………………………………（施工单位编制）

第二册　大桥施工资料 …………………………………………………（施工单位编制）

第三册　中桥施工资料 …………………………………………………（施工单位编制）

第四册　小桥施工资料 …………………………………………………（施工单位编制）

第五册　涵洞施工资料 …………………………………………………（施工单位编制）

第四篇　交叉工程施工资料

第一册　互通式立体交叉工程施工资料 ………………………………（施工单位编制）

第二册　分离式立体交叉工程施工资料 ………………………………（施工单位编制）

第三册　通道工程施工资料 ……………………………………………（施工单位编制）

第四册　人行天桥工程施工资料 ………………………………………（施工单位编制）

第五篇　隧道工程施工资料

第一册　隧道主体工程施工资料 ………………………………………（施工单位编制）

第二册　隧道附属工程施工资料 ………………………………………（施工单位编制）

第六篇　安全设施及管理系统施工资料

第一册　安全设施施工资料 ……………………………………………（施工单位编制）

第二册　通信系统施工资料 ……………………………………………（施工单位编制）

第三册　监控系统施工资料 ……………………………………………（施工单位编制）

第四册　收费系统施工资料 ……………………………………………（施工单位编制）

第七篇　建筑设施施工资料

第一册　管理建筑设施施工资料 ……………………………………………（施工单位编制）
第二册　服务建筑设施施工资料 ……………………………………………（施工单位编制）
第三册　供电照明设施施工资料 ……………………………………………（施工单位编制）
第四册　供水设施施工资料 …………………………………………………（施工单位编制）

第八篇　环境保护工程施工资料

第一册　环境保护美化绿化工程施工资料 …………………………………（施工单位编制）
第二册　环境保护治理工程施工资料 ………………………………………（施工单位编制）

第Ⅴ卷　工程管理卷

第一篇　建设单位工程建设管理资料

第一册　工程建设管理控制文件 ……………………………………………（建设单位编制）
第二册　设计审批文件及费用调整文件 ……………………………………（建设单位编制）
第三册　建设单位其他重要文件及会议纪要 ………………………………（建设单位编制）

第二篇　监理单位工程施工监理资料

第一册　工程质量控制文件 ……………………………………………………（监理办编制）
第二册　工程进度控制文件 ……………………………………………………（监理办编制）
第三册　工程投资控制文件 ……………………………………………………（监理办编制）
第四册　其他监理工作文件及会议纪要 ………………………………………（监理办编制）
第五册　工程音像资料 …………………………………………………………（监理办编制）
第六册　监理日志 ………………………………………………………………（监理办编制）

第三篇　质量监督单位工程质量监督资料

第一册　工程质量监督资料 ……………………………………………（质量监督单位编制）
第二册　其他重要文件及会议纪要 ……………………………………（质量监督单位编制）

第Ⅵ卷　参考资料卷

第一篇　设计文件及基本建设程序基础资料

第一册　预可行性、工程可行性研究文件……………………………………（建设单位编制）
第二册　初步设计文件 ………………………………………………………（建设单位编制）
第三册　技术设计文件 ………………………………………………………（建设单位编制）
第四册　施工图设计文件 ……………………………………………………（建设单位编制）
第五册　变更设计文件 ………………………………………………………（建设单位编制）
第六册　建设项目环评资料 …………………………………………………（建设单位编制）
第七册　建设项目后评价资料 ………………………………………………（建设单位编制）

第二篇　招投标文件

第一册　工程施工招标文件及中标文件 ……………………………………（建设单位编制）
第二册　设备、工具、器具招标文件及中标文件 …………………………（建设单位编制）
第三册　设计、监理工作招标文件及中标文件……………………………（建设单位编制）
第四册　其他招标文件及中标文件 …………………………………………（建设单位编制）

第二节　竣工资料的整理

竣工资料的整理首先要对施工期间的各种原始资料，如施工原始记录、工程质量检验表、试验表等进行收集、检查、补充、修正工作，尔后才能结合监理用表进行编序、归档。编写工作总结、编制竣工决算表、绘制竣工图表；然后综合各类资料按照要求统一进行归档，编制总目录、卷内目录、封皮、本册目录、隔页、备考表以及资料检索表。最后根据要求份数进行复印、装订。

一、各种原始资料的收集整理

施工单位关于工程质量的原始资料，主要有施工期间各道工序的施工原始记录、工程质量检验表、试验记录和报告、经监理工程师审批的各种监理用表等。这些资料数量庞大，跨越时间很长，涉及施工单位和监理单位的人员众多，而这些人员甚至有的已经调离工地。所以，在施工当时一定要有专人负责认真收集整理，资料的填写要齐全，并按照各工序、各分项工程、各分部工程、各单位工程分门别类存放妥当，遵循及时、真实、齐全、规范的基本原则。尽管如此，但到工程结束整理资料时仍然会发现有个别资料不统一、不规范、不齐全，有的甚至出现错误，就需要进一步收集整理、检查改正。

原始资料中容易出现的问题，也即检查的重点：

(1)资料短缺，如某些未引起重视的小工程量的附属工程项目或某道未引起注意的简单工序或某工序的某一种表格等。

(2)关键性语句中，会使人引起对工程质量有争议的错字、别字。

(3)关键性数据及计量单位，发生笔误也会引起对工程质量的争议。

(4)表头填写不规范，不统一，不符合要求。

(5)记录人、检查人、技术负责人、复核人、监理工程师、项目经理等签字不齐全。

(6)施工原始记录和工程质量检验表中的时间相互矛盾。

(7)同一分项工程的检查、记录、报验、签字等日期，与正常施工工序时间相互矛盾。

(8)按照有关规范检查项目不够。

(9)按照有关规范检查频率不够，点数不足。

(10)该盖章的未加盖公章。

对于原始资料的收集检查是一项十分繁杂的工作，又必须具有相当的专业技术水平，还必须具有认真负责、一丝不苟的工作态度。否则，在工程验收查阅内业资料时不但要扣分还会对实体工程质量发生质疑，或者怀疑资料的真实性。

第Ⅴ卷第二篇第五册工程音像资料的主要内容为：

(1)各隐蔽工程、关键工程施工照片、录像资料及文字或配音说明。

(2)各主要施工工序、重要工艺施工代表性照片、录像资料及文字或配音说明。

(3)重大质量事故及处理结果照片、录像资料及文字或配音说明。

(4)工程开工、交竣工、招投标及重要会议等重大事宜音像资料。

工程照片、录像带、录音带、光碟等音像资料整理时，应填写好文字说明，包括工程桩号、部位、分项工程名称等内容。

二、各种资料的编号

对于各种资料的编号，因为资料数量太大，一般没有统一的规定。在这里推荐一种办法。

本编号办法采用四组数码，每组数码用“—”隔开。依据1999年7月1日交通部颁发实施的《公路工程质量检验评定标准》(JTJ 071—98)附录A(即本教材附录)，前三组八个数码分别代表各单位工程，分部、分项工程名称和各自的顺序号。

第一组数码：

第一个数码为单位工程代号，规定如下：

路基工程——1

路面工程——2

桥梁工程——3

互通立交工程——4

隧道工程——5

交通安全工程——6

第二个数码为顺序号（即：几个该单位工程的顺序号）。

第二组数码：

第一个数码为分部工程代号，如路基工程中：

路基土石方工程——1

排水工程——2

小桥——3

涵洞——4

砌筑工程——5

大型挡土墙——6

第二个数码为顺序号（即：几个该分部工程的顺序号）。

第三组代码：

前两位数码为分项工程代码，如路基单位工程中小桥分项工程：

基础及下部构造——01

上部构造预制安装或浇筑——02

桥面——03

栏杆——04

人行道——05

后两位数码为顺序号（即：几个几十个该分项工程的顺序号），例：桥梁工程（该合同段的第四座大桥）上部构造预制（第3孔）钢筋加工安装（第12片梁），其编号为：34-23-0312。

第四组代码：

第四组数码为各种表在某一分项工程中出现的次数。

三、建设管理总结的主要内容

(1)建设项目的地点、规模及意义。

(2)建设项目的标准及主要技术指标。

(3)建设项目的前期工作及基本建设的程序和执行情况。

(4)建设项目的资金来源及到位情况。

(5)建设项目的组织机构。

(6)建设项目的总体工程建设计划及实施情况。

(7)建设项目的征地拆迁情况。

(8)建设项目的工程招、投标情况。

(9)建设项目的质量控制情况。

(10)建设项目的进度控制情况。
(11)建设项目的投资控制情况。
(12)建设项目的合同管理情况。
(13)建设项目的安全管理情况。
(14)建设项目的技术及科研管理情况。
(15)建设项目的新技术、新工艺、新材料、新设备的使用情况。
(16)建设项目的关键工程施工情况。
(17)建设项目的工、料、机使用情况。
(18)建设项目的环境保护、文明施工情况。
(19)建设项目的竣工决算情况。
(20)建设项目的审计情况。
(21)建设项目的交工验收情况。
(22)建设项目的遗留事项及其处理意见。
(23)建设项目的技术、经济指标的完成及分析情况。
(24)建设项目的总体执行情况的评价。

四、设计总结的主要内容

(1)设计阶段的任务、依据及设计资金简述。
(2)设计标准简介。
(3)项目地点、主要控制点及沿线概况。
(4)项目沿线地形、地质、地震、气候、水文等自然条件简介。
(5)项目沿线筑路材料、水、电、路等建设条件简介。
(6)项目测设的组织工作及测设经过。
(7)项目的总体设计情况。
(8)项目的重要设计方案简介。
(9)项目设计的主要经济技术指标。
(10)项目设计的主要工程量及主要材料数量。
(11)项目的设计比选方案、技术经济比较简介。
(12)项目沿线不良地质地段特殊路基的设计方案简介。
(13)新技术、新工艺、新材料、新设备的设计情况。
(14)项目的环境保护及土地使用情况简介。
(15)设计文件与项目批准文件及行业标准的符合情况及变化说明。
(16)施工过程中的设计变更情况及设计代表工作情况的简介。
(17)项目设计工作的评价。

五、监理总结的主要内容

(1)监理工程的地点及工程内容。
(2)工程设计的标准、主要技术指标及结构形式。
(3)监理投标中标的情况。
(4)监理组织机构的情况。

(5)监理人员的工作分工及调整变动情况。
(6)监理大纲或监理工作计划及其实施情况。
(7)工程施工准备阶段的监理工作情况。
(8)工程质量控制、质量安全事故处理及质量评定的情况。
(9)工程施工进度的控制及总体工程进度计划的完成情况。
(10)工程计量支付投资控制情况。
(11)工程合同管理情况。
(12)工程设计变更及技术管理情况。
(13)工程施工的新技术、新工艺、新设备的使用及评价。
(14)关键工程的施工监理情况。
(15)工程施工的工、料、机进场及使用监理情况。
(16)工程环境保护、文明施工监理情况。
(17)工程交工检验监理情况。
(18)关于工程遗留事项及处理建议的说明。
(19)工程监理的工作评价。

六、施工总结的主要内容

(1)工程地点及工程内容。
(2)工程设计标准、主要技术指标及结构形式。
(3)工程投标、中标的情况。
(4)工程施工的机构组织情况。
(5)工程施工的各部门主要负责人及调整变动情况。
(6)工程施工的组织设计情况。
(7)工程施工的准备情况。
(8)工程施工的质量管理、事故处理及质量评定情况。
(9)工程施工的进度管理及工程进度计划完成情况。
(10)工程施工的价款计量支付情况。
(11)工程施工的合同管理及执行情况。
(12)工程施工的技术管理情况。
(13)工程施工的安全管理情况。
(14)工程的设计、设计变更及执行情况。
(15)工程施工的主要工艺、方法及技术措施的使用情况。
(16)工程施工的新技术、新工艺、新材料、新设备的使用情况。
(17)关键工程的施工情况。
(18)工程施工的工、料、机进场及使用情况。
(19)工程分包情况。
(20)工程施工的环境保护、文明施工情况。
(21)工程竣工文件的收集、整理、编制情况 。
(22)工程交工情况。
(23)关于工程遗留事项及处理建议的说明。

(24)工程施工情况的评价。

七、质量监督总结的主要内容

(1)工程监督项目的地点及工程内容。

(2)工程监督项目的设计标准、主要技术指标及结构形式。

(3)工程监督的申请及批复手续的办理情况。

(4)工程监督的组织机构、人员构成及调整变化情况。

(5)工程监督计划的制定情况。

(6)对工程监理单位、监理人员、设备、工作程序及工作质量的监督检查情况。

(7)对工程施工单位的质保体系、规章制度的监督检查情况。

(8)对工程施工单位技术、质检、试验人员、设备及工作质量的监督检查情况。

(9)对工程质量的现场检查、核验情况。

(10)对工程重大质量事故的调查处理情况。

(11)工程项目的交工质量鉴定情况。

(12)工程质量监督工作评价。

八、工程质量的评定

施工单位应对各分项工程按交通部颁发的《公路工程质量检验评定标准》(JTJ 071—98)(以下简称验评标准)所列基本要求、实测项目和外观鉴定自检,对工程质量进行自我评分。监理工程师根据对工程质量进行抽检的结果进行评分。质量监督部门根据抽检资料和确认的施工自检资料以及监理工程师的质量管理资料对工程质量逐级进行评定,以此作为交工、竣工验收评定质量等级的依据。

公路工程质量检验评分是以分项工程为评定单元,采用100分制。在分项评分的基础上,逐级计算出相应的分部工程、单位工程评分值。

分项工程质量检验内容包括:基本要求、实测项目、外观鉴定和质量保证资料。

分项工程的实测项目评分值之和为100分,外观缺陷或资料不全时扣分。分项工程的评定工作应该在平时已经进行。竣工资料整理时要根据分项工程的评定结果进行分部工程、单位工程的评定工作。

按照附录表中所列分项工程和分部工程区分为一般工程和主要(主体)工程(打*号者),分别给以1和2的权值。采用加权平均值计算法确定相应的评分值。

分部(单位)工程评分值=∑[分项(分部)工程评分×相应权值]/∑分项(分部)工程权值。

对于分部工程,所属分项工程全部合格,其加权平均分不小于85分,且所含主要分项工程全部评为优良时,则该分部工程评为优良;如分项工程全部合格,但加权平均分小于85分,或加权平均分虽不小于85分,但主要分项工程未全部达到优良标准时,则该分部工程评为合格;如分项工程未全部达到合格标准时,则该分部工程为不合格。

对于单位工程,所属分部工程全部合格,其加权平均分不小于85分,且所含主要分部工程全部评为优良时,则该单位工程评为优良;如分部工程全部合格,但加权平均分小于85分,或加权平均分虽不小于85分,但主要分部工程未全部达到优良标准时,则该单位工程评为合格;如分部工程未全部达到合格标准时,则该单位工程为不合格。

建设项目(或标段)工程质量等级评定,采用单位工程优良率和建设项目(或标段)工程质量评分值双指标控制。

建设项目(或标段)所含单位工程全部合格,其工程质量等级为合格;所含单位工程全部合格,单位工程优良率不小于80%,且建设项目(或标段)工程质量评分不小于85分时,其工程质量等级评为优良;所含任一单位工程不合格,则建设项目(或标段)工程质量为不合格。

第三节　竣工资料的组卷、装订、保存

一、竣工文件的组卷及编制体系

竣工文件组卷要遵循竣工文件的自然形成规律和成套性特点,保持卷内文件资料的有机联系,做到分类科学,编排有序,组卷合理。

竣工文件的编制按结构划分为卷、篇、册、分册四级。为利于统一管理,竣工文件的卷、篇、册序号编目原则上应不变动,因工程内容的特殊要求,确需对卷、篇、册序号编目进行调整时,由建设单位统一进行调整。当竣工文件规定的册编目资料数量较大或内容较多时,应在册编目下设置分册,并按实际内容编制分册编目,分册应按照页数的合理性及局部内容的完整性进行编排。

竣工文件的编制按内容分为项目综合类、主体工程类及建筑设施类。竣工文件第Ⅰ卷(不含其中第三篇第五册施工总结)、第Ⅲ卷、第Ⅴ卷及第Ⅵ卷为项目综合类,以建设项目为单位进行编制。第Ⅰ卷第三篇第五册施工总结、第Ⅲ卷(不含其中第七篇建筑设施竣工图表)、第Ⅳ卷(不含其中第七篇建筑设施施工资料)为主体工程类,以合同段为单位进行编制。建筑设施施工总结、施工综合资料、建筑设施竣工图表、建筑设施施工资料为建筑设施类,以每处建筑设施为单位进行汇编。

对由行业主管部门或建设单位独立进行采购的设备、材料合同,不作为标段类或建筑设施类中独立的合同单位进行编制,其有关资料应由安装、使用该设备、材料的施工单位在其竣工文件中,按外购设备、材料的有关要求进行编制。

以每处为单位编制建设设施类施工文件时,监理及各施工单位仍应按编制内容的要求,首先完成各合同段的竣工文件中监理及施工资料的编制。如产生在同一册中含两个或两个以上合同单位的竣工资料,监理办应对上述各合同工程的竣工资料,根据内容及数量确定各自分册编目或在册内进行必要的汇编,汇编工作应在相关合同单位已编制完成其竣工资料后,由监理办或其指定的牵头单位完成。建筑设施每处竣工文件的汇总工作由监理办负责。

综合卷第三篇第五册施工总结及施工资料卷中第一篇施工综合资料编目,适用于附录表中规定的并且工程量不少于一个分项工程的合同工程。对其他工程项目或工程量达不到附录表中规定的一个分部工程的合同工程,应将施工总结及施工综合资料编目(不包括监理资料)的有关内容,编制在其具体项目施工资料的册(分册)编目中,施工综合资料中监理部分的内容仍按原编目编制。

竣工图表卷中工程内容中,除编制已规定的竣工图表内容外,还应对项目中所含主线或被交线路基、路面、排水构造物等工程内容的竣工图表,参照竣工图表编目中相应项目的主要内容,在本册编目中进行编制。

二、竣工文件册内资料的编排顺序

竣工文件中各册的主要内容,根据工程实际内容并在取得监理办或建设单位同意后,可以

作必要的增减与修改。

竣工文件中每册内容的编排顺序,在具体编制中,建设、监理、监督、设计单位编制的各册内容,应按类别、重要性或时间要素进行编排。施工单位编制的各册内容中,竣工图表部分原则上应按设计文件图表排序方式进行编排;施工资料部分应按资料的形成规律,以树形结构按合同工程总体竣工资料、逐个单位工程、所含分部工程、所含分项工程施工资料并结合工程管理模式中对资料的形成要求进行编排,并应保持资料内容的有机联系和成套性特点;对划分工程单元中含多个构造物部分,应避免将不同构造物的相同部位施工资料进行平行编排,以保持各构造物竣工资料的相对集中和完整性。

在编写施工资料(第二篇第一册)时,对某一合同段将所有原材料试验(含外购材料合格证)、标准试验资料及其汇总资料编为一个分册,一个分册编不下时可依次另编分册。原材料按水泥、钢筋、钢绞线、细集料、粗集料、支座、伸缩缝等顺序依次汇总整理。接下来单位工程、分部工程、分项工程参考附录表中"单位、分部及分项工程的划分"表的先后顺序按线路前进方向依次进行编制。在每个分项工程中优先编制混凝土和砂浆的抗压强度,以及混凝土抗折强度、无侧限抗压强度、预应力张拉、桩基无破损检测、压实度和弯沉等汇总资料。其后分项工程中的资料先后顺序为:

①中间交工证书;

②分项评定资料;

③分项工程开工报告及附件;

④工程质量检验批复单(监表5);

⑤工程质量检验报告;

⑥工程质量检验记录(其中包括各种试验报告及记录);

⑦施工原始记录。

若一个分册中装入两个及两个以上分项工程时,中间要设隔页以示区别。

各单位工程、分部工程、分项工程编制的先后顺序应按附表依次进行。并列多项单位、分部或分项工程按照桩号或墩台、孔数号从小到大依次编制。

例如:某合同段编制时,分册的划分如下:

第一分册:原材料试验资料汇总、标准试验、原材料试验……。

第二分册:(继第一分册内容)。

……

第××分册:(第×段土方路基分项工程)弯沉值汇总、压实度汇总等。

第××分册:(第×段土方路基分项工程)中间交工证书、分项评定表、开工报告及附件、工程质量检验批复单(监表5)、工程质量检验报告、工程质量检验记录(其中包括压实度试验报告及记录)、施工原始记录。

……

第××分册:第一座中桥的混凝土抗压强度汇总、预应力张拉汇总、桩基无破损检测汇总等;

第××分册:第一座中桥的桩基中间交工证书、分项评定表、开工报告及附件、工程质量检验批复单(监表5)、工程质量检验报告、工程质量检验记录(其中包括混凝土强度试验报告及记录)、施工原始记录。

第××分册:第一座中桥的承台中间交工证书、分项评定表、开工报告及附件、工程质量检验批复单(监表5)、工程质量检验报告、工程质量检验记录(其中包括混凝土强度试验报告及记录)、施工原始记录。

……

监理单位编制抽检资料时,统一归入第Ⅳ卷第一篇第一、二分册,第一分册为评定资料,第二册为抽检资料,顺序编制及内容与施工单位的要求基本相同。但应注意:

①不需要汇总资料;

②不需要中间交工证书;

③第二册中不装入分项评定表;

④开工报告中只要:工程分项开工申请批复单、施工放样报验单;

⑤"监理工作指令及反馈情况"、"监理停工指令及复工指令"按时间先后顺序整理编入第Ⅴ卷第二篇第四册。

三、竣工图编制规定

对于全部按照批准设计或设计变更图纸施工,并且施工完成时误差在《公路工程质量检验评定标准》规定值或允许偏差以内的工程,采用新印制的设计或设计变更图纸并在图纸右侧空白处加盖竣工图章后作为竣工图。其中如有在施工中批准由施工单位对局部工程进行补充设计或变更设计的部分,应严格按设计图纸要求进行绘制,并应在图纸上标注补充及变更内容和原因。

对于施工完成时,工程结构或外观未产生原则性变化,但个别几何尺寸、高程或其他指标误差超过《公路工程质量检验评定标准》(JTG F80—2004)规定值或允许偏差值的工程,可在新印制的原设计图上相应部位标注实际数据,标注内容前加"竣工"字样,并不得覆盖原设计内容,在更改部位旁加盖图纸更改专用章及在图纸右侧空白处加盖竣工图章后作为竣工图。

对于施工完成时结构或外观与设计图纸不符的工程,均应严格按照实际完成情况,采用计算机或黑墨水按规定竣工图图样绘制竣工图,并在图纸上标注变更内容及变更原因,在图纸右侧空白处加盖竣工图章后作为竣工图。

竣工图号均为在原设计图号前加"J-"。

四、竣工文件的编码

竣工文件的编码共分六层,一般情况下为12位(图3-0-1),其中:

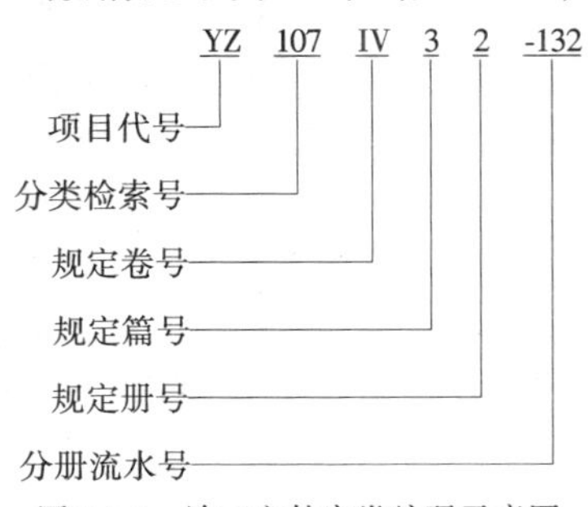

图3-0-1 竣工文件案卷编码示意图

第一层:为项目代号,用2个大写字母表示,取路线起讫点地名汉字拼音的第一个字母。

第二层:为分类检索号,用3位阿拉伯数字表示,项目综合类竣工文件,分类检索号为000,主体工程类及建筑设施类竣工文件,首先根据合同分类及数量以百位或其倍数为单位,顺序确定路基桥涵、路面等工程分类检索号范围。主体工程类竣工文件,对各分类范围内,以每处为单位顺序进行编排。分类检索号与各标段及每处建筑设施的具体对应关系由建设单位提供《分类检索目录对照表》。

第三层:为卷代号,用罗马数字表示。

第四层:为篇代号,用1位阿拉伯数字表示。

第五层:为册代号,用1位阿拉伯数字表示。

第六层:为分册流水号,用分隔符"-"和3位阿拉伯数字表示,无分册时填000代号。

五、竣工文件检索目录的构成

竣工文件在汇总编制完成后,由建设单位负责或组织编制竣工文件检索目录一式三份。检索目录的构成如下:

(1)总目录。

(2)分类检索目录对照表。

(3)竣工文件一级检索目录。

(4)竣工文件二级检索目录。

根据竣工文件的构成及编制规律,由分类检索目录对照表提供需检索资料的分类检索号及一级检索目录页码。由一级检索目录提供需检索资料的册目录及在二级检索目录中的页码,由二级检索目录提供被检索资料的册或分册具体名称及案卷编号。一级检索目录中案卷名称、册号一般情况下按竣工文件总目录中规定的卷、篇、册名称及编号填写,不含分册。二级检索目录中册或分册案卷名称按照实际编制的资料名称填写。

六、竣工文件的质量和格式要求

竣工文件应作到资料齐全、系统完整、编排有序、字迹工整、图文清晰、手续完备、装订合格。

竣工文件装订顺序依次为案卷内封面、卷内目录、竣工文件目录、总目录、本册目录、资料内容(含必要的隔页)、备考表、封底。与本册内容相对应的总目录部分应套黑标识。一册中如含有二项或二项以上分项工程时,应设置隔页,并在隔页上打印相应内容名称。

竣工文件的纸张尺寸除国家另有规定的公文部分外,应用A3、A4纸张尺寸或设计文件提供的标准图纸尺寸。对大于A3、A4尺寸的竣工资料,应按本册确定的A3或A4尺寸进行折叠,内折式应外翻页码和图标。

竣工文件应采用碳素墨水、蓝黑墨水或计算机、复印机等易于长期保存的材料或工具进行绘写,不得使用复写方式及使用纯蓝墨水、圆柱笔、铅笔(除页码外)等不易长久保存的材料或工具进行绘写。对确已采用不易长久保存的材料或工具进行绘写的原件,应在原件后附一份复印件。

竣工文件中除现场原始记录及签署外,文字和数字一律采用印刷体,相同尺寸纸张中文字及表格占用的篇幅应基本一致。签署部分应严格由规定人员完成,不得代签或打印。单位名称应为全称。所有封面部分的签字、盖章要求均为原件。

卷内文件除已印刷成册并完整标注页码的文件外,均需在有绘写内容的页面采用铅笔以阿拉伯数字编制页码。页码标于装订线的另一侧下角。页码与本册目录页码应相对应,案卷封面、卷内目录(原有材料目录除外)备考表、封底不编制页号。

七、竣工文件的装订规定

竣工文件可根据册内具体内容,采用三眼线绳整册装订或单份文件装订两种形式。装订不得用粘合物或金属物品装订。每册厚度宜控制在40mm以下，装订线一侧留宽规定为25mm，但不得遮盖资料具体内容。卷盒由建设单位或指定的单位统一定制，卷盒分为A4、A3两种规格，分别与A4、A3两种规格的竣工文件相配套。卷盒正、侧面封面按国家质量技术监督局《科学技术档案案卷构成的一般要求》(GB/T 11822—89)规定的格式，可采用直接填写或另行制作粘贴，但同一建设项目应采用统一的形式。

竣工文件的保管期限按照交通部或国家行业标准有关规定填写，同一册内有不同保管期限的文件，按保管期限长的填写。竣工文件一般不应有重份，对于竣工文件内容要求的交叉部分，如已装入其他册中，可在本册中采用复印件或在卷内目录备注中使用参考号进行说明。

建设单位负责或组织竣工文件的总体汇总工作，监理工程师办公室负责监理及施工单位竣工文件的汇总工作。各具体编制单位分块分层编制，并逐级汇总。

各具体编制单位应严格按统一要求的各项规定进行编制和分层汇总，对竣工资料相关汇编部分，有关单位和部门必须认真负责及时准确地提供给汇编单位。

八、竣工文件编制的审查程序

竣工文件的各编制、汇总单位，在负责编制或汇总的工作全部完成后，必须先行自审，在自审合格后，方可逐级报审(报验)，并提交报审(报验)清单和办理报审(报验)手续。

施工单位编制的竣工文件部分，报送监理工程师办公室，由监理工程师办公室负责审查。审查通过后，会同监理工程师的办公室编制部分汇总整理后一并报送建设单位，由建设单位对该部分及设计、监督单位的竣工文件相关部分进行审查。在审查通过后，报交工验收组进行交工验收。

对全部工程一次性进行交工验收的工程项目，在通过交工验收后，建设单位即对所有编制单位的竣工文件进行汇总编目，形成竣工验收的报验文件。

对分期分批进行交工验收的项目，在交工验收全部完成后，监理、设计、监督单位应按建设项目竣工文件的编制要求，分别对所负责的竣工资料按项目工程进行汇总编制，报送建设单位。建设单位审查通过后，对所有编制单位的竣工文件进行汇总编成编目，形成竣工验收的报验文件。

建设单位应在竣工验收前，向由竣工验收委员会委托的档案行政管理部门申请对报验的竣工文件进行初验。

竣工文件在通过初验后，由竣工验收委员会进行竣工验收。

竣工验收通过后及在工程缺陷责任期满后，由各有关单位或建设单位统一对竣工验收阶段及缺陷责任期阶段的竣工资料进行补充编制，在建设项目评价工程完成后，由建设单位对该部分进行补充编制，以形成系统完善的建设项目竣工文件。

竣工文件在未通过竣工验收及工程缺陷责任期满之前，不解除所有竣工文件编制及审查单位的责任，在建设项目后评价等全部竣工文件完成之前，不解除建设单位的责任。

九、其他应注意的事项

所有封面、目录均为A4纸。第III册竣工图表卷中装订也可采用A3折叠为A4的形式，但要在装订线上加厚纸板以调整使其厚度相等且相对平整。

案卷内封面、竣工文件封面及封底最好用质量为150g左右的白纸制作。

1.封面

(1)案卷题名：应避免使用笼统的词语，要简明、准确地提示所附文件材料的内容。例如：

×××高速公路路基桥涵工程第××合同段

K112+300——K112+800段土方路基自检资料

(2)编制单位：填写案卷内文件材料的形成单位，即承包人签署本合同时使用的单位名称。

(3)编制日期：填写案卷内文件材料形成的起止日期，要求精确到日。

2.卷内目录

(1)序号：用阿拉伯数字从1起依次标注。

(2)文件编号：各单位可自行按一定规律编排。

(3)责任者：填写文件材料的直接编写单位，名称与签订本合同时永久单位名称相同。

(4)文件材料题名：填写文件材料标题，视具体内容反映相关文件材料的排序位置，以便查录。

(5)日期：填写文件材料编制的年、月、日。

(6)页次：填写每份文件资料首页上标注的页号，最后一份文件为首页号—尾页号。

3.竣工文件封面

(1)本册内容：填写本册所装订资料的主要内容。

(2)项目经理由项目经理手签，施工监理由驻地高级工程师手签。

(3)施工单位名称或监理单位名称，打印签订本合同时的永久单位全称，盖章不得复印。要注意单位名称与盖章名称一致，不得使用简称、别称。

4.总目录

总目录不得简化，与本册内容相对应的部分要用套黑框标识。

5.本册目录

本册目录是卷内目录的细化，"名称"填写资料的主要内容，"页次"的填写同卷内目录要求。

页号的编写：案卷内文件均以书面的页面编写。单面书写的文件材料在右下角编制页号；双面书写的文件材料，正面在右下角，背面在左下角。页号从卷内目录后的第一页开始编号，中间隔页和备考表及封底不编号。

6.卷内备考表

(1)要标明案卷内文件材料的组卷和案卷使用过程中需要说明的问题，如漏页、缺页等。

(2)用碳素钢笔填写本册文件共×件共×页，或直接在备考表上打印。

(3)立卷人、审核人的姓名都要手签。

(4)加盖红色备考图章。

7.竣工文件的装订

卷内资料不允许用订书机或其他铁钉铁丝等容易生锈或容易腐蚀变质的材料装订。对于平时已经用订书机装订的文件资料，要拆掉后按照统一要求重新打孔用线绳装订。

档案盒的选用应依照内装资料的厚度而定，一般有3cm、4cm、5cm、6cm厚的标准档案盒可供使用。可将打印好的正封面和侧封面分别粘贴在档案盒的正面和侧面。正封面粘贴时，沿档案盒的方框边线裁齐，以不露方框边线为准；侧封面(脊背)粘贴时，左右应沿边缩进2mm粘贴，使之不易损坏或搓起。粘贴时一定要使封面与档案盒密贴，不得出现中空或鼓包现象。侧封面打印时，"案卷题名"要与正封面上的相同，可以分两竖行打印，从右到左排版位置居中，打不下时可调整字体。

在整个装订粘贴过程中，都要认真仔细，不得污染或折叠、损坏边角，保持全部竣工资料的干净、整洁、美观。单位、分部及分项工程的划分如表3-0-1所示。

单位、分部及分项工程的划分 表3-0-1

单位工程	分部工程	分项工程
路基工程(每10km或每标段为单元)	路基土石方工程*①(1~3km路段)	土方路基*、石方路基*、软土地基*、土工合成材料处治层*等
	排水工程(1~3km路段)	管节预制,管道基础及管节安装*,检查(雨水)井砌筑*,土沟,浆砌排水沟,盲沟,跌水,急流槽*,水簸箕,排水泵站等
	小桥及符合小桥标准的通道*,人行天桥,渡槽(每座)	基础及下部构造*,上部构造预制、安装或浇筑*,桥面*,栏杆,人行道等
	涵洞、通道(1~3km路段)	基础及下部构造*,主要预制件预制、安装或浇筑*,填土,总体等
	砌筑防护工程(1~3km路段)	挡土墙*,墙背填土,抗滑桩*,锚喷支护*,锥、护坡,导流工程,石笼防护*等
	大型挡土墙*,组合式挡土墙*(每处)	基础*,墙身*,墙背填土,构件预制*,构件安装*,筋带,锚杆、拉杆,总体*等
路面工程(每10km或每标段为单元)	路面工程(1~3km路段)*	底基层,基层*,面层*,垫层,联结层,路缘石,人行道,路肩,路面边缘排水系统等
桥梁工程(特大、大、中桥)	基础及下部构造*(每桥或每墩、台)	扩大基础,桩基*,地下连续墙*,承台,沉井*,桩的制作*,钢筋加工安装,墩台身(砌体)浇筑*,墩台身安装,墩台帽*,组合桥台*,台背填土,支座垫石和挡块等
	上部构造预制和安装*	主要构件预制*,其他构件预制,钢筋加工及安装,预应力筋的加工和张拉*,梁板安装,悬臂拼装*,顶推施工梁*,拱圈节段预制,拱的安装,转体施工拱*,劲性骨架拱肋的安装*,钢管拱肋制作*和安装,吊杆的制作与安装*,钢梁安装,钢梁防护*等
桥梁工程(特大、大、中桥)	上部构造现场浇筑*	钢筋加工及安装,预应力筋的加工和张拉*,主要构件浇筑*,其他构件浇筑,悬臂浇筑*,劲性骨架混凝土拱*,钢管混凝土拱*等
	总体、桥面系和附属工程	桥梁总体*,钢筋加工及安装,桥面防水层施工,桥面铺装*,钢桥面铺装*,支座安装,搭板,伸缩缝安装,大型伸缩缝安装*,栏杆,护栏安装,混凝土护拦,人行道铺设,灯柱安装等
	防护工程	护坡,护岸*②,导流工程*,石笼防护,砌石工程等
	引道工程	路基*,路面*,挡土墙*,小桥*,涵洞*,护栏等
互通立交工程	桥梁工程*(每座)	桥梁总体,基础及下部构造*,上部构造预制、安装或浇筑*,支座安装,支座垫石,桥面铺装*,护栏,人行道等
	主线路基路面工程*(1~3km路段)	见路基、路面等分项工程
	匝道工程(每条)	路基*,路面*,通道*,护坡,挡土墙*,护栏等

续上表

单位工程	分部工程	分项工程
隧道工程	总体	隧道总体等
	明洞	明洞浇筑，明洞防水层，明洞回填*等
	洞口工程	洞口开挖，洞口边仰坡防护，洞口和翼墙的浇（砌）筑，截水沟、洞口排水沟等
	洞身开挖*	洞身开挖*（分段）等
	洞身衬砌*	（钢纤维）喷射混凝土支护，锚杆支护，钢筋网支护，仰拱，混凝土衬砌*，钢支护，衬砌钢筋*等
	防排水	防水层、止水带、排水沟等
	隧道路面	基层*，面层*等
	装饰	装饰工程
	辅助施工措施	超前锚杆、超前钢管等
环保工程	声屏障（每处）	声屏障
	绿化工程（1～3km路段中每处）	中央分隔带绿化，路侧绿化，互通立交绿化，服务区绿化，取、弃土场绿化等
交通安全设施等（每20km或每标段）	标志*（1～3km路段或每处）	标志*
	标线、突起路标（5～10km路段）	标线*，突起路标等
	护栏*、轮廓标栅（5～10km路段）	波形梁护栏*，混凝土护栏*，缆索护栏*，轮廓标等
	防眩设施（5～10km路段）	防眩板、网等
	隔离栅、防落网（5～10km路段）	隔离栅、防落网等
机电工程	监控设施	车辆检测器，气象检测器，闭路电视监视系统，可变标志，光电缆线路，监控（分）中心设备安装及软件调测，大屏幕投影系统，地图板，计算机监控软件与网络等
	通信设施	通信管道与光电检测器，光纤数字传输系统，数字程控交换系统，紧急电话系统，无线移动通信系统，通信电源等
	收费设施	入口车道设备，出口车道设备，收费站设备及软件，收费中心设备及软件，IC卡及发卡编码系统，闭路电视监视系统，内部有线对讲及紧急报警系统，收费站内光、电缆及塑料管道，收费系统计算机网络等
	低压配电设施	中心（站）内低压配电设备，外场设备电力电缆线路等
	照明设施	照明设施
	隧道机电设施	车辆检测器，气象检测器，闭路电视监视系统，紧急电话系统，环境检测设备，报警与诱导设施，可变标志，通风设施，照明设施，消防设施，本地控制器，隧道监控中心计算机控制系统，隧道监控中心计算机网络等
房屋建筑工程	按其专业工程质量检验评定标准评定	

注：①表内标注*号者为主要工程，评分时给以2的权值；不带*号者为一般工程，权值为1；

②按路段长度划分的分部工程、高速公路、一级公路宜取低值；二级及二级以下公路可取高值；

③护岸参照挡土墙；

④斜拉桥和悬索桥按附表A-2划分。

附录一

《公路工程施工技术》教学基本要求

（84 学时）

一、课程性质和任务

本课程是公路与桥梁专业的实践性很强的一门主干专业课程。

本课程学习公路路基的一般施工程序和方法、土质路基和石质路基的施工工艺以及施工质量检测方法；还学习公路路面的一般施工程序和方法，其中包括材料质量检验等。

二、课程教学目标

在学完本课程之后，学生能够达到以下 7 个方面的目标：

(1)能够核对施工图和应用技术规范。

(2)能够检验与施工有关的土和集料。

(3)能够按程序和规范要求指导公路路基和路面施工。

(4)能够检验土石方工程和路面施工质量。

(5)能够按程序和规范要求指导排水及防护工程施工。

(6)能够编制工程进度和其他报告。

(7)能够整理竣工资料。

三、教学内容和要求

A 总 论

1.描述公路的组成

2.说明对路基的要求

3.说明对路面的要求

4.描述路基工程施工工艺、方法和筑路机械的发展

5.描述路面工程施工工艺、方法、材料和机械设备的发展

6.说明公路工程施工质量控制方法

B 路基工程施工

(一)绪论

1.描述公路的组成及路基的工程特性

2.说明路基常见病害的原因及对路基的要求

(二)路基施工准备工作

1.描述路基施工的程序及路基土石分类

2.实施路基施工的测量与放样

3.说明施工组织设计编写的内容

(三)土质路基施工

1.描述土质路基挖填基本方案

2.描述土方机械的性能,合理选择土方机械,合理配置各类土方机械

3.论述土基压实原理及影响压实的因素

4.合理选择压实机具并组织和实施路基施工

5.描述路基施工的质量控制

6.描述路基工程的检查验收

7.论述路基工程施工的内业资料整理

(四)石质路基施工

1.论述爆破作用原理及影响爆破的主要因素

2.描述炸药、起爆器材的种类和起爆方法

3.描述常用的爆破方法及质量控制

4.描述石质路基填筑的施工方法及质量控制

5.描述石质路基填筑的检查验收

(五)特殊地基的处理

1.描述软土地基的处理方法及质量控制

*2.描述湿陷性黄土地基处理方法

*3.描述沙漠路段的施工方法

*4.描述冻胀土地基的处理及施工方法

*5.描述盐渍土地基的处理及施工方法

6.描述不稳定路基应采取的一般技术措施

(六)路基施工质量的检测方法

1.用击实法确定不同土的最佳含水量及最大干容重

2.使用灌砂法与环刀法检测压实度的质量

3.描述土基压实质量检测的其他方法

C 排水及防护工程的施工

(一)绪论

1.描述路基排水设施的目的、路基防护与加固工程的作用

2.说明常用地面排水设施的构造特点、作用及要求

3.描述坡面防护的类型与构造

4.描述冲刷防护的类型与构造

5.描述重力式挡土墙的类型与构造

6.说明加筋挡土墙的构造特点

7.说明其他形式挡土墙的构造特点

(二)路基排水及防护工程的施工方法

1.描述地下排水的类型与构造

2.描述路基排水的施工方法

3.描述坡面防护工程的施工方法

4.描述冲刷防护工程的施工方法
5.描述重力式挡土墙的施工方法
6.描述加筋挡土墙的施工方法
7.描述其他挡土墙的施工方法

(三)路基排水、防护工程的质量控制

1.进行路基排水、防护工程的质量控制
2.进行挡土墙工程的质量控制
3.整理排水、防护工程施工的内业资料

D 路面工程施工

(一)绪论

1.描述我国路面施工发展概况
2.描述路面施工机械设备与质量控制发展概况

(二)柔性路面施工

1.描述各类碎、砾石基层的施工方法、程序和要点
2.描述各类稳定土基层、垫层的施工方法、程序和要点
3.描述沥青类路面的施工方法、程序和要点
4.描述路面施工主要机械的性能,合理选择配置路面施工机械
5.描述路面材料拌和场的原材料及拌和质量的控制
6.组织实施各类结构层的施工
7.进行路面工程施工的质量控制
8.通过钻芯取样检测路面各结构层的压实度和强度
9.整理路面工程施工的内业资料

(三)水泥混凝土路面施工

1.描述施工前的准备工作
2.描述施工程序和方法
3.描述水泥混凝土路面养生方法
4.描述水泥混凝土路面检测验收方法

(四)几种常用路面质量检测与评定方法

1.进行路面弯沉的测定及评定方法
2.进行路面平整度的测定及评定方法
3.进行路面抗滑性能的测定

E 竣工文件的整理、归档和保存

1.描述竣工文件的重要性
2.描述竣工文件的组成
3.整理施工原始资料、质量检测资料、试验资料、工程质量评定资料以及整理工程决算资料
4.整理工程照片、录音、录像资料
5.编写施工总结
6.进行竣工文件的归档和保存

四、课时分配建议

序号	课程内容		教学时数			
			合计	讲课	实训	机动
A	总论		2	2		
B	路基工程施工	绪论	2	2		
		路基施工准备工作	2	2		
		土质路基施工	12	8	4	
		石质路基施工	6	4	2	
		特殊地基的处理	2	2		
		路基施工质量的检测方法	8	4	4	
C	排水及防护工程的施工	绪论	2	2		
		路基排水及防护工程的施工方法	2	2		
		路基排水、防护工程的质量控制	6	2	4	
D	路面工程施工	绪论	2	2		
		柔性路面施工	10	6	4	
		水泥混凝土路面施工	4	4		
		几种常用路面质量检测与评定方法	8	4	4	
E	竣工文件的整理、归档和保存		6	4	2	
机动			10			10
合计			84	50	24	10

五、说　　明

(1)本课程在很多方面与公路工程的设计与施工规范有关,因此,在教学过程中,应要求学生能熟悉和运用这些规范,并及时掌握它们的变化。

(2)与公路工程施工技术有关的课程很多,其中包括道路材料试验、桥梁构造与施工、公路工程管理、路面结构等课程。要求学生在学习本课程的同时学好相关课程。

(3)本课程的实训项目包括课内实验操作和现场公路工程施工实习。学生应参加 2 周公路工程施工实习,具体要求参见附件。

(4)带 * 号的内容可根据当地具体情况选用。

附录二

公路工程施工实习教学基本要求

一、实习项目和时间分配

路基路面施工实习时间为期2周,实习项目和时间分配见下表:

序号	实习项目		实习周数
1	路基施工	识读路基设计图、施工组织计划和施工进度图	0.5
		恢复定线、施工测量和施工放样	
		工地各种施工机械的性能和作业程序调查	
2	路面施工	识读路面结构图纸	1.0
		料场布置和运输调查	
		材料要求、施工机械和施工工艺过程调查	
		沥青及沥青混合料加热、配制、拌合场地布置和工艺流程	
		水泥混凝土路面的施工工艺及养生方法调查	
3	质量检查	路基工程质量检查与质量试验操作	0.5
		排水工程、防护工程和挡土墙质量检查	
		路面工程质量检查与质检试验操作	
合计			2.0

二、技能目标

在完成路基路面施工实习任务之后,学生能够达到以下6个方面的目标:

(1)能够看懂有关设计文件,并应用施工技术规范。

(2)能够进行恢复定线、施工测量和施工放样工作。

(3)能够辨认各类施工机械的型号、性能及施工操作要领。

(4)能够协助工程师组织路基、路面施工。

(5)能够根据规范要求检验和评定工程施工质量。

(6)能够使用各类质量检测仪器,进行路基路面常规项目的质检试验。

三、组织与实施

1.实习组织

实习以教学班(40名学生)为单位分组进行,一般可分为路基组、路面组、测量组、计划组、试验组与质检组。每班指派2~3名专业教师负责指导实习。

2.实施过程

(1)准备工作。联系并选定实习地点,准备实习仪器、办公用品及其他用品、交通工具,进行实习动员和分组。

(2)根据工地实际情况制订实施性计划。

(3)开展技术调查、现场参观,参与施工作业和试验操作。

(4)进行技能考核和实习总结。

四、成果与资料

实习过程中,每人应提交分组实习报告。实习结束时,每人要提交总的实习报告。

实习报告要求文字简练、条理清楚、概念明确、数据无误、结论正确、图纸整洁。

五、技能考核与成绩评定

根据技能目标要求和实习任务完成情况,应对学生进行技能操作抽考。具体考核项目和考核要求,应按有关施工规范(或规程)和试验规程要求进行。

根据学生在实习中的态度、组织纪律性、参与施工操作的能力以及实习报告质量确定实习成绩。

六、说　明

(1)施工实习安排受工程项目典型程度、施工进度、食宿条件以及气候条件等多种因素影响,在有限的实习时间内也许很难兼顾全部实习项目,各校要因地制宜,有所选择和侧重,编制出符合实际的实施性计划和实习指导书,作出合理安排。

(2)本教学基本要求未列入路基施工中的爆破作业项目,各校在安排实习时应结合工地作业情况适当插入此项内容。

(3)在实习过程中,要树立安全意识,并注意调查工地所采取的施工安全措施。

(4)实习考核成绩单独记入学生成绩册中。

参考文献

[1] 夏连学，赵卫平．路基路面工程．北京：人民交通出版社，1997．

[2] 胡长顺，黄辉华．高等级公路路基路面施工技术．北京：人民交通出版社，1995．

[3] 廖正环．公路施工与管理．北京：人民交通出版社，1998．

[4] 高速公路丛书编委会．高速公路路基设计与施工．北京：人民交通出版社，1998．

[5] 交通部第二公路工程局，西安公路交通大学．公路施工项目管理手册．北京：人民交通出版社，1999．

[6] 中国公路学会筑路学会．沥青路面施工机械与机械化施工．北京：人民交通出版社，1999．

[7] 傅智．水泥混凝土路面滑模施工技术．北京：人民交通出版社，2000．

[8] 何挺继，胡永彪．水泥混凝土路面施工与施工机械．北京：人民交通出版社，1999．

[9] 中华人民共和国交通部．公路工程技术标准(JTG B01—2003)．北京：人民交通出版社，2004．

[10] 中华人民共和国交通部．公路土工试验规程(JTJ 051—93)．北京：人民交通出版社，1994．

[11] 中华人民共和国交通部．公路沥青路面施工技术规范(JTG F40—2004)．北京：人民交通出版社，2004．

[12] 中华人民共和国交通部．公路沥青路面设计规范(JTJ 014—97)．北京：人民交通出版社，2004．

[13] 中华人民共和国交通部．公路工程质量检验评定标准(JTG F80—2004)．北京：人民交通出版社，2004．

[14] 中华人民共和国交通部．公路路基施工技术规范(JTG F10—2006)．北京：人民交通出版社，2006．

[15] 中华人民共和国交通部．公路水泥混凝土路面滑模施工技术规程(JTJ 037.1—2000)．北京：人民交通出版社，2000．

[16] 中华人民共和国交通部，公路路面基层施工技术规范(JTJ 034—2000)．北京：人民交通出版社，2000．

[17] 中华人民共和国交通部，公路水泥混凝土路面施工技术规范(JTG F30—2003)．北京：人民交通出版社，2003．